KB070918

사주풀이
공식 교본

사주풀이 공식 교본

330 강의록

合, 刑, 沖, 조견표

천간 / 살	甲	乙	丙	丁	戊	己	庚	辛	壬	癸
천을귀인	丑 未	子 申	亥 酉	亥 酉	丑 未	子 申	丑 未	寅 午	巳 卯	巳 卯
충	庚	辛	壬	癸	0	0	甲	乙	丙	丁
합	己	庚	辛	壬	癸	甲	乙	丙	丁	戊
백호	辰	未	戌	丑	辰	0	0	0	戌	丑
괴강	0	0	0	0	戌, 辰	0	辰, 戌	0	辰, 戌	0
음욕	0	卯	0	未	戌	未	0	卯	0	丑
양인	卯	辰	午	未	午	未	酉	戌	子	丑
암록	亥	戌	申	未	申	未	巳	丑	寅	丑
건록	寅	卯	巳	午	巳	午	申	酉	亥	子
재고귀인	辰	辰	戌	丑	戌	丑	寅	未	戌	戌
금여록	辰	巳	未	申	未	申	戌	亥	丑	寅
홍염살	午	午	寅	未	辰	辰	戌	酉	子	申
문창귀인	巳	午	申	酉	申	酉	亥	子	寅	酉
학당귀인	寅	巳	0	巳	申	0	0	亥	0	0
문곡귀인	亥	子	寅	卯	寅	卯	巳	午	申	卯

지지 기준

지지	子	丑	寅	卯	辰	巳	午	未	申	酉	戌	亥
합	丑	子	亥	戌	酉	申	未	午	巳	辰	卯	寅
충	午	未	申	酉	戌	亥	子	丑	寅	卯	辰	巳
파	酉	辰	亥	午	丑	申	卯	戌	巳	子	未	寅
해	未	午	巳	辰	卯	寅	丑	子	亥	戌	酉	申
원진	未	午	酉	申	亥	戌	0	子	卯	寅	巳	辰
귀문	未	午	未	申	亥	戌	0	寅	卯	0	巳	辰
천의성	亥	子	丑	寅	卯	辰	巳	午	未	申	酉	戌
삼합	子 辰	0	午 戌	亥 未	申 子	酉 丑	寅 戌	亥 卯	子 辰	巳 丑	寅 午	卯 未
삼형	0	戌 未	巳 申	0	0	寅 申	0	丑 戌	寅 巳	0	丑 未	0

전체 종류별 목차

| 머리말 |

한 갑자, 육십갑자, 육십의 나이를 지나면서, 나 자신이 성공을 못한
이유는 어디에 있을까.
나의 능력과 그릇의 크기를 겨우 인식을 하고.
은퇴 후에, 내가 사회에서, 고령에 까지 할 수 있는 일이 있으리라.

옛날에 많이 들어본 어른들 말씀, 사주팔자는 귀신도 못 속인다는,
단어가 생각나고, 눈이 번쩍 뜨인다.
사주풀이를 배워서 삶에 대한 이야기를 많이 나누며 살아보리라.

고령에는 못쓰고, 쓸 수도 없는 지식이 차곡차곡 싸여있는 메모리를,
사주 명리 학으로 교체 하느라, 많은 시간이 필요하리라.

어려서는 어른이 되면 선생님이 되고자 하던 마음이 나뿐이랴.
천하를 호령하고자, 꿈을 꾸는 인생이 나하나 뿐이었으랴.
돈을 많이 벌어서 부자가 되고픈 마음이 나하나 뿐이랴.
그 좋은 꿈을 이루지 못하고, 한 갑을 맞이하는 인생이 나뿐이랴.
후회가 없을 수 없고, 고뇌가 없을 수 없으리라.

수많은 날을 밤낮으로, 많은 책들을 선생님으로 모시고, 읽고 쓰고,
쓰고 읽고. 이 책에서 저 책으로, 마르고 달토록 분주하고 고단하다.

이렇게 오묘하고 깊고 깊은 학문을 배우기도 어렵기만 하여라.
사주 명리 학을 처음 만드신 분들은 인간이 아니었으리라.
신의 도움이 없이는 이룰 수 없는 과학적인 학문이 분명하다.

저자와 같이 해법을 찾아 고민하는 분이 많이 있으리라.
사주풀이를 배우고자 하시는 분들에게, 많이 부족하지만 공부한 내용 중에, 330가지의 사주를 선별하여 두서없이 엮어서 전달 하오니. 적성에 따라 선별하여, 조합하고, 응용하며 잘 쓰면, 원하는 고지에 바르고 빠르게 도달할 수 있도록 정리하여 기록을 하였으며 본 교본에서 지면상 기록하지 못하여 부족한 내용과, 새로운 좋은 정보를 찾아서 건강이 허락하는 날까지 유튜브 방송으로 강의를 할 계획을 하고 있으니, 많은 이해와 참여를 바랍니다.

2022년 6월

사주문화원

저자 백성복

010-2409-7128

kor14095@hanmail.net

제 1장

사주명리학 이론

목차

제 1장 사주명리학 이론

51	좌표에 12운성 1		76	천간끼리의 운동성 6	*
52	좌표에 12운성 2		77	천간끼리의 운동성 7	*
53	간명지 음양 성명	*	78	천간끼리의 운동성 8	*
54	운시 대운, (첫 대운)	*	79	60가지 일주의 특징 1	*
55	일간별 재물과 명예	*	80	60가지 일주의 특징 2	*
56	십성의 직업성향		81	60가지 일주의 특징 3	*
57	일지 배우자의 성향	*	82	60가지 일주의 특징 4	*
58	십성과 육친조견표	*	83	60가지 일주의 특징 5	*
59	좌표에 십성 1		84	60가지 일주의 특징 6	*
60	좌표에 십성 2		85	60가지 일주의 특징 7	*
61	지지끼리의 운동성 1	*	86	60가지 일주의 특징 8	*
62	지지끼리의 운동성 2	*	87	절기와 시간표	*
63	길성 귀인	*	88	결혼, 이삿날 택일	*
64	월주와 시주조견표	*	89	2023년 년도 표	*
65	12신살	*	90	합, 형, 충, 조견표	*
66	12신살 조견표	*			
67	신살,십성, 요점정리	*			
68	원국과 행운과 의 관계	*			
69	고지와묘지(화토동법)	*			
70	묘지와 고지 한문	*			
71	천간끼리의 운동성 1	*			
72	천간끼리의 운동성 2	*			
73	천간끼리의 운동성 3	*			
74	천간끼리의 운동성 4	*			
75	천간끼리의 운동성 5	*			

사주풀이 강의록

본 강의록에 기록된 대통령이나, 정치인 그 외에 유명하신 분들의 사주 330가지 이상의 사주 원판을 분석하고, 운을 대입 하는 방법을 알기 쉽게 풀이하여 기록을 하였으며, 그분들에게 직접 받은 사주가 아니기에 사실과 많이 다를 수 있으며, 공부의 목적에만 사용을 하여야 하며 그분들에 인격을 폄하하는 일은 절대로 없어야 합니다.

본 강의록에서 사용하는 감명 지는, 오랜 기간 많은 연구와 수정을 거쳐서 고안하고 개발된 감명 지이며, 아는 만큼 공간에 써 넣으면. 사주 원국을 분석하고, 풀이하는 수단으로, 매우 유용한 도구와 같으며, 잘 사용하면 단 기간에 좋은 결과를 기대할 수 있으며,
학습결과= 부모, 배우자, 자식, 건강, 학업, 합격, 취직, 승진, 퇴직, 명예, 재물, 매매, 사망의시기를 유추하는 방법을 득 하게 됩니다.

중요한 것은= 원국을 분석하고, 운을 대입 하는 법은 오행의 구성과 형상에 근거하여 풀이를 하고, 풀이한 내용을 설명하는 방법과 요령에 있어서, 사주 당사자는, 직업의 종류와, 생활환경이 가지각색으로 다르기 때문에, 사주 당사자가 격는, 사건의 강도와 환경을 잘 이해하고, 공식적인해석 에서 응용하고 분석을 잘하여, 융통성 있게 설명을 하여야 합니다.

예, 비슷한 사주에서= 천간 운에서 관성이, 충을 받으면, A사주는 퇴직을 하고, B사주는 천간 운에서 충을 받았으나 지지 운이 좋아서 승진을 하는 경우가 있을 수 있다. 天干은 사건을 나타내고. 地支는 결과를 나타낸다.
사주의 전체의 가지 수는
518,400 가지이고, 똑같은 사주가, 남, 녀 각각 전국에 50명 이상이 있다고 합니다, 사주팔자의 글자는 같아도, 생김과 성격이 다르고, 직업과 생활 방식이 다른 인생을 분석하고 바르게 통변하기란 쉬운 일은 아닙니다.

많은 분들이, 사주상담가로 성공하시여, 사주명리 학의 저변 확대와, 공공의 이익에 많은 도움이 되어 주시기를 희망합니다.

사주문화원 2022년 6월

천간과 지지를 순서 데로 조합하여 연결을 한다.

天干(10간)　甲 乙 丙 丁 戊 己 庚 辛 壬 癸, 甲 乙 丙 丁 (6회)
갑 을 병 정 무 기 경 신 임 계, 갑 을 병 정

地支(12지지)　子 丑 寅 卯 辰 巳 午 未 申 酉 戌 亥, 子 丑 (5회)
자 축 인 묘 진 사 오 미 신 유 술 해, 자 축

천간오행은 계속 6회 연결, 지지는 계속 5회를 연결을 하며.
甲子 乙丑 으로 시작하여, 壬戌, 癸亥를 만나면 육십갑자 이다.

60甲子를 천간을 기준으로 분리하여 나열함

갑갑갑갑갑갑　을을을을을을　병병병병병병
자오인진신술　묘사미유축해　자인진오신술

정정정정정정　무무무무무무　기기기기기기
해묘사미유축　자인진오신술　해축묘사미유

경경경경경경　신신신신신신　임임임임임임
자인진오신술　묘사미유축해　자인진오신술

계계계계계계
묘사미유축해

60甲子를 지지 기준으로 분리하여 나열함

甲丙戊庚壬　乙丁己辛癸　丙戊庚壬甲　丁己辛癸乙
子子子子子　丑丑丑丑丑　寅寅寅寅寅　卯卯卯卯卯

甲丙戊庚壬　乙丁己辛癸　甲丙戊庚壬　乙丁己辛癸
辰辰辰辰辰　巳巳巳巳巳　午午午午午　未未未未未

甲丙戊庚壬　乙丁己辛癸　甲丙戊庚壬　乙丁己辛癸
申申申申申　酉酉酉酉酉　戌戌戌戌戌　亥亥亥亥亥

2022년 壬寅년 육십갑자와 년도 표

甲	乙	丙	丁	戊	己	庚	辛	壬	癸	
甲午 129	乙未 128	丙申 127	丁酉 126	戊戌 125	己亥 124	庚子 1900	辛丑 122	壬寅 121	癸卯 120	120
甲辰 119	乙巳 118	丙午 117	丁未 116	戊申 115	己酉 114	庚戌 1910	辛亥 112	壬子 111	癸丑 110	110
甲寅 109	乙卯 108	丙辰 107	丁巳 106	戊午 105	己未 104	庚申 1920	辛酉 102	壬戌 101	癸亥 100	100
甲子 99	乙丑 98	丙寅 97	丁卯 96	戊辰 95	己巳 94	庚午 1930	辛未 92	壬申 91	癸酉 90	90
甲戌 89	乙亥 88	丙子 87	丁丑 86	戊寅 85	己卯 84	庚辰 1940	辛巳 82	壬午 81	癸未 88	80
甲申 79	乙酉 78	丙戌 77	丁亥 76	戊子 75	己丑 74	庚寅 1950	辛卯 72	壬辰 71	癸巳 70	70
甲午 69	乙未 68	丙申 67	丁酉 66	戊戌 65	己亥 64	庚子 1960	辛丑 62	壬寅 61	癸卯 60	60
甲辰 59	乙巳 58	丙午 57	丁未 56	戊申 55	己酉 54	庚戌 1970	辛亥 52	壬子 51	癸丑 50	50
甲寅 49	乙卯 48	丙辰 47	丁巳 46	戊午 45	己未 44	庚申 1980	辛酉 42	壬戌 41	癸亥 40	40
甲子 39	乙丑 38	丙寅 37	丁卯 36	戊辰 35	己巳 34	庚午 1990	辛未 32	壬申 31	癸酉 30	30
甲戌 29	乙亥 28	丙子 27	丁丑 26	戊寅 25	己卯 24	庚辰 200	辛巳 22	壬午 21	癸未 20	20
甲申 19	乙酉 18	丙戌 17	丁亥 16	戊子 15	己丑 14	庚寅 2010	辛卯 12	壬辰 11	癸巳 10	10
甲午 9	乙未 8	丙申 7	丁酉 6	戊戌 5	己亥 4	庚子 2020	辛丑 2	壬寅 1	癸卯 2	1
甲辰 2	乙巳 3	丙午 4	丁未 5	戊申 6	己酉 7	庚戌 2030	辛亥 9	壬子 10	癸丑 11	10
甲寅 12	乙卯 13	丙辰 14	丁巳 15	戊午 16	己未 17	庚申 2040	辛酉 19	壬戌 20	癸亥 21	20

四柱 命理 原局 陰曆 陽曆 陰陽五行 姓名 南 乾命 女 坤命 性格 宮合
사주 명리 원국 음력 양력 음양오행 성명 남 건명 여 곤명 성격 궁합

10 天干 **12地志**

甲 乙 丙 丁 戊 己 庚 辛 壬 癸 子 丑 寅 卯 辰 巳 午 未 申 酉 戌 亥
갑 을 병 정 무 기 경 신 임 계 자 축 인 묘 진 사 오 미 신 유 술 해

比肩 劫財 食神 傷官 正財 偏財 正官 偏官 白虎殺 魁剛殺 桃花殺 羊刃殺
비견 겁재 식신 상관 정재 편재 정관 편관 백호살 괴강살 도화살 양인살

絶 胎 養 長生 沐浴 冠帶 建祿 帝王 衰 病 死 墓 飛刃 暗祿 正祿 怨嗔
절 태 양 장생 목욕 관대 건록 제왕 쇠 병 사 묘 비인 암록 정록 원진

劫殺 宰殺 天殺 地殺 年殺 月殺 亡身殺 將星殺 攀案 驛馬 六害 華蓋殺
겁살 재살 천살 지살 년살 월살 망신살 장성살 반안 역마 육해 화개살

陰 陽 五行 合 沖 破 害 空亡 刑殺 相刑 自刑 無禮之刑 三刑 持勢之刑
陰 양 오행 합 충 파 해 공망 형살 상형 자형 무례지형 삼형 지세지형

相生 相剋 五氣 年柱 月柱 日柱 時柱 東 西 南 北 大運 歲運 月運 日運
상생 상극 오기 년주 월주 일주 시주 동 서 남 북 대운 세운 월운 일진

用神 身强 身弱 保佐 助候 通關 格局 吉神 凶神 多字 無字 結婚 離婚
용신 신강 신약 보좌 조후 통관 격국 길신 흉신 다자 무자 결혼 이혼

試驗 合格 就職 不動産 契約 買賣 官殺 混雜 春 夏 秋 冬 無情 愛情
시험 합격 취직 부동산 계약 매매 관살 혼잡 춘 하 추 동 무정 애정

天乙貴人 財庫貴人 文昌貴人 學堂貴人 天德貴人 文曲貴人 月德貴人
천을귀인 재고귀인 문창귀인 학당귀인 천덕귀인 문곡귀인 월덕귀인

立春 驚蟄 淸明 立夏 芒種 小暑 立秋 白露 立冬 大雪 小寒 紅艶 金輿祿
입춘 경칩 청명 입하 망종 소서 입추 백로 입동 대설 소한 홍염 금여록

오 행 과 건강 1

	木	火	土	金	水
1 천간	甲 乙	丙 丁	戊 己	庚 辛	壬 癸
2 지지	寅 卯	巳 午	戌未,辰丑	辛 酉	亥 子
3 성분	나무. 양	불. 양	양흙.음흙	쇠. 음	물. 음
4 계절	春 봄	夏 여름	계절의 끝	秋 가을	冬 겨울
5 방향	東 동	南 남	중앙	西 서	北 북
6 색상	청색	적색	황색	백색	흑색
7 맛	신맛	쓴맛	단맛	매운맛	짠맛
8 신체	쓸개. 간	소장. 심장	위장. 비장	대장. 폐	방광. 신장
9 신체	신경계	순환계	근육. 피부	뼈, 골격	혈액, 순환
10 신체	눈	혀	입	코	귀
11 신체	소양	태양	균형	소음	태음
12 선천수	3. 8	2. 7	5. 10	4. 9	1. 6
13	생명	명예	중심	재물	지혜

	실 實	화 花	묘 苗	근 根
	시 주	일 주	월 주	년 주
	열매	꽃	싹	뿌리
고전	45세 이상	31-45세	16-30세	1-15세
현실	60세 이상	41세-60세	21세--40세	1세--20세
	밤	저녁	낮	아침
	자식	나	부모	조상
	겨울	가을	여름	봄
	노년시절	중장년 시절	청장년 시절	청소년 시절

천간 오행의 물상과 의무

甲木= 큰 나무, 곧고 굵은 나무, 재목용, 땔감용, 열매나무
재목용= 조직형. 땔감용= 상업성. 열매나무= 전문직.
乙木= 작은 나무, 초목, 넝쿨 ,채소, 약초,
봄목= 생장목. 여름목= 할엽목. 가을목= 성장목. 겨울목= 휴면목
土를 만나면 뿌리를 내리고. 불을 만나면 불을 키운다.

丙火= 큰 불, 태양빛, 식물을 키우는 빛, 호수와 광석을 빛나게.
하는 의무이고.
丁火= 작은 불, 달, 별, 인공 빛, 촛불, 보일러, 모닥불, 용광로.
木을 보면 木을 태워서, 빛과 열이 되는 의무이다.
丁火= 庚金을 보면 제련할 의무 이고. 겨울에는 난방에 의무이며,
겨울에는 난방으로 식물을 키우는 의무이다,

戊土= 큰 흙, 큰 산, 넓은 땅, 양생 지토 식물을 키우는 의무,
戊土= 많은 물을 만나면 제방을 만들어 물을 저장하여, 범람을 막고,
물의 양과 물길을 바르게 조절한다.
己土= 작은 흙, 밭, 논, 과수원, 보리밭, 채소밭, 꽃밭, 양생 지토.
木을 만나면 木을 키우는 의무이다.

庚金= 큰 금, 큰 쇠. 원석, 철광석, 쇳덩어리, 중장비, 과일, 큰 도구,
丁火를 만나 제련이 되면 좋은 기물이 되는 의무이고.
辛金= 완성품, 작은 금, 작은 쇠. 가공된 쇠, 보석, 작은 도구,
金= 土를 만나면 광물이 되는 의무이다.
金= 천간에서, 壬수나 癸수를 만나면= 구름이 되어. 수를 생하고,
金= 태양을 만나면 빛나는 광물이 되고, 보석이 된다.

壬水= 큰 물, 호수, 고인 물. 폭우. 식물을 키운다.
癸水= 작은 물, 빗물, 민물, 계곡물, 흐르는 물. 식물을 키운다.
木= 을 만나면 木을 키우고.
金= 을 만나면 金을 씻어주고.
火= 불을 만나면 불을 끄고.
土= 를 만나면 비를 뿌려 습기를 주고, 토에 흡수된다.

12 地支의 성향과 물상 (음력 기준)

11월	12월	1월	2월	3월	4월	5월	6월	7월	8월	9월	10월
-수	-토	+목	-목	+토	+화	-화	-토	+금	-금	+토	+수
子	丑	寅	卯	辰	巳	午	未	申	酉	戌	亥
쥐	소	호랑이	토끼	용	뱀	말	양	원숭이	닭	개	돼지
도화	화개	역마	도화	화개	역마	도화	화개	역마	도화	화개	역마

사주명리 학 에서는 아래오행의 陰과 陽을 바꾸어서 쓴다.
자수-양+을, 음-으로; 해수-음을 +양으로 (지장간에 오행이 원인이다)
巳화-음을 +양으로 午화-양을 –음으로 바꾸어 쓴다.

겨울 冬

亥,水= 돼지, 역마살. 해외역마, 예지력, 판단력, 바다 물, 큰물
子,水= 쥐, 도화살, 씨앗, 정자, 어둠, 공부, 연구, 휴식, 지혜, 인내심
丑,土= 소, 화개 살, 습토, 겨울, 언 땅, 근면, 성실, 일복

봄 春

寅,木= 호랑이, 역마살, 추진력, 장자지상, 권위, 외롭다, 순발력, 통솔력
卯,木= 토끼, 도화살, 순진하다, 이동을 많이 한다, 이별, 다산, 손재주
辰,土= 용, 화개 살, 화려하다, 다재 다능, 용띠여인은 물을 많이 쓰는 특징

여름 夏

巳,火= 뱀, 역마살 결단력, 추진력 ,도시 번화가, 비행기
午,火= 말, 도화살, 인품, 활동력, 준비 없이 행동한다, 옷걸이가 좋다.
未,土= 양, 화개살, 순진, 온순, 미식 감각, 부동산, 아파트, 높은 것 지향.

가을 秋

申,金= 원숭이, 역마살, 추진력, 재주가 많다.
酉,金= 닭, 도화살, 돈, 금융, 수술, 칼, 법무, 결정짓다, 관인
戌,土= 개, 화개 살, 충성심, 종교와 인연, 예지력,

도화살= 子. 午 卯. 酉= 두뇌 총명, 인기인자, 마음을 끌어오는 힘, 예술성, 풍류, 음악, 전문 기술성, 남녀 모두 음욕이 강할 수 있고, 인기인자이다.

역마살= 寅. 申. 巳. 亥= 추진력이 강하고 매사 과단성이 있고, 프로기질. 생활력이 강하며, 이동성 강하고, 외근 직이 적성 인자이다.

木

水　　　　火

金　　土

木生火　火生土　土生金　金生水　水生木

木剋土　土剋水　水剋火　火剋金　金剋木

我(나아)生食　食生財　財生官　官生印　印生我

我(나아)剋財　財剋印　印剋食　食剋官　官剋我

木 生 火= 나무는 불의기운을 강하게 하고. 나무는 불을 키우고.
火 生 土= 불은 흙의 기운을 강하게 하고. 불이 흙을 단단하게 한다.
土 生 金= 흙은 금의 기운을 강하게 하고. 광석은 흙속에서 나오고.
金 生 水= 금은 물의 기운을 강하게 하고. 광석 속에서 물이 나오며.
水 生 木= 물은 나무의 기운을 강하게 하고. 나무는 물을 먹고 자란다.

水 剋 火= 물은 불의 기운을 약하게 하고. 물은 불을 끈다.
火 剋 金= 불은 금의 기운을 약하게 하고. 불은 금을 녹인다.
金 剋 木= 금은 나무의 기운을 약하게 하고. 쇠는 나무를 자른다.
木 剋 土= 나무는 흙의 기운을 약하게 하고. 나무는 흙에서 자란다.
土 剋 水= 흙은 물의 기운을 약하게 하고. 흙은 물길을 막고 가둔다.

지지 속에 천간의 운동성을 세분하면 다음과 같다. (암기사항)

	子	丑	寅	卯	辰	巳	午	未	申	酉	戌	亥	
전기	壬10	癸9	戊7	甲10	乙9	戊7	丙10	丁9	戊7	庚10	辛9	戊7	일
중기	癸10	辛3	丙7	乙10	癸3	庚7	己9	乙3	壬7	辛10	丁3	甲7	일
본기	癸10	己18	甲16	乙10	戊18	丙16	丁11	己18	庚16	辛10	戊18	壬16	일

地支 속에 (天干)하늘의 기운이 위 와같이 저장되어, 지장간이라 하고,
숫자는 지장 간에 있는 천간이 활동하는 날 수이다. (참고사항)

地藏干에 오행이 활동하는 기간은 다음과 같다.

역마살 寅 申 巳 亥= 전기 7일- 중기 7일 - 본기 16일
도화살 子 卯 酉= 전기 10일- 중기 10일 - 본기 10일
도화 午= 전기 10일- 중기일 - 본기 11일
화개살 辰 戌 丑 未= 전기 9일- 중기 3일 - 본기 18일

여기 (전기)= 지난달의 본기= 지난달에서 넘어온 기운 오행.
중기= 지향하는 운동성= 지장 간에 가운데 기운 오행.
본기 (정기)= 본 지지의 기운이 천간의 오행, 으로 들어 있다.

子, 午, 卯, 酉= 도화살이며, 지장 간에 같은 기운만 있어, 왕지라 하고,
寅, 申, 巳, 亥= 역마살이며, 지장간중간자= 다른 기운이며 생지라 한다.

地支가 충이면 지장 간에도 충이된다.

寅申沖	**巳亥沖**	**子午沖**	**卯酉沖**	**丑未沖**	**辰戌沖**
戊戊	戊戊	**壬丙**	甲庚	癸丁	乙辛
丙壬	**庚甲**	癸己	**乙辛**	**辛乙**	**癸丁**
甲庚	丙壬	癸丁	乙辛	己己	戊戊

지지 삼합

寅 午 戌= 火局= 강한火기운이형성된다. 공통점= 지장 간에 火기운이 있다.
申 子 辰= 水局= 강한水기운이형성된다. 공통점= 지장 간에 水기운이 있다.
巳 酉 丑= 金局= 강한金기운이형성된다. 공통점= 지장 간에 金기운이 있다.
亥 卯 未= 木局= 강한木기운이형성된다. 공통점= 지장 간에 木기운이 있다.

삼합은 두자만 있으면= 반합이라 하고. 반합은 육합이나, 육충 보다 약하다.

원국에 天干 合과 天干 沖

合= 합하다, 생산하다, 외교력, 친화력, 조직력, 다정다감, 대민성, 친화력, 사주 원국에 있는 합의 의미를 설명 합니다.

甲+ 己= 合 土 -中正之合 (중정 지합)

도량이 넓고 점잖으며 신의가 있고 세인에 존경을 받는 다고 하며, 큰 나무를 작은 밭에 십는 격이라 굽은 나무가 되었다고 한다.

乙+ 庚= 合金 - 仁義之合 (인의 지합)

춘(봄)과 추(가을)의합= 세력 강화 라 한다.
문예 춘추, 두뇌 총명, 예술성 ,창작성을 상징 한다.
원명에 乙木의 부드러움과 庚金의 강직함이 서로 조화를 이루어 마음이 어질고 의리가 있어 인의지 합이라 한다.

丙+ 辛= 合水 威嚴之合 (위엄 지합)

비가내리는 것과 같다. 외모가 반듯하고 기품이 있으며 위엄이 있다.

丁+ 壬= 合木- 淫亂之合, (음란 지합)

애교, 화합, 영리하다, 인물이 좋고, 연애 사, 발생이 잘 된다.

戊+ 癸= 合 火, 無情之合

늙은이와 젊은이가 합한 것과 같아서 정이 없다고 하였으며, 큰 산이 비를 흡수하는 형상이고, 비가 멈춘다고 쓴다.

天干 沖= 양쪽모두 못쓰게 된다. 깨진다고 쓰이며, 천간의 오행이, 음은- 음 끼리, 양은+ 양끼리 서로 극하는 것을 상충이라 하며, 극하는 관계는 일방적으로 강한 쪽이 약한 쪽을 극해 하는 것이고, 상충 이라 함은 양쪽 다, 피해를 입는다. 양쪽모두 파괴된다.

甲庚沖= 큰 나무와 큰 바위가 서로 공격하는 형상으로, 결과 파괴 된다.
乙辛沖= 작은 나무와 작은 쇠가 싸우니 파괴된다.

丙壬沖= 큰물과 큰불이 싸우면 불은 꺼지고, 물은 더러운 물이 되거나, 손실되는 것으로, 충과 극으로 쓴다. 수 극 화, 병임 충 상 충.
丁癸沖= 작은 물과 작은 불이 싸우는 형상으로 불은 꺼지고 물은 더러운 물이 된다고 보며, 수 극 화. 정계 충. 상충은 양쪽모두 상한다.

木 의 物象

木= 인기와 말로 먹고사는 교육, 예술, 우두머리의 별이며, 어질다.
교육, 언론, 방송, 신문, 목재, 직물, 사업의 성향이다.

甲木= 밝고 명랑, 어질고 착하다, 교육, 기획, 추진력, 장자지상,
자존심 강하다, 대범하게 보이지만 외강내유 형이 많다.
신맛, 봄, 동쪽, 청색, 산소 동화작용을 많이 한다.
목의 선천 수= 3. 8

乙= 특유의 친화력, 생활력, 재물성취욕, 부드럽고, 섬세하며, 예술성.
교육성, 영업성, 대민성, 인정 많음, 알뜰 살림꾼, 바지런하다,
애교, 문화, 예술, 체육, 음악적 소질, 환경 적응력, 융통성,
역마 성, 乙 새, 꽃, 해외, 여행, 스튜어디스, 손재주, 의료, 간호사,
이성이 조숙하여 이성문재로 마음고생 암시 있다,

건강= 청색, 동쪽, 신경계통, 머리, 얼굴, 간, 담, 허리, 관절, 신경계
오한, 머리와 눈의 현기증, 수족마비, 중풍, 신경통, 등 이 발생하고,
강한 금에 극을 심하게 받거나, 태과나, 불급일 때 문제가 발생 한다,

木= 수다 목부는; 부평초 인생이고, 辰토에 뿌리를 내리면 동래부자 이다.
봄= 생장 목, 여름= 활엽 목, 가을= 성장한 목, 겨울= 휴면 목.

甲子= 교육성, 욕지, 시작, 창조, 개혁, 상승기운, 고층건물, 장남, 의 물상
乙木= 卯月생이면, 정력 음욕이 강하고,
乙木= 辰土 있으면 건강하고, 재물 복이 있으며 옥토이다.

木多火熄 (목다화식)= 木= 나무가 많으면 불이 꺼진다.(熄 꺼질 식)
甲木은 큰 나무이고, 불을 피우는 丁火는 작은 불이다. 庚金으로
충 하여 장작을 만들어야 용광로에 화력을 강하게 하여,
庚金을 제련하면 성공, 한다는 의미로 쓰인다.

木多水縮 (목다수축)= 木= 나무가 많으면 물이 고갈된다. 빨리 흡수된다.
나무는 흙에 뿌리를 내리고 물을 먹고산다.
나무는 많은데 물이 작으면 나무가 자라기 힘들다는 의미로 쓰인다.

木多金缺 (목다금결)= 木= 나무가 많으면 금이 상한다. 쇠 도구가 망가진다.
金극木= 金이 나무를 극하는 의미이고, 나무는 많고 쇠가 작으면
작은 쇠는 큰 나무를 바르게 관리를 못한다는 의미로 쓰인다.

火 의 物象

火= 火日干= 밝고 명랑하고, 예의가 바르고 솔직하다,
펼치고 발산한다, 정열적, 다혈질, 명분을 중시하고, 옳고 그름에
명확하며 주장이 지나치게 강한 경향이 있고, 실속은 약하다,
선천수= 2. 7,

丙火= 巳火= 문명지상, 언변화술, 예의바름, 명 중심, 밝고 명랑, 순수 솔직.
火가 부족하면= 소극적, 내성적, 우울증, 시력이 약하며,
빛은 세상을 밝힌다, 식물을 키운다, 광물을 빛나게 한다.
우두머리, 최고, 국가, 이마가 넓다고 한다.

丁火= 일간= 예의바르고, 상상력이 풍부하며, 정열적이면서도 소심하며,
남을 배려심이강하고, 섬세하고, 언변, 미모, 상냥하다,
丁火= 午火= 도화, 달, 별, 예절이 밝고 명랑, 정열적, 급하며, 뒤끝 없고,
겸손, 총명, 예민, 판단력, 소심, 잔정이 많고, 정에 약하다.
건강= 이과. 남쪽, 쓴맛, 여름, 적색, 심장, 심혈관, 속전속결,
화가= 극을 받으면; 심장, 소장, 혈압, 뇌졸 중, 눈병, 질환이 발생.
화가= 태과하면= 불면증, 변비 가능성 있다.

丁火 인공 불, 인공 빛, 熱氣 ,조명 빛, 난방, 燈臺, 촛불, 전기, 전자,
큰 도시, 번화가, 용광로, 제련소, 의 물상이다.
火 日柱에 火가 적당히 왕 하여 있으면 예의가 바르고 민첩하며,
인정이 많고, 명랑하며 도덕심이 강하다.

火 氣가 태왕하면 참을성이 없으며 울기도 웃기도 잘한다.
火 氣가 너무 왕 할 때는 습토로 화기의 기운을 소모시켜주면 좋다.
火 氣가 너무 약하면= 소심, 우울 증, 불면증 이 올수 있다.

火多木焚 (화다목분)= 불이 많으면 나무가 너무 빨리 탄다.(焚 불사를분)
화기가 너무 강하면, 木 오행이 약하다다는 의미이다.

火多土焦 (화다토초)= 불이 많으면 흙이 못쓰게 된다. (焦그을릴초)
화기가 너무 강하면 흙이 못 쓰는 땅이 된다.
火多水熱 (화다수열)= 화가 많으면, 수가증발 한다. (熱더울열)
화기가 너무 강하면 수오행의 육친이 약하게 되어 병이 오거나
그 오행이 배우자이면 배우자와 인연이 약하다고 봅니다.

土 의 物象

15

戊土= 日干= 과묵하고 신의가 있으며, 성품이 중후하여 포용하고,
리드 한다, 스케일은 크고. 순간 대처능력, 순발력은 약하다.
戊土= 중앙, 큰 땅, 큰 산, 포용력, 과묵, 책임감, 성실하다.

단맛, 황색, 비장, 위장. (토의 선천 수= 5.10)
땅, 터전, 고향, 토속적인 것, 길러내는 것, 융통성부족,
농산물, 부동산 중개인, 토목, 건축, 종교, 철학,
토는 목을 키우고, 계절과 계절의 중간역할 을 한다.

己土= 일간= 온화하고 겸손한 외유내강 형, 꼼꼼하게 기록을 잘하며,
사교에 달인으로 표현력, 적응력, 계획적이고 치밀한 성향이고.
텃밭, 문전옥답, 정원, 과수원, 농장, 토목, 작은 밭, 사교성, 인정,
평정을 이루려는 성격, 모가 나지 않는 성향,

病= 토기가, 태약, 태과, 심한 충이나 극 이면, 위장이 약해지고,
설사, 종기, 구토, 위염, 위암, 위산과다 등이 발생 한다,

토가 너무 부족하면 중재역할을 못하고, 기복이 심하고, 안정감이
부족하다.

土多木折 (토다목절)= 토가 많으면 나무가 꺾어진다.
나무가 흙속에 묻힌다. 나무가 살기 힘들다.
土多金埋 (토다금매)= 토가 많으면 金이 흙속에 묻힌다.

土多水縮 (토다수축)= 토가 많으면 물이 줄어든다.
水多土流 (수다토류)= 물이 많으면 흙이 쓸려간다.

金多土變 (금다토변)= 금이 많으면 흙이 못쓰게 된다.
돌이 많은 땅이 되어 못 쓰는 땅이 된다.
火多土焦 (화다토초)= 불이 많으면 흙이 못쓰게 된다.

土氣가 태 과 하면 고집, 불화, 현명하지 못하며 인색하다.
土氣가 태 약 하면 믿음성이 없으며 위장이 약하다.

金 의 物象

金= 외면의 정당성과 내면의 욕망이 존재한다, 실리 보상성이 강하고.
존재를 과시하는 욕망과, 남을 누르고 선점하려는 우월감이 강하다
金이 없으면 결단력부족, 재산, 결실, 추수, 취하는 힘이 부족하다.

庚金= 일주= 냉정한 이성을 바탕으로 결단력, 추진력, 근면, 자긍심으로
비타협적일수 있고 융통성이 부족하다, (金= 勇氣 와 같다)
庚金= 광물원석, 철강, 강한 골격, 강한 기질, 중장비, 큰 도구.
의리, 정의, 색정, 백색, 매운맛, 강한 의지력의 물상이다.
金의 선천 수 4 . 9

辛金 일주는= 칼과 보석 같이 냉정함과 화려함, 辛金은= 문과를 전공하면,
법, 금융, 경영, 경제이다, 치밀함과 섬세함, 깔끔한 멋쟁이가 많다,
예민하고 까다롭다, 여명은 완전한 남자를 찾는 경향이 있어
동료들 보다 결혼이 늦을 수 있다.

辛,酉 金= 보석, 칼, 금융, 현침, 안테나, 황금, 순금, 가공 된 쇠,
생활력 둔함, 고집이 강하고, 미남, 미녀가 많다,
金= 일주는 木 나무가 있어야 의무가 있고 재물이 되어 좋다,
酉金: 입의 형국이니 말을 잘하고, 말로 먹고 사는 세월이 있다고 한다,

火剋金= 대장 ,폐, 호흡기, 직장암, 골격, 치아가 약해진다,
申,酉= 금융, 칼, 요리, 항아리, 결과물, 직인, 청렴, 고집, 수술.
金氣가= 적당하면 명예를 중시하고, 용감, 위엄, 결단력이 있고,
수기가 똑같이 적당하면 지혜와 용기를 겸비하여 능소능대하다,
金기가 태약 하면 생각은 많으나 내성적이고 결단심이 약하다.

庚金= 찬 성분, 원석, 바위, 壬水 癸水 있으면 구름, 우박으로 쓰이고
덜 익은 과일 이고, 개혁, 흑백 논리에 강하다.
金多 水濁 금다수탁= 금이 많으면 물이 탁해진다
金多 火熄 금다화식= 금이 많으면 불이 식는다.
土多 金埋 토다금매= 흙이 많으면 금이 흙속에 묻힌다.
木多 金缺 목다금결= 목이 많으면 금이 상한다.
水多 金沈 수다금침= 물이 많으면 금이 물에 가라앉는다.
金多 土變 금다토변= 금이 많으면 흙이 못쓰게 된다.

水= 지혜의 샘이고, 전략 전술의 귀재이다, 예술, 문학에도 소질 있다.
水= 없으면 피곤하다, 융통성부족, 여자는 자식을 낳아 기르기 힘들다,
壬水= 일간은= 기획력이 뛰어나고, 실천적이며, 추진력이 있다, 치밀, 세심, 생각이 많으며, 도량이 넓고 대범하며, 포용력이 있다.

壬水= 겨울, 밤, 북쪽, 흑색, 씨앗 (선천 수= 1 . 6)
귀, 청각; 난자, 신장, 전립선, 혈관, 냉병, 치질, 자궁, 혈액, 방광,
癸水= 일간은= 지혜 총명하며, 냉정하고 분별력, 생각이 많고 유연하며, 합리적이고, 계획적이며, 조정력이 뛰어나다.

癸水= 子水= 도화, 정자, 유순, 두뇌총명, 우로, 비, 안개, 구름, 눈, 자궁, 생식기, 신장, 방광, 전립선, 포용력, 기획력이 우수하다, 癸水, 子水 도화는 이성이 따른다,

水氣= 많으면= 주와 색을 좋아한다, (남녀불문)
水氣= 적당하면 피부가 곱고, 예쁘장하다,
水氣= 적당하면: 지혜총명,

水氣= 태과 하면; 의지가 약하고 다능하나 호색하고, 수기가 많으면 유랑자. 역마성이 강하다.
水氣= 태 약 하면; 옹졸하며 지혜가 부족하고 용기가 없으며, 불임증이나, 정자 부족이 발생할 수 있다.

壬水= 스케일이 크다, 변화의 적응력이 좋으며, 간첩, 스파이, 포용력,
壬壬= 외국이나, 배, 바다와 인연 있다, 작은 부자,
壬壬壬= 귀격, 부자 격,
壬壬壬壬= 귀격, 일 행격 부와 귀가 있다.

水多 木浮= 물이 많으면 나무가 물위로 뜬다. 나무가 상한다.
水多 土流= 물이 많으면 흙이 떠내려간다.
水多 金沈= 물이 많으면 금이 물에 가라 앉아 못쓰게 된다.
木多 水縮= 목이 많으면 물이 고갈된다. 줄어든다.
火多 水熱= 화가 많으면 물이 증발한다.
金多 水濁= 금이 많으면 물이 탁해진다. 흐려진다.

사주팔자= 명조 여 덜자 속에 당사자의 인격 과 복록 건강이 다 들어있다.

1. 甲木론= 갑목, 곧은 나무, 열매나무. 재목용 나무, 땔감용 나무로 분류 하며, 甲 木 나무에 의무와 용도는 다음과 같다.

春木= 봄에 나무는–어린나무–작은 나무= 생장 목

夏木= 여름나무는–잎이 왕성한 나무= 잘 자라는 나무= 활엽 목

秋木= 가을나무-다자란 나무 (과일과 곡식) 추수의시기= 성장 목

冬木= 겨울나무-쉬고 있는 나무 (겨울잠 자는 나무)= 휴면 목

2. 나무가 너무 많으면

木多火熄 (목다화식)= 목 나무가 너무 많으면 불이 꺼진다.
甲木은 큰 나무이고 불을 피우는 의무는 丁火 작은 불이라 庚金 으로 甲庚 沖 하여 장작을 만들어야 丁火가 불을 피워 용광로가, 庚金을 제련을 하는 형상으로 甲木 통나무를 丁火에 주면 불이 꺼진다.

木多水縮 (목다수축)= 목 나무가 너무 많으면 물이 고갈된다.
나무는 물을 먹고 자라는데 나무가 많으면 물이 빨리 줄어든다.

木多金缺 (목다금결)= 목 나무가 너무 많으면 金 (도구)가 상한다.
나무가 많으면 나무를 자르는 도구가 망가진다는 의미 이고, 작은 도구로 큰 나무를 자르면 도구의 날이 부러 진다.는 의미이다.

3. 나무 보다 다른 오행이 많으면.

火多木焚 (화다목분)= 불이 많으면 나무가 빨리타버린다.
불은강하고 목이 약하면 용광로가 본연의 의무를 못하여 성과가 없다.

土多木折 (토다목절)= 흙이 많으면 목이 꺾어진다. 나무가 흙속에 묻힌다.
나무는 흙에다 뿌리를 내리고 물을 먹고 사는데 살기가 힘이 든다.

木剋土 에 의미는 점유나, 심는다. 소유, 와 같은 의미이고, 나무보다 땅이 너무 많으면, 과유불급에 형상으로, 점유나 소유에 능력의 한계를 넘으면 욕심에 힘만 소진되고 성과가 없다.

水多木浮 (수다목부)= 물이 많으면 나무가 물위에 떠다닌다.
물이 많으면 나무가 뿌리를 못 내리고, 삶이 안정이 안 되며, 돌아다니는 형상이 되고, 물에 상하여, 결과는 가난하거나 병약한 삶의 명조가 될 가능성이 많다.

地支六合 및 삼합 방합. 형살

六合= 지혜, 생산, 총명인자 로 보는데, 음과 양의 합으로, 부부 합이라고 하며, 합하여 다른 오행을 생하기도 하고, 묶여서 작용을 못하기도 한다.

1. 지지 육합

子+丑= 合-土; 토를 활발하게 쓰지 못하고. 수로 작용하기도 한다.
寅+亥= 合= 木; 역마 합으로 목의 작용력이 강하게 드러난다.
卯+戌= 合= 火; 제주나 예술성이 뛰어나다, 화의 작용력은 미약하다.
辰+酉= 合= 金; 강권을 상징 하여, 강압적인 권력성, 기술성을 내포한다.
巳+申= 合= 水; 역마의 합으로, 형작용과, 합작용을 같이 가진다.
午+未= 合= 火; 화를 인정하지 않는다고 쓰는 학파도 있다.

2. 지지 三合의 특징과 작용

지장간 속에 같은 종류의 오행이 들어있어서, 뭉치면 큰 힘을 작용하여, 크게 쓰이는 의미에서 국이라 하고. 사회 합이라고 한다.
寅 午 戌= 火국= 불기운이 극도로 강하다. 불바다, 만물을 태운다.
申 子 辰= 水국= 물 기운이 강하여 모두 쓸어가니, 홍수라고, 표현한다.
亥 卯 未= 木국= 나무가 많아 산림을 이룬다.
巳 酉 丑= 金국= 金이 많아 국을 이룬다. 木이 타격을 많이 받는다.

3. 方合, 방합

방합= 동, 서, 남, 북 4방향으로 같은 오행끼리 3자가 모이면 힘을 크게 작용한다고 쓰며. 같은 방향성이라 가족 합이라고 한다.
방합, 寅 卯 辰 봄, 동쪽. 巳 午 未 여름, 남쪽.
申 酉 戌 가을, 서쪽. 亥 子 丑 겨울, 북쪽.

4. 寅 巳 申 삼형 살= 두뇌가 명석하여 강한 직업에 성공이 빠르고 강하고.
강한 역마의 글자만 모여서= 형살을 이룬다. 무은 지형이라 한다.
형살은 조정한다. 바꾼다는 의미를 가지며. 충과 비슷한 파괴의 물상이다.
寅 巳. 巳 申. 寅 申을 반刑이라 하고 작용은 약하며. 六合이 더 강하다.

5. 丑 戌 未 삼형 살= 화개 살 글자만 모여서= 형살을 이룬다. 지세 지형
토지, 땅의 힘이 너무 커서 부작용이 나는 형상이다.
戌 未. 丑 未. 丑 戌. 반刑 이라하고. 작용력이 약하다.

6. 自刑= 酉 酉, 辰 辰, 午午, 亥亥= 많아서 해가 된다, 스스로 형 한다.

7. 子卯형= 서로 형을 한다고 상형이라고 한다. 파괴와 생산의 형상이 된다.

地支六沖20

아래에 열거하는 충은 원국에 있을 때에 효력과, 결과이며, 운과 대입시에 발생하는 충은 충력이 강하여 파괴된다.

陽은 陽끼리 충하고, 陰은 陰 끼리 충하며, 역마작용, 파괴재생산, 새로운 전환이나, 변화의 발생을 의미합니다.

子午 沖= 심성은 정직하고, 소심하며, 변덕이 있고, 직업은, 산부인과, 의료, 법무, 사법, 건축, 부동산, 엘리베이터, 비뇨기과,에 인연이 많다.

卯酉 沖= 타인과 충돌 시비가 많으며, 꾀돌이 인자로 융통성이 뛰어나고, 투자나 사기를 조심하라.
직업은 건축, 토목, 교육, 정밀기술, 의료, 치과, 산부인과, 피부과, 인연이 많으며, 제왕절개 가능성 있다.

寅申 沖= 역마성의 충이다, 서두르는 성향이고, 투쟁심이 강하고, 원국에 寅申 沖은 애정문재 이혼, 이별성이 강하게 작용하고, 운에서 올 때는, 직장변동, 주거변동, 발생을 유도한다.

巳亥 沖= 소심하며 논쟁이 많고, 대인관계 조심하라= 해운, 무역, 수산업, 종교, 철학, 유통, 의료, 정신과, 신경외과에 인연이 많다.

丑未 沖= 부동산 분야에 인연이 많고, 토지, 문서로 인한 다툼, 손재수 시비가 많다, 건축, 토목, 전문기술, 부동산 분야 등에 인연이 많다.

辰戌 沖= 법무, 사법, 컴퓨터, 정보, 엘리베이터, 시설임대, 건축, 토목, 의료, 치과, 한의학에, 인연이 많다.

沖= 충이되는 두개의 오행이 옆에 붙어있어야 효력이 있고, 떨어져 있으면 효력이 없으며. 사주 원국에 있는 충은 많은 의미를 내포하고 있으나,

운에서 만나는 충은 파괴를 의미하며, 그 힘이 독이 되고, 어떤 시기에는 약이 되기도 하며, 위의 내용을 사주풀이에 바로 적용하기는 어려우며 이런 이론이 있다고 이해하고, 참고만 하라고 권하며, 이론은 수없이 많고 여러 가지이며, 너무 집착을 하면 실전에서 오답이 나오게 됩니다.

십신의 성향

비견 겁재= (비겁) 일간과 음양이 같으면 비견, 음양이 다르면 겁재라 하고. 비견과 겁재를 엄격하게 구분을 하면. 고서에서는 겁재를 흉신이라고 하며. 운에서 올 때는 큰 차이를 가늠하기 어렵고, 겁재가 더 강하게 작용한다. 비겁이 많으면 일간의 힘이 강하고. 주관이강하며, 조직에서 성공하고. 비겁은 일간의 분신이고, 형제. 자매. 동료가 있는 것 같이 힘이 된다.

식신 상관= (식상) 일간과 음양이 같으면 식신, 음양이 다르면 상관 이라하고. 일간이 자기 힘을 소모하면서, 재성을 취하기 위하여 하는 일. 업무. 언어. 행동. 모두를 식상이라 한다. 식신이 순수하다면 상관은 융통성이 강하고. 식신이 제조에 별이면. 상관은 판매의 별이 되고 식신보다 성취욕이 강하며. 여명은 자식을 식신과 상관으로 나타낸다.

편재 정재= (재성) 일간과 음양이 같으면 편재, 음양이 다르면 정재라 하며. 일간이 극하여 통제하고 관리하는 오행으로 정재와 편재로 분리 하며. 일간이 활동으로 얻어지는 모는 결과물 돈, 여자, 아버지를, 재성이라 한다. 정재는 고정수입 이라하고, 꾀돌이, 직장 형, 조직 관리형으로 분류하고. 편재는 정재와 같으며, 융통성과 추진력이 강하여 큰돈. 큰 무대라 하며. 여명은 재성을 아버지와, 시어머니로 쓴다.

편관 정관= (관성)일간과 음양이 같으면 편관, 음양이 다르면 정관이라 하고. 나를 극하고 통제하며 바른길로 인도하는 오행이 관성이며. 법규를 준수 하게하고, 관성은 예의를 갖추게 하고, 인내심을 발휘하게 한다. 관성은 예의범절, 법규. 학교, 직장 사업장, 남자에게는 자식이 되고. 여자에게 관성은 남편을 나타내고. 관성의 숫자와 남자를 비례하기도 하고. 정관이 행정직, 공무원의 형상이라면, 편관은 군인. 경찰같이 강한 직업의 성향이라고 쓴다.

편인 정인= (인성)일간과 음양이 같으면 편인, 음양이 다르면 정인이라 하고. 인성은 어머니이고. 나, 일간을 생하여주며. 일간의 힘을 강하게 도와준다. 학업. 명예. 각종 문서. 학위. 자격증. 합격증서. 사직서. 이력서. 계약서. 정인은 순수학문. 문과의 성향이고, 편인은 과학. 기술성학문 .종교 .철학. 역학 등 의 성향이 강하고. 편인을 계모라고 하는 것은, 정인과 편인은 분리의 수단이 되고. 편인은 정인보다 강하고, 편향된 학문성이 됩니다.

抑扶法 (억부법) 억부 용신, 사주의 균형을 이루게 하는 방법
일간이 강할 때는, 식상, 재성, 관성의 글자가 운에서 오면 일간을 극하고 설기하여 좋다. 즉 아군과 적군의 기운이 서로 비슷하게 하여 균형을 이루게 하는 방법을 이르는 용어이고. 억 부 법이라 한다.

설기란 기운을 빼 주는 것, 일간이 생을 하면 일간의 기운이 빠지는 것이고 일간이 생을 받으면 일간의 힘이 강해지는 원리이다.

病藥法 (병약법) 병약 용신
일간이 신약할 때, 일간을 극하는 오행을, 극하고 설 하여, 제하여 주면,
그 오행을 약신 이라하고,
약이 되는 오행이 오는 운에 발복하여 부를 이룬다.

通關法 (통관법) 통관 용신
무리지어 있는 오행의 두 집단이, 대립관계 일 때, 가운데서 상생의 원리에 의하여 소통 시켜주는 오행을, 통관 용신 이라하고, 통관 운에 발전한다.

專旺法 (전왕법) 전왕 용신
일간이 동지가 없고, 극 신약 일 때, 강한 세력에 편승 하는 것을
從종(따를 종)한다 하여, 종세 격, 종재 격, 종관격 등 많은 명칭이 있으며.
제일 강한오행을 따라 격으로 정한다.

調候法 (조후법) 조후 용신
사주명조에 오행을 寒 冷 燥 濕, 한 냉 조 습 으로 분류 하며.
찰한 寒, 어름 냉 冷, 건조할 조 燥, 축축할 습 濕,
덥고 조열한 천간오행 甲 乙 丙 丁 戊
덥고 조열한 지지오행 寅 卯 巳 午 未 戌

춥고 냉하고 습한 천간에 오행 己 庚 辛 壬 癸
춥고 냉하고 습한 지지에 오행 子 丑 辰 申 酉 亥
반대의 기운을 가진 글자가 조후용신이 되고.
운에서, 반대의 세력이 와서 균형을 이룰 때 발 복을 하여 뜻을 이룬다.

비겁은= 비견과 겁재를 통합하여 쓰는 명칭이고, 일간의 분신으로. 일간의 힘을 강하게 하고, 일간의 경쟁력이며, 형제, 자매, 동료, 이고, 운에서 오는 비겁은 남이 되어, 탈취 하거나 괴로움을 줄 수 있고. 일간이 약할 때는 크게 도움을 주고 즐거움을 주며, 일간이 강할 때는 탈취 자가 되고 지지와 조합을 잘하여야 합니다.

일간과 비겁이 동시에 충이나 극을 받으면 건강이 나빠지고, 심하면 사망에 이를 수 있으며. 비겁은 경쟁력이고, 재물을 취하는 힘이 되고, 비겁이 많으며, 구조가 좋으면, 큰 조직에서 관리자로 성공을 할 수 있다.

비겁 운

일간이 약할 때는 비겁 운은, 도움이 되어 일간이 재물을 취할 수 있고. 일간이 강할 때는 비겁 운은, 크게 해를 끼친다. 차면 넘치는 이치이다. 일간이 힘이 과하면 오만하고 방자한 언행이나, 행동으로 인하여 구설이나 시비가 발생하여 신용이 하락하여, 명예가 실추되고. 재물 손실이 있으며. 비겁이 많이 있고, 구조가 나쁘면, 재물과 배우자를 비겁이 가져가서, 가난한 삶을 살게 되거나, 혼자 외롭게 사는 삶이 될 수 있다.

비겁 운이 원국에 식상과 합을 하면= 식상은 일간의 생각이고 계획이며 현재 하고있는 일이고, 업무이며, 남이 일간의 업무를 가져가는, 형국이나 일간이 약할 때는 은인의 역할을 하여 크게 도운이 되고, 일간이 강할 때는 탈 취자 역할을 하여 사고나 사기수를 조심하고 손재 운이 됩니다.

비겁 운이 원국에 재성과 합을 하면= 재성은 재물. 부친. 배우자를. 의미하여, 잘 살펴야 하고. 남이 나의 재물이나 여자를 가져가는 형상이 되며. 비겁 운이 재성을 충을 하면= 남이 나의 돈 통을 깬다는 의미가 되고. 재물이 손재 하거나, 부부사이에 불화가 발생할 수 있다.

비겁 운이 원국에 관성과 합을 하면= 남이 일간의 직장이나 직책을 가져가는 형국으로 직장 변동 운이 되고, 지지가 좋으면 승진 전근이나, 이직으로 직장이나 사업에 발전 운이 될 수 있습니다.

비겁 운이 원국에 인성과 합을 하면= 문서와 관계있는 일들이 하락 운이며 시험이나 계약, 신용, 명예관련 일들이 흉하게 발생하는 운이며, 어머니가 없어지는 운이 될 수도 있습니다.

식상은= 식신 과 상관을 줄여서 쓰고 있는 통합 명칭이고.
식상은 사주에 일간이, 재성이라는 결과물을 취하기 위한 수단으로서 일간의 신체에서 표출되고 발산하는 언행과 행동으로, 의식주 행동 모두 식상에 포함되고. 일간이 발산하는 에너지는 모두가 식상이 됩니다.

세상만사를 공부하고 습득하는 행위를 말하고, 행동하는 것은 모두다, 식상이라 하고. 식상은 건강과 수명에 깊은 관계가 있으며.
식상은 일간의 능력으로, 식상은 제자, 직원, 후배가. 되고. 능력이 되며, 구성에 따라, 공부를 잘한다, 업무능력이 좋다, 인정이 많다, 라고 쓴다.

식신과 상관의 성향을 분류 하면.
식신= 꼼꼼하고 섬세하며 고지식한 성향이 강하여, 제조의 별이라 하고, 직업성으로는, 공무원, 회사원, 교육자. 학자 연구원이. 적성이 되고.

상관= 구속을 실어하고, 언변과 전투력이 강하여, 판매의 별이라 하며, 직업의 성향은, 사업가, 자영업, 전문직. 예술가. 연예인. 체육인. 정치인 등으로 분류를 할 수 있고.
식상을 연애의 기술로 설명하면= 식신은 밥 먹자. 상관은 술 먹자 로 분류 할 수 있으며. 식상이 년 주에 있으면 연애 운이 빠르다고 본다.

여자는 식상이 없으면 애교가 부족하며. 상대를 설득하는 기술이나 상업성이 약하다고 볼 수 있으며, 여자는 식상이 자식이고, 일지가 식상이며, 자식이 태어나면 자식사랑이 극진하여 남편하고 해여 지는 경우가 많으며. 득 자 부별 이라한다.

상관이 천간에 있고 강하면= 표현력이 강하고, 학문성이 좋으며, 변호사. 회계사, 예술인, 작가, 언론 방손인 이 적성이라 하고. 반대로 식상이 없으면, 표현력과 설득력이 부족하며, 융통성이 부족하여 상업이나 사업의 성향은 부족할 수 있다.

식상 운이 오고= 충이나 극이 없으면, 만사형통 운이라고 할 수 있으며. 현재 하고 있는 업무와 원하는 일들이 순조롭게 잘 이루어지고, 여명에 식상이 운에서 형이나 충이되면, 유산이 되거나, 자식 운이 흉 하거나. 하는 일. 업무에 구설 시비나, 흉한일이 발생할 수 있다.

재성, 이란 정재와 편재를 줄여서 쓰는 공통 명칭이고.
사주에서 재성은 돈이고, 재물을 의미하며, 정재는 배우자, 편재는 부친 이라고 쓰이나 정확하지 않으니 정 편재를 같이 쓸데가 많으며.
여자는 관성이 배우자이고, 배우자를 생하는 오행이 재성이라 재성을 시어머니 (시모)로 쓴다.

정재(正財)= 고지식한 학자의상 같이, 융통성은 부족하나. 꼼꼼하게 일을 처리하는 능력이 좋으며 공무원이나 큰 회사원의 성향이고.
편재(偏財)= 활동하는 무대나, 활동하는 영력이 크다고 하며, 대민 성, 사업성이 강하고, 풍류, 교재, 교류, 융통성이 강하여, 큰 재물을 추구하고, 재물을 취하는 힘이 강하여. 초가집에도 살아보고, 대궐에도 살아본다고 하며. 삶에 굴곡이 있다고 씁니다.

사주에 일간이 강하고 재성이 왕 하면 재물이 많을 가능성이 있으며.
일지가 재성이면 현명한 부인이고, 가정이 안정되며 재물을 늘리는 재주가 있거나. 처가가 부자일수 있으며 배우자 복이 있다고 보며,
여명이 일지에 재성이 있으면 시모를 모시거나 시모와 좋은 사이로 본다.

재성이 강하면 두뇌가 총명하여 재를 취하는 능력이 좋다고 보며,
재성이 지장 간에 숨어 있으면 재물이 있는 명으로 보고. 구두쇠 이다.
재성 운이 식상과 합을 이루면, 재물이 들어오고. 극을 받으면 재물이 나가는 운이 되나. 경사나 보수에 쓰이는 재물도 손재 운에 포함이 될 수 있다고 보며, 사주에서는 상관과 재성의 구성이 좋으면, 사업성이 좋은 명이라고 합니다.

재성 운= 형, 충이 없으면, 취직, 합격, 당선, 재물상승 의 기회가 될 수 있으며 남자 사주에 재성이 없거나, 약하면 배우자 복이 약할 가능성이 있고. 여자는 시모가 없거나 시가의 덕이 약할 수 있으며. 사주원국에서 재성이 인성을 극하고 있으면, 학업 운이 약할 수 있고, 어머니 덕이 약할 수 있으며, 아버지가 어머니를 힘들게 하는 모습이 됩니다.

년 주에 재성= 조상 덕, 월주에 재성= 부모 덕, 일지에 재성= 배우자 덕
시주에 재성은 자식 덕이 있고, 말년에 재물이 있다고 본다.
*사주 학의 이론은 통계적이고, 보편적인 이론임을 이해하여야 합니다.

자율계 관성론

정관과 편관을 줄여서 관성이라 하고.
官星은 일간을 바른길로 인도하고 통제하며, 일간의 명예와 자질을 가늠할 수 있는 중요한 오행이며. 관성이 구성이 좋으면, 총명하며 명예를 중요시하고, 정직하며 고지식하나 관리자의 자질을 유추 할 수 있다.

정관= 용모는 단정하고, 인품은 순정하고, 명예를 중히 여기며, 학자나, 일반 공무원, 큰 회사 행정직이 적성이라 하고,

편관= 진취적이고, 투쟁성과 영웅심이 강하여 강한 직업의 성향으로, 군인, 경찰, 법무, 언론, 작가, 예술, 건설, 중장비, 제작, 운전, 세무, 스포츠 등이 성향으로 분류하여 쓰고 있다.

편관 격= 목적의식이 명확하고, 목표를 위하여 남다른 노력을 하며.
관성을 육친으로 보면= 남자에게는 자식이 되며, 직장이나 사업장이 되고.
여자에게는= 남편, 시가. 남편 외에 남자, 그리고 직장이나 사업장이 되며.
관성이 많으면 남자는 직장안정이 잘 안되어 고생할 수 있고.
여자는 많은 남자로 인하여, 고생을 할 수 있다.

관재나 구설이 발생하는 시기나, 관청과 연결된 시비의 발생원인은, 관성이 약해질 때, 일탈의 심리가 발생하여, 준법성과 절제력이 부족하여 스스로 실수나, 범법행위를 하게 되는 시기에 발생하게 되고.
신약하고 관성이 많은데 또 관성 운이 올 때. 원국에 관성이 운에서 오는 오행과 합에 의하여 다른 오행으로 변할 때나. 증발할 때 발생을 합니다.

관이 충을 받으면 업무가 힘들거나. 이직이나, 퇴직의 경우가 발생하고, 여자의 경우, 직장의 문제는 남자와 같고, 남편이나 남자문재가 발생하며, 남편과 불화 하거나 해여 질 수 있고, 남자를 만날 수도 있으며.
관성이 충년에 만난 남자는 좋은 남자로 볼 수 없고 해 여질 남자로 본다.

남자는 관성이 없으면 자식 운이 약하고 직장운도 약하며. 여자는 관성이 없으면, 남자 덕이 약하고, 자신이 가주가되어 살아 갈수 있고.
관성이 없으면 남자에게 관심이 적으며. 남편에 대한 존경심이 부족하고, 관성 운이 충이나 극이 없으면, 직장과 사업에 발전이 있는 좋은 운이고, 남편발전, 취직, 승진, 합격, 득남하는 운이 됩니다.

인성, 이란 정인과 편인을 줄여서 쓰고 있는 통합 명칭이고,
인성은 일간을 생하는 오행으로, 정인을 어머니라 하고, 편인을 계모라고 하며, 이를 분리하여 설명을 하면,

정인= 인자하여 이해를 많이 하시는 어머니 의 성향이며, 순수한 학문성을 의미하고. 학자의 성향이라 할 수 있으며.
편인= 엄한 성향의 어머니, 편향된 기술성 학문이나, 종교성 같은 특수성의 특수한 성향이며, 계모라고 하는 것은, 정인과 편인을 분리하기 위한 수단으로 써 왔으며, 계모라는 용어는 쓰지 말아야 합니다.
인성= 도장을 의미하며, 직장인은 결재권으로 보고, 인성이 약하면, 결재권이 약하다 하고, 인성은 강해야 결재권과 학식, 인덕이 좋다고 본다.

인성= 어려서는 학업 운으로 쓰고, 인덕, 음덕, 부모덕, 은인의 덕이 있느냐, 없느냐를 가늠하고, 문서에 해당하는 표현으로, 권리증서, 자격증, 합격증, 당선증, 취직명단, 매매계약서, 이력서, 사직서, 증권 등의 운기를 가늠 하는 잣대가 된다.

인성= 인성이 적당하게 있으면, 인성은 받는 기운으로서, 학업 운과 인덕이 있다고 보며, 인성이 과하게 많으면, 아래와 같다.
(1) 식상의 활동성을 극을 하여 게으를 수 있고,
(2) 지나친 도덕성으로 행동에 제약이 따를 수 있으며,
(3) 사랑을, 부 도덕이라 하며 옷을 안 벗을 수 있고,
(4) 성 불감증이 있을 수 있으며,
(5) 생각이 많아 추진력이 약할 수 있다.

인성이 충이나 극을 받으면= 신용이 하락하고, 명예가 하락 하며, 재물이 손재하는 불행한 일이 발생 할 수 있으며,
학생은 학업이 중단되는 경우가 있고, 계약이 파기되거나, 계약의 성립이 이루어지지 않으며, 시험은 합격하기 어렵고, 어머니의 건강이 나빠지거나 사망 할 수 있고, 직장인은 결재권에 손상이 올수 있다.

년주, 조상 궁에 인성이, 연결이 좋으면 상속을 예상 할 수 있고,
월주에 인성이 있고 구성이 좋으면 부모덕이 있으며,
자식 궁, 시주에 인성이 있으면, 자식 덕이 있고, 말년에 임대료나 연금 같은 재물이 있다고 봅니다.

1.용신= 사주에서 일간과 원국에 꼭 필요한 오행을 용신이라 하며, 보통은 원국에서 용신을 찾으며, 원판을 자세하게 살피는 효과는 있으나 원국과 운의 대입에서 용신을 강조하면 오류가 발생하여 실수를 할 수 있다.

용신의 오행이 운에서 왔으나, 발 복의 운이 아닌 경우가 많으니, 용신을 원국에서 찾지 말고, 어떤 오행을 운에서 만나면, 어떤 좋은 일이 발생할 것인가를 예측 하고, 추리하여 행운의 오행에서 용신을 정하여 쓰는 방식을 권한다.

2.격국= 격은 그 사주의 인품이나 성향 성격 을 추리하는 방식으로, 격국을 정하는 방법은 일간대비, 월지를 기준으로 하며, 월지 지장간에 오행이 사주 천간에 하나 이상이 있으면 본기, 중기, 여기 순으로, 십성의 명칭으로 격국을 정하고, 천간에 투출이 없으면 월지에 해당하는 십성의 명칭을 격으로 정하여 쓴다.

격국의 십성이, 사주와 일간의 성향과 비슷하게 맞으면 다행이나, 전혀 다른 경우가 있으니, 맹신은 하지 말고, 참고하여 잘 써야하며. 용신과 격 국을 안 쓰는 학파도 있다.

3.대운 수 산출하는 방법, 년 간 을 기준으로 산출한다.
양남 음 여= 순행= 출생일에서, 다가오는 절기, 절 입일. 전일까지의 날자 수를 3으로 나누고 1이 남으면 버리고 2가남으면 1을 합산한 숫자가 대운수가 되는 것이며.
음남 양여= 지나간 절기 전일까지의 날수를, 3으로 나누고 1이 남으면 버리고 2가 남으면 1을 더하여 정하고. 절기 절 입일 날 출생한 자는, 10을 대운수로 정한다.

남자= 년간 을 기준으로 하며(양간) 甲, 丙, 戊, 庚, 壬 은 순행하고.
남자= 년간 을 기준으로 하며(음간) 乙, 丁, 己, 申, 癸 는 역행한다.T
여자= 년간 을 기준으로 하며(양간) 甲, 丙, 戊, 庚, 壬 은 역행하고
여자= 년간 을 기준으로 하며(음간) 乙, 丁 ,己, 辛, 癸 는 순행한다.

전통적으로 대운을 쓰는 방향은 아래와 같이 쓴다.
甲 乙 丙 丁 戊 己 庚 辛 壬 癸= 역행= 남-음간- 여 양간
癸 壬 辛 庚 戊 己 丁 丙 乙 甲= 순행= 남-양간- 여 음간

행운과 官星 분석

운에서 온 행운은 그 기간 동안에만 효력이 있으며,
천간에서 甲己 合 하여 여인을 만났으나, 지지에서 일지나, 재성이
형, 충, 파 되면 해여 질 여자를 만난 운으로 해석을 합니다.

1. 運에서, 원국에 官星이 합되어 사라지면, 직장에 변동 수를 의미 하고,
   퇴직이나, 이직, 권고사직이 되고, 운이 나쁘면 해고 일수도 있으며,
   사업자는 가게이전, 학생은 전학이나 퇴학을 의미하고, 여명은 남자와
   헤어질 수 있고, 관재구설이 발생할 수 있다.

2. 여명에서 비, 겁 지장간에 관성이 있으면, 유부남이나 거쳐 온 남자이고.
   식상, 지장 간에 들어있는 관성은 아이 딸린 남자일 가능성이 있으며,
   남명에서 비겁에 들어 있는 재성은, 거쳐 온 여인이나, 유부녀로 본다.

3. 女命= 일지나, 관성오행이 약하면, ① 남편의 건강이 약할 수 있으며.
   ②경재적 사회적 능력이 약할 수 있고, ③ 불만이 많아 이혼가능 하다.

4. 男 女모두 배우자궁과 배우자 星의 해석에서, 배우자星이 강하고,
   재성이나 관성의 혼잡이 아닌 배우자를 만나는 것이 중요하고,
   배우자궁 과 배우자 星이 강해야 가정을 지키는 힘이 강하다.

5. 官성과 食상이 없는 여인은 남편 덕, 자식 덕이 약할 수 있고,
   관은 일간을 바른길로 인도하고, 통재를 하며 인성의 길잡이가 되고,
   관성이 없거나 약하면, 자유분방한 기질이 강하여 준법정신이 약하고,
   원국에 관성이 합이나, 충으로 없어지거나 다른 오행으로 변할 때
   관재 구설이 발생하여 명예와, 재물에 손상을 주는 일이 발생 한다.

6. 官星운이 충, 극이 없으면, 좋은 남자 만나고, 취직, 승진, 직장발전 운.
   남명은= 취직, 승진, 직장발전, 개업, 사업발전, 자식에도 발전이 있다.

7. 예= 水일간이, 未土가 관성인 구조에, 운에서 亥水가 와서 亥 卯 未
   삼합으로 未土 官星이 木으로 변하는 해에, 관재구설이 발생 하여
   명예와 재물이 손상되는 일이 발생할 수 있다.

충에 대한 이론

천간 충과 지지 충은 성격이 다르다고 할 수 있으며,
천간에 합이나 충은 간단명료하게 단순하고,
지지에 충은 지장 간에 암장되어 있는 세력들이 복잡 다양하게 합치고,
부디 치고 일을 벌인다.

지지에 六沖= 寅 申, 卯 酉, 辰 戌, 丑 未, 子 午, 巳 亥, 沖이 있으며.
서로가 충을 한다고 해서 상충이라고 하고. 상충이 되는 해는, 갈등, 반목
또는 변고나 변화가 발생한다.

상충이 원국에 있으면= 변화를 추구하는 성향이 강하고, 활동적이며.
불안정한 심리가 있고, 끈기가 부족하여 마무리를 잘 못하는 경향이
보통인 보다 강한 편이다.
학업을 포기하거나, 직장을 자주 옮기기도 하고, 육친간의 인연이 박한
경향도 있다.

세운 과 원국= 일지가 충이 되면= 부부 불화, 다툼이나, 이별일수 있고,
부부간에 어느 한쪽이 병이 올수 있으며.
세운 과 원국= 월지가 충이되면= 이사, 이직, 출가 (시집), 사고 수,
관재구설. 질병, 다툼, 등, 안 좋은 일들이 발생 할 수 있고.
세운 과 원국= 시지를 충을 하면= 자식으로 인해 걱정 근심이 생길 수
있고. 어디에 서나, 충이되는 오행의 십성과 육친을 잘 살펴야 한다.

세운= 년 지를 충을 하면= 조 모님이나, 십성과, 육친으로 관계되는
일이나 변고가 발생 할 수 있다.

비겁이 충.이나 극을 받으면 건강이 나빠지고. 명예가 하락할 수 있고.
식상이 충,이나 극을 받으면 업무가 힘들거나, 건강이 약해질 수 있으며.
재성이 충,이나 극을 받으면 손재 운, 지출이 발생하고, 수입은 줄어든다.

관성이 충,이나 극을 받으면 해고, 이직, 전근. 직업변동, 관재 구설이,
발생할 수 있고. 재물과 명예가 하락 할 수 있다,
인성이 충,이나 극을 받으면 문서사고, 사기 수, 배신, 문서 운이, 흉하여
불합격, 계약파기, 신용과 명예가 하락 하고, 재물 손재수가
발생하는 운이 됩니다.

지지에 오행이 沖= 충돌이 일어나면 지장 간에 천간의 글자들이 모두 뛰쳐 나오는, 현상이 일어나고, 박으로 나온 오행들이 천간의 글자들과, 합이나 충을 하여, 여러 가지 사건들이 이루어지며. 그러니 刑이나 沖을 바르게 설명하기가 매우 어렵다.

개고되어 발생하는 합이나 충을, 헤아리기란 쉬운 일이 아니나, 잘 살펴야 하고, 지장간에 화기가 꺼져도 심장이 멈추는 경우가 있으며, 실 예로= 영화배우 강수연 씨의 심장 정지 운이 그러하다. 壬寅년 壬丙 沖 하여 천간에 丙火가 꺼지고, 월지에 申金과 寅申沖 하여 寅木 지장 간에 丙火가 꺼지는 것을 무시한 것은 강 수연 씨가 젊어서 관성이 충이되어 업무가 많이 힘들고, 명예가 하락하는 운이라고 풀이하여 기록을 하고 2개월 만에 심장정지 상태로 병원에 입원이 되어 쾌유를 빌었으나 3일만에 사망으로 영화계에 귀중한 별이 떨어지는 비극이 발생을 하였습니다.

寅 申 巳 亥 생지와, 辰 戌 丑N未, 刑殺에, 開庫되는, 지장 간에 오행의 운동성과. 십성, 육친, 신체에 건강과 대입을 하고, 풀이를 하여야 하고. 자묘 형이나, 자형, 두자. 반 형은 개고가 없으며 삼형보다 강도가 약하다.

천간 합과 합의순서 ①노출된 천간의 합 ② 明暗합 ③ 암합 (장간끼리 합) 대운의 지지는 충으로 해당글자가 개고되는 일은 없으며, 대운에서 합이 되면 합된 근기는 세운에서 충이 되어도 대운의 오행은 온전하고.

그대운 중에 세운에서 충이나 합이 발생할 때 충이나 합의 강도가 강하다 고, 이해를 하고, 어떤 오행이 충으로 깨지거나, 합으로 묶이면, 옆에 있던 오행이 동하고, 힘을 받는 오행을 삼변성이라고 하며, 잘 살펴야 한다.

모든 오행의 글자가 충을 당하면, 반드시 신상변화나 사건이 발생하고. 합이란 두 글자 모두 본연에 의무를 못하는 것이고, 그 오행의 십성과 생성된 십상을 잘 살펴야 한다.

유인력= 삼합 구성시에, 지지에 두 글자가 잇고, 없는 오행이 천간에 있으면, 지지에서 삼합이 이루어진 형태로 보고. 정상적인 삼합으로 풀이를 합니다. 沖이 꼭 나쁘다는 것은 아니고, 활동 영역이 넓어지고 갈등과 고민을 통해 생각이 깊어지고 경쟁력이 길러 질수도 있다고 하나, 충은 파괴력이 강하여, 크고 작은 사건이 발생을 합니다.

형 충 회 합 이론정리 3

32

1. 사주 원국과 大運은, (体) 체 라하고. 동하지 않으며.
운에서 오는 오행을, 用 용이라 하고, 지구의 자전과 공전에 따라서,
오행의 기운이 수시로 바뀌어, 삶의 기운이 바뀌게 됩니다.
년 월 일 시에 따라서, 수시로 바뀐다. 변한다.
형 충 회합은 매년 매월 매일 매시마다. 크고 작게. 일상에서 일어나는
일들을 알아낼 수 있기 때문에, 중요하고. 신기한 명리 학이 됩니다.
합 과 충은 서로간격이 붙어있어야 영향력이 발생하며, 刑 은 떨어져
있어도 성립한다.

2. 체(體)의 영역인 원국에서 합으로 묶여있는 오행은 정지 상태이고
합을 풀려면 운에서 오는 오행이 충이나 합으로 풀 수 있고,
풀린 오행의 한 글자는, 본 기능을 하고, 충이나 합이 된 글자는 다른
기능으로 변하거나 파괴 되거나 묶여 있게 된다.

3. 형 충 회 합 어느 것에도 해당되지 않으면 동(動)하지 않으며, 동 하지
않을 때는 그 전 상태로 그대로 흘러가게 됩니다.

4. 먼저 동(動)하는 순서
① 천간 합, ② 삼합, 방 합, 삼형 ③ 육합, 육충 ④ 자형(刑)
⑤ 반합 ⑥ 파, 해 ⑦ 귀문(鬼門), 원진(怨瞋)
⑧ 생동 (生動)= 운에서 온, 같은 글자를, 동합이라 하고 동한다고하며,
활동을 하면, 원국에 있는 오행과, 어떤 작용을 하여 새로운 일이
발생을 하는 것이다.

5. 대운(大運)은 체의 영역이라 동하지 않으며,
실제 현상으로 나타나지 않고 일어날 수 있는 환경을 예측, 제공한다.
대운이 원국을 충 하는 오행이 있으면 그 대운 기간 중에, 세운에서
원국을 충 하는 오행의 시기에 충이 발생하며. 대운과 합세하여
충을 하는 것으로, 충의 강도가 크게 발생하며, 충을 받은 그 오행의
십성과 육친이 피해를 보게 되는 것으로 이해하면 됩니다.

6. 합 운은 원국에 충을 해소하고, 충 운은 원국에 합을 해소한다.

양은 양과 충하고, 음은 음끼리 충 하는데, ① 역마작용, ② 파괴 재생산, ③ 새로운 전환 ④ 변화 등의 발생을 의미하고,
사주 원국에 있는 충과, 운에서 오는 충은 해석이 완전히 다르다.

地支 六沖= 子 午, 寅 申, 巳 亥, 卯 酉, 辰 戌, 丑 未.
사주 풀이에서= 원국과, 행운을, 십성과 육친이 일간과의, 관계에 따라 모두 해설이 다르기 때문에 아래에 설명은 참고만 하시기 바랍니다.

子 午 충= 도화 성
심성은 정직하나 소심하고, 신중하지 못하고 변덕이 있으며,
健康으로는= 신경 정신계통, 심장, 신장, 위장, 치질 등의 질병에 약하고,

丑未 충= 재산, 토지, 문서로 인한 다툼, 손재수, 시비수가 많으며,
丑未 沖과 辰戌 충= 습토와 건토의 충으로 믹스가 되어, 건토가 습토가 된다고, 좋은 의미로 보는 학파도 있으니, 참고 하시라.

寅 申 충= 역마 성
매사 서두르는 경향이 많고, 투쟁심이 강하여, 꾀돌이가 된다고 하며,
대운 세운에서 인신 충은 직장변동, 주거변동, 남녀 애정관계, 발생하고,
원국에 일지와, 월지가 인신 충 있으면 애정문재, 이혼, 이별 단정하며,
健康= 혈압, 수족 장애, 심 혈관계통이 약하다.

巳 亥 충= 역마 성
소심한 성격, 구설, 시비, 논쟁이 많다, 대인관계 각별히 조심해야하고,
健康= 신장, 방광, 심장, 뇌질환 계통이 약하다.

辰 戌충= 나무를 옮겨 심어야 하기에, 자리안정이 안되고, 재성이면 재물이 많이 모이지 않으며. 주거변동이 자주 발생한다.
健康= 위장병, 심혈관 계통, 약하다.

卯 酉충= 도화 성, 타인과 충돌 시비수가 많다, 꾀돌이 인자로 융통성이 뛰어나고, 예= 산부인과의사= 卯는 여 성기, 酉는 칼의 물상으로 본다.
주거변동이 심하다, 무리한 투자나, 사기를 조심하여야 합니다.

원국과 비겁운의 관계

비견과 겁재의 정의.
원국에 있는 비견과 겁재는 일간의 힘이고, 대항력 이며, 경쟁력이 되고,
운에서 오는 비, 겁은 타인이 이며, 남이 와서, 즐거움과 괴로움을 준다.

사주 원국이 약할 때는, 많은 도움을 주어, 힘이 되며, 희신 운이라 하고,
형제, 자매, 동료들이 도와주는 형상, 사람으로 덕을 본다. 인덕 이 되고,
사주 원국이 강할 때는, 기신 운이라 하고, 흉한일이 발생하며. 배신이나
사기 수. 사고 수를 조심하여야 합니다.

비겁 운이, 원국에 식상과 합을 하면,
식상은, 일간의 생각이고, 계획이며, 현재 하고 있는 일이며 업무이고,
남이 현재 업무를 가져간다, 일을 못하게 한다. 새로운 일을 하고 싶다.
마음의 변화= 사직, 이직, 직업 병동이 발생할 수 있다.

비겁 운이 원국에 식상을, 충을 하면.
업무가 힘들다, 일을 못하게 한다. 직장 변동수가 발생할 수 있다.

비겁 운이 원국에 재성을 합을 하면.
일간의 재물을 가져가는 형상이 되고, 지출 운, 손재 운을 만나고.
집을 수리 하거나, 경사에 쓰이는 지출을 포함 될 수도 있다.

비겁 운이 원국에 재성을 충을 하면= 재물 손재 운이며. 합의 경우와
분리하여 비유 하면, 합의 경우는 사기 수에 가깝고,
충의 경우는 사고 수와 비유가 되는 재물 손재 운이라고 할 수 있습니다.

비겁 운이 원국에 관성을 합을 하면,
남이 일간의 직장이나, 직책을 가져가는 형국으로, 직장 변동 운이 되고
전근, 이직, 사직 운이며, 지지 운이 좋으면, 승진 운이 되기도 합니다.

비겁 운이 원국에 인성을 합을 하면,
타인으로 인하여, 신용과 명에가 하락을 하는 흉한 운이 되고, 문서사고,
불합격, 사직서, 계약 파기. 결재권이 없어지는 운이 됩니다.
어머님이 없어지는 운이 될 수 있다.

오행과 건강 2

오행의 숫자가 2개까지는 적당하고, 3개부터는 많은 것이며, 과하거나, 부족하면, 그 오행이 관장하는 장기가 약하고. 오행이 과하게 많은 쪽에 병이 빨리 오고, 극하거나, 생하는 반대쪽에 오행도 살펴야 한다.

木= 뇌를 중심으로 온 몸에 퍼져있는 신경계를 관장하며, 간과 담을 관장하고,

木= 이 튼튼하지 못하면 신경이 예민하고, 천간에 불이 없어, 음 습하면 우울증이 발생한다.

木= 이 없거나 약한 사람은 신경이 예민하고, 피로를 쉽게 느끼며 불안증, 신경쇠약, 신경성 위염, 시력이 약하고 간이나 담이 (쓸개) 약하고, 중풍에 약하며, 뇌경색, 신경통, 소화 불량, 증상들이 유발한다.
동쪽을 많이 보고, 잠잘 때는 동쪽으로 머리를 두고 기를 받으며.
청색을 즐겨 하고, 살아있는 나무와 가까이 있으면 좋다,

水= 혈액이 되고, 혈액이 탁하면, 혈관을 통과하지 못할 때 뇌경색이나, 심근 경색 이 유발하고.

水= 가 너무 적어 건조하거나, 너무 많으면 신장, 방광, 생식기 전립선에 염증성 질병이 유발하며.
수기가 약하면 북쪽으로 머리를 두고 잠을 자고, 검정색을 가까이 하면 효과가 있다고 한다.

火= 남쪽, 붉은색(적색) 심장, 소장, 심근경색, 심장병, 소화불량이, 발생하고 화기가 부족하면, 태양빛을 많이 받고, 잠잘 때는 남쪽으로 머리 방향을 하고, 숙면을 취하고.
화기가 약하면, 불이나 화학 품을 많이 쓰는 직업이 좋다.

土= 위장, 비장, 소화불량, 위암, 피부를 관장하고, 땅, 황색, 단맛.
토기가 약하면 흙을 가까이 접하면, 효과가 있다.

金= 폐, 대장, 호흡기, 직장암, 기관지를, 관장하고, 천식, 백색, 서쪽, 금기가 약하면, 서쪽으로 머리를 두고 잠을 자고, 평소에도 서쪽방향을 바라보고 생활하면 좋다.

도화살= 子 午 卯 酉
인기 인자, 시선을 모으는 힘이 있고, 예술적 기능적으로 남다른 소질이 있어, 인기가 있다는 좋은 인자이다.

역마 살= 寅 申 巳 亥
추진력과 이동성이 강한 직업 ,군, 경, 검, 의료, 전자, 전기, 통신 광업. 공업, 중기, 해외 진출, 추진력과 활동력이 강하다.

원진 살= 子 未, 丑 午, 寅 酉, 卯 申, 辰 亥, 巳 戌
이유 없이 불만이고, 과한 집착과 욕심 에서오는 발상이다.

백호 살= 기질이 강하고, 기이한 발복으로 유명인이나 재벌이 되기도 한다.
甲 辰 , 乙 未 , 丙 戌 , 丁 丑 ,戊 辰 , 壬 戌 , 癸 丑 (강한 인자)

괴강= 강한인자, 경쟁성 투쟁성, 잘사는 인자이고, 통솔력 우두머리 격이다.
戊辰, 戊 戌, 庚 辰, 庚戌, 壬 辰, 壬 戌

귀문 살= 귀문은 기이한 심리상태이다, 보통사람과는 다른 기이한 연구나, 특이한 생각을 한다, 사상가나 예술가 등에 많으며, 인류 발전에 커다란 성과를 내기도 한다, 子 未, 丑 午, 寅 未, 卯 申, 辰 亥, 巳 戌

현침 살= 침이나 주사기 모양으로 의약업, 침술, 군, 경, 제단사, 이, 미용업.
칼이나 침을 사용하는 성향이고, 교통사고 등으로 몸을 다치기도 한다.
甲, 辛, 卯, 午, 申, 子, 丁, 未,

양인 살= 12운성으로 양간의 제왕자리 이고, 천간 오행의 겁재이다.
좋은 운에 강한 힘을 잘 사용하면, 권세를 얻고 장군이나 법관이 된다.
격이 낮으면 의류 ,미용, 기능공 등에 종사한다.
甲 卯, 丙 午, 戊 午, 庚 酉, 壬 子. 칼이나 도구를 쓰는 기술성.

천라지망= **戌亥는 天羅**, 하늘에 그물망 이라하며, 남자 에 해당 하고,
辰巳 는 地網, 땅에 그물망 이라하며. 여자에 해당 한다.
격이 좋으면 권력기관으로 진출하고, 종교성이 강하며, 품위 있고 체가 나며, 격이 낮으면, 구금, 과부 등으로 타격을 받기도 한다.

24절기 절 후 표

37

계절	절기 명	양력	일	음력	기후(기후)의 특징(특징)
봄 春	입춘 立春	2월	4-5일	1	봄의 시작, 겨울의 끝자락
	우수 雨水		18-20		얼음이 녹고, 초목이 싹트기 시작
	경칩 驚蟄	3월	5-6	2	개구리, 벌래 겨울잠에서 깨어난다.
	춘분 春分		20-22		봄의 시작, 낮과 밤의 길이가 같다
	청명 淸明	4월	4-5	3	하늘은 맑고, 날씨는 따뜻하다.
	곡우 穀雨		20-21		농사를 재촉하는 비가 내린다.
여름 夏	입하 立夏	5월	5-6	4	여름의 시작,
	소만 小滿		20-21		여름의 기운이 감돈다.
	망종 芒種	6월	5-6	5	파종의시기를 끝으로, 모내기 한다.
	하지 夏至		21-23		낮의 길이가 제일 길다.
	소서 小暑	7월	6-8	6	더위가 시작된다.
	대서 大暑		22-23		더위가 절정의 시기이다
가을 秋	입추 立秋	8월	7-8	7	가을의 시작이다
	처서 處暑		22-23		더위가 수그러든다. 햇과일의 시작
	백로 白露	9월	7-8	8	이슬이 내리며 가을기분이다
	추분 秋分		22-24		낮과 밤의 길이가 같다.中秋 節
	한로 寒露	10월	7-9	9	찬이슬이 내리고, 써늘하다
	상강 霜降		22-24		서리가 내리고, 깊은 가을
겨울 冬	입동 立冬	11월	7-8	10	겨울의 문턱, 추워지기 시작
	소설 小雪		22-23		눈이 조금씩 내리기 시작 한다.
	대설 大雪	12월	6-7	11	많이 춥고, 많은 눈이 내린다.
	동지 冬至		21-23		밤이 가장 길다.
	소한 小寒	1월	5-7	12	추위의 절정이다.
	대한 大寒		20-23		조금만 더 가면 입춘이 온다.

절기와 명리 학

절기와 명리 학은 우주와 대자연의 순환 운동에 근거하며.
명리 학에, 대자연 운동을, 글자로 표현한 것으로 대자연의 관찰에서
답을 찾아야 한다.

계절의 변화와 특징에 대하여 자세히 정리하여 두면 좋으며,
명리 학은 양력도 음력도 아닌 절기를 쓰고, 절기 학이라 하고,
절기가 바뀌어야, 寅月 에서 卯月로, 卯月에서 辰月로 바뀌는 것이다.

절기는 명리 학의 기준이 되므로 알아 두어야 한고.
농촌에서는 절기가 절대적으로 필요하나.
도시에서는 대충 기후와 절기에 크게, 인식되는 절기만 통용한다.

명리 학에서는 12개의 지지를 사용하므로,
12절기만 사용하고 있으니, 12절기만 알면 되나,
24 절기는 태양의 운동을 기준으로 만들어 졌으니,
양력과 같이 변한다고 보면 된다.

음력을 강조하는 것은 옛날 농경시대의 풍습과 같은 것이고.
양력은 태양을 기준으로 만들어 졌고,
음력은 달을 기준으로 만들어 졌기에, 여인의 생리주기가 양력 월수보다
약 2일에서 3일씩 빨라진다.

하늘에, 달의 운동에 따라 움직이는 밀물과 썰물의 이치이고,
여인의 생리 주기는 달을 기준으로 만들어 졌으며,
고로 계절은 양력을 기준으로 보아야 하고,
명절이나 제사 는 음력으로 보는 것이 맞다 고 본다.

절기 절후표에 기록된, 각각의 월에 처음 절기를 잘 숙지하여야 합니다.

無= 식상= 애교 없으며, 사교성, 접객 성, 대민 성, 부족.
無= 비겁= 투쟁력, 활동력 부족, 외로움 고독하고, 가난할 수 있다.
沖= 원국에 충= 투쟁성. 이동성이 강하나, 마무리가 부족한 성향이 있고,
年= 국가자리, 큰 조직, 정관, 정재, 정인이 있으면 어릴 때 좋은 가정이며,
金= 기운이 강하면 목이 상하여 간에 무리가 온다.

木= 봄, 봄은 시작 창조의 에너지 기운으로 쓰고. 밝고 명랑한 성향이며,
木= 관성이면 일을 벌리고, 만들고 다니는 남편의 성향이고,
봄에 씨앗을 뿌려야, 여름에 자라서, 가을에 과실을 거두고,
겨울엔 저장한다.

火= 여름= 발산, 인기를 높이려한다, 발산은 재물을 만들기 위한 노력이며,
여름엔 곡식이나 과일이 자라고.
金= 수렴, 과일이나 곡식을 거두어들인다, 결실의 에너지이고,
金,火교역,= 金은 火를 봐야 제련이 되어 재 구실을 하며,
庚 金은 丁火,를 만나야 기물이 되고. 辛金은 丙火를 봐야 빛이 난다.

水= 지혜, 저장, 휴식, 인내의 에너지이다.

종 격從 格, 사주를, 모 아니면 도라고 하는 이유는,
오행이 편고 되어 균형을 이루지 못하기 때문에 발생하는 현상이고.
명예와 부는 이루나, 결혼 운, 부부 운, 건강, 수명이 약할 수 있어
그렇게 표현을 하고. 없는 오행은 약하고, 못쓰기 때문에 발생하는 원리
이며, 사주풀이에서 오행에 규형의 원리가 됩니다.

* **도화**, **현침**, **양인**, **화개**= 손재주, 기능성, 장인기질, 감성, EQ, 오감이
발달하여, 편인적인 기술성이강하며, 정교하고 정밀한 분야에 발전이
있으니, 잘 쓰면 성공이 빠는 인생이 됩니다.

* 개운법= 흉한 운에는, 절을 많이 하고, 봉사활동을 많이 하라
한없이 걸어라, 힘든 일을 많이 하라, 많이 베풀어라.
지출 운= 헌 그릇이나, 헌 가전재품을 깨서버리고 새것으로 사라.

일간끼리 상생이면 마음이 끌리고, 일간끼리 상극이면 멀어진다.

比劫= 경쟁심 이고, 대항력이며, 비겁이 없으면 대항력이 약하다.
比劫= 형제, 자매, 동료, 동업자, 경쟁자, 탈취 자, 의 역할을 한다.
比劫 運= 타인이 와서, 도와주기도 하고, 빼앗아 가기도 한다.

食傷= 지식이고, 발표력 달변 이며, 내가 조건 없이 주는 성향,
食傷= 활동하여 재물을 취하기 위한 모든 행위, 일, 말, 지식, 에너지,
食傷= 아랫사람, 직원, 재자, 학생, 신도, 부하, 학업능력, 업무능력.
여자는= 식상 이 자식이 되며, 위와 같이 씁니다,

無食傷= 베푸는 게 안 된다. 식상이 많으면= 많이 베푼다.
食傷이 형, 충 일 때= 자동차나 기계가 고장 나기도 한다, 손재 운.
食傷 운= 충이면 조건 없이 지출이 발생 하고, 업무 중단 및 변동 운.
食傷 운= 먹을 복 의식주, 형 충이 없으면 만사형통하여 꿈을 이룬다.

官星= 책임감과, 준법정신이 강하며 지도력이 있으며,
관이 없으면 자유분방 하고, 직위가 낮으며, 자식이 귀하다.
官星이 없으면= 공무원이나 큰 조직에 근무하기 힘들 수 있다.
官星= 남자는 사회, 직장, 벼슬, 명예, 여자는= 남편, 남편 외 남자.
官星 運= 취직, 직장발전, 득남, 여자는 남자를 만나거나 직장 운이다.

印星 運= 합격, 공부, 계약, 주식, 매매, 주택구입, 확장, 문서 발전 운.

印星= 어머니, 공부, 스승, 귀인, 윗사람 의 도움,
인성이 없으면= 부모와 인연이 약하고 사회에서 인덕이 약하다,
印星= 적당하면 공부를 잘하고, 인덕이 있고. 과하게 많으면 게으르고,
인덕이 없으며, 인성이 태과하면 성 불감증이 있을 수도 있다.

財星 運= 여자가 들어오고, 돈이 들어온다.
財星= 배우자, 재물, 아버지, 여자는= 재물, 아버지, 시어머니 이다.
財星= 형, 충, 극을 받으면, 돈 나가고, 여자도 나갈 수 있다,
財星= 꾀가 있으며. 조직력이 강하여 관리가가 될 수 있고. 활동무대 이며
편재는 큰 무대. 큰 재물이며, 사회성이 정재보다 강하다.

월 월주	1 월	2 월	3 월	4 월	5 월	6 월	7 월	8 월	9 월	10 월	11 월	12 월
20年 庚子	戊 寅	己 卯	庚 辰	辛 巳	壬 午	癸 未	甲 申	乙 酉	丙 戌	丁 亥	戊 子	己 丑
21年 辛丑	庚 寅	辛 卯	壬 辰	癸 巳	甲 午	乙 未	丙 申	丁 酉	戊 戌	己 亥	庚 子	辛 丑
22年 壬寅	壬 寅	癸 卯	甲 辰	乙 巳	丙 午	丁 未	戊 申	己 酉	庚 戌	辛 亥	壬 子	癸 丑
23年 癸卯	甲 寅	乙 卯	丙 辰	丁 巳	戊 午	己 未	庚 申	辛 酉	壬 戌	癸 亥	甲 子	乙 丑
24年 甲辰	丙 寅	丁 卯	戊 辰	己 巳	庚 午	辛 未	壬 申	癸 酉	甲 戌	乙 亥	丙 子	丁 丑
25年 乙巳	戊 寅	己 卯	庚 辰	辛 巳	壬 午	癸 未	甲 申	乙 酉	丙 戌	丁 亥	戊 子	己 丑
26年 丙午	庚 寅	辛 卯	壬 辰	癸 巳	甲 午	乙 未	丙 申	丁 酉	戊 戌	己 亥	庚 子	辛 丑
시주.	子 11. 3 밤	丑 1. 30	寅 3. 30	卯 5. 30	辰 7. 30	巳 9. 30	午 11. 30	未 1. 30	辛 3. 30	酉 5. 30	戌 7. 30	亥 9. 30
20年 庚子	丙 子	丁 丑	戊 寅	己 卯	庚 辰	辛 巳	壬 午	癸 未	甲 申	乙 酉	丙 戌	丁 亥
21年 辛丑	戊 子	己 丑	庚 寅	辛 卯	壬 辰	癸 巳	甲 午	乙 未	丙 申	丁 酉	戊 戌	己 亥
22年 壬寅	庚 子	辛 丑	壬 寅	癸 卯	甲 辰	乙 巳	丙 午	丁 未	戊 申	己 酉	庚 戌	辛 亥
23年 癸卯	壬 子	癸 丑	甲 寅	乙 卯	丙 辰	丁 巳	戊 午	己 未	庚 申	辛 酉	壬 戌	癸 亥
24年 甲辰	甲 子	乙 丑	丙 寅	丁 卯	戊 辰	己 巳	庚 午	辛 未	壬 申	癸 酉	甲 戌	乙 亥
25年 乙巳	丙 子	丁 丑	戊 寅	己 卯	庚 辰	辛 巳	壬 午	癸 未	甲 申	乙 酉	丙 戌	丁 亥
26年 丙午	戊 子	己 丑	庚 寅	辛 卯	壬 辰	癸 巳	甲 午	乙 未	丙 申	丁 酉	戊 戌	己 亥

오행의 운동성

오행의 生 운동성 1

木生火= 나무는 타서 불을 낳고. 나무는 불을 강하게 하고.

火生土= 불은 타서 흙을 낳고. 흙을 강하게 하고.

土生金= 흙속에서 쇠가 나오고. 바위와 원석이 나온다.

金生水= 바위 속에서 물이 나온다. 수원지다.

水生木= 물은 나무를 기른다. 키운다. 나무의 힘을 강하게 한다.

오행의 剋 운동성 2

木剋土= 나무는 흙에 뿌리를 내리고 자양분을 먹고산다.

土剋水= 흙은 물길을 막는다. 가둔다.

水剋火= 물은 불을 끈다. 불을 약하게 한다.

火剋金= 불은 쇠를 녹인다. 금이 약해진다.

金剋木= 금은 나무를 자른다. 나무를 약하게 한다.

한 가지 五行이 많을 때 3

토다매금 (土多埋金)= 흙이 많으면 쇠가 묻힌다. (묻을매)

화다토초 (火多土焦)= 불이 많으면 흙이 타버린다. (그을릴초)

목다화식 (木多火熄)= 나무가 많으면 불이 꺼진다.

수다목부 (水多木浮)= 물이 많으면 나무가 떠내려간다.

금다수탁 (金多水濁)= 쇠가 많으면 물이 흐려진다. (흐트릴탁)

수다금침 (水多金浸)= 물이 많으면 쇠가 물속에 잠긴다, 빠진다. (담글침)

목다수축 (木多水縮)= 나무가 많으면 물이 마른다. (줄어든다)

화다목분 (火多木焚)= 불이 많으면 나무가 빨리타버린다. (불사를분)

토다화식 (土多火熄)= 흙이 많으면 불이 꺼진다.

금다토변 (金多土變)= 금이 많으면 흙이 변한다. 나무가 자랄 수 없다

목다금결 (木多金缺)= 나무가 많으면 쇠가 파손된다. 쇠가 꺽 긴다.

토다목절 (土多木絶)= 흙이 많으면 나무가 흙속에 묻힌다. 살기 힘들다.

수다토류 (水多土流)= 물이 많으면 흙이 떠내려간다.

화다수열 (火多水熱)= 불이 많으면 물이 끓는다. 물이 증발한다.

금다화식 (金多火熄)= 쇠가 많으면 불이 식는다. 꺼진다.

12운성 표

일간	장생	목욕	관대	건록	제왕	쇠	병	사	묘	절	태	양
甲	亥	子	丑	寅	卯	辰	巳	午	未	申	酉	戌
乙	午	巳	辰	卯	寅	丑	子	亥	戌	酉	申	未
丙 戊	寅	卯	辰	巳	午	未	申	酉	戌	亥	子	丑
丁 己	酉	申	未	午	巳	辰	卯	寅	丑	子	亥	戌
庚	巳	午	未	申	酉	戌	亥	子	丑	寅	卯	辰
辛	子	亥	戌	酉	申	未	午	巳	辰	卯	寅	丑
壬	申	酉	戌	亥	子	丑	寅	卯	辰	巳	午	未
癸	卯	寅	丑	子	亥	戌	酉	申	未	午	巳	辰

절,絶= 가벼운 마음으로 쉽게 할 수 있는 직장이 좋다.
태,胎= 모태 속에서의 형상으로. 여리다. 직장에서 내근 직이 적격이다.
양,養= 태 보다는 성숙한 성향으로, 사교적이고, 사업성도 좋다.

장생,長生= 참모는 잘하나, 대표는 여리다. 상임 고문이 필요하다.
목욕,沐浴= 풍류기질에 철부지 격이니, 여리다. 직장인이 적격이다.
관대,冠帶= 사회초년생, 욕망은 크고 몸은 성숙하나, 학문을 더 쌓으라.

건록,建祿= 중견 간부의 격으로, 투쟁성과 경쟁력이 있다.
제왕,帝王= 능력이 탁월하다. 경영, 연구 개발, 스포츠에도, 발전이 있다.
쇠,衰= 활동력이 약해지고, 정년의 시기, 정신의 세계 발달, 안정적인성향.

병.病= 다정다감하다, 음악이나 예능이 적성이고, 과격성은 없다.
사,死 학술, 예술, 의술, 정신적인 직업성이 적성이다.
묘,墓= 사치와 낭비가 없는, 구두쇠의 성향으로, 안정을 추구한다.

사주풀이에서, 오행의 강약과 성향을 우선 적용 분석 풀이하고,
신 살의 적용은 양념과 같은 보충재로 써야 실수가 적으며.
(예) 병 사 묘= 병들어 죽어 가, 아니고, 젊음은 육체의 발달, 노년은
정신세계의 발달을 의미하며, 인간의 일생에 접목시킨 신살 이다.

합격, 취직, 승진, 계약.

***년 운이 좋으며, 월운과 조합을 잘 이루어지는 시기에 성공을 합니다.**

1. 운에서 오는 재성은 새로운 근무부서에서 받는 봉급이고,
2. 운에서 오는 관성은 새로운 근무처 이고,원국에 관성은 현재의 근무처
3. 운에서 오는 인성은 승진명단 이나, 전근 명단, 합격, 계약, 은인,
4. 운에서 오는 식상은 새 근무부서의 업무를 뜻 한다, 일이나, 계획

(1) 시험합격 원국과 세운에서 財성과 印성이 합이 되면 成功

1. 세운 천간에서 재성을 만나고 지지에서 인성이 합이 되면 합격
2. 세운 천간에서 인성을 만나고 지지에서 재성이 합이 되면 합격
3. 시험일과 시험발표 일에 일간과대입하여 길하면 합격

(2) 취업 및 이직= 원국과 세운에서 財, 官, 印이 합이 되면 成功

1. 세운 관성 운을 천간에서 만나면 지지에서, 재성과 인성 합은 합격
2. 세운 천간에서 재성을 만나고 지지에서 관성이 합 인성이 합이면 합격
3. 세운 천간에서 인성을 만나고 지지에서 재성과 관성이 합이면 합격,

(3) 승진의 조건 歲運 과 月運 인사발령

* 원국과 년운= 원국과 월운에서 관성과 재성이 합 되면 성공,
* 월운을 분석하는 방법은 세운을 분석하는 방법과 같다
* 주로 월의 인사발령에서 승진의 여 부를, 찾으나 원국이 좋아야 송공.

1. 월운 천간에서 官성을 만나면 지지에는 월운과 원국의財성이 합= 승진
2. 월운의 천간 지지 에서 官성과 財성을 모두만나면 세운지지가 원국 지지와 합 되면 성공.
3. 월운 천간에서 인성이 합되고, 운의지지가 원국 관성과 합되면 승진,
4. 월운에서 식상을 만나면 지지에는 재성과 관성이 합 되어야 승진.

(4) 부동산 매매계약, 세운 월운 참조

*원국과 세운 월운에서 인성과 재성이 합 되면 성공.

1. 월운 천간에서 식상을 만나고, 원국 지지에서 재성과 인성이 합= 계약
2. 월운 천간에서 재성을 만나고, 원국 지지에서 인성을 합 하면= 계약
3. 월운 천간에 재성이 일간과 합되고, 원국 지지에서 인성이 합= 계약
4. 월운 천간에 관성이 오고, 원국 지지에서 재성과 인성이 합= 계약 됨

오행 과 건강 3

甲木= 동쪽, 자존심 강하고, 교육 성, 기획, 창신, 추진력, 밝고 명랑,
하며, 명은 높고 실은 약, 열매나무, 땔감용, 재목용,
乙木= 예, 체능, 예술성, 음악, 미술 등. 교육성, 끈기, 접객 성, 사교성,
꾸미기 좋아하고, 여행을 좋아한다.
健康= 수명, 신경성, 정신질환, 두, 면. 간, 장, 신맛, 청색, 仁, 3 과 8

丙火= 남쪽, 예의바름, 활동적, 융통성 부족, 매사 적극적, 나무를 키운다,
보석을 빛낸다, 명예 지향적이며, 성격은 급하다,
丁火= 온순 포근함, 한번 믿으면 변하지 않는다, 용광로, 모닥불, 촛불,
겨울 난방, 조명 빛, 등불, 달빛, 별빛.
健康= 심장, 소장, 혈압, 혈관, 치아, 시력, 적색, 쓴맛, 禮, 2 와 7

戊土= 과묵, 속을 모른다, 큰 산, 나무를 키운다, 동물이 산다,
파 워 있는 직장, 광석을 캔다, 목을 키운다.
己土= 온순, 다정다감, 분쟁의 중재자, 교재의 신, 엷은 구름, 전, 답.
健康= 위장, 비장, 피부질환, 단맛, 황색, 信. 5 와 10

庚金= 서쪽, 분리 분별이 강하고, 의롭다, 용감하며 속정이 깊다,
광석, 큰 쇠, 수원지, 우박, 서리, 폭우, 과일,
辛金= 깔끔, 까칠, 공사구분 정확, 미인, 비서로 안 쓴다, 원칙주의자.
보석, 완성된 금, 칼, 달, 구름, 서리, 비, 과일
健康= 폐, 대장, 뼈, 골수, 호흡기, 관절, 백색, 매운맛, 義. 4 와 9

壬水= 북쪽, 지혜, 맑은 물, 많은 물, 포용력, 모성애, 속을 모른다,
속이 깊다, 학문과 연구가 길하다 ,호수, 폭우,
癸水= 온순, 지혜, 사려가 깊어 실수가 적다, 만물을 씻어주는 봉사 성,
빗물, 냇물, 계곡물,
健康= 신장, 방광, 생식기, 종아리, 전립선, 검정색, 짠맛, 智. 1 과 6

보편적-오행이 두개이상 있으면 많은 것이고, 많이 있어도 많은 쪽에 병이
오고, 없거나 약해도 그쪽에 병이 먼저 유발 합니다.

日支에 12운성

張生= 길성 이며, 윗사람을 섬기거나 모시고 일을 하는데 는 탁월하나, 부장, 차장. 총무, 통솔력은 약간 부족하여 사장이나 회장이 되고자 할 때는, 반드시 상임고문을 모셔야 한다.

沐浴= 철부지격, 사업은 기복이 많으니, 직장인이다. 많이 옮겨 다니는 직장이 재격이다, 인물이 좋고 이성과 풍류를 즐긴다.

冠帶= 육체는 성숙하나 정신은 미성숙이다, 용기는 좋으니 학문을 많이 하여, 인성, 정신의 세계, 종교계 철학, 학문, 연구 분야, 성공한다,

建祿= 독립심과 진취성이 강하여 독립이다, 직장에서도 능력이 탁월하여 승진이 빠르고, 경쟁성 투쟁성이 강하다, 몸이 건강하고 부지런하다.

帝旺= 능력이 탁월하여 승진이 빠르고, 경쟁심이 강하니, 육체적인 스포츠, 특수한 연구 분야가 적성이다.

衰= 전형적인 봉 급 생활자이다, 원만 하고 순리적인 것을 좋아한다.

病= 다정 다감 하다, 음악이나 예능은 적성이고, 과격한 활동은 여리다.

死= 학술, 예술, 의술, 정신적인 기술 업이 적성이고, 천하의 명의도 될 수 있다, 두뇌명석 정신발달,

墓= 구두쇠이고 경재성이 강하다, 사치와 낭비는 멀고, 과소비는 더욱 멀다.

絶= 가장 편하고 안정된 직장 형이고, 쉽게 할 수 있는 직장이 좋다.

胎= 직장이다, 사업을 하면 이것, 저것, 종류가 많아, 실패 가 연속이다.

養= 팔방미인으로, 생각하는 것이 성숙하여, 대인 관계에 무엇이던지 원활하게 해결하는 능력이 있다.

財星運= 財성과 연관 있는 일이 발생 한다.
吉神= 재물 상승 운, 아내나 아버지에 좋은 기운, 투기, 투자, 계약, 합격
男= 이성배우자와 좋은 인연이 있을 수 있고, 아버지의 일들이 발전한다.

忌神= 재물의 손재, 아버지의 쇠락, 이성으로 인한 고초 및 손재 운
재성이 인성을 극하면 문서와 관련된 하락 운이 발생할 수 있다.

官星運= 법, 직업과 관청을 의미하며, 직업과 관련된 일이 발생한다.
吉神= 취직, 합격, 승진, 자식 득남, 자식발전 운, 명예상승 운,
女= 좋은 이성 배우자와 인연, 남편의 기운상승,
忌神= 직장 운 쇠락, 불합격, 관재 시비 손재 운, 건강문제, 자식근심.
女= 배우자 운의 쇠락, 이성배우자 로 인한 근심 고통, 이혼,

印星運= 문서에 해당하는 여러 가지 일들. 성공과. 실패를 예고한다.
吉神= 공부, 합격, 문서, 자격증, 어머니. 은덕, 매매, 이력서. 사직서
忌神= 위의 조건들이 배신, 사기, 해고 등. 흉하게 작용한다.

比劫運= 형제, 친구, 동료, 경쟁자, 겁탈자,
吉神= 귀인성으로 인덕, 재물상승, 직업 운 상승, 투자, 거래, 승부수,
성공 수. 비겁이 약하여 신약 할 때 비겁 운이 큰 도움이 된다.
忌神= 사람으로 인해 피해를 본다, 시비구설, 재물손재, 직업, 명예쇠락,

食傷運= 아랫사람, 후배, 직원, 재자들이, 도와주는 격이고. 새로운 일.
吉神= 일간의 의식이 개선되어, 의식주, 부동산, 동산, 재물이 늘어나고
건강이 좋아지며, 진행하는 일들이 순행을 합니다.
女= 득남이나 자식이 발전하는 운이 되고. 의식주 재물과 명예발전 운.

忌神= 의식주가 줄어들고, 재물손실. 수명과 건강이 문제가 생기고,
나의 의식이 변하여, 안 되는 쪽으로 의욕이 발동하여. 하락 운이 된다.
女= 자식에 문제 하락. 임산부가 형 충 운을 만나면, 낙태의 위험 있다.

得比理財; 재성이 많은 신약한 사주에 비겁이 도움이 되는 경우.
群劫奪夫 ;군겁탈부, 비겁이 많고 관이 적은 경우,
官殺混雜; 관성이 음과 양이 섞여 혼재하여 있을 때 관살혼잡이라 한다.
明暗夫集; 여, 천간과 지지에 관살이 혼잡 된 경우, 해로하기 어려우며,
干支에 관살이 다른 지장간에 남자성과 합이 된 경우이다

貪財壞印; 탐재괴인, 신약 격이면 용신에 인성을 쓰는데 재가 있으면
재극인이 되어, 용신을 극하니 뇌물 등으로 구설이 있을 수 있다
이때 다시 財가 오면 위신손상이 아니고, 목숨까지 위태하다,

印綬用財; 인수가 왕 할 때, 財가 오면 좋으니 (財印不碍)가 된다. (碍애)
食神制殺; 剋洩交加 극설교가; 재살태과 신강하고 뿌리가 있어야 한다.
騰蘿繫甲; 등라계갑, 높은 곳으로 오르다, 값이 오르다, 매 달다.
乙목이 甲목을 타고 오르는 것

財官雙美; 정재와 정관이 한곳에 있어 아름답다, 財官을 동시에 쓰게 되어
신강을 요하게 된다. 인성과 비겁 운이 길하다.
天支德合; 천간과 지지가 같이 합이 되는 것: 예, 乙 酉 일 庚辰 시
乙 庚合; 辰酉 합, 일시 합 과, 년 월 합을 제일이다
천지 합덕이니 인심이 나에게로 돌아오고 싸우지 않고 승리
하니 장군, 재상 공후의 모습이다

元神透出; 원신투출, 투, 통하다, 뛰어넘다 월지에 근을 둔 천간을 말한다.
신강 신약을 구분 할 때 쓴다
재관 에 신왕하고 원신 투출이면 녹이 두텁고 권세가 높으니
나아가 용안에 절 한다
天寒地凍; 하늘은 차고 땅은 얼었다, 동월 이니 亥 子 丑 겨울이다
殺刃相停; 칠살과 양인이 서로 합하여 머물러 있다
살이 강할 때에는 합하거나 충 함은 모두 불길하게 본다.
지위가 귀한 품격에 오르는데 (中和)의 도를 잃으면 염라대왕이 불러들인다.
칠살과 양인이 쌍으로 드러나 균형을 이뤄 머물러 있으면 지위가 왕후에 이른다.
三奇得位; 삼기득위, 정재, 정관, 정인, 일간이 강하고 뿌리가 든든하면,
건강하게 남자는 正-品, 여자는 귀부인 이다.

衰旺太極; 쇠가 극에 이르렀다는 말이다, 太衰, 極衰, 太旺, 旺極
木이 태왕하면 금으로 제 하지 말고, 水로洩氣시켜야 하고, 또木이왕 극했을 때 는 화로 설기시키면 안 되고 수로 써 생하는 것이 좋다

日落西山; 丙火 일주가 申 酉 月에 출생하였다는 뜻이다, 日이란 태양을 말하고 양간은 從氣不縱勢 라 하여 세를 따르지 않는다.
甲木萌芽; 맹아, 싹이트다, 갑목이 해월에 싹이 트기시작 한다.

母衰子旺; 식상을 자녀로 쓰는 여명만 해당하고, 일간은 약한데 식상은 강하다.
母子滅子; 인성이 너무 많으면 과하여 자식에 나쁘다는 뜻이다
姉妹剛强; 건명에는 형제이고, 곤명에는 자매이다, 비겁이 많으면 재를 극하고, 극 부 손재 하고 남편의 첩도 된다.

兒能生母; 아는 식상이고 일주가 모가 되니, 살을 제거하여 일간을 살려 주니, 아능 생모라 한다, 아는 食神財殺하고 인수까지 조절하며, 이중 역할로 일주를 적극 돕고 있다.

殺印相生; 칠살이 인수를 생하여 인수가 나를 생 하게 하는 것이다.
官印相生; 정관이 인수를 생하고 인수가 나를 생하는 것을 관인상생이라 한다.
官印雙全; 원국에 관살과 인수가 조화되면 貴格이다, 관은 재와 인의 보필을 기뻐하므로 재, 관, 인 운에는 모두 발전한다 (관인상생)

去官留殺; 관살혼잡에 관이 합 거하고 살아남은 거, 거살 유관 이라한다.
官殺併用; 관과 살을 모두 병용하여 쓴다는 말이다.
像官傷盡; 상관상진= 상관을 극하여 기진맥진 하였다는 뜻이다.

身旺財旺; 원국에 재가 왕 하여 부자로 확정될 가능성이 있을 때.
休旺衰旺; 휴왕은 왕상 휴 수사 의 기본적 측면 만 본 것 이고.
쇠와왕은: 理氣論的 에서본 것이다, 양면을 다 보아야하니 왕 쇠를 살피라,

학업 운

학업의 시기는 년 주와, 월주 의 십성과 구조가 좋아야, 좋은 운기가 되며.
식상, 재성, 문창귀인, 건 록, 대운과 세운 초년 운이 중요하다.

일간이 강하며 관성과 인성의 구성이 좋으면 학업 운이 좋은 명이 되고
학업 운이 좋아서, 초년에 일정한 괴도에 올라서야 삶이 수월하다.

比肩= 자존심, 추체 성, 승리 욕이 강하여 공부하는 힘이 되고,
印星이 년 월에서 생 조를 받고 있으면 좋으며, 관성과 인성이 발달해
있으면 최고의 구성이 되고, 大運과 세운에서 官星. 印星 운을
만나면 좋은 결과를 기대 할 수 있다.

正印= 순수한 학문, 학업 운, 결재권, 문서, 인덕.
偏印= 기술성 학문, 공학 특수한 자격, 체육, 예능, 예술, 문서,
羊刃= 상서로울 양, 羊과 祿이 있어도 공부 잘하는 힘이 되며,

魁剛= 白虎= 기질을 강하게 하여 목적을 이룰 때 큰 힘이 되고,
군중을 휘어잡는 힘이 되어. 리 더 가되며, 성공이 빠르다.
食傷= 돈이나 여자, 또는 명예를 취하기 위한 표현 의 모든 수단과 방법,
업무. 계획. 언어, 행동, 체력, 체육, 기술, 기능, 등 모든 행위이다.

食神= 식신을 문창귀인이라고 하며, 丙 丁 戊 己 일간은 편재를 문창으로
쓰며 학업 운이 좋은 명이 됩니다.
食神= 生財의 구성이면, 생산성이 재물로 이루어지는 모습이 되어 길하고.

傷官= 변형 성으로, 논리가 식신보다 강하고 추진력이강하며, 천간에 뜨고
지지에 뿌리가 있으면 더 강하다.
傷官= 生財= 상업 쪽 방향으로 유능하고. 상관이 과하면 오답을 쓴다.

水= 생각하는 지혜이며, 수가 있어야 꾸준히 공부를 잘 할 수 있고.
水= 가 부족하면 유학을 고려 해 보라. 바다를 접하면 수기가 보충된다.
火= 빛나고 싶은 욕구이다, 화는 발표력. 발산하는 힘이고, 인정을
받고자 하는 심리에서 공부를 잘 할 수 있으며,
화가 약하면, 아는 것을 발표를 잘 못한다.

장생(長生)= 세상에 갓 태어난, 탄생을 의미하고. 주위로부터 축복을 받고.
어떤 기둥에 있던 육친의 혜택을 받을 수 있다고 본다.
년주= 조상 덕이 있다.
월주= 부모덕 형제 덕이 있으며, 인덕이 있다. 윗사람 덕.
일주= 배우자가 근면하며, 배우자 덕이 있다. 본인도 근면하다.
시주= 자식 덕이 있다. 노후가 좋다.

목욕(沐浴)= 갓 태어난, 몸을 씻는 것과 같다. 도화살 작용과 비슷하다.
년주= 조상 중에 풍류를 즐겼던 분이 있거나,
조상 중에 두 번 이상 결혼한 분이 있을 수 있다.
월주= 부모 형제 중에 풍류를 즐겼던 분이 있거나, 본인이 풍류를 즐긴다.
일주= 자신이나 배우자가 바람을 피울 가능성이 많다.
시주= 자식이 바람을 피우거나, 자식이 속을 썩인다.

관대(冠帶)= 성인식과도 같은 것. 30이 넘어야 운이 트인다.
년주= 조상 덕이 있으나 30이 넘어야 철이 들고 운이 풀린다.
월주= 부모님이 완고한 분이며, 사회적 덕망이 있으신 분이다.
일주= 본인과 배우자 모두 고집이 세다.
시주= 자식이 일찍 성공하여 자식 덕이 있다.

건록(建祿)= 현시대에 중견 간부급으로 보고. 사업을 하여도 성공한다.
년주= 조상님이 자수성가 하였다.
월주= 부모형제가 자수성가 하였다. 고향을 일찍 떠난다.
일주= 부부의 인연이 바뀌는 수가 있다. 시주= 자손이 자수성가 한다.

제왕(帝旺)= 무리하게 일을 처리하여. 부작용을 일으킬 수도 있다. 과감성.
년주= 선대에 부귀하였다.
월주= 부모형제가 발복한다.
일주= 부부의 인연이 바뀌는 수가 있다.
시주= 자손이 가문을 빛낸다.

쇠(衰)= 인간이 노년기에 접어들어 쇠퇴한 형상을 의미한다.
년주= 조상 덕이 없다.
월주= 부모 형제 덕이 없으며. 부모 형제 중에 병약한 사람이 있다
일주= 부부의인연이 바뀌든가, 부부간에 건강이 안 좋을 수 있다.
시주= 자손 덕이 없으며 늙어서 고독하다.

병(病)= 늙어서 병이든 상태를 말한다.
년주= 조상의 가문이 미미 하였다.
월주= 부모형제 덕이 없다. 부모형제가 병약하다.
일주= 부부가 병약하다. 시주= 자식이 병약하다.

사(死)= 죽는 것이다. 자신이 뿌린 자손들만 남는다.
년주= 조상의 가문은 좋으나 덕이 없으며, 양자로 가는 수가 잇다,
월주= 머리가 좋으며. 장남 출신이 많고, 부모형제 덕이 없다.
일주= 배우자가 허약하거나 , 사별하는 수가 있다.
시주= 자녀가 부실하다.

묘(墓)= 죽어서 땅속에 묻히는 것을 의미하고. 묘에 해당하는 육친들은 대개 마음속에 간직하고 표현을 잘 하지 않는다.
년주= 선조가 근면 성실 했다.
월주= 부모 형제가 근면 성실하다. 덕은 없고. 선대에 자손 없는 제사를 지내는 수가 있다.
일주= 부부의 인연이 약하다. 재혼하는 수가 있다.
여자는 양녀로 가거나, 장남에게 시집가면 액을 면한다. 괜 찬다.
시주= 자식 인연이 박하고, 양자나 양녀를 두는 수가 있고. 말년이 고독.

절(絶)= 다시, 새로 발동할 시기, 창조적 기틀을 마련하는 상태.
년주= 조상의 가문이 약했다.
월주= 부모형제 가 곤란한 일을 많이 당한다.
일주= 시집 장가가기 힘들다. 시주= 자식 덕이 없으며 말년이 고독하다.

태(胎)= 절에서 유기를 받아 새로 태동하여 자리를 잡는 형상이다.
년주= 선대에 조상들이 자수성가 하였다.
월주= 부모형제 덕이 없다. 마음들이 유약하다.
일주= 배우자가 유약하다. 시주= 아들이 귀하고 딸이 많다.

양(養)= 태가 자라나는 상태를 말한다.
년주= 조상, 가문이 양자로 자라낫다.
월주= 본인이나 부모형제 중에 양자로 가는 수가 있다.
일주= 색정 재난이 있고, 부부인연이 바뀔 수 있고, 무녀가 될 수 있다.
시주= 양자를 키우는 수가 있고, 늙어서 자식을 봉양하는 수가 있다.

간명 지 좌측, 위쪽에 음과 양에 대한 설명은 아래와 같습니다.

(1)음덕을 가늠 하는 수단으로 남자는 양이라 음이 많은 것이 길 하고
여자는 음이라 양이 많은 것이 길 하다.

(2)추진력을 가늠하는 수단으로 양이 많으면 추진력과 활동성이 강하고.
음이 많으면 끈기와 집착력이 강하다.

음 양(1) 음 양(2)	강 약 0		용 신		격 국		남 여 0		대 운	세 운	월 운	오 행	개 수	십성
살														비겁
육친														식상
십성														재성
천간														관성
지지														인성
지장간														
십성														
육친														
살														
대운수	12	11	10	9	8	7	6	5	4	3	2	1		
천간														
지지														

(1)에서 표시하는 음陰과 양陽 천간= 양陽= 甲 乙 丙 丁 戊
천간= 음陰= 己 庚 申 壬 癸
지지= 양陽= 寅 卯 巳 午 未 戌
지지= 음陰= 亥 子 丑 辰 申 酉

(2)에서 표시하는 음陰과 양陽 천간= 양陽= 甲 丙 戊 庚 壬
천간= 음陰= 乙 丁 己 辛 癸
지지= 양陽= 寅 辰 巳 申 戌 亥
지지= 음陰= 子 丑 卯 午 未 酉

십성(十星)과, 십신(十神)은 같은 의미의, 용어이니 혼동이 없기를 바라며,
십성(十星)= 별 星성자이고. 십신(十神)= 정신神신자(귀신神)자이다.
육친= 일간과 다른 오행과의 관계를= 가족관계인, 혈육을 표시하는 용어이며,
십성과 육친은 완전히 다른 의미임을 숙지하고, 착오가 없어야 합니다.

運 始 大運. 첫 대운

甲= 장남 ,장녀 역활. 맏며느리 역활.
乙= 말을 잘한다, 단거리 여행을 좋아한다,
丙= 크고 넓은 것을 좋아한다,
丁= 고소 공포증 있고, 영감이 있다,
戊= 신의와, 신용이 강하며 말씨가 적다.

己= 모든 일을 법적으로 해결 하려한다, 기록을 잘한다.
庚= 의리 독선.
辛= 수지침, 신비한 것을 좋아한다,
壬= 장거리 여행을 좋아한다, 외국유학,
癸= 욕심이 많다

子= 도화살 멋을 잘 부린다, 자식애착이 강하다
丑= 일복이 많다. 天厄星. 액을 당할 확률이 높다. 허리가 아프다
寅= 일처리 깔끔하다.
卯= 예민하고 부지런하다, 멋을 잘 낸다,
辰= 번뜩이는 아이디어 좋다, 다재 다능. 달변.
巳= 착하고 성실하다, 효성 심.

午= 멋 내기를 좋아한다, 여명은 미인.
未= 음식 솜씨가 있다, 사업수완 있다. 돈이 붙어 다닌다.
申= 마무리를 잘한다,
酉= 미인이다, 멋을 잘 낸다, 임기응변이 능하다.
戌= 여명은 평생 돈이 안 떨어진다,
亥= 미식가

일지= 生支(생지)= 총명하고 용모가 수려하다.
일지= 旺支(왕지)= 목소리가 크고. 리더 의 기질이 있다.
일지= 沐浴(목욕)= 인물이 좋고 인기 있어, 바람기가 있다.
일지= 桃花(도화)= 인물이 좋고 인기 있어. 바람기가 있다.
일지= 冠帶(관대)이면= 학문과 인연이 깊다.
일지= 財庫(재고)이면= 돈이 많다. 돈이 떨어지지 않는다.
일지= 祿(록)지이면= 건강하고, 부지런하며. 식복이 있다.

甲木 日干= 丁 戊 庚　재물- 丙 丁- 명예
乙木 日干= 戊 己 =　財物- 丙 丁- 名譽
丙火 日干= 甲 乙 =　財物- 壬 水- 名譽
丁火 日干= 庚 金 =　財物- 甲 乙- 名譽
戊土 日干= 甲 乙 =　財物- 丙 火- 名譽

己土 日干= 甲 乙=　財物- 丙 火- 名譽
庚金 日干= 壬 癸=　財物- 丙 丁- 名譽
辛金 日干= 壬 癸=　財物- 丙 火- 名譽
壬水 日干= 甲 乙=　財物- 丙 戊- 名譽
癸水 日干= 甲 乙=　財物- 丙 火- 名譽

甲= 재목. 과일나무. 땔감　乙= 꽃, 약초, 채소.
丙= 태양. 빛, 낮, 밝음,　丁= 밤. 달, 촛불, 인공불, 용광로,
戊= 큰 산, 넓은 땅,　己= 밭, 논. 소로 길.정원
庚= 큰 원석, 먹구름, 과일　辛= 보석, 과일, 기암괴석, 서리,
壬= 호수, 폭우 눈보라, 장대비　癸= 이슬비, 안개, 서리, 눈보라,

물상으로 볼 때 참고사항이며, 지지에 통근이 되어 있으며,
지지에 根 (비겁)이 극이나 충을 받지 않아야 힘이 된다.

十星의 方向性 (십성의 방향성)이 같이, 무리지어 있으면,
그 방향을 그 명주의 전문성을 가늠하고, 추명 하는 방법으로
쓰고 있으나 예외는 많이 있으니 주의하여 쓴다.

食傷- 印星= 學問性 (식상과 인성= 학문성)
食傷- 財星= 事業性 (식상과 재성= 사업성)
食傷- 官星= 職業性 (식상과 관성= 직업성)
印星- 官星= 職業性 (인성과 관성= 직업성) 선생. 공무원. 큰 조직.

1. 직업의 인연은 官星 과 財星의 형태로 분류하고, 유추 할 수 있으며, 官星을 사용하여 조직사회에 참여하는 직업과, 財星을 취하여 사업을 구하는 형태로 구분된다,

사업이나 자영업의 성향

1. **원국에 식신**이 있을 경우, 꼼꼼한 성향이 강하여 생산성이 강하고. 식신은 자기의 전문기술로 무언가를 만들어내는 제조의 성향이 강하며. 제조, 생산업, 요식, 음식점, 또는 기르거나, 가르치는 행위가 적성이다.

2. **원국에 상관**이 있을 경우, 언변 성, 판매성이 강하고. 접객성이 좋으며, 상관은 몸을 사용하기보다, 말을 주로 사용하고, 자기가 직접 만들기 보다, 만들어진 상품을 가져다 파는 형태가 어울린다.

3. **원국에 정재** 가 있을 경우, 꼼꼼하고, 짠돌이며, 계획성 기획성 강하며. 사업을 한다면, 일정한 거래처나 일정한 고객들에게 제공이나 판매되고, 수입도 안정 적으로 일정하게 나오는 형태가 어울린다,

4. **원국에 편재** 가 있으면, 역동성, 유흥, 교재, 융통성, 다재다능하고. 넓은 시장이나 큰 재물이 들어오고 나가는 게 많은, 강한사업성이다,

5. **양인을 사용할 경우**= 양인은 전문 기술성으로 제조나 생산이 가능하고, 양인은 식신보다, 특수한 기술성이고, 기구를 사용하는 기술성이며, 양인은= 뭐든지 전문 기술성이고, 도둑이 되어도 프로 도둑이 되고. 강력한 프로 근성, 기질이 강한 직업성의 인자 이다.

6. 原局에 食傷이 刑이면= 총명하며, 군, 경, 검, 의료, 약용식품 등에, 발전이 있고, 형살을 내가 쓰면, 성공이 빠르고, 내가 못쓰면 형을 당할 수도 있으며. 강한 직업에 발전이 빠르다.

   재성이= 공망 이면 뒷골목 장사로 번영하라,
   편인이= 사업을 하면 좁은 공간에서 성취하라, 기술 사업을 하라.
   자영업에서= 정관은 손님이고, 편관은 인기인자 로 쓴다.

日支에 比肩이나 劫財

천간과 지지가 같은 간지를 간여지동 이라 하고.

친구 같은 아내, 친구 나 형제가 배우자자리에 있는 격이 되며.

천간과 지지가 오행이 같아. 상하구분이 부족하여 부부 불화 가능성 있다.

甲乙丙丁戊戊己己庚辛壬癸

寅卯午巳辰戌未丑申酉子亥

日支에 食神이나 傷官

근면 성실 부지런하다, 경재활동 활발하여 재산을 모으는 힘이 강하고.

배우자를 잘 챙긴다. 잘 베푼다. 여명은 자식 사랑이 극진하여. 애정불안.

甲乙丙丙丁丁戊己庚辛壬癸

午巳辰戌未丑申酉子亥寅卯

日支에 正財나 偏財

배우자가 현명하고. 배우자가 경재활동을 잘하여 재산을 잘 모은다.

편재: 바쁜 배우자, 애인 같은 배우자. 돈 잘 버는 배우자. 현명한 배우자.

甲甲乙乙丙丁戊己庚申壬癸

辰戌未丑申酉子亥寅卯午巳

日支에 正官이나 偏官

정관 배우자= 처세 원만하고, 반듯한 배우자, 직장 형 배우자,

편관 배우자= 카리스마 있고. 강한 직업성. 애인 같은 배우자. 강한배우자.

지지가 천간을 극하는 구조. 관성 같은 배우자. 스트레스 배우자.

甲乙丙丁戊己庚辛壬壬癸癸

申酉子亥寅卯午巳辰戌未丑

日支에 正印 이나 偏印

포근하고 자상하고, 엄마 같은 편안한 배우자, 인덕, 음덕이 있고,

여명= 친모가 배우자 궁에 있으니. 친모를 모셔볼 가능성은 있고.

지지가 천간을 생하는 구조, 학문성과 인덕이 좋아 성공이 빠를 수 있다.

甲乙丙丁戊己庚庚辛辛壬癸

子亥寅卯午巳戌辰未丑申酉

일간의 십성과 육친 조견표 58

십성	甲	乙	丙	丁	戊	己	庚	辛	壬	癸	일간 / 육친
比肩 비견	甲 寅	乙 卯	丙 巳	丁 午	辰 戌	丑 未	庚 申	辛 酉	壬 亥	癸 子	형제, 자매, 친구, 동료, 동업자, 경쟁자
劫財 겁재	乙 卯	甲 寅	丁 午	丙 巳	丑 未	辰 戌	辛 酉	庚 申	癸 子	壬 亥	형제, 자매, 친구, 동료, 동업자, 경쟁자
食神 식신	丙 巳	丁 午	辰 戌	丑 未	庚 申	辛 酉	壬 亥	癸 子	甲 寅	乙 卯	일, 업무, 행동, 언변, 학업성, 여명=자식.
傷官 상관	丁 午	丙 巳	丑 未	辰 戌	辛 酉	庚 申	癸 子	壬 亥	乙 卯	甲 寅	일, 업무, 행동, 언변술 학업, 여명=자식.
偏財 편재	辰 戌	丑 未	庚 申	辛 酉	壬 亥	癸 子	甲 寅	乙 卯	丙 巳	丁 午	배우자, 아버지, 큰 재물, 여, 돈, 시어머니
正財 전재	丑 未	辰 戌	辛 酉	庚 申	癸 子	壬 亥	乙 卯	甲 寅	丁 午	丙 巳	배우자, 아버지, 재물, 여, 돈, 시어머니
偏官 편관	庚 申	辛 酉	壬 亥	癸 子	甲 寅	乙 卯	丙 巳	丁 午	辰 戌	丑 未	직장, 자식, 사업장, 인기, 남편, 손님
正官 정관	辛 酉	庚 申	癸 子	壬 亥	乙 卯	甲 寅	丁 午	丙 巳	丑 未	辰 戌	직장, 자식, 사업장, 남편, 인기, 손님
偏印 편인	壬 亥	癸 子	甲 寅	乙 卯	丙 巳	丁 午	辰 戌	丑 未	庚 申	辛 酉	어머니 기술성학문, 인덕, 명예, 문서, 자격
正印 정인	癸 子	壬 亥	乙 卯	甲 寅	丁 午	丙 巳	丑 未	辰 戌	辛 酉	庚 申	어머니 순수한 학문, 명예, 문서, 인덕, 학위, 자격

1. 비견= 년주= 성장성이 좋으며, 건강하고 교우관계가 활발하다.
월= 성장성이 좋으며, 건강하고 교우관계가 활발하다,
일지= 배우자의 건강 불안 근심, 부부인연 불안, 부부불화.
시주= 돈쓰는 자식, 예쁜 도둑.

2. 겁재= 년주= 성장과 경쟁심, 넘어져도 잘 안 운다.
월주= 부모형제와의 불화. 상속이나 혜택의 분 탈.
일지= 부부 애정 불안, 배우자의 건강불안.
시주= 도둑 같은 자식, 자식을 위해희생 봉사.

3. 식신= 년주= 어린시기에 의식주 풍 족,
월주= 부모혜택 있다. 유산상속 있다.
일지= 재물 생산의 능력이 있고,
여명은 자식이 자라면 남편과 멀어진다.
시주= 말년장수. 건강. 자식이 경재적인 혜택 있다.

4. 상관= 년주= 조상과 인연이 박함,
월주= 부모와 불화,
일지= 경재 적인 수완이 있고, 여명은= 남편 덕 부족.
시주= 남자는 자식인연 박하고, 말년이 외롭다.

5. 편재= 년주= 조상 중에 큰 부자, 일간은 어려서부터 투기를 좋아함.
월주= 부모의 번창, 기복은 크고, 공부에는 방해요인이다.
일지= 배우자의 경재 력 사업성이 좋음. 여자는 시부모봉양 가능성.
시주= 대문 밖의 여자, 노후에 재물활동 한다.
여명은 시부모봉양-희생.

6. 정재

년주= 조상이 부자, 상속, 어려서부터 돈에 대한 건전한 철학.
월주= 상속 있음.
일지= 남자는 좋은 배우자, 여명은 주머니에 돈이 떨어지지 않는다.
시주= 말년에 재산창고, 여명은 상속이 있다.

7. 편관

년주= 벼슬이나 권위 중심의 조상, 지도력이 있다, 권위주의 적인 성향.
여자는 조혼 가능성이 있다.

월주= 엄한부모, 과 시성 공부, 과 시성 시험, 강한 기술성, 전문성, 호랑이 가죽을 벗기고자 의 강한 지향성.

일지= 아들인연 많음, 강한 직장, 군, 경, 법무, 의료, 호랑이 같은 처.

시주= 봉사성 벼슬, 자식의 현달, 말년에 세균성 질환, 여자는 재비조심, 바쁘게 살면 좋음.

8. 정관

년주= 조부가 실력자나 명문의 후손, 소년의 명예. 여자는 조혼

월주= 조직이나 명예, 가권의 상속. 평생 직업과 관련, 여자는 부모가 혼처를 정해줌.

일지= 직장인연, 여자는 무난한 배필, 무엇이든 반듯해야 만족한다.

시주= 말년의 벼슬, 자식의 현달, 여자가 시에만 관이 있으면 만혼. 여자는 시에만 관이 있으면 결혼을 늦게 하라,

9. 편인

년주= 성장성 부족, 조상 혜택의 부족, 눈칫밥.

월주= 부모덕 부족, 기술성, 전문성,

일지= 처와의 정신적인 갈등, 학문성 좋음.

시주= 말년에 임대사업, 문서재산, 활동성 부족, 건강 불안.

10. 정인

년주= 학문성 강화, 삶에 대한 긍정적인 의식, 인내심 강함.

월주= 학문성이 좋으며, 직업이나 자격과 관련하여 자존심이 강하다.

일지= 학문성, 인덕, 상속 혜택, 자식들은 객지로 나간다. 여자는 친정어머니와 동거 가능성 있다.

시주= 결재권, 문서재산, 임대사업, 여자는 자식걱정,
자식들은 객지로 나감.

地支 신체 와 건강

子水= 음력-11월--인체= 방광, 요도, 귀, 머리, 혈액, 생식기
丑土= 음력 -12월 — 위장, 척추. 비장
寅木= 음력 - 1월 — 간, 담, 머리, 수족, 신경계,
卯木= 음력 - 2월 — 간, 담, 수족, 머리, 신경계.
辰土= 음력 - 3월 — 위장, 비장, 가슴, 피부
巳火= 음력 - 4원 — 심장, 정신, 눈. 식도
午火= 음력 - 5 월 — 심장, 정신, 눈. 식도

未土= 음력- 6월—위장, 척추. 비장,
申金= 음력- 7월--폐, 대장
酉金= 음력- 8월— 폐, 소장
戌土= 음력- 9월--위장, 비장, 폐, 복숭아 뼈.
亥水= 음력-10월—머리, 혈액, 생식기. 인체= 방광, 요도, 귀

地支 끼리의 관계

子水와+子水= 동 합 이라하고= 水 剋 火 하는 힘은 강하고,
水 生 木은 잘 안 된다고 한다.
子水와+ 丑土= 축토는 자수에 풀려서 떠내려간다. 물이 흐려진다.
子水와+ 寅木= 수생 목
子水와+ 卯木= 자수 물에 묘목이 상하여, 子 卯 자형이라 한다.
子水와+ 辰土= 물이 많은 흙이 되어 甲 乙 木에 옥토가 못된다.

子水와+ 午火= 서로 충이되어, 서로 상한다.
子水와+ 戌土= 戌 土가 습토가 되다.
子水와+ 未土= 진토와 같이 옥토가 된다.

丑土와+ 丑土= 동 합으로 토가 강해진다.
丑土와+ 寅木= 자갈밭에 뿌리를 내린다.
丑土와+ 卯木= 자갈밭에 뿌리를 내린다.

丑土와+ 巳火= 반합으로 金 운동을 한다.
丑土와+ 未土= 충과 형이 되어, 질병, 사고, 관재, 흉한일이 발생한다.
丑土와+ 戌土= 丑 戌 刑이 되어, 미토와 같이 흉한일이 발생한다.

寅木과+ 寅木= 동합으로 목이 강해진다.
寅木과+ 辰土= 옥토에 뿌리를 내리고 잘 자라면 재물이 자라는
격이 되고 몸도 건강 하다. 목은 생명과도 관계가 있다.
寅木과+ 未土= 사막토에 뿌리를 내리면, 성장 불능,
寅木과+ 亥水= 해수는 목 운동을 한다,

卯木과+ 辰土= 옥토에 뿌리를 내리면 건강하게 잘 자란다. 몸도 건강.
卯木과+ 戌土= 합으로 묘목이 불에 타고. 화를 생한다.
卯木과+ 亥水= 해수는 목운동을 한다.

辰土와+ 辰土= 토가 많아 辰辰 자형이 되어 다른 오행이 피해를 본다.
질병이나, 사고, 관재 구설이 발생 한다.
辰土와+ 未土= 未土는 진토와 같은 옥토가 된다.
辰土와+ 申金= 신 진 합으로, 수의 운동을 한다.
辰土와+ 亥水= 진토는 옥토에서 완전 습토로 변한다. 수를 흡수한다.

巳火와+ 申金= 사신 합, 형의 작용으로, 질병, 사고, 관재 구설이 발생.
巳火와+ 酉金= 반합으로 금 운동을 한다.
巳火와+ 戌土= 너무 뜨거워 원진, 귀문이 된다.
巳火오+ 亥水= 충이되어 질병이나 사고, 관재 구설이 발생 한다.

午火와+ 午火= 화기가 너무 강하여 午午 자형이 되어 질병이나, 사고,
관재 구설이 발생한다.
午火와+ 未土= 午 未合 화기가 강하여 진다.
午火와+ 戌土= 午 戌반합으로 화기가 강해진다.

未土와+ 申金= 작은 토이면서 건토라, 토 생금이 안 된다.
申金 중에 壬수가 未土에 들어오면 미토가 습토가 된다.
未土와+ 戌土= 戌 未 형살이 되어, 질병, 사고, 관재 구설이 발생한다.
未土와+ 亥水= 합으로 목 운동을 한다.

酉金과+ 酉金= 酉酉 자형이 되어 질병, 사고, 관재 구설이 발생한다,
亥水와+ 亥水= 물이 너무 많아서 자형이 되어, 질병, 사고, 관재구설이
발생한다.

귀인 과 길 성

63

천을귀인	지혜 있고 총명하여 흉이 변하여 길이 된다는 길 성이다.
복성귀인	평생 복록이 있다는 길 성으로 생일 생시에 있으면 복이 많다
문창귀인	재능이 비상하고 총명하여 출세가 빠르다 , 흉성을 길하게 한다.
천관귀인	고위직에 오르기 쉽고 자연 복록이 모인다.
문곡귀인	사후에 그 명성이 평가된다는 길 성이다, 평생 의식주가 풍부하다
학당귀인	생왕하면 공부귀인으로 총명하고 학자 교육의 길 성이다.
재고귀인	갑부가 된다는 길 성이며 재복이 많다.
금 여 록	남자는 처가 덕이 있고, 여자는 시가 덕이 있다,
건록	평생 재물이 풍족하고 귀인의 도움으로 위험에서 벗어나게 된다.

천 간	甲	乙	丙	丁	戊	己	庚	辛	壬	癸
천을귀인	丑 未	子 申	亥 酉	亥 酉	丑 未	子 申	丑 未	寅 午	巳 卯	巳 卯
복성귀인	寅	亥 丑	戌 子	酉	申	未	午	巳	辰	卯
문창귀인	巳	午	申	酉	申	酉	亥	子	寅	卯
천관귀인	未	辰	巳	寅 酉	卯 戌	卯 戌	亥	申	寅 酉	午
문곡귀인	亥	子	寅	卯	寅	卯	巳	午	申	酉
학당귀인	亥	午	寅	酉	寅	酉	巳	子	申	卯
재고귀인	戌	辰	戌	丑	戌	丑	寅	未	戌	戌
금 여 록	辰	巳	未	申	未	申	戌	亥	丑	寅
암 록	亥	戌	申	未	申	未	巳	丑	寅	丑
건 록	寅	卯	巳	午	巳	午	申	酉	亥	子
홍 염	午	午	寅	未	辰	辰	戌	酉	子	申
양 인	卯	辰	午	未	午	未	酉	戌	子	丑

月 柱 세우기 조견표

년도 \ 월	1 月	2 月	3 月	4 月	5 月	6 月	7 月	8 月	9 月	10 月	11 月	12 月
甲 . 己 年	丙 寅	丁 卯	戊 辰	己 巳	庚 午	辛 未	壬 申	癸 酉	甲 戌	乙 亥	丙 子	丁 丑
乙 . 庚 年	戊 寅	己 卯	庚 辰	辛 巳	壬 午	癸 未	甲 申	乙 酉	丙 戌	丁 亥	戊 子	己 丑
丙 . 辛 年	庚 寅	辛 卯	壬 辰	癸 巳	甲 午	乙 未	丙 申	丁 酉	戊 戌	己 亥	庚 子	辛 丑
丁 . 壬 年	壬 寅	癸 卯	甲 辰	乙 巳	丙 午	丁 未	戊 申	己 酉	庚 戌	辛 亥	壬 子	癸 丑
戊 . 癸 年	甲 寅	乙 卯	丙 辰	丁 巳	戊 午	己 未	庚 申	辛 酉	壬 戌	癸 亥	甲 子	乙 丑

時 柱 세우기 조견표

년도 \ 시간	子 時 11. 30	丑 時 1. 30	寅 時 3. 30	卯 時 5. 30	辰 時 7. 30	巳 時 9. 30	午 時 11. 30	未 時 1. 30	申 時 3. 30	酉 時 5. 30	戌 時 7. 30	亥 時 9. 30
甲.己년	甲 子	乙 丑	丙 寅	丁 卯	戊 辰	己 巳	庚 午	辛 未	壬 申	癸 酉	甲 戌	乙 亥
乙.庚년	丙 子	丁 丑	戊 寅	己 卯	庚 辰	辛 巳	壬 午	癸 未	甲 申	乙 酉	丙 戌	丁 亥
丙.申년	戊 子	己 丑	庚 寅	辛 卯	壬 辰	癸 巳	甲 午	乙 未	丙 申	丁 酉	戊 戌	己 亥
丁.壬년	庚 子	辛 丑	壬 寅	癸 卯	甲 辰	乙 巳	丙 午	丁 未	戊 申	己 酉	庚 戌	辛 亥
戊.癸년	壬 子	癸 丑	甲 寅	乙 卯	丙 辰	丁 巳	戊 午	己 未	庚 申	辛 酉	壬 戌	癸 亥

12(신살)神殺 요약정리

아래의 殺들이 忌神이면, 凶殺이되어 반대의 현상이 발생한다는 것을 명심하고. 학파마다 해석이 다르니, 살의적용은 양념으로만 써야한다.

1. 劫殺= 역모주동자, 재건이나 쿠데타를 위한 준비 중. 때를 기다림, 전투력.
   겁살= 특진, 포상, 특진발령, 등의 뜻을 이룬다. 직장 변동, 이동.

2. 災殺= 수옥 살-겁살을 도와주는 꾀돌이,
   재살= 감원에 끼어도 살아남는다,

3. 天殺= 높은 사람에게 하사받는 일, 승진, 감투발전, 당첨, 노력 외 보상,
   천살= 凶星이면= 하늘보고 눈물지며 원망할 일이 생긴다.

4. 地殺= 역마, 외무부, 무역, 통상부, 통신, 유통 寅申巳亥. 시작하는 살,
   지살= 吉星= 지식적 전문가로 筆話 나 說話, 저자. 작품으로 성공한다.

5. 年殺= 함지 살, 도화, 궁녀, 인기발생, 시선집중, 현실위주,
   년살= 신강하고 도화와 역마가 강하게 있으면, 운동선수가 많다,

6. 月殺= 고초 살, 외로운 살, 공부, 연구, 내당 마님같이 외로운 살,
   월살= 월지에 있으면 상속 살. 음덕이 있는 살.

7. 亡身殺= 나를 드러낸다, 신분상승 ,승진, 합격, 당선, 박수 받을 일 발생,
   망신살 忌神= 병원출입 하고, 관재구설, 등 부끄러운 일 발생한다,

8. 將星殺= 내무부장관, 권력행사, 실무자, 권위, 지상명령, 번창, 번영,
   장성살= 실무 권위자,

9. 攀案殺= 貴氣-권력행사, 존경. 특권층. 당권, 통솔, 승진, 신축, 개축,
   왕족, 반안 살= 말 안장위에 앉은 상태, 지휘 권위자,

10. 驛馬殺= 寅申巳亥-역동성, 이동성, 추진력, 출발, 이사, 이동, 전기, 전자,
    역마살= 여행, 운송, 우체국, 철도, 해운, 항공, 출장, 이민, 방송, 여관

11. 六害殺= 저승사자, 외무부, 머리를 숙여라, 암암리에 가해한다는 뜻이다.
    육해살= 윗분을 도우면 복을 받고, 일인자가 되면 해를 당한다.

12. 華蓋殺= 마무리, 청산, 합격, 매듭, 새 출발을 의미 한다.
    화개살= 지식창고, 전략 전술, 예술성, 기능성 이다.

12신살 조견표

年支 / 日支	겁살	재살	천살	지살	년살	월살	망신	장성	반안	역마	육해	화개
寅午戌	亥	子	丑	寅	卯	辰	巳	午	未	申	酉	戌
申子辰	巳	午	未	申	酉	戌	亥	子	丑	寅	卯	辰
巳酉丑	寅	卯	辰	巳	午	未	申	酉	戌	亥	子	丑
亥卯未	申	酉	戌	亥	子	丑	寅	卯	辰	巳	午	未

1,삼합의 첫 자= 지살
2,삼합의- 중간자= 장성 살
3,삼합의 끝 자= 화개
4,삼합의-첫 자충= 역마
5,삼합의 중간자 충= 재살
6,삼합의-끝자 충= 월살
7,삼합 첫 자의, 다음자는= 년살
8,삼합 중간자의, 다음자는 반안
9,삼합 끝 자의. 다음자는 겁살
10,삼합 첫 자의, 앞 자= 천살
11,삼합 중간자의 앞 자= 망신살
12,삼합 끝 자의 앞 자= 육해 살

亥 子 丑 寅 卯 辰 巳 午 未 申 酉 戌
겁 재 천 지 년 월 망 장 반 역 육 화

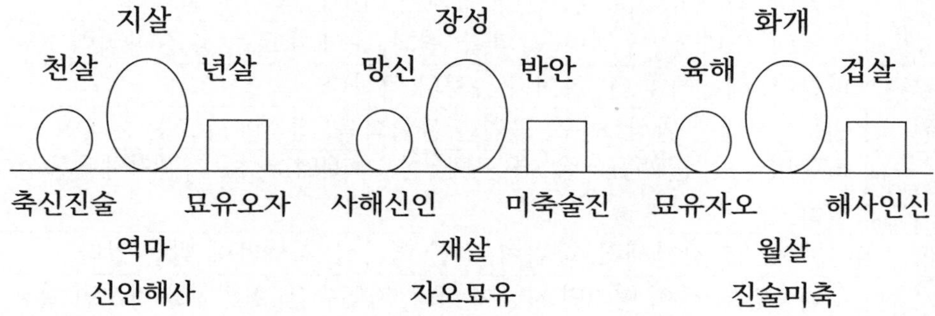

殺 의 종류는 해아 릴 수 없이 많다.
殺 의 작용력은 양념같이 기본 오행에 가미하여 써야하고.
오행의 강약 과 작용력을 우선순위 로 써야 합니다.

木	리더 격,자수성가, 교육성, 창의력, 건강, 간, 담, 머리, 신경계통
火	발산, 화려함, 표현, 丙태양, 丁火불, 빛, 난방, 심장 소장 기혈순환
土	중심. 재물을 지키는 힘, 중후함, 직장, 집, 위장, 비장, 피부
金	혁명성, 고집, 강한직업, 원석, 보석, 열매, 대장, 폐, 기관지
水	지혜, 생각, 포용력, 융통성, 저장, 씨, 겨울, 밤, 생식기, 방광, 신장
비겁	일간의 분신, 일간의 힘, 경쟁력, 주관, 고집, 많으면 큰 조직과 인연
식상	업무, 계획, 베 품, 표현력 행동 언변, 돈을 벌어들이는 수단
재성	재물, 결과물, 두뇌총명, 현실적 꾀돌이, 충 극 이면 지출발생
	父, 妻, 財, 상관생재 사업성, 재성이 너무 강하면, 악처 가능성
관성	제어, 통제, 직장, 관청, 사업장, 명예 일복 손님, 인기, 자식, 남편
정인	순수학문, 어머니, 문서, 선배, 인덕, 학문, 학업, 영수증, 합격, 이력서,
편인	강한 어머니, 기술성 학문, 엉뚱한 발상, 기발한 아이디어, 정인과 같음
화개	두뇌발달, 장인기질, 예술적 기능, 손재주, 이성풍류
도화	인기인자, 예술성, 기술성, 전문성, 꾀돌이, 이성 풍류, 과다= 변태
역마	추진력, 자동차, 선박, 비행기, 운송, 외교관, 해외 전기. 전자
괴강	강한운기, 리더 격, 무리 중 으뜸 출세가 빠르다, 달변, 통솔력
백호	종교성, 강한기운, 강한직업, 통솔력, 사고 수
양인	확고한 직업성, 프로 정신, 기구를 사용하는 직업, 강한직업, 특수성
암록	건 록, 평생 복록, 의식주 풍부
재고	돈 창고 ,현부, 이재능력, 돈이 떨어지지 않는다.
天乙	명품귀인의 도움, 부티인자, 음덕, 하늘이 돕는다.
合	묶였다, 외교력, 사교성, 연애, 합되어 변하는 육친을 살펴라
沖	정치력, 역마 성, 추진력, 돌파력, 변화, 운에서 오는 충은 파괴력
파해	파한다, 해롭게 한다, 합이나 충보다 약하다.
원진	귀문= 특별한 발상, 연구, 공연한 불협화음, 집착에서 오는 부작용
삼합	寅午戌= 火, 巳酉丑= 金, 申子辰= 水, 亥卯未= 木, 지장가에운동성이 같다.
寅巳申 持勢之刑, 강한세력, 파렴치, 강한 역마성, 사법계에 발전 있다,	
	두뇌총명, 식상이 형이면 자궁이 작고, 자연유산, 형벌권을 가지면 길상
丑戌未 無恩之刑. 조정한다, 바뀐다, 배은망덕, 소화기계통, 사고 부상	
子卯형= 자형, 無禮之刑, 바뀐다, 조정한다, 예의가 없다, 난폭	
辰辰자형= 흙, 亥亥자형= 물, 午午자형= 불이강하여 형이 된다	
酉酉자형-金이지나치다, 極盛之敗, 비밀, 형살, 형벌권, 수술 수	
자형= 두 개의 오행이 있으면 과하여 발생되는 피해이고, 부작용이다.	

원국과 행운의 관계 2

1.관성이 시간에 있으면, 관성은 일간을 억제하고, 바른길로 관리하며 지도하여, 직장에서 오래 근무하게 되며. 인품이 반듯하고, 고지식한 면이 강하다.

2.시간에 재성이 있으면, 돈을 많이 벌고 싶은 욕심 때문에, 직장에 오래 근무하지 못한다.

3.원국에 관성을, 운에서 오는 식상이 합을 하면, 새 직장이나, 새 일을 하고픈 마음이라고 해석하고, 사직, 이직, 직장변동을 의미한다.

4.원국에 식상을, 운에서 오는 비겁이 생을 하면, 업무에 변화를 바라는 마음이 생긴다.

5.원국에 재성을, 운의 비겁이 합을 하면, 남이 일간의 재물을 가져간다.
* 직장인이면 봉급이 중단되는 형상, 이직, 사직, 해고, 의 형국이고.
* 사업자는, 수입이 줄어드는 형상으로, 사업장 운영이 어려워진다.
* 남자는, 여자문재로 마음고생을 할 수 있다.

6.원국에 관성이, 운에게 충이나 극을 받으면, 직장인은 직장변동 수, 전근, 이직, 사직. 학생이면, 학교가기가 실어지고. 전학, 휴학이, 발생하는 운이다.

7.학생사주= 원국에 재성을 충이나 극을 받으면, 성적이 떨어지고. 이유를 모르게 집중력이 약해진다.

8.원국에 乙木이나, 辛金이 있으면, 문화 예술분야에 소질이 있다.

9.식상이 극을 받으면, 스트레스를 많이 받고, 신경이 예민하며, 피곤하다, 무력하고, 능률이 안 오르며. 결과는 불량품 생산과 같이 부실하다.

10.원국에 인성을 운에서, 충이나 극을 하면, 모든 문서에 대한 하락 운. 신용이 하락하고, 명예가 하락 하며, 불합격, 계약 파기. 재물손해 운. 인성이 합 되어 사라지면 어머니가 사망을 할 수 있다.

생지와 묘지, 고지

	천간	陽干 生, 지장간	墓,묘	庫.고	陰 干 生
1	甲	亥水月= 生 무 甲 임	未土月		
2	乙	未土月= 生 정 乙 기		戌土月	未土月= 乙木= 生
3	丙,戊	寅木月= 生 무 丙 갑	戌土月		
4	丁,己	戌土月= 生 신 丁 무		丑土月	戌土月= 丁火,己土生
5	庚	巳火月= 生 무 庚 병	丑土月		
6	辛	丑土月= 生 계 辛 기		辰土月	丑土月= 辛金= 生
7	壬	申金月= 生 무 壬 경	辰土月		
8	癸	辰土月= 生 을 癸 무		未土月	辰土月= 癸水= 生

甲木기운= 亥月에 生하고, 未月에 入墓= 未月= 乙木이 生을 한다.

丙火,戊土= 寅月에 生 戌月에 入墓하고= 戌月 丁火, 己土 生을 한다.

庚金기운= 巳月에 生하고, 丑月에 入墓= 丑月= 辛金이 生을 한다,

壬水기운= 申月에 生하고, 辰월에 入墓= 辰月= 癸水가 生을 한다

陽 오행은 강하며 큰 기운이고, 陰 오행은 약하고 작은 기운을 의미함.

同柱 死 同柱 入墓 (동주 사 동주 입묘)= 화토 동법이라 한다.

화토 동법이라고 하며, 戊土는 丙火와 같이 쓰고,

丁火 와 己土를 같이 쓰는 것을 이르는 용어이며,

火와 土가 같을 수는 없으나, 분리할 다른 방법이 없어 같이 씁니다,

*다음 조견표에서, 12지지에 12운성 과 12신살을 같이 표기하였다

12지지= 12운성= 12신살, 3가지를 같이 쓰고, 공통분모라고 한 것은,

세분화 하면 너무 복잡하고, 공통점이 많아서 그리 하였으니, 참고

하시고, 신살 에 의지하지 마시고. 오행 구조와 오행강약이 답이다

12지지 + 12운성 + 12신살

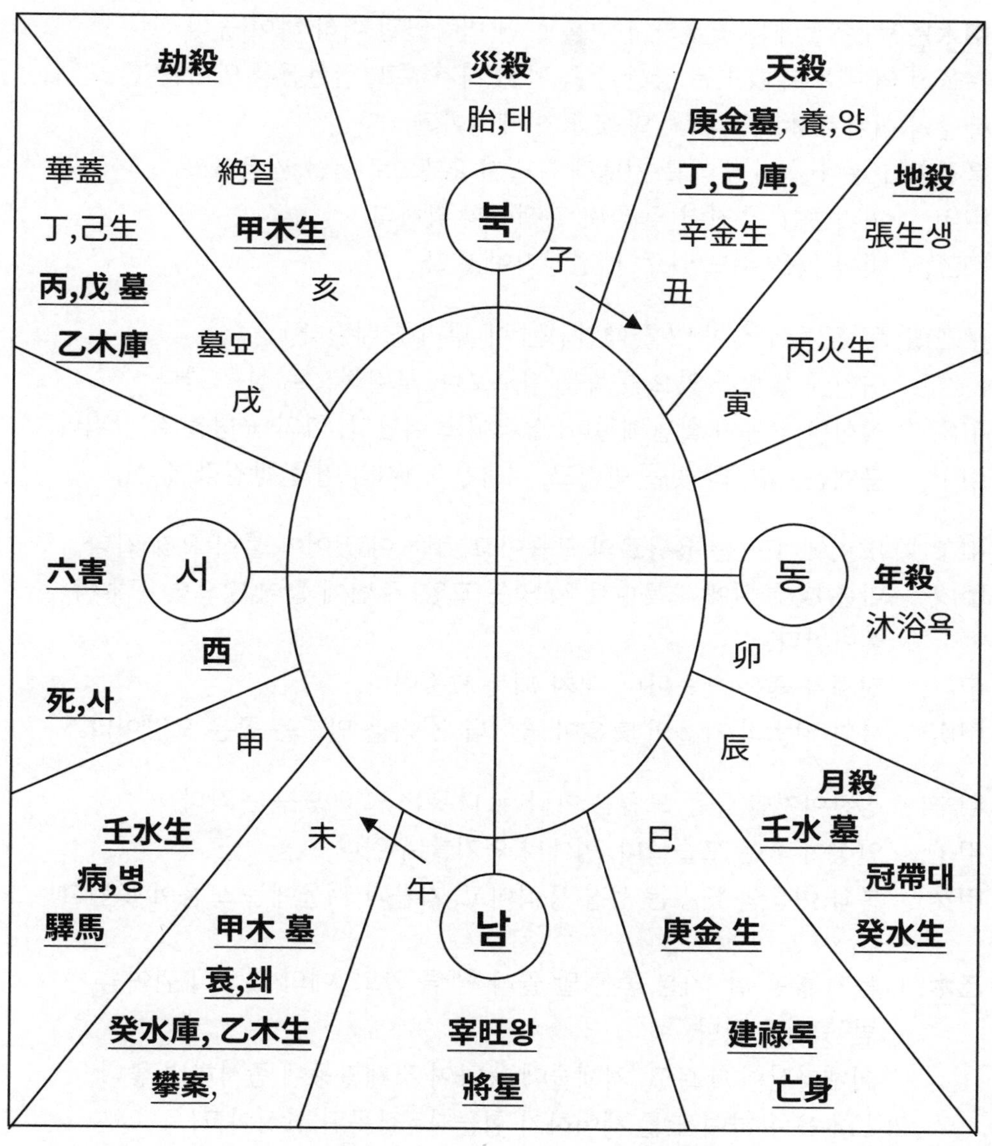

12 운성 (공통분모) 절 태 양 생 욕 대 록 왕 쇠 병 사 묘
12 신살 (같은성향) 겁 재 천 지 년 월 망 장 반 역 육 화
12 지지 = 해 자 축 인 묘 진 사 오 미 신 유 술

甲木은 秋, 冬절에는 庚金과 丁火를 쓰면 벽갑인정 이라 하여 좋다
겨울철 의 甲木에 戊土는 강한 수를 억제 시켜주고, 설한풍을 막아준다
봄날의 어린 甲木에는 丙火 와 癸水가 제일이고,
봄철의 土는 甲木의 뿌리를 지탱해주고 자양분으로 목을 키운다.
甲甲; 의기투합 ,추진력 ,돌파력 경쟁력이 강하다
甲乙; 멋이 있을 수도 있으나, 경쟁력이 된다.

甲乙戊; 甲 乙木이 같이 있을 때만 戊土에 뿌리를 내린다,
여기에 癸水가 있으면 학문 적으로나, 물질적으로 성공 한다.
甲丙; 식신의 활동이 활발해진다, 실력이 늘어난다, 힘의 균형을 잘 살펴라,
甲丁; 봄에는 丙火 의 빛을 반기고, 겨울은 丁火 의 열을 반긴다, 온실.

甲丁戊; 戊土에 丁火는 용광로의 모습이고, 甲木이 있어야 불이 오래 간다,
甲戊; 마른 戊土 위에 고목나무 서 잇는 모양, 주변에 물이 많으면 甲木이 좋아한다.
甲己; 정재가 좋은 모습이니, 부자 되는 모습이다,
甲庚; 봄의 甲木과 가을의 庚金이 극이나, 장작을 만드는 좋은 모양이다.

甲辛; 정관이지만 좋은 모습은 아니다, 나무는 크고 도구는 작다.
甲壬; 인성이 좋은 모습이니, 명예나 인기를 누린다,
甲癸; 봄과 여름의 癸水는 성장 동력이고, 가을과 겨울에는 도움이 못된다.

乙木; 1. 듣기 좋은 말, 기분 좋은 말 골라 할 줄 알고, 예의 있으니 귀여움.
받는 재주 있다.
이해타산이 빠르고, 처세술에 능하여 경제활동에 종사하면 좋다.
2. 乙木은 유하여 土를 제어하기 힘들다= 잘못된 상식이고,
木은 土에 뿌리를 내린다는 의미이고, 토를 극을 한다고 쓴다.
3. 金을 많이 만나면 가난하거나, 요절한다,
4. 乙木에 金을 막아줄 丙, 丁火가 필요 하고,
丙火, 癸水 둘 다 없으면 좋지 않다
5. 乙木이 甲木에 오르면 등라계갑 이라 하여 좋다, (의지 처라 한다)
6. 겨울 乙木은 丙火를 기뻐하고, 戊土는 강한, 한 풍을 막아주고
뿌리를 보호 한다.
7. 유순하고 융통성이 좋으며 생명력이 강하다.

乙甲丙; 따뜻한 햇볕은 甲 乙木 모두 좋아한다, 봄과 여름에는 계수도좋다.

乙乙; 형제나 동료의 도움 없다, 동업하면 안 된다,
넝쿨이 엉키니 싸우는 형상이다.

乙丙; 癸水와 丙火는 꼭 필요하나, 지나치면 안 된다 ,계절을 살펴라

乙戊; 乙木은 戊土 위에 올라탄다, 乙木은 누구와도 잘 어울린다,

乙戊; 재성에 해당하니 자기 능력으로 富를 이룬다.

乙己; 좋은 땅에서 뿌리내리고 잘 자란다,
재성이니 乙木의 사교 성 으로 부를 이룬다, 己土에 뿌리내린다.

乙己丙; 기름진 己土에 丙火 태양으로 乙木은 잘 자라니, 꽃을 피우고
재능을 발휘하여 부를 이룬다,

乙庚; 庚金은 甲木과 어울린다, 乙木은 신경을 상징하니, 乙木이
庚 金을 보면 정신 신경계에 이상이 있을 수 있다.

乙辛; 乙木은 辛金에 잘리니 신경계 간질 등을 조심하여야 한다,
辛金은 편관이고, 충의 관계이다.

乙壬; 연못위에 연꽃으로 좋게 본다, 아름다운 모습 귀한 신분이 될 수
있다. 수다 목부로 보지 마라, 연못에 연꽃의 좋은 형상이다.

乙壬丙; 정인과 상관의 모습이 아름다워, 자기재능으로 명예와 인기 있다.

乙癸; 乙 甲木 모두 성장기에는 癸水를 좋아 한다, 장점인 친화력과
계수의 도움으로 쭉쭉 뻗어 갈 것이다, (봄과 여름)

丙火는 양의대표이고, 음의대표는 癸水이다, 밝고 화려하여 인기인에 많다, 힘이 잇고 자신감이 있어 앞장서길 좋아 한다, 의협심 잇고 논쟁에 강하며 잔재주가 많고 연설도 잘 한다, 활동적이니 움직이는 직업에 어울린다, 전체를 비추는 리더십 이기는 하나, 마무리가 서투니 꼼꼼한 총무가 있어야 한다,

겨울에도, 丙火는 壬水를 보면 (江暉相暎) 이라 하여 좋은 격을 이룬다.
丙火는 庚金을 극하지만, 辛金은 합이 되며 빛을 발한다.
여름丙火는 壬水와 庚金을 보면 문명지상을 이뤄 높은 벼슬을 한다,
癸水는 빛을 가리니 실어하고, 흑운차일(黑雲遮日) 이라 한다.
丙火와 癸水의 힘이 동등 하였을 경우에 흑운 차일이 된다.

丙甲; 丙火와 甲木은 좋은 관계이다, 목을 키울 의무이고, 학문성 이며.
주변상황이 좋으면 일생동안 행운이 따라 다닌다,
丙乙; 甲 丙, 乙 丙은 인성 정인으로 공부를 잘한다,

丙丙; 눈이 부시다, 빛이 과하여 부정적이나,
밝은 곳에는 숨김과 거짓이 없다, (공명 정대)
丙丁; 태양과 달이 함께 있다, 아이 손을 잡은 어른 같다, 친밀감 있다
겁재이나 조화롭다, 낮과 밤을 밝게 한다.
丙戊; 태양은 땅을 비추는 일을 하고, 의무는 양생지화, 양생 지 토이다.
물이 함께하면 더욱 좋다,
丙己; 논밭에 햇볕이다, 곡식이 잘 자란다, 상관으로 표현 능력이 우수하다,

丙庚; 庚金을 녹일 수 없으나, 빛나게 하고 재물이다, 편재이다.
丙辛; 辛金은 보석이고 날카로운 칼이다, 햇볕 을 보면 빛난다, 정재이다.

丙壬; 강휘상영(江暉相暎)으로 아름답다, 편관, 직장에서 두각을 나타낸다,
운에서 만나면 상충이 된다.

丙癸; 빛을 구름이 가리니 흑운차일(黑雲遮日) 이라한다,
정관이지만 두각을 나타내지 못한다,
丙火가 많을 때는 구름으로 차단 해주면 좋다

丁火= 깔끔한 것을 좋아 하고, 丙火는 화려한 것을 좋아 한다.
단정하고 성실하며 신의가 깊고 봉사정신이 강하다
소극적이고 소심하여 연애 할 때도 기회를 놓치는 일이 많다.

丁火= 본성이 약하나, 甲木이 있으면 추동 에도 부귀 공명한다,
丁火가 金을 극하면, 貴가 있고,
겨울에도 甲木이 있으면 성격으로 선비의 우아함이 있다,
丁火; 계절과 관계없이 庚 甲 으로 벽 갑 인정하면 귀격이 된다,
丁甲; 정인으로 사물에 대한 이해가 빠르다,

丁乙; 木生火가 약하지만 인성으로 학문성이고, 인덕 이다.
丁丙; 달빛 옆에 태양이 있으니 화력이 좋다, 매우 밝으니 빠른 성과 있다.
丁丁; 촛불 화롯불은 여러 개 있으면 좋다, 반딧불이나 별이 모여 있는
형상이다,

丁戊; 戊土는 넓은 대지이고, 丁火는 약하지만 용광로로 쓰면 丁火도좋다.
용광로에서는 자기재능을 충분히 발휘한다. 도자기를 굽는 형상이다.

丁己; 식신으로, 의식주를 취하는 丁火의 에너지가 己土에 들어 있다,

丁庚; 丁火는 열기이니, 무딘 庚金을 목이 있으면 녹일 수 있다,
재능을 충분히 발휘하면 성공한다, 甲木 땔감으로 庚金을 제련한다.

丁庚戊; 고철 庚金이 戊土 용광로 속에서, 丁火로 달련 되는 모습이다

丁辛; 辛金을 녹이면 안 된다고 한다. 그러나 구성이 좋으면 성공한다.

丁壬; 연못위에 달빛이다, 丁壬이 합이 되니 좋은 인연이다,
정관으로 상사의 도움이 있다, 丁壬 애정 지합 이라한다.

丁癸; 편관이다, 불에 물을 뿌리는 격이라, 충의 관계이고.
신경이 예민하고, 소심하여 스트레스를 많이 받는다,

戊土는 행동이 강하고, 甲木은 의지가 강하다. 포용력이 좋아 믿을만하다.
비밀을 함부로 말하지 않으니, 사람들이 곧잘 의지한다,
戊土는 수를 만나면 길하다,

戊乙; 어디나 올라간다, 민둥산위에 넝쿨이다, 사교성이 좋다,
청탁이 잘 통하고 윗사람의 도움 있다.

戊丙; 일출동산이라 한다, 처음에 고생해도 나중에 크게 성공 한다,
해가 뜨면 아름답다.

戊丁; 용광로 속에 불타는 모습이다,
정인으로 머리가 좋아 사물을 다루는 솜씨가 뛰어나고
불이 잘 타는 환경인가, 계절이나 주변 환경을 잘 살펴라,

戊丁甲; 용광로에 丁火로 불붙이고 꺼지지 않도록 장작을 넣는 모습,

戊戊; 첩첩산중이다, 꿈만 크고, 실속이 없고 고집만 세다,

戊己; 큰 산에 개간한 모습이다, 산에 있는 논밭이다,

戊庚; 戊土 속의 광석이고 재물이다, 캐는 만큼 재물이 늘어난다.

戊辛; 땅속의 보석 이고 재물이다,

戊壬; 스케일이 크고 경치 좋다, 편재로써 그릇이 크니 대성할 구조이다.

戊壬丙; 큰 산에서 바다를 보니 태양이 높이 떠있어 맑고, 좋은 그림이다,
戊癸; 건토에 비가오니 만물이 소생 할 것이다, 크게 성공을 기대한다,

己土 ;기토, 강직함 ,순수함 ,순박함은 토가가진 기본 성향이다,
남의 말을 잘 들어주니 모두가 좋아한다,
어머니 같은 포근함이 있어 정신적 교육적, 성향이고적성에 알맞다,
모진 말 못하고, 문재가 생기면 공평을 이루고자 한다.
인내심은 강하고, 법대로 원칙주의 성향이 강하다,
己土는 사철 丙火의 생을 기뻐한다, 丙火로 돕고, 戊土로 막으면 좋다.

己甲; 기토 입장에서는 덕이고, 甲木 입장 에서는 손해일수도 있다,
기토는 작은 전답이라 甲木이 자라기에는 협소하다.

己乙; 乙 木을 키운다, 곡식인가를 살핀다, 계절과 주변 환경을 관찰하자,
己丙; 곡식을 키우는 데는 丙火는 절대적이다, 정인, 인덕, 학업성이 좋다,

己丁; 丁火를 품은 己土 는 따뜻해서 좋다, 편인, 기술성, 예술성 학문성.
己戊; 산 옆에 있는 논밭의 모습이다, 아름다운 모습일수 있다,
대인관계가 원만하다,
己己; 전답이 나란히 있으니 모든 것을 나누어야 한다,
己庚; 밭에 있는 광물이다, 양은 작으나 재물이고, 상관은 일간의 수단이다.

己辛; 흙속에 보석이고 재물이며, 재능이고 수단이다.
己壬; 밭가에 호수라 경치는 좋고, 정재 재물이다.
己癸; 비가내리면 좋다, 편재로 큰 부자 기대한다,

庚金= 庚金은 壬水를 만나면 맑아지고, 丁火를 얻으면 예리해 진다,

여름철 庚金 은 壬癸水를 만나면 금수쌍청으로 좋다,
추금은 丁火로 단련하면 화련 진금 이 되어, 큰 기물을 이룬다,

庚金은 甲木을 극하고, 乙木은 극하지 못하고 합한다,
金은 두개 있으면 거친 광석끼리 부디 치는 모습이다
庚甲; 추, 동 甲木은 잘 어울린다, 장작이나 재목을 만들고, 재물이다
庚乙; 재성으로 재물이고, 金이 많으면. 乙木에 해당하는 몸에 병이 온다.

庚丙; 병화는 빛이고, 편관, 명예를 중요시하고, 명예를 추구하는 성향이 강하다.

庚丁; 丁火로 재련하니 재능을 충분히 발휘 할 수 있고, 명에 지향성이다.

庚戊; 인성으로 좋은 형상이며, 학문성이고, 인덕이며, 명예이다.
庚己; 정인으로 戊土와 같다.
庚庚; 경쟁자도 되고, 일간 의 힘도 된다.
庚辛; 경쟁자도 되고, 일간의 힘도 된다.

庚壬; 금을 물로 깨끗이 씻는 모습이며, 능력이 되고, 업무가 된다.
壬水가 너무 많으면 庚金은 가라앉는다. 수다 금침.
庚癸; 庚金이 녹이 슨다고 하나, 식상으로, 의식주를 구하는 힘이다.

辛金= 외모는 섬세하고 날씬하며 동안이 많다, 丙火를 보면 빛이 난다,
행동이 바르고 모범적이니 지시하는 편이다, 자존심 상,
남을 따르는 걸 싫어하고 차라리 혼자 있는 것을 좋아한다,
겨울철의 辛金은 丁火도 기쁘다, 壬水와 丙火를 기뻐한다,

辛甲; 재성이지만 재적 성취가 힘들다, 목다금결

辛丙; 햇빛을 받으면 광채가 빛난다,
辛丁; 물정에 너무 어둡다,

辛戊; 정인으로, 학문성이고 인덕이며. 금을 캐면 재물이다.
辛庚; 겁재이나 의지가 되고, 힘이 된다. 경쟁력이다,
辛辛; 서로 잘난 체 하는 모양이나. 힘이 되고, 경쟁력이 된다.

辛壬; 壬水가 깨끗하게 씻어 준다, 상관으로 재능을 발휘한다,
辛癸; 녹이 슨다고 하나, 식신으로 의식주를 취하는 신금의 에너지이다.

壬水; 壬水에 癸水가 투하면 충천분지로 범람하여 우환이 발생한다,
지지수국에 癸水가 투하면 戊己土가 있어도 막지를 못한다,
이때는 목을 써서 설기 하여야 한다,
물속을 알 수가 없으니 정신적 분야에 관심이 많다, 생각이 많다
지혜와 임기응변으로 일을 잘 처리하고, 현실성, 생활력, 사회성이 좋은 인자 이다.

壬甲; 큰 호수에 나무 가서있다, 멋있다, 식신으로 재능을 충분히 발휘한다,
壬甲丙; 넓은 호수위에 소나무 있고 태양이 떴다, 태양이 비추니 아름답다,
壬乙; 넓은 호수위에 연꽃이 떠있다, 상관으로 자기능력 이상의 재능을 발휘한다,

壬丙; 태양이 떠있다, 壬 乙 ,壬 丙 ,乙 丙 ,모두 좋은 관계다
강휘 상영 이다, 동해에 태양이 떴다, 재운이 있어 부자가 된다,
壬丙戊; 큰 산과 바다에 태양이 떠 있으니 그림이 좋다, 스케일이 크다

壬丁; 정재로 재물이 모이고 좋은 성격으로 인기 좋다, 달빛이 멋있다
壬丁戊; 큰 산에 큰 호수 그리고 달빛의 모습도 아름답다, 재물 복 있다.

壬戊; 높은 산에서 본 바다, 직장에서 성공한다, 명예를 추구한다.

壬戊癸; 壬戊의 좋은 모습에 癸水가 붙으면 비가오니 나쁘다, 戊癸 합이다
壬己; 己土 탁임, 재물 운은 나쁘고, 색정 문재 일으킨다,
옆에 오행을 살피라
壬庚; 壬水가 무딘 庚金을 씻어내는 모양이고, 인덕, 학업 운이 좋으며
인성으로 창조력이나 기획력이 뛰어나다,
壬庚丙; 庚金을 壬水로 깨끗이 씻어 丙火로 말리니 좋다, 광체가 난다.
직장인이면 결재권이 높다.

壬辛; 陶洗珠玉 도세주옥, 정인으로 학업성이 우수하고 총명하다,
壬壬; 홍수가 났다, 대양 대해이다, 실패를 자주한다,
지지에 오행이 타격을 받는다.
壬癸; 큰물과 작은 물이 만났으니 물살이 빠르다, 폭우라고 쓴다.
경쟁이 강하니 좋을 수도 있으나, 물이 거세면 피해가 있을 수 있다.

癸水= 겨울의 후반으로 음의 절정에서 양이 스스로 열리는 때이다,

* 癸水는 본성을 잃지 않으면 조화하여 윤택하다,
* 癸水는 화가 왕 하면 화에 종하고, 토가 왕 하면 토에 종 한다,
* 癸水가 지지에 수국을 보면 장대비가 된다,
  이때 壬水가 투출하고, 윤하 격이 되면 대부 대귀하다,

癸甲; 계수는 큰 나무를 키운다, 상관으로 표현능력이 좋고 지능이 높다.
癸乙; 꽃밭 꽃나무를 키운다. 약초를 키운다.
癸丙; 계수가 강하면 이슬비로 丙火의 빛을 가리고.
丙火가 강하면 계수는 증발한다, 안개가 된다.

癸丁; 모닥불에 비오는 격, 재성이지만 좋지 않다. 충의 관계이다.
癸戊; 건조한 戊土에 비가 온다, 관성으로 조직생활에서 두각을 나타낸다,
癸己; 직장생활에 적합한 명이다, 癸水가 지나치게 강하면 나쁘다.

癸庚; 윗사람 덕이 있으니, 학문성이고. 명예 이다.
癸辛; 편인으로, 기술성, 예술성, 과학성 학문이고 인덕이다.

癸壬; 癸水의, 동지이며 경쟁력이 되나. 폭우가 되니 땅에는 홍수가 난다.
癸癸; 계속 비가 온다, 일의 진행이 느리다.

* 겨울에 甲 乙 木과 丙火는 밖에서 식물을 키우는 좋은 형국이고,
丁火는 온실에 있는 甲 乙 木을 키우는 형국이 된다. 난방 역활이다.

* 丙火는 辛金을 만나면 빛나게 한다, 합으로 묶이니 없는 것 과 같다.
그러나 관운이나, 재성 운으로 올 때는 좋은 결과를 기대할 수 있다.

* 戊, 己 土 일간에 甲, 乙 木이 있고,
지지에 土의 뿌리가 상하지 않으면, 거느리는 사람이 많다고 본다,

* 천간에 비겁이 합이 되면 일간은 처세술과 융통성이 좋은 사람이 되고,
일간이 천간에서 沖 剋을 받으면 신경이 예민하여, 스트레스를 많이 받는다.

간편 六十甲子 일주론

육십 가지 일주의 특징을 간결하게 정리 하였으며.
여명은 남명 일주의 특징과 잘 조합하여 설명을 하여야 합니다.

甲子= 편인, 도화, 목욕 교육, 학구열, 교육적 성향 강하며, 편인 냉철하고 문장력, 창의력이 좋으며, 갑 목의 선두기질에 인성이도와 지도자 상이다.
여명-子水 도화와, 목욕 도화 성, 기풍이 있고 인기 있으며 화려하다.

甲寅= 간여지동-건록; 자립심강하고, 타협이 불가하며, 현침으로 성적욕구 강하고, 추진력이 강하며 록 복이 있어 자수성가 하고. 재복이 있다.
여명= 자식 복이 있으며. 남편 복 부족하며, 고란살 이고, 여명만 해당한다.

甲辰= 편재-백호-금여- 재물창고위에 앉은 격, 돈이 떨어지지 않는다. 재물을 모으는 능력이 비상하고 독립심이 강하나, 배우자복이 약하다.
여명= 집에서 살림만 하면 남편이 조사한다, 귀격이면 좋은 배우자와 인연하고, 파격이면; 가주로 활동하며, 독신으로 분류된다,

甲午= 상관-도화-근면 성실하여 재물을 모으는 재주 있고, 영리하며 수단과 언변이 좋다, 말(午말오)을 탄 형국이라 분주다사 하다, 인기 있어, 도처에 여인 있다
여명= 미모와 센스를 타고나서, 인기 많고-자식사랑 극진하며-남편과는 애정불안 .배우자궁에 자식이 자리하여 남편을 밀어내는 형상이다.

甲申= 편관-驛馬-현침-활동성 추진력이 강하며 다재다능하나, 침착하라 성공의 비결은 매사, 서두르지 아니하고 참는데 있다, 나무뿌리에 혹(申金 쇠를)을 달고 사는 형국이라 뼈(질환) 으로
남녀 공통으로, 관절이 약하거나 근육통 두통 신경통이 동반 할 수 있다

甲戌= 재고-화개-배우자궁이 돈 창고이다. 지도자 상이며, 재물 복 있고.
여명= 여장부, 돈 창고를 깔고는 있으나. 남편 덕과 위장이 약할 수 있다

乙丑= 偏財, 화개, 근면 성실하며, 배우자궁이 돈 창고이고. 재복 있다 강한 직업이 좋으며 사법성이 있다
여명= 예술성 있고, 근면 성실 하고 돈 창고에 든 남편이라 재복 있다

乙卯= 비견; 建祿; 똑똑 하고, 친화력이 좋고 사업수완 있고 예술성 있다.
여명= 건록, 똑똑 하고 친화력 좋고, 인물 좋으니, 인기 있고, 돈 있으며.
남녀 모두 음욕이 강하다

乙巳= 沐浴, 驛馬, 예술성. 용모단정, 두뇌총명, 추진력 활동성 강하다.
여명= 용모 준수하고, 지혜 밝고, 학문성, 교육성, 예능, 예술성, 있다.

乙未= 偏財, 화개, 乙木의 善함과 예술성 있고, 두뇌 명석하며, 재물 복,
여명= 성정이 선하면서 강하고 과격성 있고 예술성 있고, 재물 복 있다

乙酉= 偏官, 재주와 재치 있으며, 인정 많고, 미모 있고, 카리스마 배우자.
본인이나 자식이, 의료, 의약, 종교계와 인연 있고, 명예를 중요시.
여명= 아는 것이 많아 집안에 있으면 신기가 발동하여 병이 날 지경이다.

乙亥= 정인, 역마, 지식창고, 객지, 해외 인연 있다, 학술 예술 좋아하고,
창의력 있다
여명= 총명, 다정, 활동적이고, 아는 게 많아 결혼은 나이차가 많은 게 좋다,
음욕이 강하고, 비밀 애정 사 있어, 부부애정 불안 수 있다.

丙子= 偏官,도화-복성귀인 부귀 하고 장수 하고, 인자하며, 미남, 미녀
안아보고, 사상이 건전하고 바르니 공직에 발전 있다
여명= 도화-용모가 아름다워 유혹을 받는다, 보석이나 장식품을 좋아 한다,

丙寅= 長生지, 역마, 홍염, 목화통명, 학구열, 장년에 명예 있고, 인물 좋다
여명= 홍염, 문화, 예술성이 강하며, 매력 있고 인기 있어 미남 미녀 안아
보고, 남녀모두 부귀하고 장수하는 명이다

丙辰= 식신, 화개, 추진력, 배짱, 지혜, 수완 있고, 다재다능하며, 권력
기관으로 가면 남녀 모두 발전 있다.
여명= 착하고 자비스러우며 복록 있고, 현모양처이며, 자식사랑이 지극하여
득 자 부별이 걱정되고, 위장이 약할 수 있다

丙午= 겁재, 제왕, 도화, 양인, 권위적이나, 개방적으로 사람을 잘 사귀고,
의욕은 하늘을 찌르고. 군, 경, 검 의료 쌘 직업, 권력기관에 발전있다.
여명= 여장부다, 남편이 있어도 만족이 어렵고, 독신이 편하다,(불덩어리)

丙申= 편재, 인물이 좋으며, 문장력이 좋고 의리와 지혜가 있어 고위직에
오른다. 공명심과 출세욕 강하여 가문을 빛낼 위인이며, 처덕이 있다.
여명= 교육계나, 공무원이 좋다, 승진 빠르고, 고위직에 오른다, 내조
잘하고 헌신적이며, 공부 잘하고, 예지력이 있으며. 추진력이 좋다

丙戌= 食神, 白虎, 戌亥 는 천문성 으로, 지혜 총명에 무골호인 형으로,
재복은 있고, 집념 강하고, 수기가 부족하면 조급한 인격자가 된다.
여명= 여걸의 기상이다, 자식사랑이 극진하여 남편과 멀어 질수 있다.
남녀 모두 강한 직업에 발전이 있다

丁丑= 白虎, 花蓋, 부자 되는 길신, 예술적 재능 있고, 인정이 많으며
사리분별이 정확하고, 복록이 있다
여명= 남편이 쌘 직업에 종사하면대길이고, 군 경 검 법무 의사 언론 금융
부자 되는 길신이다.

丁卯= 偏人, 桃花, 懸針, 지혜 총명, 편인의 저돌성으로 빠르게 성공한다.
멋과 센스 있고 색정이 강하다. (卯 손재주)
여명= 멋쟁이, 현침, 섬세함, 묘목의 손재주, 의료, 의류, 음식에 발전 있다

丁巳= 劫財, 帝旺,역마, 욕망, 정의, 언변, 우두머리 격, 직장생활 못 한다,
성격이 깔 끔, 반듯하며 외로운 상이다
여명= 알뜰, 현명, 재복 있고, 사회활동 한다, 이혼하면 혼자 산다, 독립심
강하고, 남 여 모두 융통성 부족이 흠이나, 남에게 피해는 안준다.

丁未= 식신, 암록, 화개, 양인, 冠帶, 도량이 넓고, 희생정신이 강하며,
베풀기를 잘하고. 부화뇌동은 실어하고, 戊午 丁未 일주, 색정이 강하다
여명= 현모양처, 깔끔, 총명, 손재주, 음식솜씨, 귀인 덕, 남편 덕, 평생
안락하다,

丁酉= 편재, 천을 귀인의 덕이 많고, 미모에 용모단정 하며, 학문성 좋고,
재복이 있으며, 현명한 부인 만날 가능성이 많다.
여명= 귀인의 덕이 많아 공부 잘하며 현모양처로 내조 잘하고, 부귀와
장수 한다, 천을 귀인, 문창성 ,학당귀인 ,태극귀인, 복성귀인 덕.

丁亥= 정관, 역마, 천문, 태, 두뇌명석, 귀격이다 호수위에 달빛 이라,
어진 처와 귀한 자식 두고 가정이 태평하고, 일생이 행복 하다.
여명= 미인, 재주, 성품 온후하고, 귀인의 덕이 좋아 일생동안 부 귀하다

戊子= 정재, 재고, 비인, 도화, 胎, 재복에 총명하고, 착하고, 가정은
화평하고 미인이 따른다.
여명= 지갑 비는 날이 없고, 현모양처, 팔방미인, 눈물도 많고, 인기 있다.

戊寅= 편관, 역마, 학당귀인, 長生, 관록, 개척정신, 만인의 지도자 상이다,
외국에도 인연 있고, 발전이 있다
여명= 사회활동 한다, 교육계, 공직, 교육사업, 남편도 공직에 발전 있다

戊辰= 화개, 백호, 재고, 관대= 지능이 뛰어나고 이상이 크고 발복한다.
간여지동이라 부인은 사회활동을 해야 부부 궁이 안전 하다,
여명= 여장부 기상이라, 남편이 무능해야 탈이 없다,
토가강해 물의 흐름을 막으니, 혈압, 수부족 신장, 방광 조심하라,

戊午= 정인-제왕-도화-양인, 음양살, 화산의 형상으로, 욕정이 강하다,
완고하고 융통성 없고, 미녀와 인연은 많고, 만혼에 나이차 많아야 좋다.
여명= 언변에 수단 좋은 여걸이다, 군, 경, 검 쌘 직업이면 관을 끄러않아
고위직에 오를 수 있으며, 양인은 직위를 높이고 남녀 모두 인기
좋다.

戊申= 食神-현침-역마, 가을 산의 광산이니 복록이 따르고, 거부된다,
여명= 식복 있다, 천주귀인, 복성귀인, 암록, 있어 부귀 장수한다,
남편이 부실하면 사업가로 나선다, 조혼 하면 실패하고, 독수공방 수
있다, 남녀 모두 외정을 조심 하라.

戊戌= 괴강- 화개, 태극귀인, 생각의 차원이 높고 고집이 세고. 성공한다.
괴강이 중첩되면 대권을 장악 한다는 귀하고 강한 기상이다.
여명= 총명하고, 뛰어난 영감을 나타낸다, 교육, 종교, 연구 철학에 길하다
고집, 기질이 강하니 적선과 수양을 많이 하라.

己丑= 比肩 간여지동-화개 근면, 성실, 학식과 인품 있고, 궁함은 없다.
여명= 음 토는 모성애 강하며. 선천적 교육성이고. 자식은 떨어 저서
사는 게 좋다.

己卯= 偏官-현침 己土는 사교와 공평하고, 평등의 제왕이다,
꼼꼼, 세밀, 기술 기예, 뛰어나고, 권력기관 이나, 의료,
의약계가 좋다,
여명= 하고 싶은 일을 골라하는 길 성으로 냉철하며 문장력이 뛰어나다,

己酉= 食神, 도화, 천주귀인, 평생복록, 학당귀인, 학문 문장력이 좋다
문창귀인, 추리력, 발표력, 예지 력, 火를 보면 부모덕 있다
여명= 재주 뛰어나고 내조 잘한다, (수술 수) 성형수술이라도 한다,

己未= 比肩, 간여지동, 공직이나 교육계에 발전이 빠르다.
암록= 재물의 궁함은 없고, 태극귀인= 출세 성공 우두머리, 평생복록,
여명= 부부 궁은 불안하고, 침술에도 재능 있으니 활인 업 계통이 좋다,

己巳= 역마, 음성이 맑고 노래잘하고, 학문을 즐기며. 연애결혼 가능하다.
여명= 남편에게 사랑받고, 친모를 봉양 할 수 있다,

己亥= 해외역마 의관 단정, 사상 건전, 두뇌총명, 관직에 승진이 빠르다.
여명= 해중 甲木이 남편으로, 물과 인연이 있다, 관 귀 학관, 의부,
의처증, 관직에 진출하면 승진이 빨라 대성한다,

庚子= 상관-두뇌총명 근면성실, 강한 직업에 발전, 처가 미모에 인기 있고.
문장력 인품 수 려, 귀가 얇고 정이 많아, 보증 등으로 손해 볼 수 있으며,
여명= 외견은 도도하고, 이성을 보는 눈은 높고, 남편자리에 자식 있으니,
남편의 부족을 자식으로 채우려 한다, 득 자 부별, 부부 애정
불안 있다,

庚寅= 偏財, 관귀 학당, 태극귀인, 개척정신이 강하며,
좋은 처세술, 돈보다 명예를 추구하고, 승진이 빠르고 빨리 출세한다,
여명= 상격이면 권력계통의 남편이고, 여걸이니, 가주가되는 경우도 있다

庚申= 驛馬, 紅艷, 干與支同, 建祿= 명주가 강하여 영웅 아니면, 건달이고,
권력계통에 가야 성공하고, 처가의 덕은 보나 처가 병약할 수 있다,
여명= 큰 인물이 되어 권세를 휘둘러야 평범한 가정을 이루고,
평범하면, 가주가되어 고단하고, 정에 약해 친구에게 손해 보고,
똑똑 하여 외정이 두렵다,

庚辰= 偏印, 白虎, 華蓋, 통솔력, 신망, 자신감, 살기가 있어, 덕을 쌓으라,
자수성가하고, 처덕은 있으며, 이성에게 인기가 많다,
여명= 여장부다, 사회활동 잘하고, 남편과 같이, 권력기관 쎈 직업이 좋다,

庚午= 正官, 桃花, 金與, 沐浴, 활동적, 사교적이고, 여행을 좋아하고,
사물처리 분명하니 직장, 처 궁이 偏官이라, 처의 간섭이 강하다,
여명= 활동력 있고, 화려한 거 좋아하고, 용모가 수려한 배우자를 만난다,
군, 관, 쎈 직업으로 가면 성공한다,

庚戌= 偏印 ,華蓋, 金與, 괴강, 있어 미모의 처덕 있고, 발복 이 빠르다,
여명= 여걸이다, 두뇌, 재치, 상대심리, 잘 알고, 관이 왕 하면 귀부인,
되고 남편은 순하고 착한편이 제격이다,

辛丑= 偏印, 懸針, 재주 있고, 근면 성실하고, 처덕 있고, 신앙심 있다.
여명-미모에, 고집 있고, 남편사랑 있고. 손끝 예민하니 재주 있고,
성실하다,

辛卯= 偏財, 淫慾, 재주 있고 재물 있으며, 관에 욕심 부리면 흉함이
있고, 현침, 예민한 손 긑 으로 의사나, 틀수기술로 성공 하라,
여명= 봉사정신이 강하고, 교육, 의료, 특수기술, 직으로 진급이 빠르다,

辛巳= 偏官, 天祿, 복성귀인 일생동안 부귀 장수하고, 시지에 있으면 좋다,
카리스마 있는 부인이고, 쌘 직업에 종사하면 좋다,
여명= 남편 덕은 있고, 인격이 온 후하고, 정직하여 만인의 도움을 받는다,

辛未= 편인, 華蓋, 懸針, 의사, 간호사, 정밀한 직업이나, 서예에 소질 있다,
여명= 현침의 섬세한 손끝, 의사, 간호사, 未土의 미각, 음식 솜씨 있다,

辛酉= 正祿,보석, 미인, 고집이강하고. 밖에서는 사교적, 집에서는 무정.
여명= 음착 살, 홍염, 미모에. 고집에. 인기, 간여지동 부부 애정불안 있고.
正祿(건록)이 있어 자수성가 한다,

辛亥= 용모가 아름답고, 두뇌 관찰력, 문학에 조예 있고, 지혜 있는 부인을,
만날 수 있는 명이 되고.
여명= 미모에 사치 즐기며, 음욕, 자식사랑이 커서, 부부애정 불안하다,

壬子= 紅艶, 羊刃, 干與支同 만물을 감싸는 형상으로 도량이 넓고, 영웅적
기질과 수완으로 살상, 대권을 쥐기도 하고. 이성에게 인기 있다,
여명= 여장부 격, 많은 사람들 거느리고, 남을 위해 봉사, 부부애정은
불안하다.

壬寅= 學堂, 文昌, 暗綠, 역마, 교수나 무역업으로 록 복 있고, 처덕 있다
여명= 남편복은 없고, 자식 복 있고, 음식솜씨, 꿈이 적중하는 신기 있다,

壬午= 正財, 桃花,지혜가 비상하고, 사교성이 좋고, 재복, 배우자 덕 있다.
여명= 미모에 애교로 남편사랑 받고, 사회 활동하고, 재물과 남편 덕이 있다.

壬申= 偏印, 학당귀인, 역마, 학문, 문장력 좋아 이름을 날리고 해외도
인연이 있다,
여명= 두뇌, 재치 비상하고 사회활동 하여 성공하며, 귀부인 상이다,

壬辰= 편관, 괴강, 福星, 자립정신 강, 도량이 넓고, 군자 풍, 애정불안 있다
여명= 일복은 많고, 부부애정은 불안 하고, 고집은 강하고, 이별 수,
공방 수 있다.

壬戌= 백호, 화개, 백호 지혜총명, 지도자 격으로 강직하고, 과격성 있고,
처덕은 있으며, 재복이 있어 부동산과 거금 희롱한다,
여명= 남편이 권력계통 으로 가야 길하고, 이혼 후에 성공하는 경우가
많으며, 밝고 명랑하며 복록이 풍부하다,

癸丑= 편관, 暗綠, 白虎, 화개, 평생 귀인의 도움 받고, 지혜와 강직,
과격 성 으로 지도자 격이나, 음욕 살, 애정불안 있다.
여명= 호걸의기상이고, 학문으로 수양 하고, 신앙으로 음덕 쌓으면 재난을
피하고 잘산다.

癸卯= 傷官, 天乙, 도화, 학문성 길하고, 두뇌 총명, 호감 형에 의식주
풍부하고, 부인이 미모이고, 현모양처 이며 손재주 있다,
여명= 낮에 태어나면 貴命이고, 미모에 호감 형이다, 교육, 언론, 의료계에
진출하면 좋은 배필 만나고, 평생 귀인의 도움 있으나,
득 자부별의 상으로 배우자복이 약할 수 있다.

癸巳= 正財, 天乙귀인, 역마, 분주다사한데 재물이 있고, 복록, 인덕 있으며,
현실적이고 현명한 배우자의 상이며 가정이 평온하다.
여명= 천을, 태극, 귀인 덕으로, 복록이 있고 사회활동 왕성하게 잘하고,
이성문재 고민 있다,

癸未= 華蓋,평생 식록 ,분주하고, 성공 한다. 실내에서 하는 직업이 좋다,
여명= 애인 같은 배우자 만날 수 있고. 손재주 음식솜씨 있으며.
未土= 남여모두 일지가 아닌 다른 지지에 있어도 재물이 있다고 본다.

癸酉= 偏印, 桃花, 깔끔, 준수, 영리하고, 처덕 있고, 억센 여자 만나면 좋다,
여명= 처세 밝으나 순종의 기질은 없고, 권력 계에 진출하면 성공한다,
酉金= 법, 의료, 수술, 칼의 물상으로 수술수가 있다고 하며, 눈에
쌍꺼풀 수술이라도 한다고 한다.

癸亥= 劫財, 두뇌총명의 1인자, 움직이는 백과사전, 자신보다 국가를 먼저
생각하니, 가정에 소홀해도, 처가 조력하니 부창부수이고 성공한다,
여명= 총명하고 생활력이 강하다, 직업은= 권력기관, 외교, 교육이 적성이고,
육영사업, 봉사성이 강하니 활인 업이 길하며 간여지동으로 너무 반듯
하고, 고지식하여 외로운 상으로 분류되고, 음욕이 강하다고 한다.

절기와 시간표

지지	음력	절기 12	양력	지지	시간	甲己년	乙庚년	丙辛년	丁壬년	戊癸년
寅	1	立春	2월4일경	子	11시30분	甲子	丙子	戊子	庚子	壬子
卯	2	驚蟄	3월4일경	丑	1시30분	乙丑	丁丑	己丑	辛丑	癸丑
辰	3	晴明	4월5일경	寅	3시30분	丙寅	戊寅	庚寅	壬寅	甲寅
巳	4	立夏	5월5일경	卯	5시30분	丁卯	己卯	辛卯	癸卯	乙卯
午	5	芒種	6월5일경	辰	7시30분	戊辰	庚辰	壬辰	甲辰	丙辰
未	6	小暑	7월6일경	巳	9시30분	己巳	辛巳	癸巳	乙巳	丁巳
申	7	立秋	8월7일경	午	11시30분	庚午	壬午	甲午	戊午	丙午
酉	8	白露	9월7일경	未	1시30분	辛未	癸未	乙未	丁未	己未
戌	9	寒露	10월8일경	申	3시30분	壬申	甲申	丙申	戊申	庚申
亥	10	立冬	11월7일경	酉	5시30분	癸酉	乙酉	丁酉	己酉	辛酉
子	11	大雪	12월6일경	戌	7시30분	甲戌	丙戌	戊戌	庚戌	壬戌
丑	12	小寒	1월5일경	亥	9시30분	乙亥	丁亥	己亥	辛亥	癸亥
		하지	6월 21일	자	11시30분					
		동지	12월22일							

結婚 日과, 이삿날 택일 법

凶日= 兩家 慶事日, 兩家 祭祀日, 兩家 病中, 新婦 生理日
흉일= 양가 경사일, 양가 제사일, 양가 병중, 신부생리일

凶日= 日柱-空妄 日, 日柱 沖日, 日柱 凶殺日, 亥日 돼지날
흉일= 일주-공망 일, 일주 충일, 일주 흉살일, 해일 돼지날

凶日= 新婦; 官庫日, 新郎; 財庫日
흉일= 신부 관고일, 신랑 재고일

吉日= 四 吉神日, 食神. 正財. 正官. 正印
길일= 4길신일, 식신. 정재. 정관. 정인

1 순위 天乙 貴人 길일, 일간기준 新郎; 新婦

천간	甲, 戊, 庚,	乙, 己,	丙, 丁,	辛,	壬,癸,
지지	丑, 未	子, 申,	亥, 酉	寅, 午	巳, 卯

四大吉日; 甲子. 甲午. 己卯. 己酉
사대길일 ; 갑자. 갑오. 기묘. 기유

十大吉日 ; 乙巳. 乙丑. 丙子. 丁卯. 丁丑. 己丑. 癸卯. 癸丑. 壬子.
십대길일 ; 을사. 을축. 병자. 정묘. 정축. 기축. 계묘. 계축. 임자.

이삿날 과 이사 방향 선정하는 법

1. 이삿날 선정 하는 법, 천을 귀인 날 (일주와 충이 없을 것)
2. 이사 방향 선정하는 법. 사주 원국에 오행의 강약을 분석하여,
   오행의 기운이 약한 방향을 이사 방향으로 정합니다.

寅 卯 辰= 木 局, 동쪽. 巳 午 未= 火 局 남쪽.
申 酉 戌= 金 局 서쪽. 亥 子 丑= 水 局 북쪽.
아무리 좋은 날 이라고 하여도, 신랑 신부와, 이사할 당사자와
충이나 극이 되는 일진 날을 택일하면 절대로 안 되고.
언재나 항상 신중히 하여야 합니다.

2023년 계묘년 육십갑자와 년 도표

89

갑	을	병	정	무	기	경	신	임	계	
甲午 130	乙未 129	丙申 128	丁酉 127	戊戌 126	己亥 125	庚子 1900	辛丑 123	壬寅 122	癸卯 121	120
甲辰 120	乙巳 119	丙午 118	丁未 117	戊申 116	己酉 115	庚戌 1910	辛亥 113	壬子 112	癸丑 111	110
甲寅 110	乙卯 109	丙辰 108	丁巳 107	戊午 106	己未 105	庚申 1920	辛酉 103	壬戌 102	癸亥 101	100
甲子 100	乙丑 99	丙寅 98	丁卯 97	戊辰 9	己巳 95	庚午 1930	辛未 93	壬申 92	癸酉 91	90
甲戌 90	乙亥 89	丙子 88	丁丑 87	戊寅 86	己卯 85	庚辰 1940	辛巳 83	壬午 82	癸未 81	80
甲申 80	乙酉 79	丙戌 78	丁亥 77	戊子 76	己丑 75	庚寅 1950	辛卯 73	壬辰 72	癸巳 71	70
甲午 70	乙未 69	丙申 68	丁酉 67	戊戌 66	己亥 65	庚子 1960	辛丑 63	壬寅 62	癸卯 61	60
甲辰 60	乙巳 59	丙午 58	丁未 57	戊申 56	己酉 55	庚戌 1970	辛亥 53	壬子 52	癸丑 51	50
甲寅 50	乙卯 49	丙辰 48	丁巳 47	戊午 46	己未 45	庚申 1980	辛酉 43	壬戌 42	癸亥 41	40
甲子 40	乙丑 39	丙寅 38	丁卯 37	戊辰 36	己巳 35	庚午 1990	辛未 33	壬申 32	癸酉 31	30
甲戌 30	乙亥 29	丙子 28	丁丑 27	戊寅 26	己卯 25	庚辰 200	辛巳 23	壬午 22	癸未 21	20
甲申 20	乙酉 19	丙戌 18	丁亥 17	戊子 16	己丑 15	庚寅 2010	辛卯 13	壬辰 12	癸巳 11	10
甲午 10	乙未 9	丙申 8	丁酉 7	戊戌 6	己亥 5	庚子 2020	辛丑 3	壬寅 2	癸卯 1	1
甲辰 2	乙巳 3	丙午 4	丁未 5	戊申 6	己酉 7	庚戌 2030	辛亥 9	壬子 10	癸丑 11	10
甲寅 12	乙卯 13	丙辰 14	丁巳 15	戊午 16	己未 17	庚申 2040	辛酉 19	壬戌 20	癸亥 21	20

천간 살	甲	乙	丙	丁	戊	己	庚	辛	壬	癸
天乙貴人	丑 未	子 申	亥 酉	亥 酉	丑 未	子 申	丑 未	寅 午	巳 卯	巳 卯
沖	庚	辛	壬	癸	0	0	甲	乙	丙	丁
合	己	庚	辛	壬	癸	甲	乙	丙	丁	戊
白虎	辰	未	戌	丑	辰	0	0	0	戌	丑
魁罡	0	0	0	0	戌, 辰	0	辰, 戌	0	辰, 戌	0
羊刃	卯	辰	午	未	午	未	酉	戌	子	丑
淫欲	0	卯	0	未	戌	未	0	卯	0	丑
暗綠	亥	戌	申	未	申	未	巳	丑	寅	丑
正祿	寅	卯	巳	午	巳	午	申	酉	亥	子
財庫貴人	辰	辰	戌	丑	戌	丑	寅	未	戌	戌
金輿祿	辰	巳	未	申	未	申	戌	亥	丑	寅
紅艶殺	午	午	寅	未	辰	辰	戌	酉	子	申
文昌貴人	巳	午	申	酉	申	酉	亥	子	寅	酉
文曲貴人	亥	子	寅	卯	寅	卯	巳	午	申	卯
천간	甲	乙	丙	丁	戊	己	庚	辛	壬	癸

地支

地支	子	丑	寅	卯	辰	巳	午	未	申	酉	戌	亥
合	丑	子	亥	戌	酉	申	未	午	巳	辰	卯	寅
沖	午	未	申	酉	戌	亥	子	丑	寅	卯	辰	巳
破	酉	辰	亥	午	丑	申	卯	戌	巳	子	未	寅
害	未	午	巳	辰	卯	寅	丑	子	亥	戌	酉	申
元辰	未	午	酉	申	亥	戌	0	子	卯	寅	巳	辰
鬼門	未	午	未	申	亥	戌	0	寅	卯	0	巳	辰
天醫星	亥	子	丑	寅	卯	辰	巳	午	未	申	酉	戌
三合	子 辰	0	午 戌	亥 未	申 子	酉 丑	寅 戌	亥 卯	子 辰	巳 丑	寅 午	卯 未
三刑	0	戌 未	巳 申	0	0	寅 申	0	丑 戌	寅 巳	0	丑 未	0

제 2장

사주풀이 기초 및 원국 분석

Memo

목차

제 2장 사주풀이 기초 및 원국 분석

사주풀이 기초 1

1. 0 0 0 0 0 辰 酉 辰	酉金을 사이에 두고 양옆에 辰토가 있다. 이를 쟁 합 이라하고, 합은 성립하지 않는다
2. 0 0 0 0 亥 寅 亥 0	쟁 합이 되어 합은 성립하지 않는다. 쟁 합이 되어 합은 성립하지 않는다.
3. 0 0 0 0 亥 巳 申	巳申 합과, 巳亥 沖이 있을 때. 합의 기운이 출력보다 강하여, 巳申합 이 성립한다.
4. 0 0 0 0 巳 申 酉 戌	巳申 合과, 申 酉 戌 方 合이 있다. 힘의 세기에서, 方合이 강하여 성립하고 육합인 사신 합은 없다.
5. 0 0 0 0 0 辰 戌 卯	卯戌 합과, 辰戌 沖이 있으나, 합이 더 강하여 충은 성립하지 않는다.
6. 0 丁 0 0 0 0 亥 卯	亥水 정관격 에서, 未년을만나면, 亥卯未 삼합 木局이 되면 印受 인수 격으로 변한다.
7. 0 辛 丙 0 0 0 寅 0	寅月에 辛金은 正財格이나, 지장 간에 丙 火가 투출하여 正官 格이됩니다.
8. 합에 힘의 세기는=	삼형살, 삼합, 방합, 육합, 육충, 순 이고 방 합은 반합이 없으며, 다음은 동급으로, 반형, 반합 파, 해, 원진, 귀문, 힘의 세기가 비슷합니다.

사주풀이 기초 2

1. 0 癸 卯 0 0 0 寅 午	寅월에 癸水는 傷官 格이나, 寅午戌 火국 이 되면 財格으로 변한다.
2. 0 癸 甲 丙 0 0 寅 0	月支에서 투출한 寅木과 같은 오행 甲 木이 우선순위 이다, 이 사주는 傷官 生財 格이 된다.
3. 0 0 0 0 0 亥 寅 午	寅亥 육합 과 寅午 반합이 있고. 寅亥육합이 더 강하여 성립하고, 반합은 없다.
4. 0 0 0 0 0 酉 卯 寅	寅卯는 반합이 아니며. 方合 에는 반합이 없고. 卯酉 沖 만 성립 한다.
5. 0 0 0 0 戌 辰 子 申	三合과 方合은 六合이나 六沖 보다 강하여, 辰戌 충은 성립하지 않는다.
6. 0 0 0 0 0 申 子 午	申子 반합 과 子午 沖이 있을 때. 六 沖이 반합보다 강하여. 자오 충만 성립한다.
7. 0 庚 0 0	乙년 이오면 乙木 正財運이 天干에 만 오면, 돈을 벌려는 욕구만 생기고, 地支에 재성이 있으면 財를 취하게 된다.

1. 0 庚 0 0 0 0 0 0	乙木 정재 년 卯木 정재 天干 地支모두에 재성 運이 올 때 財를 취한다.
2. 0 庚 乙 0 0 0 0 0	卯년 운에 물상 결합되어 財를 취할 수 있고. 원국과 운의조합은 중요하다.
3. 己 庚 乙 0 卯 辰 卯 0	乙 년 원국에 乙卯가 있어 기본적으로 부자이다. 乙 운에 사주가 동하여 재를 취한다.
4. 0 0 0 0 0 午 未 0	子年을 만나면 子午충 은 성립하고 子未 원진은 육충 보다 약하여 이루어지지 않는다.
5. 0 0 0 0 0 寅 卯 酉	卯酉충이 성립되나, 辰土 운을 만나면, 寅 卯 辰 방합 이 성립 된다,
6. 0 0 0 0 0 子 午 卯	子와 午는 동지와 하지, 子正과 正午의 기운으로 대립하고 있다. 木生火, 卯의 生을 받은 午가 子보다 강하다.
7. 丁 戊 0 0 0 0 0 0	壬 년. 壬水, 재성 운을 만나, 丁壬 합을 이루면. 丁火 명예가 없어지는 형국이 되어. 돈에 대한 욕심 때문에, 나쁜 행위나 실수로 인하여 명예가 손상되는 운이 될 수 있으며.
다른 해석=	丁火인성, 자격, 능력, 무형의 가치로 재물이 들어온다. 라고 쓰고 있습니다.

1. 0 庚 0 0 0 0 寅 0	亥 년이 오면 寅亥 합이 되어 해수는 목운동을 하고. 합이 되면 묶이어 사용을 못한다고 하나 합이 되면 한쪽은 힘이 강해지고 한쪽은 다른 운동을 하여 본연의 기능을 못하는 것이고. 亥水는 지장 간 중기에 甲木이 들어있어, 木을 만나면 木 운동으로 변하는 원리이다
2. 0 壬 0 0 0 0 午 未	원국에 午未 합이 있어. 午未가 묶여 있으니 財星과 官星을 사용을 못하는 상태라고 하나. 지나간 운에 따라 운동을 하고 있으며, 운에서 동하지 않으면 정적인 상태이고. 운에서 만나는 오행에 따라서 활동 방향이 정해지고 그 방향으로 운동을 한다고 보면 됩니다.
3. 0 庚 甲 0 0 0 寅 0	근년, 사주 상에 甲寅 물상결합이 되어 있고. 己土 運에 甲己 合으로 財星의 손실이 예상 된다. 라고 이론에서는 배우고 있으나. 甲木은 현재 庚金이 가지고 있는 재물이고, 己土는 박에서 오는 인성, 문서에 해당하는 운으로, 내가 가지고 있는 재물을 주고 문서를 취하는 형국으로, 땅을 사고 등기권리증을 받는 형상이며, 문서에 발전 운으로, 합격, 당선 같은 좋은 운이다.
4. 0 壬 丙 0 0 午 辰 0	午 는 온전한 財의 글자이며. 구성이 좋아 午 이 구조는 丙火나 巳火 運에 財物이 들어온다.
6. 0 丁 0 0 0 0 申 戌	酉년이오면, 辛 酉 戌 재성 국이 되고. 남자이면, 재물 운이고, 여자 운이 됩니다.

1. 0 丁 丁 0　　　庚　　(남명, 乾 命, 건명이라 한다)
0 巳 巳 0　　　申 년運은 干支 모두 財星이고. 원국에 재성이
　　　　　　　없어도 재성 운에 결혼 할 수 있다. 결혼 운.

2. 丙 戊 0 0　　　壬　　(乾 命)
辰 寅 申 0　　　子년 운은 干支모두 재성 운이라 결혼 운이 된다.

3. 0 己 庚 壬　　　庚
0 巳 戌 戌　　　子 년에, 壬水와 물상 결합하여 재를 취한다.

4. 0 甲 0 0　　　(여명, 坤命 곤명이라 한다)
0 申 辰 0　　　子년이 오면,申 子 辰 三合이되어 수가 강해진다.
　　　　　　　地支에 申金 남편이 수로 변하면 아프거나, 떠날 수
　　　　　　　있으나. 子水와 삼합에 대한 발전은 살펴야 한다.

5. 0 甲 0 0　　　亥水 지장 간에 (戊 甲 壬) 의 글자가 있으며.
0 0 亥 0　　　日干 甲木은 亥 중 甲木에 뿌리를 내려 힘이 강하고.
　　　　　　　亥속에 甲木 입장에서는 天干에 木이 있어 투출
　　　　　　　했다고 한다. 통근이 안 된 오행은 힘이 약하고.
　　　　　　　운을 받을 때도 차이가 있다.

6. 辛 丁 甲 乙　　　年干에 乙목은 年支, 未土에 뿌리내리고,
丑 巳 申 未　　　月干의 甲목도 未토에 뿌리내리고,
　　　　　　　未土 지장간에 丁 乙 己.오행이 있어 그러하다.

日干의 丁火는 年支 未土와 일지 巳火에 뿌리를 내리고 있고.
時干에 辛金은 월지, 일지, 시지에 뿌리내려 힘이 무척 강하며.
地支에서 천간에 같은 오행이 있으면 투출이라 하고,
天干에서는 지지에 같은 오행이 있으면 통근이고, 뿌리라 합니다.

사주풀이 기초 6

1. 0 庚 甲 0 0 0 0 0	己土 運에, 편재 甲木이 합거 되어 사라지면 재물의 손실이(지출) 예상되며, 따라서, 偏財에 해당하는 六親을 살펴야 하고, 사망일수 있으며. 己土는 인성 운으로 문서 발전 운, 매매운, 합격, 당선운이 됩니다.
2. 0 庚 甲 0 0 0 寅 0	亥運을 만나, 亥水식상이 寅木 재성과 합을 이루면. 운에서 오는 식상은 일간의 새로운 마음으로 재성을 취하고 싶은 마음이며, 실행으로 발전 운이 됩니다.
3. 0 庚 甲 0 0 0 戌 0	寅木 재성 운을 만나면, 寅戌 火국으로 관성 국을 이루면, 직장이나 사업장에 발전 운이 되고, 재물과 명예 상승 운이 됩니다.
4. 0 0 0 庚 0 辰 子 申	申子辰 三合= 水局, 삼합은 고유에 속성을 잃고 水의활동을 한다. 申金은 지장간에 壬水가 있고 진토는 지장간에 癸水가 있어 같이 水 운동을 한다. 두자만 있으면 반합이 되고 육합보다 약하다.
5. 0 0 0 庚 0 亥 丑 子	亥子丑 方合= 水局은 북쪽이고, 계절은 겨울이다. 庚 金은 丑 土와, 申 金에 뿌리를 내리고. 寅木 운에, 寅亥 합이 성립하지 않는다. 방 합이 육합보다 강하여 그런 결과가 됩니다.

사주풀이 기초 7

1. 0 0 0 庚 0 辰 子 申	金의 뿌리인 申金이 申子辰 삼합을 이루면 申金이 水 운동을 하여, 庚金의 뿌리 역활을 못하여, 庚金은 힘이 약하게 됩니다,
2. 0 0 0 0 0 0 丑 戌	未년= 운에 丑戌未 삼형이 이루어지면, 지장간에 천간 오행이 밖으로 나와, 천간에오행과 합 충 극을 하여 삶에 파란이 일고 관재 수, 사고 수 등이 발생을 하여, 건강, 재물, 명예에, 흉작용을 한다.
3. 0 0 0 0 0 0 寅 巳	申年이오면 寅巳申 三刑이 되어. 위에 삼형과 같이 삶에 소란이 일게 되고. 힘들게 된다.
4. 0 0 0 0 0 0 0 戌	未 大運에, 未 세운을 만나면 재형이 되어 흉의 강도가 더 크고, 삼형과 같이 지장간이 개고되어 오행들이 나와 합하고 충 하여 소란을 일으킨다.
5. 0 甲 0 0 0 子 0 午	子 午 沖은 떨어져있어, 성립되지 않으며. 合 의 경우에도 떨어져 있으면 성립되지 아니하고. 단. 형살은 떨어져 있어도 성립한다.

6. **1 번 사주**

0 庚 0 0 甲 운
0 0 0 0

1번 사주는 財星에 대한 성향만 나타나고.

2 번 사주

0 庚 0 0 甲 운
0 0 寅 0

2번 사주는 물상결합 되어 수입을 기대할 수 있다. 卯木이 있어도 좋다.

1. 개고라 함은 沖이나 刑이 되면, 지장간이 열리는 것을 말하며, 지장 간에 들어있는 天干 五行이 밖으로 나와 天干에 五行들과 合이 되면 合을 하여 그에 따른 작용을 하는 것이며. 合 중에 日干과 合이 되는 것을 득이라 한다.

2. 丙 乙 壬 庚
戌 亥 午 子

원국에 子午 沖이 있으나 정적인 상태이고.
午年에 두 개의 午火가 자수를 충 하면 강도가 강하고,
沖이되는 두 글자는 모두 개고되어 작용을 한다.
그러나 개고되어 발생되는 합이나 충에 대한 이해나
설명은 복잡하며 꼭 필요 할 때가 있어 알아야 한다.

3. 丁 丁 庚 辛
未 酉 子 丑

팔자에 子丑 합은 정적인 상태이고.
세운 午년을 만나면, 午未 합이 이루어지고,
화 운동을 하며 일간을 도와 희신 운이 된다.

4. 壬 壬 壬 壬
寅 辰 子 辰

地支 子 辰 水局에 天干이 壬水 일색이니 신왕 이고
천전 일기격, 富와 貴가 있는 사주이고.
喜神은 水와 상응하는 金, 水, 木 운이다.(土運은 凶)
뜻대로 밀고 나가는 힘이 강하여 성공하는 명이 된다.

5. 0 庚 0 0
0 寅 巳 申

寅 巳 申三刑이 있으면, 두뇌가 총명하고 추진력이
강하여, 군, 경, 검, 법무, 세무, 언론, 강한 직업에
발전이 빠르다.

刑殺은 내가 법을 집행하는 위치에서 써야 길하고,
내가 못쓰면 내가 형을 당한다는 흉살이 된다.
刑殺이 발동이 되면, 비정상 적인 환경과 흉한 결과를 만들어냅니다.

병약 용신 법

여러 유형의 사주를 보다보면 사주전체에서, 용신이 되는 오행이나
희신 을 파 극하는 십신이 있는데, 이 파 극하는 오행이 병이다.
이 병이되는 오행을, 억제하여 주는 오행이 약이 되는 오행이다,
이 오행을 병약 용신 이라 합니다.

병약 용신 정하는 법

예시 1

甲 甲 甲 己　　약한 사주에, 일지에 子水가 印星으로 좋은 역할을 하는데
戊 子 戌 未　　戊土가 子水를 剋하는 것을, 甲 木이 木 剋 土 하여
水 印星을 살려주니 이를 두고 병을 잡았다하여, 甲木이
병 약 용신이 된다고 합니다.

예시 2

戊 丙 甲 戌　　이 명주는 폐결핵으로 고생하다 사망하였다고 합니다.
子 申 子 辰　　폐를 담당하는 五行은 金 氣 이고, 金을 生하는 五行은
土이다. 申 子 辰 삼합이 되고, 水로 변하여 申금이

申 금의 기능을 못하여, 폐기능이 약하게 된 원인 이고.
원국에서 방법이 없으며, 원국의 구성이 금기를 강하게
할 수 있는 방법은 없는 사주의 구성이다.

조후용신 정하는 법

天 地 間의 만물은 陰 陽과 五行의 조화에 의하여 이루어
졌으며, 지나치게 한 냉한 추운지방이나, 지나치게 더운
지방에서는 살아남지 못하는 법이다.

이와 같은 원리를 사주에 적용 하였으며,
사주전체를 보아 한 냉한 기운이 강하면,
더운 기운으로 풀어 주어야 하는 원리이고.
균형을 이룰 때. 좋은 기운이 되어 발 복을 하는 것 입니다.

조후 용신 법

寒한, 冷냉, 사주는 더운 기운으로 풀어 주어야하고, 더운 기운의 오행이 조후 용신이 된다.
또 반대로 사주전체가 더운 기운으로 구성되어 있으면, 한 냉 한기운의 오행이 조후 용신이 되는 것이다

덥고 조열한 기운 천간= 甲 乙 丙 丁 戊
지지= 寅 卯 巳 午 未 戌
차갑고 습한 기운 천간= 己 庚 申 壬 癸
지지= 申 酉 亥 子 丑 辰

봄과 여름은 덥고 조열한 기운이고, 가을과 겨울에는 춥고 습한 기운이다.
조후는 사주 내에서 많은 비중을 차지하며 개인의 운명에 많은 영향을 미친다.
한 습한 사주는 따뜻한 오행이 용신이 되고, 대운이 동 남방, 목화 운으로 흘러야 발 복을 한다.
반대로 더운 계절에 태어나고, 더운 사주에는 수운이 용신이 되고, 대운이 서북방 금수 운으로 흘러야 발 복을 한다.

조후용신의 예-1

辛 壬 辛 辛　　壬水 일간이 음력 12월에 태어나 춥고 습하다.
丑 寅 丑 丑　　다행으로 인목이 있어 용신이 되고 대운이
동 남방으로 흘러 대부 대귀한 사주라고 합니다.

예시 2

癸 丙 丙 乙　　丙火가 戌月에 출생하고, 년 월 일 시에 덥고 조열한
巳 午 戌 巳　　기운으로 차 있어 시간에 있는 癸水가 조후 용신이 된다.

예시 3

癸 戊 辛 丙　　戊 일주가 丑月에 출생을 하고, 사주에 추운 기운이
丑 子 丑 子　　가득하여 丙火가 용신이 되나, 丙辛 합수하여 무용이 되고.
다행으로 대운이 동남 木, 火로 흘러 길하였고, 丙 午 대운에 丙 辛 합을 풀어주고, 午 火는 子丑 합을 풀어주어, 뭉쳐있던 기가 순환이 되어, 공명이 컷 다고 합니다.
전통적으로 꼭 필요한 방법이라 알아야 하고, 용신은 운에서 오는 오행으로 정하는 방법을 권합니다.

억부 용신 정하기의 예.
억부의, 의미는 사주가 강하면 억제하고, 설기하는 오행을 용신으로 정하고, 사주가 약하면 비겁이나 인성의 오행으로 용신을 정하는 방법이며.

0 **신강 한 사주의 예**

丁乙辛甲 일간을 도와주는 오행은 수와 목 오행이나,
丑亥未子 亥水와 未土가 합하여,亥 未 반합 목으로 변하여
신강 한 사주가 되므로 일간을 극하는 신금이나
丑土를 용신으로 정한다.

0
乙甲丙甲 甲木 일간이 인 월에 테 어나 득 령을 하고 반대편은 식신
丑子寅子 丙火와 丑土 정재두개 뿐이라 최강의 사주가 되고,
용신은 일간의 힘을 빼는(설기하는) 병화가 된다.

0 **신약사주 의 예**

庚壬庚甲 壬水일간이, 반대편인 화가강하여 소 약 사주가 된다.
戊午午子 戊土와 午火가 午戊 합화하여, 생성된 오행도 반대편이다.
일간을 도와주는 오행 시간에 庚金이 용신이 된다.

甲癸辛乙 癸水일간을 도와주는 오행은 申金과 酉金, 2개이고,
寅巳巳酉 반대편은 다섯 개로 중약 사주가 되어 일간을
0 도와주는 오행인 년 지에 酉金이 용신이 된다.

용신이란 일간에게 꼭 필요한 오행을 용신이라 하고, 전통으로 내려오는 용어이고 사주풀이에서, 용이하게 쓰이는 수단임에는 틀림이 없으나,

위의 방법과 같이 사주 원판에 있는 오행의 글자를, 용신으로 정하는 방법을 쓰면, 용신 운이라고 모두 다 좋은 것이 아니기 때문에, 때로는 실망을 하고, 헛방을 날려 실수를 합니다.
필자는 어떤 오행이 운에서 오면 좋은가를, 찾아서 용신이라고 쓰기를 권하고, 고전의 방식을 모두 유지할 의무는 없으며, 이론이 잘못 입력되면 실전 풀이에서 오류를 범하게 됩니다.

사주 간명 지 음, 양 설명

(1)음덕을 가늠 하는 수단으로 남자는 양이라 음이 많은 것이 길 하고
여자는 음이라 양이 많은 것이 길 하다.

(2)추진력을 가늠하는 수단으로 양이 많으면 추진력과 활동성이 강하고.
음이 많으면 끈기와 집착력이 강하다.

음양(1) 음양(2)	강 약 0	용신	격국	남 여 0	대운	세운	월운	오행	개수	십신
살										비겁
육친										식상
십신										재성
천간										관성
지지										인성
지장간										
십신										
육친										
살										

대운수	12	11	10	9	8	7	6	5	4	3	2	1	
천간													
지지													

(1)에서 표시하는 음陰과 양陽 천간= 양陽= 甲 乙 丙 丁 戊
천간= 음陰= 己 庚 申 壬 癸
지지= 양陽= 寅 卯 巳 午 未 戌
지지= 음陰= 亥 子 丑 辰 申 酉

(2)에서 표시하는 음陰과 양陽 천간= 양陽= 甲 丙 戊 庚 壬
천간= 음陰= 乙 丁 己 辛 癸
지지= 양陽= 寅 辰 巳 申 戌 亥
지지= 음陰= 子 丑 卯 午 未 酉

십성(十星)과, 십신(十神)은 같은 의미의, 용어이니 혼동이 없기를 바라며,
십성(十星)= 별 星성자이고. 십신(十神)= 정신神신자(귀신神)자이다.
육친=일간과 다른 오행과의 관계를= 가족관계인, 혈육을 표시하는 용어이며,
십성과 육친은 완전히 다른 의미임을 숙지하고, 착오가 없어야 합니다.

간명지 견본

<table>
<tr><th>음 양
음 양</th><th>강약
0</th><th>용신</th><th>격국</th><th>남여
0</th><th>대
운</th><th>세
운</th><th>월
운</th><th>오
행</th><th>개
수</th><th>십성</th></tr>
<tr><td>살</td><td></td><td></td><td></td><td></td><td></td><td></td><td></td><td></td><td></td><td>비겁</td></tr>
<tr><td>육친</td><td>자식궁</td><td>나</td><td>부친궁</td><td>조상궁</td><td></td><td></td><td></td><td></td><td></td><td>식상</td></tr>
<tr><td>십신</td><td></td><td>일간</td><td></td><td></td><td></td><td></td><td></td><td></td><td></td><td>재성</td></tr>
<tr><td>천간</td><td>0</td><td>0</td><td>0</td><td>0</td><td></td><td></td><td></td><td></td><td></td><td>관성</td></tr>
<tr><td>지지</td><td>0</td><td>0</td><td>0</td><td>0</td><td></td><td></td><td></td><td></td><td></td><td>인성</td></tr>
<tr><td>지장간</td><td></td><td></td><td></td><td></td><td colspan="6">남녀, 용신, 격국, 강약,</td></tr>
<tr><td>십신</td><td></td><td></td><td></td><td></td><td colspan="6">지장간, 십성 육친,</td></tr>
<tr><td>육친</td><td>자식궁</td><td>배우자</td><td>모친궁</td><td>조상궁</td><td colspan="6">살, 빈 칸을, 모두</td></tr>
<tr><td>살</td><td></td><td></td><td></td><td></td><td colspan="6">아는 것, 부터 쓰세요.</td></tr>
</table>

대운수	110	10	9	8	7	6	5	4	3	2	1		
천간													
지지													

빈칸에 십성과 육친을 써 넣어야 해석의 이해가 바르고 빠릅니다.
십성(十星)과, 십신(十神)은 같은 용어이니, 착오 없기를 바랍니다.

<table>
<tr><th>陰 陽
陰 陽</th><th>强弱
0</th><th>用神</th><th>格局</th><th>男女
0</th><th>大
運</th><th>世
運</th><th>月
運</th><th>五
行</th><th>個
수</th><th>十星</th></tr>
<tr><td>殺</td><td></td><td></td><td></td><td></td><td></td><td></td><td></td><td></td><td></td><td>比劫</td></tr>
<tr><td>六親</td><td>말년궁</td><td>나</td><td>청년궁</td><td>초년궁</td><td></td><td></td><td></td><td></td><td></td><td>食傷</td></tr>
<tr><td>十神</td><td></td><td>일간</td><td></td><td></td><td></td><td></td><td></td><td></td><td></td><td>財星</td></tr>
<tr><td>天干</td><td>0</td><td>0</td><td>0</td><td>0</td><td></td><td></td><td></td><td></td><td></td><td>官星</td></tr>
<tr><td>地志</td><td>0</td><td>0</td><td>0</td><td>0</td><td></td><td></td><td></td><td></td><td></td><td>印星</td></tr>
<tr><td>地藏干</td><td></td><td></td><td></td><td></td><td colspan="6">암기하는 연습</td></tr>
<tr><td>十神</td><td></td><td></td><td></td><td></td><td colspan="6">빈칸을 채우는 만큼</td></tr>
<tr><td>六親</td><td>말년궁</td><td>건강</td><td>가정궁</td><td>초년궁</td><td colspan="6">기억이 많이 향상 됩니다.</td></tr>
<tr><td>殺</td><td></td><td></td><td></td><td></td><td colspan="6">연습을 많이 하세요.</td></tr>
</table>

大運數	110	10	9	8	7	6	5	4	3	2	1		
天干													
地志													

폭력적인 남편

陰　陽 陰　陽	强弱 0	用神	格局	男女 0	대 운	세 운	월 운	五 行	個 數	十星
殺								화	1	比劫
六親	시모	나	모친	남자				토	1	食傷
十神	정재	일간	정인	편관				금	1	財星
天干	**庚**	**丁**	**甲**	**癸**				수	4	官星
地支	**戌**	**亥**	**子**	**亥**				목	1	印星
地藏干					水剋火 수기,4개가 남편					
十神		정관	편관		성으로, 너무 강하여					
六親	자식	배우자		배우자	丁火는 꺼지기 직전이고					
숨만 쉬고 사는 형국이 됩니다.										
수 생 목을 하고, 남는 물이 丁火를 극하여, 남편에게 구박을 당하는 형국이 됩니다.										

배우자를 힘들게 하는 남자사주

陰　陽 陰　陽	强弱 0	用神	格局	男女 0	대 운	세 운	월 운	五 行	個 數	十星
殺								금	2	比劫
六親	장모	나	장모	장모				수	4	食傷
十神	식신	일간	상관	상관				목	1	財星
天干	**壬**	**庚**	**癸**	**癸**				화	1	官星
地支	**午**	**申**	**亥**	**卯**				토	0	印星
地藏干					수기는, 묘목 배우자					
十神				정재	재성을 생 하여 수기를					
六親				배우자	장모라고 합니다.					
묘목은 작은 나무라, 많은 물, 수기를 감당을 할 수가 없다.										
재성, 묘목은 많은 물에 썩고 있는 형상으로 부인은 약하고, 일간은										
너무 강하여 독불장군 식으로 배우자를 괴롭히는 형상이다.										
수 식상은 일간의 생각이고, 일, 업무, 일간의 행동이며= 과격한 행동.										

陰 陽 陰 陽	强弱 0	用神	格局	男女 0	대운	세운	월운	五行	個數	十星
殺		백호	괴강					화	1	比劫
六親	시모	나	시모	시모				토	2	食傷
十神	정재	일간	정관	편재				금	3	財星
天干	**庚**	**丁**	**壬**	**辛**				수	2	官星
地支	**子**	**丑**	**辰**	**酉**				목	0	印星
地藏干	임계	계신기	을계무	경신	丁화 일간은 나무의					
十神	편관	식신	상관	편재	생 조가 없어, 너무 약하며					
六親	남자	자식	자식	시모	水기 남편이 극하여					
殺	도화	화개	화개	도화	고생을 합니다.					
자식을 낳으면= 자식이 土 剋 水 하여, 아버지 水의										
기운을 제압하여, 어머니를 구해주는 좋은 형상이 되고. 자식이 태어나면 부부 사이가 좋아지는 사주이며. 자축 합은 부자유친 의 모습이 됩니다.										

자식이 태어나면, 강한 아버지를 극하여 어머니를 돕는 형국.

陰 陽 陰 陽	强 弱 0	用神 목	格局 정인	男女 0	대운	세운	월운	五行	個數	十星
殺								화	2	比劫
六親	남자	나	남자	남자				토	1	食傷
十神	정관	0	정관	편관				금	1	財星
天干	**癸**	**丙**	**癸**	**壬**				수	3	官星
地支	**巳**	**戌**	**卯**	**申**				목	1	印星
地藏干	무경병	신정무	갑을을	무임경	丙화 일간이 수기가 강하여					
十神	비견	식신	정인	편재	힘을 못 쓰는 형국이며					
六親	건록	자식	모친	시모	卯목이 많은 물에 부목이					
殺	역마	화개	도화	역마	되어, 자식인 丙 火 를					
도와줄 수 없는 형국에서, 자식이 태어나면 戌토가 힘을 받아서										
아버지, 수기를 극하여, 어머니를 도와주는 형상이 됩니다.										
卯木은 신체에서, 간, 머리, 신경성을 관장 하니, 그쪽에 질환이 온다.										

음란 의 구성

16

陰 陽	强 弱	用神	格局	男 女	大	歲	月	五	數	十神
陰 陽	0	화		0	運	運	運	行	字	
殺	재고			백호				토	6	比劫
六親								금	0	食傷
十神	정관							수	0	財星
天干	**甲**	**己**	**己**	**戊**				목	2	官星
地支	**戌**	**卯**	**未**	**辰**				화	0	印星
地藏干	戊丁辛	甲乙乙	丁乙己	乙癸						
十神										
六親		배우자								
殺	화개	도화	화개	화개						
大運數	묘목 남편을 두고, 갑 목 남의남자와 합을 하면									
天干										
地志	남의 남자를 사랑하는 형국이 됩니다.									

관살 혼잡

陰 陽	强 弱	用神	格局	男 女	大	歲	月	五	數	十神
陰 陽	0			0	運	運	運	行	字	
殺		재고						목	1	比劫
六親	배우자		자식	자식				화	3	食傷
十神	편관	0	상관	식신				토	1	財星
天干	**庚**	**甲**	**丁**	**丙**				금	2	官星
地支	**午**	**戌**	**酉**	**子**				수	1	印星
地藏干	병기정	신정무	경신	임계						
十神	상관	편재	정관	정인						
六親	자식	부친	배우자	모친	가을에 태어난 갑 목.					
殺	도화	화개	도화	도화	술 토는 재고 귀인 이라					
大運數	재물을 모으는 재주 있고.									
天干	자 오 유 도화 성이 강하여 인기가 있는 형국이 되고.									

酉金 正官과, 庚金 편관이 있어. 재혼 가능성이 많으며
자식은 火기가 되며, 木 生火 하여 자식이 강하다 고 보며,
자식이 태어나면 남편을 심하게 극을 하여, 남편이
오래 살기는 힘든 형국이라, 이혼이 가능한 명이 됩니다.

陰　陽 陰　陽	强弱	用神	格局	男女 0	大 運	歲 運	月 運	五 行	數 字	十神
殺	백호							금	1	比劫
六親								수	1	食傷
十神	편관	나	식신					목	2	財星
天干	**丙**	**庚**	**壬**	**丁**		丙		화	3	官星
地支	**戌**	**午**	**寅**	**卯**		戌		토	1	印星
地藏干										
十神	편인	정관	편재	정재	승진 운= 인오술 화국					
六親					퇴직 운= 인신 충					
殺	화개	도화	역마	도화						
大運數										
	丙戌年에 고관이 된 명주= 丙火 관성 운+ 寅 午 戌									
	火局-= 官星 局 승진 운, 庚申年에 퇴직= 寅申 沖									

사망의 시기

陰　陽 陰　陽	强弱	用神	格局	男女	大 運	歲 運	月 運	五 行	數 字	十神
殺										比劫
六親										食傷
十神		나	정인	정관						財星
天干	**0**	**己**	**丙**	**甲**		壬	甲			官星
地支	**0**	**未**	**寅**	**子**		申	午			印星
地藏干										
十神		겁재	정관	편재	비겁은 일간과 한 몸이라					
六親					비겁 충 운에 건강이					
殺					약해지거나					
大運數	사망을 할 수 있는 운이 됩니다.									
天干	壬申年 사망, 丙 壬沖, 寅 申沖 심장이 멈추어 사망 함.									
(예) 己未일주= 甲己合= 午未合 하여 일간이 없어지면 사망. 위의 두 가지 중, 한 가지만 해당하여도, 건강이 약하면 사망의 기운이 됩니다.										

자식이 흉

18

陰陽 陰陽	强弱 0	用神 수토	格局 편관	男女 0	대운	세운	월운	五行	個數	十星
殺								목	2	比劫
六親	배우자	나	자식	자식				화	4	食傷
十神	편관		식신					토	0	財星
天干	**庚**	**甲**	**丙**	**丙**				금	2	官星
地支	**午**	**午**	**申**	**寅**				수	0	印星
地藏干	상관	병기정	壬	戊	신축 년 36세 여,					
十神			편관		배우자 2명					
六親	자식	자식	배우자		火 자식이 너무 많아 흉					
殺	도화	도화	역마	역마	득자 부별					

大運數	11	10	9	8	7	6	5	4	3	2	1	
天干												
地支												

甲午일주= 말을 탄 형상으로 인물이 좋고, 센스 잇고, 인기 있으며.
식상 화기가 강하여, 관성 庚金, 申金이 강한 불에 녹아서 없어지는 형국으로 배우자 복이 약한 명이 됩니다.

火 식상이 너무 강하여 천지가 불바다 형국으로,
남편 金氣는, 화운에타서, 죽던가, 죽지 않으려면, 가출이나 이혼을 하게 되는 구조입니다.

일간이, 火 大運, 火 歲運에 신경성 질병이 유발 할 수 있으며, 사주에 화기가 강하면 성격은 급하고. 조용한 대화가 어려우며. 독한 술을 좋아 한다고 하며.
土氣가 약하여 위장과 비장이 약한 명이 됩니다.

水氣가 많이 부족하면. 피부가 건조하며, 자궁이 건조하여 착상이 안 되고 불임 사주 이며. 신장, 방광이, 약하고 생식기에 질병이 유발 하게 되며. 혈액공급이 부족하여 심혈관 계통에 병이 온다고 봅니다.

재성 혼잡 19

陰 陽3 陰 陽1	强弱 0	用神 수	格局 편인	男女 0	대 운	세 운	월 운	五 行	個 數	十星
殺								금	4	比劫
六親	배우자	나	형제					수	0	食傷
十神	정재	일간	비견	비견				목	2	財星
天干	**甲**	**辛**	**辛**	**辛**	丁	丙		화	1	官星
地支	**午**	**卯**	**丑**	**酉**	酉	辰		토	1	印星
地藏干			辛	辛	신축 년 41세, 같은 오행이					
十神	편관	편재	건록	편인	나란히 3개부터 귀격으로					
六親	자식	배우자	분신	모친	분류되며.					
殺					합이 60점으로 신강사주.					

大運數	11	10	9	8	7	6	5	4	3	2	1	
天干					계	갑	을	병	정	무	기	경
地支					사	오	미	신	유	술	해	자

어머니 궁에 丑土 편인이라 어머니 덕이 있는 사주로, 재물을 물려받을 수 있는 사주 구성이 되고.
甲木은 정재이고, 배우자궁 일지에 卯木은 편재이며, 편재는 큰돈이고 큰 무대. 활동무대가 크고 넓다고 합니다.
일지에 편재는 배우자가 재를 취하는 능력이 좋다고 통변하며. 배우자나 처가가, 재력가 일수 있다고 하며. 현실적인 배우자 좋은 배우자입니다.

남자사주에 재성이 음양이 다르면서 둘이면. 배우자와 이별수가 있고.
비견 겁재는 일간의 힘이 되고, 대항력이며, 경쟁력 이고, 호승심이 되고.
비견 겁재는 일간의 분신으로, 하나의 몸으로 보아야 하며.
丁酉대운에, 丙辰 년을 만나면, 사망 아니면 중상의 운이 됩니다.

丙辰년을 만나면= 丙火는 辛金과 합을 하여 辛金의기능이 상실되며.
辰土는 酉金과 합을 하면, 일간 辛金의 분신이, 기능 상실이 되는 이치로 사망에 이를 수도 있는 흉한 운기가 되는 것이고.
일간과, 일지나, 건록 양인을, 충을 하거나 합을 하여 기능이 상실되면 병이 유발하거나, 사망의 운기가 됩니다.

유별난 사주

20

陰 陽 陰 陽	强弱 0	用神	格局 삼상격	男女 0	大 運	歲 運	月 運	五 行	個 數	十星
殺		백호	괴강					화	2	比劫
六親								토	5	食傷
十神	상관	0	식신	비견				금	0	財星
天干	**己**	**丙**	**戊**	**丙**				수	0	官星
地支	**丑**	**戌**	**戌**	**寅**				목	1	印星
地藏干	癸 辛	辛	辛							
十神	상관	식신	식신	편인						
六親				모친	토 식상은 장모가 됩니다					
殺	화개	화개	화개	역마						

화개가 강하면, 예, 기능, 장인정신이강하고.
지장 간에 신금 배우자, 여러 여자를 만나고 해여지는 명이 되고.
백호, 괴강 기질이 강하여, 많이 거느리는 형상이 됩니다.

관살 혼잡

陰 陽 陰 陽	强弱 0	用神	格局	男女 0	大 運	歲 運	月 運	五 行	個 數	十星
殺	양인	백호	백호					수	2	比劫
六親	배우자		자식					목	1	食傷
十神	정관	0	상관	겁재				화	1	財星
天干	**戊**	**癸**	**甲**	**壬**				토	3	官星
地支	**午**	**丑**	**辰**	**申**				금	1	印星
地藏干					木 을 키우는 명으로 건강					
十神	편재	편관	정관	정인	하고, 재물은 있으며					
六親	시모	배우자	배우자	모친	여러 남자를 만나고, 이별.					
殺					하는 형상이 됩니다.					

癸丑 백호, 甲辰 백호. 기질이 강하여, 이혼하면
가주가 되어, 혼자서도 잘살 수 있는 명이 됩니다.

陰 陽 陰 陽	强弱 0	用神	格局	男女 0	大 運	歲 運	歲 運	五 行	個 數	十星
殺				괴강				목	3	比劫
六親	여자.돈	나	장모	직장				화	1	食傷
十神	정재	일간	식신	정관				토	2	財星
天干	**戊**	**乙**	**丁**	**庚**		庚	丁	금	1	官星
地支	**寅**	**卯**	**亥**	**戌**		辰	亥	수	1	印星
地藏干	무병갑	갑을을	갑	신정						
十神	겁재	비견	정인	정재						
六親	형제	건록	모친	여자.돈						
殺	역마	도화	역마	화개						

大運數	11	10	9	8	7	6	5	4	3	2	1	
天干												
地支												

천간에 식상, 재성, 관성이 있고, 지지에 뿌리를 내려, 일간이 신강하며 먹을 복, 재물 복. 명예 복이 모두 있어 운에서 오면 다 취할 수 있고. 庚辰년, 庚金 관성 과 합을 하고, 辰土 재성 운이, 寅 卯 辰 국을 이룬 덕으로, 주식을 매입하여 많은 돈을 벌었다고 합니다.

辰土와 戌土는 辰戌沖이 되나. 辰土 재성 운이 寅 卯 辰 방합으로 국을 이루니 辰戌 충은 발생하지 아니하며. 방합 만 성립을 하여 辰土 재성 운이 국을 이루어 재물 상승 운이 됩니다.

丁亥 년에 주식으로 손해를 봤다고 합니다.
亥水 정인운= 일간이 강한데, 인성 운은 과하여 기신 운이 되고.
주식으로 손해를 본 달은, 乙巳 月이고, 乙木 運은 원국에 庚金 관성과 합을 하면, 현재의 근무처를 남이 가져가는 형국으로, 근무처가 없어지면. 봉급이 중단되는 형국이 되고.
월운에 巳火는 원국에 月支, 亥水와 상충이 되어, 손재 운이 됩니다.
식상은 일간의 마음이고 계획이며, 실천을 의미하니, 충이되면 신용이나 명예가 하락하고, 투자를 하면, 재물 손재 운이 됩니다.

불임

22

陰 陽 陰 陽	强弱	用神	格局 귀격	南女 0	세 운	세 운	월 운	五 行	個 數	十星
殺			삼상격					토	4	比劫
六親								금	0	食傷
十神			편인	정인				수	0	財星
天干	**0**	**戊**	**丙**	**丁**				목	1	官星
地支	**0**	**戊**	**午**	**卯**				화	3	印星
地藏干					정력이 약한 남자					
十神										
六親										
殺										
大運數	수기가 부족하여, 신장이 말라서									
天干	정액, 정자가 생산이 안 되고									
地支	불임의 원인이 되는 사주입니다.									

정력이 강한 남자

0 癸 癸 壬
0 卯 卯 申

卯 月生 癸水일간. 卯 月은 생동하는 봄이라
정력이 강하다고 합니다.
색정 주의 – 심하면 건강을 해친다.
식상이 강하면 재물은 모으는 힘이 강하고. 공부도 잘하며,
수기는 남녀 모두, 성 능력과 비래 합니다.

출처 사주이야기

4번 결혼 남자풍년

23

陰 陽5 陰 陽5	强 弱 0	用神 토금	格局	男 女 0	대 운	세 운	월 운	五 行	個 數	十星
殺								수	2	比劫
六親								목	0	食傷
十神								화	1	財星
天干	**丁**	**壬**	**癸**	**庚**				토	4	官星
地支	**未**	**辰**	**未**	**戌**				금	1	印星
地藏干	丁		丁	丁	이 명조는 합이 많다					
十神	정관	편관	정관	편관	지지에 남자가 4개 이고					
六親	배우자	배우자	배우자	배우자	정임 합 암합 까지					
殺					정임 합을 이루고 ,					
大運數	한 남자가 가면 한 남자가 온다고 합니다.									

남자 복이 없는 명. 남자흉년

陰 陽 陰 陽	强 弱	用神	格局	男 女 0	대 운	세 운	월 운	五 行	個 數	十星
殺								수	2	比劫
六親	모친		자식	배우자				목	2	食傷
十神	정인	0	식신	편관				화	1	財星
天干	**辛**	**壬**	**甲**	**戊**				토	2	官星
地支	**丑**	**子**	**寅**	**午**				금	1	印星
地藏干										
十神	정관	겁재	식신	정재	寅 午 合= 火					
六親	배우자		자식	시모	子丑 合 土,					
殺										
年 干에 戊土 남자는 지지에서 寅午 합으로 불에 타서 못쓰게 되고,										
時 支에 丑土 남자는 子水에 풀려서 못 쓰는 남자가 됩니다.										

2행 격 승진 운

陰 陽4	强弱	用神	格局	男女	大運	歲運	月運	五行	個數	十星
陰 陽4	0	화	귀격	0						
殺			이행격					목	5	比劫
六親								화	0	食傷
十神								토	0	財星
天干	乙	甲	乙	癸	辛			금	0	官星
地支	亥	寅	卯	亥	亥			수	3	印星
地藏干					금 수, 운과 목운은					
十神					좋은 운이 되고					
六親					화 토 운은 흉한 운된다.					
殺										

大運數	11	10	9	8	7	6	5	47	37	2	1	7
天干						戊	己	庚	辛	壬	癸	甲
地支						申	酉	戌	亥	子	丑	寅

이 사주는 원국에 관이 없어 무관 사주가 됩니다.
辛亥大運 金, 관성 운과, 水, 인성 운에 군수 직에, 승진한 사주라고 합니다.

金, 水, 木 運은 吉한 運이 되고, 火, 土 運은 凶한 운이 됩니다.
편고 된 사주는 건강이나 배우자복은 안 좋을 수 있어도.
부와 명예복은 있는 사주라고 하며. 거의 성공을 많이 합니다.

일간 목의 기운이 강하면,
사고방식이 바르고, 주관이 강하여 고집이 세고 추진력이 강한 명이 되고.
내가 강해야, 큰 조직의 경쟁 속에서 이길 수 있고,
동지들을 이겨야 고위직에 오를 수 있다.
언재나 일간이 강하고 구조가 좋으면, 성공할 수 있는 사주라고 봅니다.

인성이 강하고 좋아야 공부도 잘 할 수 있고
인성이 강하고 좋아야 인덕이 있으며.
인성이 강하고 좋아야 결재권을 크게 쥘 수 있고.
인성이 태과하면 개으르고, 추진력이 약할 수 있다.

陰 陽 陰 陽	强弱 0	用神	格局	男女 0	대운	세운	월운	五行	個數	十星
殺		백호						수	5	比劫
六親								목	1	食傷
十神		일간	식신					화	1	財星
天干	**癸**	**癸**	**乙**	**壬**				토	1	官星
地支	**亥**	**丑**	**巳**	**子**				금	0	印星
地藏干					수기는 강하고					
十神		편관	정재	비견	화기가 부족, 조후 부족,					
六親		배우자			정신 질환으로					
殺					우울증이 발생한다,					
天干	丑土= 관성, 배우자이고. 큰물 亥水에 풀어지니, 남편이 약하다. 수운이 오면 배우자와 생사 이별이 예상된다.									

재다 신약

陰 陽 陰 陽	强弱 0	用神	格局	男女 0	대운	세운	월운	五行	個數	十星
殺								목	1	比劫
六親								화	2	食傷
十神	편관	0	상관	정재				토	3	財星
天干	**辛**	**乙**	**丙**	**戊**				금	1	官星
地支	**巳**	**丑**	**辰**	**子**				수	1	印星
地藏干					신약한 乙 木이					
十神	상관	편재	정재	편인	강한 土氣. 악처를 만나					
六親					고생하는 형국,					
殺										
	火 生土 받은 土 재성, 배우자의 기운이 너무 강하여									
	乙木이 남편이고, 토 배우자를 다루기 힘든 남명이 됩니다.									

재다 신약

陰 陽 陰 陽	強 弱 0	用神	格局	男 女 0	대 운	세 운	월 운	五 行	個 數	十星
殺								토	3	比劫
六親				배우자				금	0	食傷
十神	정관		편재	정재				수	4	財星
天干	**甲**	**己**	**癸**	**壬**				목	1	官星
地支	**子**	**未**	**丑**	**子**				화	0	印星
地藏干				편재	강한 水氣= 배우자= 악처					
十神	편재				甲 木= 자식은 효자, 많은					
六親	배우자			배우자	수기를 흡수하며 일간을					
殺	도화	재고	화개	도화	보호하고 있어 효자					
大運數	근토 일간은 재성, 배우자, 수기가 강하여 애정불안. 가정 불안									

백호 일간

(사주이야기)

陰 陽 陰 陽	強 弱 0	用神	格局	男 女 0	대 운	세 운	월 운	五 行	個 數	十星
殺		백호		재고				목	3	比劫
六親	배우자							화	0	食傷
十神	정관							토	3	財星
天干	**辛**	**甲**	**乙**	**甲**				금	1	官星
地支	**未**	**辰**	**亥**	**戌**				수	1	印星
地藏干	丁			丁	甲木 일간은 신강하고					
十神		편재		편재	亥水, 어머니 덕이 있고					
六親	시모	시모		시모	辛金 남편과 土					
殺					시어머니는					
大運數	약하여, 일간이, 남편과 시어머니를 이기는 형상 이고,									
地支	일간이 똑똑 하고 좋은 직장에 근무하고, 일간이									
	돈 창고를 깔고 있어. 재고귀인, 경재권이 강한 형상이 됩니다.									

겁재와 재성 27

陰 陽 陰 陽	强弱 0	用神 목	格局 식신	男女 0	대 운	세 운	월 운	五 行	個 數	十星
殺								화	2	比劫
六親			모친					토	3	食傷
十神	겁재		정인	식신				금	2	財星
천간	**丁**	**丙**	**乙**	**戊**				수	0	官星
지지	**酉**	**申**	**丑**	**戌**				목	1	印星
地藏干		壬	癸		이 사주에서 흉신은 시주에					
十神	정재	편재	상관	식신	丁火 겁재 와 酉金이					
六親	배우자	배우자			정재 와 동주, 하나 의					
殺					둥을 이루니 말년에 흉					

大運數	11	10	9	8	7	6	5	4	3	2	1	4	
天干													
地支													

겁재 丁火가 일간의 돈이나 여자를 가져가는 형상이 되며.
나쁘게 보면 배우자가 다른 남자에게 가거나 바람이 나는 형상이 되고.
다른 시각에서 보면 자식이나 형제가 재물을 가져가는 형상이 되며.
상담 시에는 언제나 말조심! 기분 좋은 말부터 하시기를 권합니다.

丙火 일간이, 식상과 재성이 강하여 재물에 대한 욕구가 강하며, 사업성으로 볼 수 있으나,
丙火 일간은 가까이에 있는, 정인과 식신을 써서, 교육자라고 합니다.

식신과 상관은 일간이 힘을 빼면서 생조를 하니, 일간의 에너지와 같고.
식상은 여자에게는 자식이 되고 남자에게는 업무와, 장모에 해당되며.
식상은 먹고 살려고 재물을 얻고자 하는, 일상적인 일이며 노력이 되고.

식상은 두뇌가 총명하고, 문장력이 있고, 지혜가 있으며.
천간에 식신은 정신적인 표현으로, 교육, 예능 분야에 발전이 빠르고,
지지에 식신은 관심 있는 한 분야만 집중하니 대가가될 가능성이 있다고.
하며, 식상이 강하고 구조가 좋을 때 그렇게 봅니다.

수다 화식 1

28

陰 陽 陰 陽	强弱 0	用神	格局	男女 0	대 운	세 운	월 운	五 行	個 數	十星
殺								화	1	比劫
六親								토	1	食傷
十神		일간		편관				금	1	財星
天干	**庚**	**丁**	**甲**	**癸**				수	4	官星
地支	**戊**	**亥**	**子**	**亥**				목	1	印星
地藏干					나쁜 남자를 만나는 구조					
十神		정관		정관	극 신약하여 관성을 관리					
六親					를 못하여서, 오는,					
殺					불행으로					
大運數	힘든 삶을 살게 되고. 어떤 오행이라도									
地支	두 개 이상이면 과하여 흉한 작용을 많이 하게 됩니다.									

수다화식 2

陰 陽 陰 陽	强弱 0	用神	格局	男女 0	대 운	세 운	월 운	五 行	個 數	十星
殺								화	1	比劫
六親								토	2	食傷
十神		일간						금	3	財星
	庚	**丁**	**壬**	**辛**				수	2	官星
	子	**丑**	**辰**	**酉**				목	0	印星
地藏干					일간이 극 신약 하면					
十神					관성을 관리를 못 하여,					
六親					힘들고, 木 인성이 없어					
殺					인덕이 부족하고,					
大運數	금 생수 받은 수기가 강하여, 일간 丁火를									
	힘들게 한다. 강한 水氣, 남편이 원수 이다.									

29

陰　陽 陰　陽	强弱 0	用神	格局	男女 0	대 운	세 운	월 운	五 行	個 數	十星
殺										比劫
六親	자식			배우자						食傷
十神	상관		상관	정관						財星
天干	**戊**	**丁**	**戊**	**壬**						官星
地志	**申**	**卯**	**申**	**申**						印星
地藏干					왕따 명조, 사회에서나					
十神	정재	편인	정재	정재	가족친지들 과 융화가					
六親				시모	안 되는 구조					
殺	좌우 모두 강력한 적군만 있는 특이한 구조									
大運數	丁火 작은 불, 卯木 작은 나무, 일주만 작아, 별난 구성입니다.									

수다화식

陰　陽 陰　陽	强弱 0	用神	格局	男女 0	大 運	세 운	월 운	五 行	個 數	十星
殺	괴강									比劫
六親				자식						食傷
十神		0		식신						財星
天干	**庚**	**庚**	**癸**	**壬**						官星
地支	**辰**	**子**	**卯**	**午**						印星
地藏干		자식		배우자	여명 경진 괴강, 강한기질					
十神					午火 남편					
六親					배우자가 약한 명					
殺										
배우자 복이 약한 여인. 화기는 심혈관을 주관하며, 건강= 심장이나 심혈관이 약한 명이고 子水 운이나, 午火 운에 사별이나 이별이 가능한 운이 됩니다.										

신자진 수국

30

陰 陽 陰 陽	强弱 0	用神	格局	男女 0	대 운	세 운	월 운	五 行	個 數	十星
殺								화	3	比劫
六親								토	1	食傷
十神								금	1	財星
天干	**丙**	**丙**	**乙**	**壬**				수	2	官星
地支	**申**	**子**	**巳**	**辰**				목	1	印星
地藏干										
十神					배우자 성인 수기가 강하여					
六親					고생하는 여명					
殺										
大運數										
天干	지지에서 申 子 辰 水局을이루면, 관성 국이 성립 되고									
地支	巳火는 꺼지고 丙火도 꺼지기 직전이 됩니다.									

재혼남이 더 좋아

陰 陽 陰 陽	强弱 0	用神	格局	男女 0	대 운	세 운	월 운	五 行	個 數	十星
殺								화	3	比劫
六親				배우자				토	1	食傷
十神				정관				금	1	財星
天干	**丙**	**癸**	**丁**	**戊**				수	2	官星
地支	**辰**	**卯**	**巳**	**申**				목	1	印星
地藏干										
十神	정관				처음남= 무토					
六親	배우자									
殺					두 번째 남= 진토					
大運數	진토는 계수의 생지이며									
天干	묘목을 진토에 키우는 형상이라									
地支	좋은 배우자의 형상이 됩니다.									

주식 운

31

陰 陽 陰 陽	强弱 0	用神 수	格局	男女 0	대운	세운	세운	五行	個數	十星
殺								목	3	比劫
六親								화	3	食傷
十神								토	1	財星
天干	**丙**	**甲**	**庚**	**甲**		丁	戊	금	1	官星
地支	**寅**	**辰**	**午**	**午**		亥	子	수	0	印星
地藏干										
十神					剋보다 生이 강하며.					
六親					沖보다 合이 강하다.					
殺										

大運數	11	10	9	8	7	6	5	4	3	2	1		월간 역학
天干													
地支													

1.**丁亥년**에 펀드로 돈을 많이 벌었다고 합니다.
亥水는 신약한 일간에 인성 운이며, 통관 용신이 되고. 좋은 운이 됩니다.
생 극 제화로 보면 수 극화하여 午火를 극하여 불이 꺼져 흉하다고,
할 수 있으나, 寅木과 寅亥 合이 되어 길한 인성 운이 됩니다.
일간이 신약하여, 子水인성운에, 주식을 구입하여 이익을 많이 보았으며.
주식은 문서에 해당 하는바, 인성 운과 관계가 있습니다.

2.**戊子年**= 戊土는 재성 운이며, 충이나 극이 없어 좋은 운을 만나고.
子水인성과, 午火 식상이 상충이 되고, 壬戌 월에 戊土가 일지를 沖 하여
주식으로 손해를 보았다고 합니다.

地支= 子水 인성 운은, 원국에, 午火 식상과, 충을 이루어= 식상이
충이나 극을 받으면 손발이 묶인 것과 같은 형국으로, 되는 일이 없는
운이 되므로, 못 쓰는 불량품이 생산되는 것과 같이 손재 운이 됩니다.

戌月에 戌土 재성 운이, 원국일지에 辰土 재성과 충을 하면,
재성과 재성이 충돌을 하고, 재물 창고가 깨어지면, 안에 있던 기물이
밖으로 나오고, 흩어지는 형국으로 손재하는 운이 됩니다.

배우자복

陰 陽5 陰 陽4	强 弱 0	用神 수화	格局 정관	男 女 0	大 運	歲 運	月 運	五 行	數 字	十神
殺								목	3	比劫
六親								화	0	食傷
十神								토	3	財星
天干	**甲**	**乙**	**壬**	**乙**				금	1	官星
地支	**辰**	**未**	**申**	**未**				수	1	印星
地藏干	乙癸	丁	壬庚	丁						
十神										
六親			정관							
殺										

大運數	12	11	10	9	8	7	6	5	4	3	2	1	5
天干													
地志													

남자에서 토는 직장이 되고, 가정이 되며.
여자에서 토는 남자가 되고 가정이 됩니다.
오행으로 보면 월지에 申金이, 남자가 되는데, 년 주에 未土와
일지에 未土가 같이, 丁壬 암합을 하고 있으면, 년 주에 乙未를
거쳐서 온 남자로 볼 수도 있고,
임자 있는 남자를 좋아하는 형상이 됩니다.

물상으로 보면.
천간에 비견 겁재들이 토에 뿌리를 내리고 있다.
甲 乙木은 辰土에 뿌리를 내려야 건강하게 잘 자랄 수 있어
옥토라 하고.
辰土= 옥토에 甲木과 같이 뿌리를 내리는 형국이 되니.
乙木 일간이 임자 있는 남자와 같이 사는 형국이 되며.
배우자 복과 자식 복이 약한 여인이 됩니다.

신강 여인

陰 陽 陰 陽	强弱 0	用神 목	格局	男女 0	대 운	세 운	월 운	五 行	個 數	十星
殺								금	3	比劫
六親	배우자							수	2	食傷
十神	정관	일간	겁재					목	0	財星
天干	**丁**	**庚**	**辛**	**0**				화	1	官星
地支	**亥**	**戌**	**丑**	**亥**				토	2	印星
地藏干					여명, 신강명주					
十神	식신	편인			亥水위에 丁火 남편은					
六親	자식		모친	식신	쥐 죽은 듯이 숨만 쉬고					
殺					살아야 하는 형상					
壬水 운이 오면, 丁火 정관과, 丁 壬 합으로 배우자 기능이 상실되어 생사 이별의 운명이 될 수 있습니다.										

신강 여인 2

陰 陽 陰 陽	强弱 0	用神	格局	男女 0	대 운	세 운	월 운	五 行	個 數	十星
殺								화	3	比劫
六親								토	2	食傷
十神		일간						금	0	財星
天干	**戊**	**丙**	**甲**	**戊**				수	1	官星
地支	**子**	**午**	**寅**	**午**				목	2	印星
地藏干					신강 한 여명					
十神					子 水 남편은 증발하면					
六親					죽음이다. 살아남으려면					
午 火 운을 만나면, 子 午 충 하여, 가출이나 이혼 할 것이다										
丑토 운을 만나면 子丑 合 하여 기능이 상실되니, 이별의 운기이다										
가출이나 이혼-남자사주가 나쁘면 사망 일수도 있으며, 형상으로 보면 기를 펴지 못하고 사는 남자의 형상이 됩니다.										

원국과 대운분석

庚 癸 壬 丁　남
申 亥 寅 丑

신강으로 보였으나, 丁壬 合木하고 寅亥합木 하여 신약이 되어 금수 운이 희신이 되고 목 화 는 흉신이 된다.

51 41 31 21 11 1
丙 丁 戊 己 庚 辛
申 酉 戌 亥 子 丑

(1)성격= 금 인수 용신이라 인자하며 군자와 같이 온화하다.
그러나 상관 격 자체는 반항적인 성질이라 항시 불의를 보면 참지 못하고 정도로만 나가는 고지식한 성질이다.

(2) 傷官 格에 인수가 용신이라 학업성 학문성이 좋아 약사가 되고,
(3) 辛丑大運= 용신과 희신 운이라 부모 밑에서 귀여움 받고 잘 자랐으며.
(4) 庚子大運= 庚 金 印星 運 학업성이고, 子水 比肩 運은 日干을 건강하고 강하게 도와주는 운이라 서울대 약대에 합격하였다.

(5) 己亥 大運= 己 土 官星 運-학생은 학교가 관이라 학업에 좋은 운으로 우수한 성적으로 졸업을 하고, 亥운에는 군대생활은 잘 하였으나, 亥수가 寅木 상관과 합을 하여 관성인 토를 극하여 안정된 직장을 구하지 못하여. 옮겨 다니고. (자리안정이 안되어 고생을 하고)

(6) 31세 戊戌大運 官運으로 희신 운이라 결혼하고 약국을 개업하여 번창 하였다고 합니다.
(7) 41세 丁酉 大運 –丁火 편재가 壬水 겁재와 합하여- 합 운에 친구와 후배들과 다른 사업을 하여 손해를 많이 보았다.
丁壬 합이 음란 지합 이라고 하나, 사기수가 많이 발생 한다고, 하니 잘 참고하여 잘 쓰기를 바랍니다.

(8) 丙申大運= 약국이 잘 되지는 않아도 연명은 하였으나, 己 巳 년에 寅 巳 申 三刑 殺이 이루어 졌는데 관절에 병이 와서 고생을 하였다고 합니다.

* 지지에서, 일지, 건록, 양인 비견 겁재, 충, 극, 합으로 변하는 운에 건강이 약해지고 병이 유발하는 경우가 많이 있습니다.

출처 월간역학

陰 陽 陰 陽	强弱	用神	格局	男女	大運	歲運	月運	五行	數字	十神
殺										比劫
六親										食傷
十神										財星
天干	**丙**	**庚**	**己**	**丙**		丙				官星
地支	**戌**	**辰**	**亥**	**辰**		戌				印星
地藏干	신정무	을계무			1. 월지를= 가정 궁, 직장 궁					
十神					사회 궁, 으로 보고					
六親					2. 일지는= 배우자궁 이며					
殺					일간의 몸체가 됩니다.					

1. 丙戌 년에, 년 지와, 일지를 충 하여 퇴직을 함

인성= 공부, 문서, 시험, 명단, 이력서, 계약서, 사직서

도장을 의미하여 결재권에도 해당한다.

인성이 충을 받으면= 문서에 관계된 일들에 나쁜 결과를 이룬다.

甲庚沖

陰 陽 陰 陽	强弱	用神	格局	男 女 0	大運	歲運	月運	五行	數字	十神
殺										比劫
六親										食傷
十神				정관						財星
天干	**乙**	**己**	**丁**	**甲**		庚				官星
地支	**丑**	**亥**	**酉**	**戌**		寅				印星
地藏干		정재			庚金= 식상 운					
十神					寅木= 관성 운					

충력보다 합력이 강하여, 乙 庚 合, 寅 亥 合 이 되며

1. 乙 庚 합의해석= 庚金 은, 일간의 마음으로 새 사업장이나,

새 남자를 원하는 마음이 되고, 2. 寅木은 새 사업장이나

남자가 되고, 3= 亥水는 일간이보유하는 재물이며, 재물발전 운이고.

寅亥合= 새 사업장이나, 남자에게, 일간의 재물이 가는 형상도 됩니다.

여명 무 인성

陰 陽5 陰 陽6	强 弱 0	用神 금수	格局 식신	男女 0	大運	歲運	月運	五行	個數	十星
殺				재고				수	2	比劫
六親	자식	나	자식	자식				목	4	食傷
十神	상관	일간	상관	식신				화	1	財星
天干	**乙**	**壬**	**乙**	**甲**				토	1	官星
地支	**巳**	**寅**	**亥**	**戌**				금	0	印星
地藏干	庚	무병갑	무갑임	辛	신축년 28세,					
十神	편재	식신	건록	편관	식상이 강하면 베푸는 힘이					
六親	부친, 시모	자식	분신	남자	강하고, 인정이 많은					
殺	역마	역마	역마	화개	성향이 됩니다.					

大運數	11	10	9	8	7	6	5	4	3	2	1		
天干						무	기	경	신	임	계	갑	
地支						진	사	오	미	신	유	술	

목, 식상과 역마성이 강하여 언변과 활동력이 좋은 사주입니다.

1. 壬水일간이 인성이 없어 사회생활에서, 어머니덕, 인덕이 부족하여 시험이나, 승진에서 남보다 약한 명이 됩니다.

2. 水 일간에서 木 식상은 자식이고, 나의 지식이며, 활동 능력이며. 목 식상의 기운이 너무 강하면 자식 덕이 부족할 수 있습니다

3. 식상이 많으면 생활능력이 강한 것이니, 재물을 모으는 힘이 강하여 남편을 무시할 수 있고, 독신이 많다고 합니다.

4. 여명에 일지가 식상이면 자식사랑이 남달리 지극하고. 배우자 자리에 자식이 있으니 자식하고 사는 수가 많으며. 득자 부별 이라하며. 자식이 태어나면 남편과 멀어 진다는 뜻이 됩니다.

5. 지지에 역마성이 강하여 많이, 이동하는 성향이 강하며. 식상이 강하면 베푸는 성향이 강하여, 합격만 하면, 항공기 승무원이나 이동성이 많은 직업이, 적성인 성향이 됩니다.

沖運

陰陽 陰陽	强弱	用神	格局	男女	大運	歲運	月運	五行	數字	十神
殺										比劫
六親										食傷
十神										財星
天干	**0**	**丙**	**壬**	**0**		庚				官星
地支	**子**	**戌**	**子**	**0**		辰				印星
地藏干										
十神					子水= 정관					
六親										
殺										

大運數	12	11	10	9	8	7	6	5	4	3	2	1	5	
天干														
地志														

1. 庚辰년= 일지와 辰戌 沖= 자궁에 혹 제거하였다고 합니다.
2. 戊午년= 子 午 沖. 직장에서 관재 발생, 경찰 조사 받았다고 합니다.

사 망 일

陰陽 陰陽	强弱	用神	格局	男女	大運	歲運	月運	五行	字數	十神
殺										比劫
六親										食傷
十神										財星
天干	**0**	**丙**	**癸**	**0**		丁				官星
地支	**0**	**子**	**未**	**0**		亥				印星
地藏干			丁							
十神					익사, 하여					
六親					사망하였다고 함					
殺										

익사, 사망일= 丁亥 年
丁 癸 沖 亥 子 반 合- 水局= 丁火 불이 꺼지면 심장이 멈춥니다. 丁癸 沖= 운에서 오는 불이 꺼지고, 亥子수 합을 하면 많은 물에 미土 가 풀리면, 미중 丁火가 꺼지는 형국으로 사망의 운기가 됩니다.

월지에만 비겁이나 인성이 있으면 20점으로 계산하고.
나머지 다른 오행은 10점으로 계산을 하고, 합을 하면, 변한 오행으로 편을 정하여 계산하는 방법을 씁니다.
그러나, 양 오행은 크고. 음 오행은 작고 약하니, 잘 살펴야 하며.
계산하는 방법은 모두 다르게 쓰고 있으니, 많은 연구가 필요 합니다.

최강사주 의 예

甲 甲 丙 甲　　목의 계절에 태어나 월령을 얻고, 동지인 木 과 인성인
子 子 寅 子　　水가 많고, 반대편은 丙火 하나뿐이라 최강 사주라 하고.

중강사주 의 예

辛 乙 丁 甲　　卯 月에 태어나 월령을 얻어 50점이되고,
巳 巳 卯 寅　　반대편은 40점이되어 약간 강한 사주가 됩니다.

소강사주 의 예

戊 壬 辛 丙　　壬水가 卯月에 태어나 실 령을 하고, 일지를 얻어 득지를
申 子 卯 寅　　하였으며 반대편이 40점으로 약간 신강으로 보나,
戊 土 편관이, 申金을 생하여 중강 사주가 된다.

중약사주 의 예

丁 癸 丙 癸　　일간이 득령 을 못하여 40점으로 보면,
巳 亥 辰 酉　　반대편 기운이 50전으로 중약 사주가 된다.

소약사주 의 예

丙 壬 丙 辛　　壬水일간이 월지 申金에 월령을 얻고, 생지이다.
午 寅 申 巳　　일간이 40점 반대편 50점으로 중약이라 한다.

최약사주 의 예

丁 庚 壬 壬　　일간을 돕는 기운은 丑土 하나뿐이고,
丑 子 寅 寅　　반대편 기운은 막강하다. 20대 70으로 최 약 사주이다.

강한 사주에서 비겁이나 인성 운은 넘쳐서 흉이 되고.(과유불급)
약한 사주에서 비겁이나 인성 운은 (喜 神 運) 좋은 운으로 원하는 일이 잘되어 소원성취 할 수 있어, 좋은 운으로 봅니다.

천을 귀인

39

陰 陽4 陰 陽1	强 弱 0	用神 목화	格局 양인	男 女 0	대 운	세 운	월 운	五 行	個 數	十星
殺								화	2	比劫
六親				직업				토	2	食傷
十神	편인	일간	식신	편관				금	2	財星
天干	**乙**	**丁**	**己**	**癸**		壬		수	1	官星
地支	**巳**	**酉**	**未**	**酉**		寅		목	1	印星
地藏干			丁		2021년 30세 남					
十神										
六親										
殺	학당	천을	양인	천을						

大運數	11	10	9	8	7	63	53	43	33	23	13	3	
天干						壬	癸	甲	乙	丙	丁	戊	
地支						子	丑	寅	卯	辰	巳	午	

1. 천을 귀인이 두 개있으니, 귀인의 덕이 많다고 볼 수 있으며, 미모에 용모 단정하고, 학업성이 좋으며, 재물 복이 있고, 현명한 배우자를 만나고, 유복한 사주라고 할 수 있습니다.

2. 초년대운이 비겁 운이라 친구들과 건강하게 생활 하였으며, 학업운은 원국에, 식, 재, 관의 구성과 음 팔 통의 구성으로 보아, 끈기가 강하며 성취욕이 강한 성향이 됩니다.

* 학업 운은 인성이 강하고, 년 주와 월주에 관성과 인성의 구성이 좋으며, 초년 대운이 관성과 인성이면, 학업 운이 좋은 명으로 봅니다.

3. 乙卯大運, 甲寅大運, 인성 대운은, 명예가 상승하는 좋은 운이며, 癸丑 大運에 癸卯년을 만나면 건강이 많이 약해지는 운이 됩니다.

4. **壬寅年**= 壬水는 正官 運으로, 직장과, 사업장에, 발전 운을 만나고.
   寅木= 정인운이, 문서, 학업 운, 시험 운, 으로 좋은 운이나,
   時支에 巳火와 刑殺이 되어, 지장 간에서 甲庚 충, 인성과 재성이 충을 하여, 문서 사고나, 교통사고, 사기수를 조심 하여야 합니다.

심장마비

陰 陽 陰 陽	强 弱 0	用神	局格	男 女 0	大運	歲運	月運	五行	數字	十神
殺								화	3	比劫
六親								토	3	食傷
十神								금	1	財星
天干	**庚**	**丁**	**癸**	**丁**		丁		수	1	官星
地支	**戌**	**丑**	**丑**	**巳**		酉		목	0	印星
地藏干										
十神					丁 癸 沖					
六親					巳 酉 丑 金 局					
殺					巳火가 金으로 변함					

丁酉년을 만나면, 丁火는 비견이 되며, 심장을 주관 하고,

운에서 오는 불이 꺼져도 심장이 멈출 수 있고,

巳火는 일간의 뿌리이며, 꺼지거나 변하는 운에 사망의 원인이 되며.

巳酉 반합, 금으로 변하면 화 기능을 못하여 심장마비가 됩니다.

육친 덕 부족

陰 陽 陰 陽	强 弱 0	用神 금수	局格	男 女 0	大運	歲運	月運	五行	數字	十神
殺								목	2	比劫
六親								화	1	食傷
十神								토	5	財星
天干	**戊**	**甲**	**戊**	**甲**				금	0	官星
地支	**辰**	**辰**	**辰**	**午**				수	0	印星
地藏干										
十神					甲木은 큰 나무이며					
六親		편재		상관	午火를 꺼지게 한다.					
殺			화개	도화	金 水 運이 희신이 되며,					

토다 목절= 흙이 너무 많으면 나무가 꺾인다.

남자 사주이면= 여자가 너무 강해서 악처의 형상이 되며

여자 사주이면= 시어머니가 너무 강하여 흉상이 됩니다.

여자이면= 午火는 자식이 되고, 목다 화식으로,

꺼지는 형국이 되며, 자식 운이 약한 명이 됩니다.

자식을 낳으면

41

陰　陽 陰　陽	强弱 0	用神	局格	男女 0	大 運	歲 運	月 運	五 行	數 字	十神
殺										比劫
六親										食傷
十神			배우자							財星
天干	0	己	甲	戊						官星
地支	0	未	子	申						印星
地藏干					자식 申金이 태어나면					
十神				상관	갑목 배우자가 기가 죽어					
六親			시모	자식	일간에게 잘 하는 형상					
殺										
	배우자와 자식의 오행을 찾아서 대입을 하면,									
	금 극 목 이 됩니다.									

시험 합격 운

陰　陽 陰　陽	强弱 0	用神	局格	男女 0	大 運	歲 運	月 運	五 行	數 字	十神
殺										比劫
六親										食傷
十神										財星
天干	丙	庚	戊	癸		戊	己			官星
地支	子	辰	午	亥		子	丑			印星
地藏干										
十神					어느 오행이 합을 하는					
六親					운기에					
殺					합격이 되는지					
大運數	대입을 하여 봅니다.									
天干	인성이나 재성 운이, 원국과 충이나 극이 없으며,									
地志	운에서 오는 오행이 생이나, 합이 되면, 좋은 운이 됩니다.									

재성 운

42

陰 陽 陰 陽	强弱 0	用神	局格	男女 0	大運	歲運	月運	五行	數字	十神
殺										比劫
六親										食傷
十神										財星
天干	**癸**	**丙**	**甲**	**戊**		辛				官星
地支	**巳**	**子**	**寅**	**寅**		丑				印星
地藏干					丙火와 巳火가 동시에					
十神		정관			충이나, 극을 받으면					
六親					생명이 위험 합니다					
殺					심장이 멈춘다.					

辛金 정재 운은 癸水를 생 할 마음은 있으나 거리가 멀고
장애물이 많아서 못가고, 日干 丙火와 合을 이루고,
재성과 합= 재물에 발전 운이 되고, 丑土 傷官 운이
子水 正官과 합을 이루면= 직장 과 재물발전 운이 됩니다.

폭력성 기질

陰 陽 陰 陽	强弱 0	用神	局格	男女 0	大運	歲運	月運	五行	數字	十神
殺										比劫
六親										食傷
十神										財星
天干	**己**	**辛**	**己**	**戊**						官星
地支	**丑**	**丑**	**丑**	**戌**						印星
地藏干	辛	辛	辛	辛						
十神					지장 간 속에 오행					
六親					중요하게 쓰입니다.					
殺										

들어오는 기운, 받는 기운만 있고, 나가는 기운이 없는 사주.
지장 간에 모두 신금, 칼을 숨기고 있다고 볼 수 있으며
욕이 안 들어가면, 말이 안 되고, 무기를 들고 폭력을 한다고 함
나가는 기운이 없어 예우나 베려는 전무 하다고 합니다.

갑술명리

陰 陽4 陰 陽7	强 弱 0	用神 금수	格局 正財	男 女 0	大 運	歲 運	月 運	五 行	個 水	십성
殺	백호	괴강		백호				수	1	비겁
六親								목	1	식상
十神	식신		편관	편관				화	1	재성
天干	**甲**	**壬**	**戊**	**戊**				토	5	관성
地支	**辰**	**辰**	**午**	**辰**	子			금	0	인성
地藏干										
十神	편관	편관	정재	편관						
六親										
殺			양인							

大運數	11	10	9	8	7	6	5	4	3	2	1	
天干						乙	甲	癸	壬	辛	庚	己
地支						丑	子	亥	戌	酉	申	未

임수일간이 3개의 辰土에, 통근을 하고 있어, 일간이 힘이 있으며, 백호, 괴강, 양인, 강한 살이, 도배를 한 형국으로 기가, 강한 일간의 성향이 됩니다.

甲木을 키우는 명으로, 甲木을 辰土에 키우면, 건강하고 부가 있으며, 강한 살기와 선두의 기질로 명예를 강하게 추구하는 일간의 형상이 되고 甲木 식상이 많은 땅들을 관리를 잘하여, 명예와 부를 이룬 사주입니다.

木運, 식상 운에 官星인 土를 관리하여 성공을 할 것으로 보이나, 여름 생으로, 水運에 발 복을 하였으며, 金運이 印星 運이며, 학창시절이라 좋은 학업 운을 만나, 좋은 명이 되고,

신약한 水 일간이 癸亥大運에 일간이 힘이 강하게 되어, 고위직에 오르고 子운에 午火 를 沖하여, 심장이 멈추는 불행으로 세상을 떠난 사주입니다.
午火는 심장을 주관한다.
이 대목에서 조후에 중요성과, 충의 파괴력을 확인 하는 계기가 되기를 바랍니다.

승진 운

陰　陽 陰　陽	强弱	用神	格局	男女	大運	歲運	月運	五行	數字	十神
殺										比劫
六親										食傷
十神										財星
天干	己	乙	丁	戊		癸				官星
地支	卯	巳	巳	申		巳				印星
地藏干										
十神										
六親										
殺										

大運數	12	11	10	9	8	7	6	5	4	3	2	1	5
天干													
地志													

승진에서 탈락된 운

1. **癸巳年**

   癸水 편인 운을 만나서, 년간 에 戊土 재성과 합을 이루면,
   재성과 인성의 합으로 좋은 운이나.
   지지를 살펴보니, 운에서 오는 巳火 상관이 년 지에 申金 정관과
   巳 申 刑이 되어 승진을 못한 운기가 됩니다.

2. **甲午年**

   운에서 오는 甲 木 겁재는 시지에 己土, 재성과 합을 하고
   재성 운을 만나서, 돈이 들어올 운이라고 좋아 보였으나,
   시지에 午火 식상 운이, 卯木과 午卯 破를 하여, 승진 대열에서
   탈락한 운이 됩니다.

3. 식상은 일에 대한 마음과 계획이고,
   관성은 회사이고, 일터이며. 사업장이고, 근무처가 됩니다.
   재성= 원국에 잇는 재성은 현재의 봉급이 되고.
   운에서 오는 재성은, 새 직장에서 받을 봉급이라고 풀이 합니다.

삼형 살

45

陰 陽 陰 陽	强 弱 0	用神	格局	男 女 0	大 運	歲 運	月 運	五 行	數 字	十神
殺										比劫
六親										食傷
十神										財星
天干	**辛**	**庚**	**壬**	**丁**						官星
地支	**巳**	**申**	**寅**	**亥**						印星
地藏干					신축 년 75세					
十神					사법고시 합격, 검사의 명					
六親										
殺										
大運數	寅 巳 申 三刑 殺 이 있으면 두뇌총명 이라합니다.									
天干	누구나 형살을 본인이 쓰면 길하고.									
地志	형살을 본인이 못쓰면 형을 당한다고 합니다.									

식상운의 흉작용

陰 陽 陰 陽	强 弱 0	用神 목화	格局	男 女 0	大 運	歲 運	月 運	五 行	數 字	十神
殺										比劫
六親										食傷
十神										財星
天干	**壬**	**丙**	**戊**	**壬**		戊				官星
地支	**辰**	**子**	**申**	**子**		戌				印星
地藏干										
十神					어떠한 운이라도					
六親					원국과 충돌이 되면					
殺					흉한 작용을 합니다.					
大運數	戊戌년= 戊土는 식상 운으로 壬水 正官을 극을 하고.									
天干	戊土= 食傷 운이, 辰土 食傷과 沖을 하면= 직원들이									
地志	근무처에서 정상적인 본연의 업무는 안하고, 싸우는 형상으로, 재물과 명예 손상 운이 됩니다.									

승진 운

46

陰 陽 陰 陽	强弱	用神	格局	男女 0	大 運	歲 運	月 運	五 行	數 字	十神
殺										比劫
六親										食傷
十神										財星
天干	己	壬	戊	丙		己	壬			官星
地支	酉	寅	戌	午		丑	申			印星
地藏干					己 丑년= 正官 운					
十神					壬申 月= 申 酉 戌					
六親					金局= 印星局					
殺					인성 국을 이루는 월에 승진					

大運數	12	11	10	9	8	7	6	5	4	3	2	1	5
天干							신	임	계	갑	을	병	정
地志							묘	진	사	오	미	신	유

己丑年 正官 운-- 壬申 月= 印 星운이 局을 이루어 승진 됨

불끄는 사주

陰 陽5 陰 陽6	强弱 0	用神 목화	格局 편인	男女 0	大 運	歲 運	月 運	五 行	數 字	十神
殺								수	1	比劫
六親								목	1	食傷
十神								화	3	財星
天干	丙	壬	甲	庚				토	1	官星
地支	午	午	申	戌				금	1	印星
地藏干					수천억 부자 (신약사주)					
十神					화기 불이 재물					
六親					토생금, 금생수, 수극화,					
殺					수 대운에 대발함					

大運數	12	11	10	9	8	7	6	5	4	3	2	1	5	월간 역학
天干							辛	庚	己	戊	丁	丙	乙	
地志							卯	寅	丑	子	亥	戌	酉	

인덕과 부모님 덕이 좋은 명입니다.

사직 운 47

陰 陽5 陰 陽3	强弱 0	用神 수목	格局 양인	男女 0	大運	歲運	月運	五行	數字	十神
殺								목	3	比劫
六親								화	1	食傷
十神								토	2	財星
天干	**癸**	**甲**	**己**	**乙**		甲		금	1	官星
地支	**酉**	**戌**	**卯**	**巳**		午		수	1	印星
地藏干										
十神										
六親										
殺										

大運數	12	11	10	9	8	7	6	5	4	3	2	1	5	
天干														
地志														

위에 빈칸은, 학문습득의 연습을 위하여 만들어 놓은 공간 이므로,빈칸을 아는 만큼, 쓰는 습관이 학습에 많은 도움이 됩니다.

甲午年

甲木= 일간에, 甲木 비견 운이, 재성인 己土와 합을 이루면, 운에서 온 甲木 비견은 타인이 되는 운으로,
己土 재성은 일간이 현재의 직장에서 받고 있는 봉급을 의미하며, 甲木 비견, 남이 일간의 봉급을 가져가는 형국이 되고. 일간은 월급이 중단 되는 형국이 되며. 직장 변동 운이 됩니다.
午火= 食傷 운은, 戌土재성과 합을 이루면, 火局 이 되어. 時支에 酉金 정관, 현재의 직장이 녹아서 없어지는 형국이 되어 퇴사하는 운기가, 확실 하다고 하겠습니다.

丁卯年= 丁火 식상 운은, 癸水 인성 운과 충을 하여 기신 운이 되고.
卯木= 겁재 운은 지지에 酉金 관성과 충을 하여, 기신 운이 되어 합격을 못하는 운이 됩니다.

시험 운1

陰 陽4 陰 陽4	强 弱 0	用神 화금	格局 삼기	男 女 0	大運	歲運	月運	五行	數字	十神
殺								토	6	比劫
六親								금	1	食傷
十神								수	0	財星
天干	**辛**	**己**	**丙**	**戊**		甲		목	0	官星
地支	**未**	**未**	**辰**	**辰**		午		화	1	印星
地藏干	乙	乙	乙	乙						
十神										
六親										
殺										

大運數	12	11	10	9	8	7	6	5	4	3	2	1	5	
天干														
地志														

1. 삼상 격= 화생 토, 토 생 금 삼기를 이르는 용어 이며.
형상으로 보아도 많은 동지들을 거느릴, 리더 의 형상이 됩니다.

2. 관성이 없으나, 모두지지, 비겁 속에 4개나 있으니 남자가 많은
직장에서 근무하면 성공할 수 있는, 특이한 구성이 됩니다.
많은 남자를 만나는 형상이 되며,
배우자 성이 좋은 남자를 만나면 좋습니다.

3. **甲午年**= 에 시험 운을 보면,
天干에서 甲木 관성 운을 만나 일간이 합을 하고,
地支에 午火 印星 運이, 未土 비견과 午未 합을 이루면,
확실하게 합격 운이 됩니다.

4. 辛丑年= 辛金식상 운이, 丙火 인성과 합을 하고.
丑土= 비견 운이 일지에 未土와 충을 이루면, 기신 운이 되어 합격을
못하는 운이 됩니다.

합격 운 2

49

陰 陽7	强 弱	用神	格局	男 女	大	歲	月	五	數	十神
陰 陽5	0	화토	귀격	0	運	運	運	行	字	
殺								목	5	比劫
六親								화	1	食傷
十神								토	2	財星
天干	**己**	**乙**	**甲**	**戊**				금	0	官星
地支	**卯**	**巳**	**寅**	**寅**				수	0	印星
地藏干										
十神										
六親										
殺										

大運數	12	11	10	9	8	7	6	5	4	3	2	1	5	
天干														
地志														

乙木의 장점= 끈기와, 예술성이 좋으며 접객 성 대민성이 좋아 말로 먹고사는 날이 있다고 합니다.

1. 천간으로 오는 운에서 식상 운을 만나고.
   지지 운에서 인성과 재성이 합이 되면 합격.
2. 천간으로 오는 운에서 인성과 관성이 합을 하고.
   지지에서 충이나 극이 없으면 합격.
3. 천간에서 재성 운을 만나고,
   지지에서 인성 운과 식상이 합을 하면 합격.

庚戌年= 庚金 관성 운과, 일간이 합을 하면, 취직 운, 합격 운이 되고.
戊土= 재성운, 卯木 비견과 합을 이루면, 합격 운, 매매 운이 됩니다.

癸丑年= 癸水 인성 운이, 戊土 재성과 합을 이루면 합격 운이 되고.
丑土= 재성운이 巳火 식상과 합을 이루면= 합격 운, 재물 운, 매매에 좋은 운이 됩니다.

삼상격= 일간이나 강한오행을, 극하는 오행을 만나면, 흉한 운이 됩니다.

재물 운

50

陰 陽5 陰 陽6	强 弱 0	用神 토금	格局 편인	男 女 0	大 運	歲 運	月 運	五 行	數 字	十神
殺								화	3	比劫
六親								토	2	食傷
十神								금	1	財星
天干	**丁**	**丙**	**丙**	**甲**		庚		수	0	官星
地支	**酉**	**戌**	**寅**	**辰**		子		목	2	印星
地藏干		辛		癸						
十神					나무를 키우고, 세상을 밝게 하는 활인지명의 좋은 명.					
六親										
殺										

大運數	12	11	10	9	8	7	6	5	4	3	2	1	5
天干							癸	壬	辛	庚	己	戊	丁
地志							酉	申	未	午	巳	辰	卯

나무를 키우는 명으로, 辰土에 甲木이 뿌리를 내리면, 건강하고, 재물복이 있는 명이 되고. 地支에 寅戌 합으로 화국을 이루면, 시지에 酉金 재성이 극을 받고. 극을 받은 酉金, 배우자星이 약한 명이 됩니다.

時干에 丁火 겁재가 酉金 재성과 동주를 하고 있으니,
나의 돈통인 酉金을, 겁재인 丁火가 가져가는 것으로. 풀이가 되고,
말년에 재물을 남이나, 자식이 쓰는 형상도 되고, 배우자가 바람을 피워 남, 겁재를 따라가는 형국으로, 丁火 겁재, 형제가 흉상이 됩니다.

戌土 지장 간에 辛金 여자는 거쳐 온 여자이거나, 진청 어머니를 모시는 여자 일수도 있으며, 戌土, 辰土식상은 장모에 해당 합니다.

배우자 복은 부족해 보이나, 日支에 食傷이면 근면하고 돈을 모으는 재주가 있으며, 더 좋은 것은 甲木이 辰土에 뿌리를 잘 내리고 충이나 극을 받지 않았으며, 태양과 달이 떴으니, 가을에 좋은 결실을 거둘 수 있는 구성으로 부명이 됩니다.

壬寅年= 壬水 관성 운으로, 직장에 발전 운을 만나고,
寅木= 寅星운, 戌土 식상과 합을 하면, 강한화기에 유금 재성이 녹으면, 배우자가 없어지는 형국이 되고, 재물과 명예가 하락하는 운이 됩니다.

제 3장

건강, 관재, 사망 시기

목차

제 3장 건강, 관재, 사망 시기

Memo

경자 년

51

陰 陽7 陰 陽6	强弱 0	用神 수	格局 식신	男女 0	대 운	세 운	월 운	五 行	個 數	十星
殺								목	3	比劫
六親								화	3	食傷
十神								토	1	財星
天干	**丙**	**甲**	**庚**	**甲**		庚		금	1	官星
地支	**寅**	**辰**	**午**	**午**		子		수	0	印星
地藏干										
十神					갑목을 키우고 오오자형의					
六親					화기를 흡수하여					
殺					진토가 핵심이 됩니다.					

大運數	11	10	9	8	7	6	5	4	3	2	1		
天干						丁	丙	乙	甲	癸	壬	辛	
地支						丑	子	亥	戌	酉	申	未	

甲辰일주= 독립심이 강하고, 재물을 모으는 재주가 있으며. 돈 창고를 깔고 있어 돈이 떨어지지 않는 장점이 있는 명주 이고

甲木은 선두이고 맏이의 상으로, 명품 자존심이 있으며. 목을 키우는 명으로. 일간이 식, 재, 관을 감당할 힘이 있으며. 甲木이 辰土에 뿌리를 내리고 잘 자라면, 재물이 풍족하고 건강이 좋으며, 명예가 있는 명주입니다.

壬寅年= 壬水 통관 운이, 甲木 일간을 생을 하면 문서에 발전이 있는, 좋은 운이 되고. 甲木이 없거나, 약하면 丙壬 沖이 됩니다.
寅木 비견이 午火 식상과 寅午 반합, 식상 국을 이루면 진행 하는 일이 잘 성사되는 좋은 운이 됩니다.

癸卯年= 계수 인성 운이 뜨거운 여름에 꿀물같은 비를 뿌려 인덕 문서발전 운을 만나고.
卯木= 겁재 운이 寅, 卯, 辰 국을 이루면, 일간의 힘이 강하여 만사형통의 좋은 운이 됩니다.

안 좋은 학업 운 예시 2

丙 乙 庚 壬　　학업을 의미하는 수인성이 토기에 극을 받아 일간이
戊 未 戌 子　　신약하고 학업 운이 약하다.

5 4 3 2 1 4　　時 천간에 태양이 있어 표현력이 좋으며 빛나고 싶은
丙乙甲癸壬申　　욕구는 강하다. 대학은 포기하고. 土 화개 살이 강하여
戌卯寅丑子亥　　연예계에 진출 하고 싶어 한다.
丙戌 백호와, 庚戌 괴강 의 강한기질을 발휘하여
잘 살수 있으며 약한 乙木 일주에 大運이 인성과 비겁 운으로 흘러
일간에게 힘을 실어주어 성공 할 수 있고. 화개가 강하면 예능이나,
장인정신이 강하고, 乙木은 예술과 끈기가 강하여 성공 할 수 있다.

안 좋은 학업 운 예시 3

庚 辛 甲 戊　　辛金이 寅月에 태어나 월령은 못 얻었어도, 土와 金의
寅 未 寅 申　　글자가 많아 신강하다.
4 3 2 1 1　　乙卯大運은= 乙庚 合, 卯未 合木 하여 건강이 나쁘고
己戊丁丙乙　　丙 大運은 丙辛합 하여 학교에는 열심히 다녔으나
未午巳辰卯　　건강 후유증으로 성적은 미미하였고, 辰 大運에 성적이
올라갔으나, 대학에 합격을 못하고, 3수까지 하였으나
합격을 못하고 대학을 포기 하였다고 합니다.

오행의 구조를 잘 관찰하여보면, 일주만 작은 글자, 음의글자 이다.
이런 경우 사회나 가정에서나 융화가 잘 이루어지지 않아 힘들게.
사는 경우를 많이 본다. 정확하게는 옆에 어떤 오행이 있나가 중요하다.
반대로 일간만 양의글자이고, 다른 주의 글자가 모두 음의 글자이어도
비슷한 결과가 발생한다.

* 오행의 구성에서 화 관성과, 수 식상이 없는 것도, 성장, 발전에 장해의 요소가 된다. 오행의 氣 가 순환이 안 되어서 발생하는 불행 이다,
* 상관 격은 반항적인 기질을 내포하고 있으며. 그릇된 방법이나 습관을, 바로잡으려는 기질이 강하여 반항적이 됩니다.

학업 운 2

陰 陽4 陰 陽1	强弱 0	用神 금수	格局 편재	男女 0	대 운	세 운	월 운	오 행	개 수	十神
殺								수	2	比劫
六親								목	2	食傷
十神								화	2	財星
天干	**癸**	**壬**	**己**	**己**		壬		토	2	官星
地支	**卯**	**午**	**巳**	**卯**		寅		금	0	印星
地藏干			庚		2022년 24세					
十神										
六親										
殺										

대운수	12	11	10	9	8	75	65	55	45	35	25	15	5
천간						丁	丙	乙	甲	癸	壬	辛	庚
지지						丑	子	亥	戌	酉	申	未	午

사주의 구조에 금 인성이 없으면 학업 운이 약하고, 사회에 나가면, 끌어주고, 밀어주는 인덕이 부족하여, 동지에게 밀리거나, 진급에서 동지들 보다 늦어지는 불행이 많이 발생을 할 수 있고, 년 주와 월주에서 일간을 생하는 글자가 없으니 부모덕이 부족하고, 물려받을 유산도 없는 것으로 해석이 되나 대운이 좋아 부를 이룰 수 있는 명주가 됩니다.

大運에서 壬申, 癸酉, 大運은 신약한 일간을 돕는 운이며 통관 운을 만나 명예 와 재물에 발전이 좋은 운이 됩니다.

壬寅年= 己土 관성이, 壬水 큰물에 풀려서 壬水 맑은 물이 흙물이 되는 형국이라, 학업을 중단하는 형상이 됩니다.
쉽게 보아도 공부를 뜻하는 인성이 없어서 학업 운이 약한 명이 되고.

이 사주는 도화 성이 강하고 손재주가 있으니, 기술성으로 먹고 살고. 신약한 명조에 대운이 인성과 비겁 운으로 흘러 소원 성취하고 잘 사는 명이 되고. 제일 좋은 것은 배우자 가 바뀔 수는 있으나, 재물을 불리는 재주가 있고, 현실적인 배우자의 복을 가지고 있는 명이 됩니다.

학업 운 3

陰 陽2 陰 陽7	强弱 0	用神 목	格局 점재	南女 0	大 運	歲 運	月 運	五 行	數 字	十神
殺								수	2	比劫
六親								목	1	食傷
十神	편관		비견	편인				화	1	財星
天干	**戊**	**壬**	**壬**	**庚**		壬		토	2	官星
地支	**申**	**寅**	**午**	**辰**		寅		금	2	印星
地藏干					2020년 21세					
十神	편인	식신	정재	편관	활동성이 좋은 여명					
六親										
殺										

大運數	12	11	10	9	8	7	6	5	4	3	2	1	3
天干							乙	丙	丁	戊	己	庚	辛
地志							亥	子	丑	寅	卯	辰	巳

양 7통에 역마기운이 강한 여인으로 두뇌가 총명하고 지혜가 있으며 추진력이 무척 강하여. 대장부 기질의 소유자 이고. 관인 상생이 좋아 학문성이 좋으며 명예를 중요시 하고 명예를 추구하는 상으로 순수하고 고지식한 성향이 강하다.

좋은 직장에서 명예와 부를 이루며 말년에도 명예가 좋을 형상으로 부모덕 어머니 덕이 있는 명이 되고, 년주 조상 궁에서부터 생을 받아 부모덕, 인덕이 좋으며, 유산상속의 기운이 있는 명이 됩니다.

壬寅年 비견운= 신강 사주에 비겁 운은 기신 운이 되어, 발전이 없으며.
寅木= 식상 운으로, 편인 申金 인성과 충을 하면, 학생의 위치에서 보면 식상과 인성의 충으로, 학업을 내가 중단하는 운이 됩니다.

癸卯年= 癸水는 시간에 戊土 편관과 합을 이루면 학업이 중단되는 일이 발생한다고 할 수 있는 운을 만나고,
卯木= 寅 卯 辰 목국, 식상 국이 이루어지면, 새로운 의욕이 발동을 하는 기운이 되어, 새로운 일을 만들거나 만나는 형국이 되며. 학교나 학과를 바꾸거나, 진로를 바꾸는 형국이 됩니다.

최 진실(연예인)

陰 陽 陰 陽	强弱 0	用神	格局	男女 0	대운	세운	월운	오행	개수	십성
殺								토	4	비겁
六親		나						금	1	식상
十神	비	일간	편관	비				수	1	재성
天干	**戊**	**戊**	**甲**	**戊**	庚	戊		목	1	관성
地支	**午**	**辰**	**子**	**申**	申	子		화	1	인성
地藏干					2021년 54세					
十神	정인	비견	정재	식신	경신대운 무자년 40세, 사망					
六親										
殺										

大運數	11	10	9	8	7	6	5	46	36	26	1	6	
天干						丁	戊	己	庚	辛	壬	癸	
地支						巳	午	未	申	酉	戌	亥	

나무를 키우는 명으로 보면 땅이 너무 많고. 배우자에서 보면 여자가 많다.
결론은 평소에, 남편에 대한 불만이, 많이 잠재하여 있었다고 볼 수 있다
26대운, 36세까지 식상운을 만나, 기량을 펼치고, 재물과 인기를 누렸으며.

庚申大運 庚金은 甲木 偏官과 충의 관계이다.
관은 직장이고 일터이며. 관성이 극이나 충을 받고 있다는 것은 업무가 많이 힘들다는 신호이고. 이유는 모르나 남편이 힘든 형상도 됩니다.
申金= 식상 운이, 신자진 수국을 이루어, 많은 물에 午火가 꺼지면, 심장이 멈추는 형국이 되고.

戊子년= 戊土는 남이면서 일간의 직장이며, 배우자인 甲 木을 가져가는 형국이 되고. 남편이 다른 여자를 따라가는 형국도 된다.
子水= 정재 운이, 신자진 수국을 이루면, 많은 수기에 모두 쓸려가고.
午火 양인이 꺼지면 심장이 멈추어. 죽음의 운기가 되는 것이다.

무자년 40세에, 남들이 모르는 불만과 아픔을 이기지 못하고 취중에 자결을 하여, 세상과 하직을 하였으며, 안타까운 일이고, 인간의 운명은 사주와 운의 기운에 따라 생과 사가 이루어진다고 하겠습니다.

조 오련 수영선수

陰 陽 陰 陽	强弱	用神	格局 정인	男女 0	大 運	歲 運	月 運	五 行	數 字	十神
殺										比劫
六親										食傷
十神					년	월	일			財星
天干	o	辛	辛	壬	己	辛	辛			官星
地支	o	未	亥	辰	丑	未	巳			印星
地藏干		丁								
十神					별명은 물개였습니다.					
六親										
殺										

大運數	12	11	10	9	8	7	6	5	4	3	2	1	5	
天干														
地志														

전라남도 해남 출생
1970년 방콕 아시안게임 400미터 –1500미터 우승
1974년 테해란 아시안게임 400미터 –1500미터 우승
2001년 辛巳年 부천대학교 겸인교수 취임
2003년 대한올림픽위원회 KOC 위원 선임

사망의 시기 2009년
己丑년= 丑未 충, 未中 丁火 와, 丑中 癸水 沖. 丁火가 꺼지면.
丁火 는 심장을 주관 하며, 심장이 멈추는 형국이 됩니다.
8월= 辛未월= 亥(卯)未= 木局 반 합. 4일= 辛巳일= 巳亥 충

운에서 오는 (巳火)불이 巳亥 충으로 꺼져도 심장이 멈춘다고 봅니다.
亥水는 식상으로 식상이 충이나 합으로 변하는 운에 사망을 합니다.

인간이 숨을 쉬는 행위 일체가 식상이고. 식상이 막히면 사망이 됩니다.

재성혼잡

57

陰 陽6 陰 陽5	强 弱 0	用神 수	格局 삼상	男 女 0	大 運	歲 運	月 運	五 行	個 數	十神
殺								목	3	比劫
六親								화	2	食傷
十神								토	3	財星
天干	**戊**	**乙**	**甲**	**丙**		戊		금	0	官星
地支	**寅**	**未**	**午**	**辰**		戌		수	0	印星
地藏干										
十神					재다 신약					
六親										
殺										

大運數	12	11	10	9	8	7	6	5	4	3	2	1	5	
天干							辛	庚	己	戊	丁	丙	乙	
地志							丑	子	亥	戌	酉	申	未	

천간에 丙火는 甲木에 생을 받으며, 乙木에 꽃을 피우는 형상으로, 해자축 운에 조후가 해결되면, 부를 이루는 좋은 명이 됩니다,

甲木에 의지하여 높이 오를 수 있고, 辰土에 뿌리를 내리면 건강 하고, 식상이 충 극을 당하지 않아서 재고 없는 사업이나 재고 있는 사업 모두 할 수 있는 기운이 됩니다.
일지에 재성을 깔고 있어 돈이 떨어지지는 않으나 시간에 財星을 寅木, 겁재가 동주 하고 있어, 말년에 재물이나 여자를 가져가는 형국이 됩니다.

丁酉年= 丁火 식상 운은 戊土 재성을 생하여 희신 운이 되고.
酉金= 관성 운은, 辰土 재성과 합을 하여, 발전이 있는 좋은 운으로, 직장이나 사업장에서 재물에 발전이 있는 운이 됩니다.

戊戌年= 戊土 재성 운을 만나고.
戊土= 寅 午 戌 식상 국을 이루면= 진행 하는 일이 잘 성사되고, 새로운 일을 시작하여도 성공을 할 수 있는 좋은 운이 되며. 재물과 명예가, 상승하고 발전하는 운이 됩니다.

관살 혼잡

58

陰 陽4 陰 陽4	强 弱 0	用神 수목	格局 건록	男 女 0	대 운	세 운	월 운	五 行	個 數	十神
殺								목	3	比劫
六親								화	1	食傷
十神								토	1	財星
天干	**丁**	**甲**	**庚**	**辛**		壬		금	3	官星
地支	**丑**	**申**	**寅**	**卯**		寅		수	0	印星
地藏干	癸	壬			2021년 71세.					
十神					수부족 인덕부족					
六親					말년에도 활동을 하며					
殺	천을귀		건록	양인	재물이 있는 명.					

大運數	11	10	9	8	7	6	5	4	3	2	1	
天干						丁	丙	乙	甲	癸	壬	辛
地支						酉	申	未	午	巳	辰	卯

甲申일주= 金, 官 星 이 많아, 관 다 신약, 관살혼잡의 명이고.
관이란-일간을 극하는 오행으로, 음양이 섞여서 있으면 혼잡 이라고 하며
이 경우 직장을 옮기거나 직업을 바꾸거나. 남자를 여러 명을 만나거나
바꿀 가능성이 있는 명이 됩니다.
이 명조의 경우는 관이 비견이나 겁재와 동주하여, 한 기둥에 같이 있어.
동주 라고하며, 만나는 남자마다 나의동료나 타인에게로 가는 형상으로,
남에게 빼앗기는 격이 됩니다.

최종 남편은 카리스마 있고 애인 같은 申金남편일 가능성이 있으며.
자식은 똑똑 하고 재물도 있고 효도하는 형상이라, 丁丑이 자식이 되고.
이 명조에서 수기가 부족하여. 인성, 인덕이 부족한 명이 됩니다.

壬寅年= 壬水 인성 운이 丁火 식상을 합으로 묶으면, 활동성이 둔화되고
수입이 줄어들 수 있으나. 인덕이나, 합격, 계약의 운을 만나고.
寅木= 비견운이, 일지에 申金 관성과 충을 이루면, 남이 일간의 직장이나,
배우자를 파괴하는 형상으로, 직장에 변동 수나, 본인이나 배우자의 건강이
염려되고, 사고를 조심하며, 천간의 기운을 보면 이사하는 운이 됩니다.

陰 陽2 陰 陽5	强弱 0	用神 목화	格局 식신	男女 0	대 운	세 운	세 운	五 行	個 數	十星
殺			괴강					화	2	比劫
六親								토	2	食傷
十神								금	2	財星
天干	**丁**	**丙**	**壬**	**戊**		壬	癸	수	2	官星
地支	**酉**	**申**	**戌**	**子**		午	卯	목	0	印星
地藏干										
十神					목-인성= 인덕, 학업 운					
六親					결제 권					
殺					인덕이 부족한 명					

大運數	11	10	9	8	75	65	5	4	3	2	1	5	
天干					庚	己	戊	丁	丙	乙	甲	癸	
地支					午	巳	辰	卯	寅	丑	子	亥	

丁火 겁재가 내 돈, 내 여자와 동주하고 있으니 가져가는 형국이 되고. 일간은 약하고 식상, 재성, 관성은 강하다. 대운에서 인성과 비겁 운을 만나, 일간을 도와줄 때 대발하는 구성이고, 丙寅, 丁卯 대운에 대발하여 거부가 된 사주라고 합니다.

壬午年= 壬水는 원국의 壬水와 동합을 하고, 丁火 겁재와 합을 이루면 정관 운을 만나고.
午火겁재= 子水 정관과 상충을 하여, 관성이 없어지면. 일간을 통제하고 관리하는, 감독관이 없는 형국이 되며. 일간은 법을 안 지키고, 불법행위를 하여 법의 처벌을 받거나. 시비 구설이 발생하여 명예가 하락 할 수 있는 운이 됩니다.

癸卯年= 癸水 정관은 원국에 식신 戊土와 합을 하여, 운에서 오는 관성과 식상과의 합으로, 관성 운을 만나면, 직장에 발전이 있는 운을 만나고.
卯木= 正印 운이 戊土식신과 합을 이루면, 새로운 일을 하고자 계약이나 이력서를 재출하는 형국이 되고, 직장 발전 운, 합격 운, 당선 운, 재물과 명예가 상승하는 좋은 운이 됩니다.

관재 2

陰 陽3 陰 陽5	强 弱 0	用神 목화	格局 정재	男女 0	대 운	세 운	월 운	五 行	個 數	十 星
殺				괴강				화	2	比劫
六親	시모			시모				토	1	食傷
十神	정재			정재				금	3	財星
天干	**庚**	**丁**	**辛**	**庚**		壬		수	2	官星
地支	**子**	**亥**	**巳**	**戌**		寅		목	0	印星
地藏干										
十神										
六親										
殺	배우자	배우자								

大運數	11	10	9	8	71	61	51	41	31	21	11	1
天干					癸	甲	乙	丙	丁	戊	己	庚
地支					酉	戌	亥	子	丑	寅	卯	辰

丁亥일주= 미인에 재주와 성품도 좋아 인기 있으며, 귀인의 덕이 좋아 일생동안 부 귀하는 좋은 일주이며, 해수= 천을 귀인의 덕이 있는 명이다.

학업 운= 초년에 寅 卯 인성 운을 만나, 학업 운이 좋은 명이 되며, 丁丑, 丙子 大運에 재물을 많이 벌어 부자가 되었다고 합니다.

乙亥 大運, 亥년에, 亥水 正官이 巳火, 일간의 建祿 을 沖 하면, 官災구설이 발생하여 재물과 명예가 손상되는 불행한 운이 되고. 건강을 크게 잃을 수 있는 운이 됩니다,

만약에 일간 丁火와 巳火가, 동시에 충을 받으면 사망 할 수도 있는 운이 됩니다.

壬寅年= 壬水 정관을 일간이 합을 하면, 관성 운을 만나고.

寅木= 통관 운으로 일지에 亥水와 합을 이루면 직장이나 사업장에 발전이 있는 운이 되어, 재물과 명예가 상승하는 운이 됩니다.

관재 3

61

陰 陽3	強 弱	用神	格局	男 女	대운	세운	세운	五行	個數	十星
陰 陽3	0	목	식신	0						
殺								수	5	比劫
六親								목	1	食傷
十神				식신				화	1	財星
天干	**癸**	**癸**	**癸**	**乙**	己	己	辛	토	1	官星
地支	**亥**	**亥**	**未**	**巳**	卯	卯	丑	금	0	印星
地藏干					신축년 57세					
十神					대운이 좋아 삶이 원만하고,					
六親					해년에 사해 충 하면					
殺					배우자와 사별 하는 운					

大運數	11	10	9	8	7	6	5	4	3	2	1	
天干					乙	丙	丁	戊	己	庚	辛	壬
地支					亥	子	丑	寅	卯	辰	巳	午

癸亥 일주= 걸어 다니는 백과사전 이라고 함, 두뇌가 총명한 일주이고.
己卯大運 己卯年에 亥 卯 未 합으로, **未土 편관이 木으로 변하는 운에,**
관재구설이 발생하여 명예가 손상되고, 고생을 하였다고 합니다.
명석한 두뇌를 다른, 나쁜 방향으로 써서. 힘 안들이고 이익을 취하려다
손해를 많이 본 예 가 되겠습니다.

辛丑年= 辛金 편인운이, 乙木 식신을 剋을 하면(印 극食) 흉한 운으로.
식상이 극을 받으면= 남녀 모두 자식에게 해로운 운이 되고, 원하는 일이
낭패를 본다. (의식주가 줄어드는 운)
질병이 올수 있고, 구설수가 발생 할 수 있다. (불량품이 생산되는 형국)
丑土 편관이 未土 편관과 충이되면, 직장에서 구설이나, 전근, 이사를 하는
운이 될 수 있는 운이 됩니다. (명예하락, 지출발생 운)

甲寅年= 甲木은 식상 운으로 왕한 수 기운을 설기하여 주면 길하고,
寅木 식상 운= 亥水 겁재와 합을 이루면, 의식주가 늘어나고, 발전이
있는 좋은 운기가 되고.
식상 운은= 사업이나, 새로운 일을 하고픈 욕망이며, 계획이고.
충이나 극이 없으면, 진행 하는 일이 모두 잘되는 좋은 운이 됩니다.

관재발생 1

陰 陽5 陰 陽5	强弱 0	用神 토	格局 정인	男女 0	대 운	세 운	세 운	五 行	個 數	十星
殺								화	2	比劫
六親								토	1	食傷
十神								금	1	財星
天干	**癸**	**丙**	**己**	**庚**		己	壬	수	1	官星
地支	**巳**	**寅**	**卯**	**寅**		亥	寅	목	3	印星
地藏干										
十神										
六親										
殺										

大運數	11	10	9	8	73	63	5	4	3	2	1	3	
天干						壬	癸	甲	乙	丙	丁	戊	
地支						申	酉	戌	亥	子	丑	寅	

癸水 정관이 강한 불기운에 증발 할때나, 戊土가 癸水와 합하여 없어질 때. 일간이 법을 어기는 행동으로 인하여, 관재 구설 시비가 발생하게 됩니다.

壬寅年= 壬水 편관 운이, 일간 丙火를 剋하여, 일간이 관에게 극을 받으면, 업무가 힘들거나, 관재구설이 발생 할 수 있고. 직장변동 수이 이며, 퇴사 전근, 이직 운이 됩니다.
寅木= 편인= 시지에 巳火 비겁과 刑이 되어, 흉한 운이 되고. 刑살이 되면 일의 진행이 순조롭지 못하고 조정과 변경을 거쳐서, 더디게, 원하지 않는 방향으로, 사고나 수술수가 발생할 수 있다.

寅木이 사화를 생을 한다고 보아도, 과한 인성으로, 흉한 운이 되고. 인덕, 합격, 문서와 관계있는 일들이 흉하게 작용을 합니다.

癸卯年= 癸水정관 운이 비를 뿌려, 丙火의 빛이 흐려지면, 관성에 극을 받은 운으로, 관재구설이 발생을 할 수 있고, 직장에 변동 수 가 될 수 있으며,
卯木= 과하여 넘치는 형국으로, 구설, 문서사고, 사기수를 조심 하여야 하는 흉한 운이 됩니다.

관재 발생 2

63

陰 陽6 陰 陽6	强 弱 0	用神 토금	格局	男 女 0	대 운	세 운	월 운	五 行	個 數	十星
殺								화	2	比劫
六親								토	1	食傷
十神								금	0	財星
天干	**癸**	**丙**	**甲**	**戊**		戊		수	2	官星
地支	**巳**	**子**	**寅**	**寅**		午		목	3	印星
地藏干	庚									
十神					배우자복이 약한 명					
六親										
殺										

大運數	11	10	9	8	7	6	5	4	3	2	1		
天干						辛	庚	己	戊	丁	丙	乙	
						酉	申	未	午	巳	辰	卯	

이른 봄 寅月에 태어난 태양으로, 양생지화 생명을 키우는 의무이고. 인성이 강하여 부모덕과, 인덕이 좋은 명이 되고. 관성을 깔고 있어 관인 상생으로 보아 명예를 중요시하고, 명예를 추구하는 직장인의 성향이 강하고.

癸水, 子水 정관이 증발하는 운에, 관재구설이 발생하는 운이 됩니다.

戊午年= 천간 戊土식신운은, 시지에 癸水와 합으로, 비를 멈추게 하면, 일간 丙火, 빛이 강하여, 甲木을 잘 자라게 하여. 재물 상승 운을 만나고.
午火운이= 일지에 正官인 子水와 충을 이루어, 水,관성이 증발하면, 관재가 발생하여 명예와 재물이 손상되는 일이 발생하는 운이 됩니다.

己未年= 己土식상운이= 甲木 인성과 합을 하면, 문서발전 운을 만나고,
未土= 식상운이 자수 정관과 원진이 되면 발전이 약한 운이 됩니다.

배우자는 시지, 巳火중에 庚金이되고, 巳火비견은 남이고 남 속에 庚金 배우자는, 다른 남자를 거쳐 온 여인의 형상이 됩니다.

김일성 사망일

陰 陽 陰 陽	强弱	用神	格局	男女	大 運	歲 運	月 運	五 行	數 字	十神
殺										比劫
六親										食傷
十神					년	월	일			財星
天干	**壬**	**辛**	**甲**	**壬**	甲	庚	乙			官星
地支	**辰**	**酉**	**辰**	**子**	戌	午	未			印星
地藏干										
十神										
六親										
殺										

大運數	12	11	10	9	87	77	6	5	4	37	2	1	7	
天干					계	임	신	경	기	무	정	병	을	
地志					축	자	해	술	유	신	미	오	사	

출생 1912년 4월 15일
사망 1994년 7월 8일 당시= 82세
甲戌년 庚午월 乙未일
신축년= 2021년= 109세

甲戌년= 辰戌 충
庚午월= 甲庚 충 子午 沖 심장이 멈추는, 핵심의 시기가 됩니다.
乙未일= 乙辛 충

65

陰 陽4 陰 陽5	强弱 0	用神 토금	格局 정인	男女 0	大 運	歲 運	月 運	五 行	個 數	十星
殺								금	2	比劫
六親								수	1	食傷
十神								목	2	財星
天干	**丁**	**庚**	**丁**	**甲**	癸	壬		화	2	官星
地支	**亥**	**申**	**丑**	**寅**	酉	子		토	1	印星
地藏干										
十神					재물복은 좋은 명					
六親										
殺										

大運數	11	10	9	8	7	6	5	45	35	2	1	5	
天干				戊	己	庚	辛	壬	癸	甲	乙	丙	
地支				辰	巳	午	未	申	酉	戌	亥	子	

庚申日柱= 간여지동에 건록을 깔고 있으며, 일주 중에 기와 질이 제일. 강하고, 홍염에 음욕까지 강하여 영웅 아니면 건달이 될 수 도, 있는 일주이고, 역마의 기운이 강하여 활동성과 추진력이 매우 강하며, 권력 계통에 발전이 있는 일주 입니다.

자식이 태어나면 남편과 사이가 나빠지는 구조가 됩니다, 수 극화.

甲木이 木多 화식으로, 丁火 남편이 꺼지는 형국이라 빛을 못보고 젊은 나이에 남편이 세상을 하직한 명조라고 합니다.
원국 年 柱에 甲, 寅木은 재성으로 시어머니에 해당이 되고,

壬子年= 丁壬합 으로 丁火 불이 꺼지고, 지지에 亥 子 丑 수국, 申, 子 合水 하여 대해를 이루면, 寅木이 부목이 되고, 寅木 中에 丙火가 꺼지면 불이 완전히 꺼지고, 남편은 저 세상으로 떠나가는 운이 되고. 일간은 申金, 건 록이 신자진水로 변하여, 일간의 건강이 약해지는 운을 만나고.

巳 午 未운에 조후가 해결되고. 庚金을 제련하여 재복은 있는 명이 됩니다.

수국

66

陰 陽5 陰 陽5	强弱 0	用神 화	格局	男女 0	대 운	세 운	월 운	五 行	個 數	十星
殺								목	4	比劫
六親								화	0	食傷
十神								토	2	財星
天干	**甲**	**甲**	**甲**	**癸**	己	己		금	0	官星
地支	**子**	**戌**	**寅**	**丑**	酉	亥		수	2	印星
地藏干		丁	丙							
十神										
六親										
殺										

大運數	11	10	9	8	7	61	51	41	3	2	1	1	사주 이야 기
天干						丁	戊	己	庚	辛	壬	癸	
地支						未	申	酉	戌	亥	子	丑	

火氣는 심장과 혈관을 관장 합니다.
丙火, 丁火. 지장 간에 있으니, 심장이 많이 약한 구조이고.
甲戌日柱= 돈 창고를 깔고 있으며, 甲木은 선두의 기질로 재물을 취하고 보유하는 힘이 강한 일주입니다.

己酉大運= 己亥年에, 심장마비가 발생하여, 식물인간의 상태를 유지하고 있는 기운을 풀이하면.

己亥年= 己土 재성을= 일간과 합으로 묶어놓은 형상이 되고,
亥水= 인성 운은= 亥子丑 水局을 이루면, 戊土와 寅木이 많은 물에 쓸려가는 형국이 되고.
戊中에 丁火와, 寅中에 丙火, 심장을 주관 하는 불이 꺼지는 형국이 되어, 심장이 멈추는 상태가 되고.

다른 각도에서 보면
己亥年= 甲己 合 하고– 寅亥 合이 되면, 일간과 건록이 모두 없어지는 형국으로 수명을 다한 운기가 되어. 회생하기 어려운 명이 됩니다.

단명 구조

陰 陽4 陰 陽3	强 弱 0	用神 수목	格局 정인	男 女 0	대 운	세 운	월 운	五 行	個 數	十星
殺								목	3	比劫
六親	배우자			모친				화	1	食傷
十神								토	2	財星
天干	**己**	**甲**	**乙**	**癸**	辛	辛		금	1	官星
地支	**巳**	**申**	**丑**	**卯**	酉	酉		수	1	印星
地藏干										
十神					대운을 잘못만나					
六親			부친		단명 하는 사주					
殺	역마	역마								

大運數	11	10	9	8	7	6	5	4	35	2	1	5	
天干						戊	己	庚	辛	壬	癸	甲	
地支						午	未	申	酉	戌	亥	子	

甲申일주= 재주는 많으나 실패가 많으며, 출장 이사 등 역마 성으로 분주 다사 하고. 두통 근육통 뼈 질환이 염려되는 일주 이며. 겨울 甲木이 추위에 떨고 있는 형상이 되고. 火運에 발 복을 할 수 있으나, 대운에는 화운이 늦게 옵니다.

배우자 덕은 부족하고. 자식 궁 하고 간지가 합을 하고 있으니, 자식과 부자유친은 되는 구성이고. 甲木 이라는 존재감을 버리고 己土 재성과합을 하여, 큰 재목이 되기는 어려운 구조이나 융통성은 있다고 봅니다.

辛酉大運= 乙辛 충 卯酉 충 하여, 건강에 위험을 예고하고 있으며, 세운에서= 乙辛 충, 卯酉 충을 이루면, 그해에 寅 월이나, 亥월에 사망의 운기가 됩니다.

乙木과 卯木은 일간의 록이고, 분신이라, 극이나 합 운에 사망이 되며 같은 사주에서도, 건강이 좋은 분은 무사 할 수도 있으며. 비견 겁재는 일간과 한 몸이 되어, 비겁이 많으면 대항력은 좋으며, 공격을 받을 때는 비겁이 많으면 불리하게 됩니다.

관재 운 7

68

陰 陽2 陰 陽6	强 弱 0	用神 토금수	局格 편관	男 女 0	大 運	歲 運	月 運	五 行	個 數	十神
殺								화	1	比劫
六親								토	2	食傷
十神				편관				금	1	財星
天干	**壬**	**丙**	**戊**	**壬**		戊		수	4	官星
地支	**辰**	**子**	**申**	**子**		戌		목	0	印星
地藏干										
十神	비견	정관	편재	정관						
六親										
殺										

大運數	12	11	10	9	8	7	6	5	4	3	2	1	5	
天干							乙	甲	癸	壬	辛	庚	己	
地志							卯	寅	丑	子	亥	戌	酉	

戊戌年을 만나면= 戊土 식신 운은, 壬水 편관을 극을 하고, 식상이 원국에 관성을 극을 하면.= 관재 구설이 발생할 우려가 있으며, 직장에서 업무가 힘들거나, 직장 변동 운이 되고.
戊土 편인 운이= 辰土와 충을 하면= 식신끼리의 싸움이라 군사가 밖에 나가서 적군과 싸워야 국민이 사는데, 집안에서 동지들끼리의 싸우느라 집안이 엉망이 되어, 식신끼리의 충은 불량품이 생산되는 결과가 되어. 재물이 손재하는 운이 됩니다.

壬寅年= 壬水 편관 운이 일간 丙火와 沖을 하면, 직장에게 극을 받은 것으로= 직장변동이나, 업무에 변화나 구설이 예상되는 운이 되고.
寅木= 편인이 가정 궁에 申金 편재와 충을 하면, 직장 변동이나, 구설, 또는 이사나, 직장 변동으로 명예와 재물이 하락하는 운기입니다.

癸卯年= 癸水 정관 운이 戊土 식신과 합을 하면= 일간이 다른 직장으로 이직을 하고픈 마음이나, 계획이 되며, 직장변동 운을 만나고.
卯木= 인성운= 子水와 형살을 이루면, 신용이나 명예가 하락하는 운이 되고 사직하고, 새 일을 하면 재물로 고생하는 운이 됩니다.

박 원순 전 서울시장

陰 陽 陰 陽	强弱 0	用神	格局	男女 0	大運	歲運	月運	五行	字數	十神
殺								수	1	比劫
六親								목	1	食傷
十神								화	1	財星
天干	**0**	**壬**	**辛**	**丙**	乙	庚	癸	토	1	官星
地支	**0**	**辰**	**卯**	**申**	酉	子	未	금	2	印星
地藏干					신축년 66세, 사망일					
十神					庚子년, 癸未월, 甲寅일					
六親					출생일 1956, 03, 26일					
殺										

大運數	12	11	10	9	8	7	67	57	47	3	2	1	7
天干						癸	甲	乙	丙	丁	戊	己	庚
地支						未	申	酉	戌	亥	子	丑	寅

사주 원국이, 편 고된 사주는 아니며, 건강은 원만 하고. 신약한 명조에 비겁과 인성 운으로, 좋은 운을 만나고, 丙火 태양이 국가자리에서 辛金 명예를 빛나게 하는 좋은 형상이 되고. 조상과 부모님의 덕이 있는 사주이며. 인덕이 좋은 명이 됩니다.

사망 운을 원국과 대입을 하여보면,
乙酉大運= 乙木 식상운이 辛金인성과 충을 하면, 나의 행위로 명예 하락을 의미 할 수 있고, 식상은 일간의 마음이고, 업무이며 행위가 됩니다.
酉金 인성 운이 卯木 식상과 충을 하면, 식상은 일간의 마음과 업무이고. 생명력이 되고. 酉金 인성은 명예가 하락하는 형국이 됩니다.

庚子年= 庚金 인성 운은, 일간에 壬水를 생을 하여 물이 많아지고,
子水= 원국에 申 子 辰 합을 하여, 대해를 이루면, 卯木 식상이 쓸려가고, 심장을 주관 하는 丙火가 꺼지고. 7月 癸未 월에 卯木과 합을 하여 未土가 木 으로 변하면, 未中에 丁火가 꺼지고. 불이 모두 꺼지면 심장이 멈추어, 사망의 운기라고 풀이가 됩니다.

부모 덕

陰 陽3 陰 陽4	强弱 0	用神 금	格局 정인	男女 0	대운	세운	월운	五行	個數	十星
殺								토	3	比劫
六親								금	1	食傷
十神								수	1	財星
天干	己	己	辛	壬		辛		목	1	官星
地支	巳	丑	巳	寅		丑		화	2	印星
地藏干					신축 년 59세					
十神										
六親										
殺										

大運數	11	10	9	8	7	63	53	43	33	2	1	3
天干						甲	乙	丙	丁	戊	己	庚
地支						戌	亥	子	丑	寅	卯	辰

辛金 보석을 캐서, 壬水로 깨끗이 씻어주는 명으로 재복이 있다고 보며. 조상 궁에서부터 생을 시작으로 일주에게 까지 순행을 하고 있어, 유산을, 받을복이 있는 구조가 되며. 大運의 흐름이 좋아, 여름생이 시원한 수운을 만나, 40년 길운에 부를 이루고. 잘사는 명이 됩니다.

辛丑年= 辛金은 식신 운이라 길운을 만나고,
丑土= 비견 운= 巳火와 합을 하여, 金 식상으로 변하여 길운이 됩니다. 식상 운은, 의식주가 발전하는 운으로 재물이 늘어나고, 명예가 상승하는 운이 되고. 자식에도 발전이 있는 운이 되며, 주식을 거래 하여도 좋은 운기가 됩니다.

壬寅年= 壬水는 재성 운으로, 재물이 늘어나는 운이라고 볼 수 있으나, 己土 작은 흙이 큰물에 수다토류 되어 풀리는 형상으로 흉이 되고.
寅木= 巳火를 생하면 인성이 강해지는 운으로 좋은 운이 될 수 없으며, 寅巳 刑으로 보아도, 일의진행이 지제나 변경이 되는 흉한 운이 됩니다.
壬寅年= 결과는 관재구설이나, 직장 변동수가 예상되며, 신용과 명예가 하락하고, 손재하는 운이 예상됩니다.

陰 陽1 陰 陽4	强弱 0	用神 목화	格局 양인	男女 0	大 運	歲 運	歲 運	五 行	個 數	十星
殺								수	3	比劫
六親								목	0	食傷
十神								화	1	財星
天干	庚	壬	庚	辛	丙		壬	토	1	官星
地支	子	午	子	丑	申	子	寅	금	3	印星
地藏干					초년대운에 관성과 인성을					
十神					만나 학업 운이 좋으며					
六親					인성과 비겁이 강하여					
殺					공부 욕심도 있다.					

大運數	11	10	9		7	6	5	45	35	2	1	5	
天干						癸	甲	乙	丙	丁	戊	己	
地支						巳	午	未	申	酉	戌	亥	

35세丙申大運= 丙火 편재가 정인 辛金과 합을 이루면 丙火 재성이 꺼지는 운이 되고, 배우자나 부친의 사망을 예측 할 수 있으며, 申金 편인이 子水 겁재와 합으로 水局, 큰물이. 대해를 이루면, 日支 배우자궁에, 午火 가 꺼지면. 사망의 기운이라고, 시기를, 추정을 할 수 있습니다.

丙申大運 중에 子年을 만나면, 子午 沖하여 배우자가, 死亡에 이르는 운기가 됩니다.
원국 배우자궁에, 午火가 꺼지면 배우자의 심장이 멈추는 이치이고 운에서. 오는 불이 꺼져도 비슷한 현상이 발생을 합니다.
배우자 사망의 시기를 유추하면= 丙申大運 中에, 子년으로 추정이 됩니다.

壬寅年= 壬水 비견운= 일간이 강하고 원국에 수기가 많아, 기신 운이 되고.
寅木= 일지에 午火 재성과 합으로 재성 국을 이루면, 식신은, 일간의 마음이고, 업무이며, 재성을 탐하는 마음이고, 힘이 되며. 여자나, 재물에, 발전이 있는 좋은 운이 됩니다.

부자 6

72

陰 陽4 陰 陽5	强 弱 0	用神 목토	格局 편관	男 女 0	대 운	세 운	월 운	五 行	個 數	十星
殺								화	3	比劫
六親								토	1	食傷
十神								금	1	財星
天干	癸	丙	乙	己		庚		수	2	官星
地支	巳	申	亥	巳		子		목	1	印星
地藏干					2021년 93					
十神										
六親										
殺										

大運數	11	10	9	8	7	6	5	4	35	25	1	5	
天干						戊	己	庚	辛	壬	癸	甲	
地支						辰	巳	午	未	申	酉	戌	

亥月-겨울에 乙木에 꽃을 피우는 형상으로, 좋은 구성이 되며.
시간에 癸水 이슬비가 丙火의 빛을 가려, 흑운 차일이라고 할 수 있으나.
丙화와 巳화의 열기에 증발하는 형국으로 안개정도의 수준으로 보면, 별로 지장을 주지 못한다, 라고 보나. 癸水 증발하는 운에 관재발생 가능하고.

丙申일주= 화려한 것을 좋아하고 동정심. 의리. 재주 있고, 지혜가 있으며.
문창성과 복록이 있어 출세가 빠르고, 고위직 가능하고. 배우자복이 잇는 일주 입니다.
겨울 乙木이 꽃을 피우니 인물이 좋고, 재복이 있으며, 명예 복이 있고.
辛未, 庚午, 己巳 大運에 사업으로 대발하여 거부가 된 명주입니다.

庚子年= 庚金은 재성 운으로, 乙木 인성과 합을 하여 길하고,
子水 정관= 일지에 申金 편재와 반합, 亥水와 반합이 되어. 대해를 이루어, 巳火가 꺼지면, 심장이 멈추는 운이 됩니다.

93세에서 60년을 빼면 33세의 청년들이 위 사주와 같은 명이 있습니다.

부자 7

73

陰 陽3 陰 陽6	强弱 0	用神 토	格局 상관	男女 0	대운	세운	월운	五行	個數	十星
殺								금	3	比劫
六親								수	2	食傷
十神								목	2	財星
天干	**甲**	**庚**	**甲**	**癸**		壬		화	1	官星
地支	**申**	**申**	**子**	**巳**		寅		토	0	印星
地藏干					신축년 69세,					
十神					갑목= 배우자					
六親										
殺										

大運數	11	10	9	8	75	65	55	45	35	25	15	5	
天干					丙	丁	戊	己	庚	辛	壬	癸	
地支					辰	巳	午	未	申	酉	戌	亥	

甲木은 재물이고 .겨울 甲木을 庚金으로 다듬어서 재목용으로 쓰면.
학문성, 조직성이 좋은 명주입니다.

庚申일주= 역마. 음욕. 홍염. 건록. 간여지동. 명주가 강하여 영웅심이 강하고, 권력계통으로 가야 성공이 빠르며. 처가에 덕을 보나 처가 병약할 수 있는 일주이고. 일주가 신약하나 식 재 관을 감당할 힘이 있고.
火土 운에 발복하는 명으로. 火土 大運에 성공하여 부를 이루어 큰 부자가 된 좋은 사주이고. 大運이, 전체 적으로 좋은 구성입니다.

壬寅年= 壬水 식상 운이, 甲木 재성을 생 하면, 식상 생재 하여 일간의 능력으로 재물을 취하는 형국이 되고.
寅木 재성운이= 일지에 申金 건록 과 충을 하여, 결과는 흉한 운이 됩니다.
일간의 분신이 되는 申金이 운에서 오는 재물과 충 하면, 재물 손실의 운이 되며. 일주나, 배우자가, 건강상에 병이올 가능성이 있고, 역마의 충으로 사고를 조심 하여야 하고,
천간은 사건과 형상을 나타내고. 지지는 결과를 의미 합니다.

병신일주 부자

陰 陽4 陰 陽6	强弱 0	用神 목화	格局 상관	男女 0	대운	세운	월운	五行	個數	十星
殺	괴강			괴강				화	1	比劫
六親								토	5	食傷
十神								금	1	財星
天干	**壬**	**丙**	**己**	**戊**		壬		수	1	官星
地支	**辰**	**申**	**未**	**戌**		寅		목	0	印星
地藏干	乙		丁	丁	신축년 66세 여명,					
十神					괴강 의 기질로 부를 이루며					
六親					괴강 의 압력으로 말년에					
殺					건강이 약해진다.					

大運數	11	10	9	8	7	65	55	45	35	2	1	5	
天干						壬	癸	甲	乙	丙	丁	戊	
地支						子	丑	寅	卯	辰	巳	午	

강휘상영 으로 인물이 좋으며, 너무신약하여 아무것도 할 수 없다고 할 수 있으나, 대운에서 60세까지 木 火 운을 만나 좋은 사주이며. 땅이 많아 금운이 오면 금을 캐고, 목 운이 오면. 목을 키워, 재물이 됩니다.

식신 상관이 많은 것은, 돈을 벌어오는 능력이 좋은 것으로 이해하고, 베푸는 힘이 강한 명으로 수완이 좋은 기운과 형상이 되며. 직원이나 아래 사람을 관리를 하려면 비겁이 있거나, 직성이 강한 살이 있어야 하며 식상이 강하면 공부도 잘하고, 일도 잘하고, 지식이 많은 명이 됩니다.

壬辰, 戊戌 괴강 이 있어, 통제하고 통솔 관리하는 힘이 강하며,
甲寅, 乙卯 大運= 인성 大運이며, 통관 운을 만나, 木 運, 인성 운에, 많은 돈을 모아 부자가 되었다고 합니다.

壬寅年= 壬水 편관이 일간 丙火를 충 하면, 관재구설이나, 직장 변동 운을 만나고.
寅木= 인성 운이 일지에 申金 재성과 충을 하면, 재물이 손재하는 운으로. 사기 수, 문서사고, 역마살의 충으로 교통사고를 조심 하여야 합니다.

부자, 임자일주

陰 陽0 陰 陽3	强弱 0	用神 화	格局 귀격	男女 0	대운	세운	월운	五行	個數	十星
殺		양인						수	4	比劫
六親								목	0	食傷
十神								화	0	財星
天干	**辛**	**壬**	**己**	**辛**		壬		토	2	官星
地支	**丑**	**子**	**亥**	**亥**		寅		금	2	印星
地藏干			甲		신축년 51세					
十神					모친 덕					
六親										
殺										

大運數	11	10	9	8	7	6	55	45	35	25	1	5
天干						壬	癸	甲	乙	丙	丁	戊
地支						辰	巳	午	未	申	酉	戌

특이하게 반대 편 오행, 관성이 인성을 생하여 적군이 없는 사주이며.
토생 금, 금생 수, 토생 금. 금생 수 로 되어 있어= 부모덕 과 인덕이
좋은 명주이며. 모친은 辛金, 배우자와 부친은 火, 자식은 土氣이며.
겨울 壬水 일간이 巳 午 未 여름 火 大運을 만나 부자가 되었습니다.

壬寅年= 壬水는 비견 운이 합이나 충은 없으나,
己土 관성이 많은 물에 떠내려가는 형상으로, 수다 토류 되고.
壬水 비겁 운이, 관성을 극을 하여, 관재 구설이나, 전근, 이직, 사직 운,
직장변동 운을 만나고.
寅木= 亥水 비견과 합을 이루지 못하나, 과한 수기를 설기하여, 좋은 운.
식신 운은 의식주가 늘어나는 운으로 재물과 명예에 발전 운이 됩니다.

종합하면= 壬水 비견 運은, 직장 변동을 알리고, 寅木은 희신 운이 되며,
퇴직을 하고 퇴직금 수령이나. 전근, 이직을 하면, 전보다, 좋은 근무처.
직장을 만나 적응을 잘 하는 것으로 해석이 가능 합니다.

부자 여명

陰 陽4 陰 陽4	强弱 0	用神 금	格局 정인	男女 0	대운	세운	월운	五行	個數	十星
殺			괴강	백호				금	1	比劫
六親								수	2	食傷
十神								목	2	財星
天干	**壬**	**辛**	**壬**	**丁**		壬		화	1	官星
地支	**寅**	**卯**	**辰**	**丑**		寅		토	2	印星
地藏干					남편= 년 주에 丁火, 丁丑					
十神					土= 어머니 덕					
六親					수= 지혜-상관, 언변 달변					
殺	문창				재성 국= 재물 복 많음					

大運數	11	10	9	8	7	6	5	4	3	2	1	5
天干						己	戊	丁	丙	乙	甲	癸
地支						亥	戌	酉	申	未	午	巳

辛卯 일주= 미모에 봉사정신이 강하고 관귀 학관이 있어 진급이 빠르고.
음욕이 강하일주 **辛卯, 丁未, 乙卯, 己未, 癸丑, 甲申 일주. 조심하시라.**
상관이 강하니 언변과 사교성, 활동성이 좋으며,
지지에 재성이 국을 이루어, 재물이 많으며 명예가 좋은 명주가 되고.
대운이, 잘 흘러 순조롭게 성공을 할 수 있는 사주입니다.

壬寅年= 壬수 상관 운이, 丁火 관성과 합이 되면, 취업, 합격. 승진. 결혼 등에 발전이 잇는 운으로 좋은 운이며. 직장 발전 운을 만나고.
寅木= 정재 운으로, 지지에서 寅 卯 辰 재성 국을 이루어, 만사형통 하여 재물이 불어나고 명예가 상승하는 좋은 운기입니다.

年柱에 丁火 남편은, 壬水 자식과 합 을 하여 고마운 남편이 되고.
時柱에 壬水 자식은 寅木 아버지를 생하여 고마운 자식이 되며. 土氣는, 고마운 어머니 이며, 참으로 복이 많은 사주 입니다.
癸卯年= 癸水 식신 운이 丁火 관성과 沖을 이루면, 직장 변동 운을 만나고,
卯木= 재성이 국을 이루면 재물이 늘어나고 명예가 상승 하는 좋은 운으로, 전근이면 승진이고, 이직이면 좋은 직장으로, 좋은 운이 됩니다.

부자 사업가

77

陰 陽4 陰 陽0	强弱 0	用神 금	格局 편인	男女 0	대 운	세 운	월 운	五 行	個 數	十神
殺								토	3	比劫
六親		나						금	1	食傷
十神		일간						수	0	財星
天干	**丁**	**己**	**丁**	**丁**		壬		목	1	官星
地支	**卯**	**丑**	**未**	**酉**		寅		화	3	印星
地藏干					음 팔통 끈기가 강하고					
十神					집착이 강하며.					
六親					끝장을 봐야하는 근성					
殺	도화	재고귀	양인	도화	원국구성이 좋음					

大運數	11	10	9	8	7	6	53	43	33	23	1	3	
天干						庚	辛	壬	癸	甲	乙	丙	
地支						子	丑	寅	卯	辰	巳	午	

비겁, 비견겁재에 正義.
비견이 천간에 3개면 귀격이 되며, 비겁은 그 숫자로 일간의 힘을 가늠하고. 지지에 있는 비겁이 뿌리가 되어 더 강한 힘이 됩니다.

지지에 있는 비겁이 충을 받으면 일간의 신체에 사고나, 질병이 오고, 일간과 같이 동시에 충이나 극을 심하게 받으면, 중상 아니면 사망의 기운이 됩니다.

丁火 인성은, 어머니, 학문성, 공부, 인덕이 많이 있다고 보며, 위 사주는 일간이 강하고, 인성이 강하여 인덕이 좋은 사주이고
통관 운에 해당하는 壬水大運 재, 관운에 대발하여 거부가 되었다고 합니다.
통관 운의 중요성을 실감 하고.

壬寅年을 만나면= 壬水 正財 운이, 인성 丁火와 합을 이루면 일간의 인덕, 명예, 재물 운이 되고. 일간의 자격이나 능력으로 재물을 취하는 운이 되며.
寅木= 정관 운으로, 직장이나, 사업에 발전이 있는 운기가 되어. 재물과 명예가 상승하는 좋은 운이 됩니다.

부친사망

78

陰 陽 陰 陽	强弱 0	用神	格局	남녀 0	대운	세운	월운	五行	個數	十星
殺										比劫
六親	자식궁	나	부친궁	조부궁						食傷
十神		일간	정재							財星
天干	**己**	**丙**	**辛**	**0**		丙				官星
地支	**丑**	**戌**	**巳**	**0**		戌				印星
地藏干					丙화 日干에 辛금 정재는					
十神					父親궁이다. 丙戌 년에					
六親	자식궁	배우자	모친궁	조모궁	丙辛 합 되어 사라지니,					
殺					부친이 사망하였다.					

大運數	11	10	9	8	7	6	5	4	3	2	1	4
天干												
地支												

남명

배우자 가출

己 乙 癸 0　　甲

卯 未 酉 0　　子 년

甲子년 甲己 합이 일어나고.

己土 는 乙木 일간의 배우자이며.

甲木은 일간의 겁재이나 운에서 오면 남이 되고. 타인이고.

운에서 온 비견 겁재는 겁탈자 역할을 할 때가 많이 있으며.

일간의 것을 가져간다.

甲己 합으로 己土 배우자가 甲木 겁재를 따라 가는 형국으로.

배우자가 가출 하였다가 됩니다.

삼 형살 사법고시 합격

陰 陽3 陰 陽6	强 弱 0	用神 토금	格局 편재	男 女 0	大 運	歲 運	月 運	五 行	數 字	十神
殺										比劫
六親										食傷
十神										財星
天干	**辛**	**庚**	**壬**	**丁**						官星
地支	**巳**	**申**	**寅**	**亥**						印星
地藏干					신축 년 75세					
十神					사법고시 합격, 검사					
六親										
殺										
大運數	寅 巳 申 三刑 殺 이 있으면 두뇌총명 이라하며,									
天干	누구나 형살을 본인이 쓰면 길하고									
地志	형살을 본인이 못쓰면 형을 당할 수 있다고 합니다.									

토극수

陰 陽 陰 陽	强 弱 0	用神 화	格局	男 女 0	大 運	歲 運	月 運	五 行	數 字	十神
殺										比劫
六親										食傷
十神										財星
天干	**壬**	**丙**	**戊**	**壬**		戊				官星
地支	**辰**	**子**	**申**	**子**		戌				印星
地藏干										
十神					강한 흙기운이 관성을					
六親					제압하여 명예 손상 운					
殺										
大運數	戊戌년= 戊 土 식상 운이, 壬水 정관을 극을 하고.									
天干	戌土= 식상 운이 辰土 식상과 충을 하면= 업무마비									
地志	ㅈ									

부모님 덕 2

陰 陽4 陰 陽7	强弱 0	用神 화	格局 편관	男女 0	대 운	세 운	월 운	五 行	個 數	十星
殺	백호							수	2	比劫
六親								목	3	食傷
十神								화	0	財星
天干	**甲**	**壬**	**乙**	**戊**	己	庚		토	2	官星
地支	**辰**	**寅**	**亥**	**申**	巳	子		금	1	印星
地藏干					2021년 54세,					
十神					목을 키우는 명으로					
六親					진토 남자가 더 좋은 남자					
殺										

大運數	9	8	7	6	55	45	35	2	1	5
天干				戊	己	庚	辛	壬	癸	甲
地支				辰	巳	午	未	申	酉	戌

壬寅 일주= 두뇌명석, 학구열이 강하며, 지혜와 영감이 발달하고. 자식복은 좋으며 남편복은 부족하고. 비밀 애정 사 염려 있으며. 겨울에 목을 키우는 명으로. 火 大運에 발복하여 부와 명예를 이루는 명이 되고. 식상이 강하고 역마성이 강하여, 여장부 형상이 되며. 조상님 덕, 부모님으로부터 물려받을 유산이 있을, 사주의 구성이 됩니다.

庚子年= 庚金 편인 운이, 乙木 상관과 합을 하면, 문서에 발전이 있는 좋은 운이며. 합격, 매매 운, 일을 하기 위한 계약의 의미도 되고.
子水= 申 子 辰 삼합으로 水局을 이루어 일간을 도와서 크게 길하다. 직장 발전, 사업발전, 취직, 합격, 문서 발전 운, 명예 상승 의 길운이며, 재물이 늘어나는 좋은 운이 됩니다.

辛丑年= 辛金 정인 운이, 乙木 食傷을 극을 하면, 업무가 힘들거나, 마음의 변화, 신용과 명예가 하락하는 운을 만나고.
丑土= 관성 운이, 辰土관성과 破를 이루면, 배우자와 새로 만난 남자가 싸우는 형국으로. 명예 하락 운으로 흉한 운이 됩니다.

천충 지충

陰 陽7 陰 陽3	强弱 0	用神 토금	格局	男女 0	대운	세운	월운	五行	個數	十星
殺								화	5	比劫
六親								토	1	食傷
十神								금	0	財星
天干	**丁**	**丁**	**乙**	**丁**		癸		수	1	官星
地支	**未**	**亥**	**巳**	**巳**		亥		목	1	印星
地藏干			庚	庚						
十神					35세부터 발복					
六親										
殺										

大運數	11	10	9	8	7	6	5	4	35	25	15	5	
天干						戊	己	庚	辛	壬	癸	甲	
地支						戌	亥	子	丑	寅	卯	辰	

丁亥 日柱= 호수위에 달빛의 형상이라. 인물이 좋으며 두뇌가 명석하고, 현명한 배우자를 만나고, 태평한 가정을 이루는 행복한 형상의 일주이고. 日干이 강하면 주관이 뚜렷하고, 조직에서 성공하는 경우가 많이 있으며, 화기가 강하면, 발산의 기운이 강하여, 표현은 잘하고, 역마성이 강하여 활동, 이동을 많이 하면, 활동량에 비래하여 사고수가 동반 합니다.

癸亥年= 癸水 편관 운은, 뜨거운 여름날에, 하늘에서 비를 뿌리면. 조후가 해결되어. 좋은 운이라고 할 수 있으나, 丁火는 일간이며, 건강으로는 심장을 주관하는바. 불이 꺼지는 형국이 되고. 새 근무처와 충돌형상으로 직장 변동 수를 의미하며. 관재구설이 발생한다고 볼 수 있으나. 지지에서 **亥水**= 巳亥沖, 관성운이, 丁癸 沖+巳亥 沖이되면, 사망의 형국이 되고. 만약에 사망을 면하면= 건강이많이 약해질 수 있으며, 관재구설이 발생하여 고초를 격 는 흉한 운이 됩니다.

천간 丁癸 沖 하고, 지지에 巳亥 沖을 하면, 불이 꺼지고,
불이 꺼지면 심장이 멈추는 형국으로, 사망의 운기가 되고.
불이 여러 개라, 아직 남은 불이 많이 있다고 보면 안 됩니다.

陰 陽3 陰 陽5	强弱 0	用神 토	格局 건록	男女 0	대 운	세 운	월 운	五 行	個 數	十星
殺								토	1	比劫
六親								금	2	食傷
十神								수	2	財星
天干	庚	己	丙	壬	壬	甲		목	0	官星
地支	午	亥	午	申	子	子		화	3	印星
地藏干		甲								
十神										
六親										
殺										

大運數	11	10	9	8	7	6	5	4	3	2	1	
天干						癸	壬	辛	庚	己	戊	丁
地支						丑	子	亥	戌	酉	申	未

인성은 많으나, 비겁이 없어 식상을 관리하기 힘든 명으로, 인덕과 지식이 많은 명으로, 일간이 추구하는 방향성은, 명예를 추구하는 성향이 강하며 누구나 없는 것은 더 목마르게 찾게 되며.

원국에 목 관성이 없으며 대운에서도 만나지 못하는 특징이 있으나, 亥水와 壬水, 재성 대운에 고관에 승진 하였다고 합니다.

子 大運에 건 록인, 午火를 충 하여 삶을 마감하였다고 하며. 양인이나 건 록은 비견 겁재로만 보지 말고, 일간의 분신으로 보아야 하며 화기는 어느 사주에서나 심장을 주관하며. 子水 운에, 午火와 충을 이루면, 심장이 꺼져서. 사망에 이르는 시기가 되고. 壬子 大運 甲子年 에 사망을 하였다고 합니다.

사주에 목이있으면 운에서 오는 수기가 목을, 생을 하느라 화기를 충 하지 않아, 사망을 면할 수 있는 구조가 되고. 오행이 모두 있으면 오행 구족격

이라 하여 좋은 점이 많으며, 삶이 평범하고, 굴곡, 풍파가 적다고 봅니다.

사망의 시기 2

83

陰 陽2 陰 陽2	强 弱 0	用神 수목	格局 건록	男 女 0	大 運	歲 運	月 運	五 行	個 數	十星
殺								목	2	比劫
六親								화	0	食傷
十神								토	3	財星
天干	**庚**	**乙**	**辛**	**辛**	乙	辛		금	3	官星
地支	**辰**	**丑**	**卯**	**丑**	酉	酉		수	0	印星
地藏干										
十神										
六親										
殺										

大運數	11	10	9	8	7	6	55	45	3	2	1	5
天干						甲	乙	丙	丁	戊	己	庚
地支						申	酉	戌	亥	子	丑	寅

金을 캐고 나무를 키우는 형국을 이루는 신약한 명으로, 형상으로 보면 丑土에서 金을 캐는 명으로 재물 복이 있는 사주이나, 乙木이 강한 金을 관리하고 감당하기에 힘에 겨운 형국이 됩니다.

土는 재성으로 여자와 재물이 되고, 金은 자식이 되니, 여러 여자에게서, 여러 명의 자식을 얻은 형상으로 볼 수 있고.

丁亥, 丙戌 大運= 식상, 화기의 힘을 빌려, 금기를 제압하여 재물을 구하는 형국으로 해석이 되며, 木, 火운 기간에 부자가 되었다고 합니다.

乙酉大運을 만나면, 大運 중에 乙 辛 충, 卯 酉 충, 이 발생 하고. 卯木은 일간의 건 록으로 일간의 분신이라, 건강에 중요한 글자이며. 고로 신변에 이상이 올 것을 대운에서 예고를 하고 있으며.
乙酉 大運 중에 辛酉 년을 만나면, 乙辛 충, 卯酉 충 하여 일간 乙과 卯의 기운이 모두 없어지는 시기가 되어 사망의 운기가 됩니다.

사망의시기 3

84

陰 陽 陰 陽	强弱 0	用神	格局	男女 0	대운	세운	월운	五行	個數	十星
殺										比劫
六親										食傷
十神										財星
天干	**乙**	**丁**	**戊**	**戊**	癸	壬				官星
地支	**巳**	**巳**	**午**	**申**	亥	子				印星
地藏干			丁							
十神										
六親										
殺										

大運數	11	10	9	8	7	6	5	47	37	27	17	7	
						乙	甲	癸	壬	辛	庚	己	
						丑	子	亥	戌	酉	申	未	

불, 火기가 강한 명조이며, 수기가 조후 용신이 되나,
수기가 일간의 불기운과 전쟁이 되며 강한 수운이 오면, 일간이
사망을 하게 되는 사주의 형국이 되며.
庚申, 辛酉 大運, 강하게 들어오는 재성대운, 젊은 나이에 사업을
하여 많은 재물을 모아 거부가 되었다는 사주이며,

壬戌大運 까지는 잘 살았으며. 47大運, 癸亥大運을 만나면 癸수는
丁火를 끄고, 亥수는 巳火를 충 하여 생명이 위험하다고 예고를 한다.

癸亥大運 중에 壬子 년을 만나면, 대운과 세운이 합세하여 불을 끄는
형국으로 사망에 이르는 사주의 구조이고.
사망하는 월과, 일 시는 수의 기운이거나 수기를 돕는 월과 일시에
사망을 하게 됩니다. 丁壬 合, 子午 沖 불이 꺼지면 심장이 멈추고.
만약에, 같은 사주에서 사망을 하지 않은 사주는, 건강, 재물, 명예가
하락하는 흉한 운이 되어 고생을 하게 될 것입니다.

사망의시기 4

85

陰 陽5 陰 陽4	强弱 0	用神 화	格局	男女 0	대 운	세 운	월 운	五 行	個 數	十星
殺								금	2	比劫
六親								수	2	食傷
十神			상관					목	1	財星
天干	**戊**	**庚**	**癸**	**己**	丁	甲		화	1	官星
地支	**寅**	**午**	**酉**	**亥**	卯	子		토	2	印星
地藏干										
十神										
六親										
殺			양인							

大運數	11	10	9	8	7	66	56	4	3	2	16	6	
天干						丙	丁	戊	己	庚	辛	壬	
地支						寅	卯	辰	巳	午	未	申	

명조의 구성을 보면 관인 상생으로 구성이 좋아 관직에 종사하였을 것으로 사례되고.
庚午일주= 활동적이고 사교적이며, 사물처리를 깔끔하고 분명하게 처리하니 공직에 발전이 있는 명이 됩니다.

50대 丁卯大運= 丁癸 沖 -卯酉 沖 하여, 흉한 운이라고 예고를 받고 甲子年, 年 중에 사망하였다고 합니다, 甲庚 沖, 子午 沖

양인이나 건 록은 일간의 뿌리이고, 일간의 분신이 되며, 한 몸으로 보아야 하고.
식상이 충을 받아도 건강이 약해지거나 사망의 원인이 되고. 운에서 오는 불이 꺼져도, 심장이 멈추고 사망의 운기가 됩니다.
甲庚 沖을 극으로 보면, 庚金이 이기지만, 충으로 보아야 하고, 충은 쌍방이 같이 죽는다고 보아야 정답이 됩니다.

사망의시기 5

86

陰　陽3 陰　陽2	强弱 0	用神 수	格局	男女 0	대 운	세 운	월 운	五 行	個 數	十星
殺								목	3	比劫
六親								화	0	食傷
十神								토	3	財星
天干	戊	乙	辛	辛	乙	辛		금	2	官星
地支	寅	丑	卯	丑	酉	酉		수	0	印星
地藏干										
十神										
六親										
殺										

大運數	11	10	9	8	7	65	55	45	35	2	1	5
天干					乙	甲	乙	丙	丁	戊	己	庚
地支					未	申	酉	戌	亥	子	丑	寅

형상으로 보면 여린乙木이 庚金과 辛金 을 견제하면서, 살아가려면 많은 고뇌와 어려움이 있을 것으로 볼 수 있고. 화기가 없어 금기를 제어할 수 없는 형국이 되며,

30대 丁亥, 丙戌 火 大運에 金氣를 제압하고, 제련하여 많은 재물을 모아 거부가 되었다고 하니. 대운의 중요성을 잘 실감을 하고.

乙酉 대운을 만나, 乙辛 沖, 卯酉 沖, 건강에 유험을 예고 받고. 乙酉 대운 중에 사망을 합니다.

辛酉年 을 만나, 辛金 편관 운이, 일간 乙木과 상충을 하고. 酉金은 卯木 일간의 뿌리이며, 록을 충 하여 사망의 운기가 됩니다.

乙 酉년을 만나 운에서 오는 乙 木이 辛金과 충을 하여 파괴되어도 사망의 기운이 되며. 운에서 만나는 오행도, 나의 것이고 원국에 오행과 같으며 좋으나 나쁘나 바꿀 수가 없으며, 내가 쓸 수밖에 없는 나의운명이 됩니다.

여성 사업가

87

陰 陽 陰 陽	强弱 0	用神	格局	男女 0	대운	세운	월운	五行	個數	十神
殺								화	1	比劫
六親								토	2	食傷
十神								금	1	財星
天干	**癸**	**丁**	**甲**	**甲**				수	1	官星
地支	**卯**	**未**	**戌**	**申**				목	3	印星
地藏干					2022년 79세 부자					
十神										
六親										
殺										

大運數	11	10	9	8	71	61	51	41	31	21	11	1	월간 역학
天干					丙	丁	戊	己	庚	辛	壬	癸	
地支					寅	卯	辰	巳	午	未	申	酉	

초년 대운이 관성과 재성으로 공부를 잘하고, 여유가 있는 집안이 되며.
20-30대운= 천간에 庚, 辛金 재성 운으로, 甲 木을 제압하여 재물을 많이 벌어서 부자가 되었다고 하며.
위 사주는 癸水 偏官이, 卯木을 생하는 구조이나, 丁火에도 비를 뿌려 丁火를 약하게 하고, 甲木에 庚金이 없어, 甲木은 통나무라, 丁火를 목다 화식으로, 불을 끄는 형국의 구조가 됩니다.

火運을 만나 丁火를 도와서, 火氣와 빛을 강하게 하여주는 시기에, 재물과 명예가 상승하는 좋은 운이 되는 구조이고.
己巳大運= 乙丑年에 丑土, 未土, 戌土 삼형 살이 되어, 관재구설 송사가 있었다고 합니다.

50大運= 戊辰大運= 식상 운으로 甲 木이 뿌리를 내려, 재물을 많이 벌어 부를 이루었으며, 戊癸 合하여 비가 멈추면,丁火일간이 강해지고. 재물을 취하는 힘이 강해진다,

丁卯大運= 신약에 印, 比 운이라 힘이 강하여 사업이 잘 되어, 부를 이루었다고 합니다.

손재 운 7

陰 陽6 陰 陽8	强 弱 0	用神 수목	格局 백호	男 女 0	大 運	歲 運	月 運	五 行	個 數	十星
殺				괴강				목	2	比劫
六親								화	1	食傷
十神								토	3	財星
天干	**丙**	**甲**	**壬**	**戊**	戊	壬		금	1	官星
地支	**寅**	**申**	**戌**	**戌**	辰	寅		수	1	印星
地藏干					괴강, 백호 살이					
十神					土, 배우자의 성이라					
六親					억샌 배우자 상이나					
殺					재물이 많음.					

大運數	11	10	9	8	7	6	5	4	3	2	1	5	
天干						己	戊	丁	丙	乙	甲	癸	
地支						巳	辰	卯	寅	丑	子	亥	

운시 大運, 첫대 운이 癸水이면 욕심이 많다 하고.
신약 일간이며, 丙寅, 丁卯 大運에 재물을 많이 모았다고 하며.
戊辰 大運 중에 戊年을 만나, 戊土 편재가 壬水 편인을 극하면 土 剋水
재성 운이 인성을 극하여, 壬水 인성이 증발하면, 신용이 하락하고 명예가

하락하는 운이 되고. 戊土 배우자가 壬水를 힘들게 하는 형국으로, 壬水는
일간의 어머니 이며, 壬水 모친이 힘든 형국이 되고. 일지와 시지가 충이
되어 배우자와, 자식하고 사이가 원만하지 못한 구성이 됩니다.

壬寅年= 신약한 사주에 壬水 인성 운이 일간을 생하여 좋은 운 같으나,
丙火와 충을 하여, 식상이 극을 받으면, 업무가 힘이 들거나,
손발이 묶이는 형상으로, 노력을 많이 하여도 성과가 약한 운이 되고.

寅木= 비견 운이, 일지에 申金 편관 과 충을 하여 건강이 나빠지거나
관재구설이 발생할 수 있으며, 새로운 일을 만들지 말아야 하고. 사고조심
말조심. 행동조심. 돈 조심. 잘 하여야 하는 운이 됩니다.

官星 약

89

陰 陽3 陰 陽4	强弱 0	用神 금	格局 편관	男女 0	大 運	歲 運	歲 運	五 行	個 數	十星
殺								토	3	比劫
六親								금	0	食傷
十神								수	2	財星
天干	**己**	**戊**	**壬**	**壬**	庚	辛	壬	목	1	官星
地支	**未**	**午**	**寅**	**午**	子	丑	寅	화	2	印星
地藏干	乙									
十神										
六親										
殺		양인								

大運數	11	10	9	8	7	6	5	4	35	2	1	5	
天干						乙	丙	丁	戊	己	庚	辛	
地支						未	辛	酉	戌	亥	子	丑	

무오일주= 언변에 수단이 좋은 여걸의 상이며 강한 직업에 발전이 있으며, 양인은 직위를 높이고 인기가 있다.
이 여인은 남편 덕이 부족하고, 직장에서 공동생활을 잘 못하는 구조이며, 자기 자신을 통제하고 관리하는 능력이 선천적으로 부족한 명이 됩니다.

辛丑年= 辛金 상관 운은, 일간의 새로운 마음이고, 노력이며 업무이고.
丑土는 未土 겁재와 충으로, 친구나 형제간에 다툼의 형상이 되며, 남들과 시비나 구설이 발생할 운으로, 조심을 많이 하여야 합니다.

壬寅年= 壬水편재운을 만나면 돈에 대한 욕심이 발동을 하고, 壬水 많은 물에 己土 흙이 풀리는 것은, 일간의 판단력을 흐리게 하고.
寅木= 관성 운이, 午火 인성과 합을 하여, 관성이 불에 타서 없어지면, 욕구를 자재하고 관리하는 관성이 없어지는 운을 만나 돈에 대한 욕심의 심리가 발동을 하게 되면, 습관적으로 도벽이 발동을 하게 됩니다.

辛酉 年 사망

90

陰 陽4	强 弱	用神	格局	男 女	대운	세운	월운	五行	個數	十星
陰 陽4	0	화	양인	0						
殺								목	3	比劫
六親								화	1	食傷
十神								토	2	財星
天干	**己**	**甲**	**乙**	**癸**	辛	辛		금	0	官星
地支	**巳**	**子**	**卯**	**未**	亥	酉		수	2	印星
地藏干					운을 잘못 만나					
十神					일찍 하직하는 명					
六親					천간 乙辛 沖, 乙辛 沖,					
殺					지지 卯酉沖,					

大運數	11	10	9	8	7	6	5	4	36	2	1	6
天干						戊	己	庚	辛	壬	癸	甲
地支						申	酉	戌	亥	子	丑	寅

甲子日柱의 성향= 교육적 성향이 강하고 문장력과 창의력이 좋으며, 일지에 인성으로 교육자 적인 성향이 되는 일주 이며, 甲木 일간이 己土 재성과 합을 이루면 융통성은 있으나 큰 인물이 되기는 힘들다고 보며, 배우자이며 자식 궁에 己土와의 합이라, 父子유친으로 볼 수 있으며, 돈이 떨어지지는 안는다는 장점이 있습니다.

羊刃격= 甲木 일간이 卯月에 태어나서 양인 격이라 하고,
辛亥大運= 辛金 이 乙木을 충하고,
亥水인성= 卯 未와 삼합 국을 이루면, 일간이 기가 과하여 넘치는 형국으로 기신 大運이라고 예고를 합니다.

辛酉年= 辛金은 甲木의 분신인 乙木을 충 하고,
酉金= 甲木 일간의 분신이고, 뿌리인, 卯木을 沖 하여 일간이 사망하는 운을 만나, 일찍이 하직하는 운이 됩니다.

비견이나 겁재가, 겁탈자 가되어 재성을 빼앗아가는 경우도 있으나 오행의 구조와 위치에 따라 쓰임이 틀리니 분석을 잘 하여야 하고.
사망의시기= 일간과, 양인이나, 건록이 동시에 충 극을 받을때 발생 합니다.

학업 운

사주의 짜임새가 나빠서 아예 공부하기 싫어하여 자신들이 포기하는 사주와, 대학 진학을 못하는 사주.
신약한 사주에 재성이 왕 하여 인성을 극하는 사주.
관살이 혼잡하고 탁기가 있는 사주.
신 왕한 사주일때 관성이 식상에 의하여 파 극 된 사주.

사주의 짜임새가 혼탁하여 어느 오행으로 용신을 정하기 어려운 사주.
신 왕한 사주에 식상이 인수에게 극을 받아 파 극된 사주.
신약 사주일 때 관성, 재성, 식상이 왕하고.
인성이 재 기능을 못하는 사주.

종격, 화격, 사주에 격국의 짜임새를 방해하는 흉신들이 많은 사주.
학교의 성적도 희신 에 해당하는 년 운에는 올라가고, 흉신에 해당 하는 기신년 운에는 성적이 떨어진다.
특히 사춘기인 중 2학년부터 고3학년 사이에 대운이 좋으면, 똑바로 학업에만 정진을 하나, 대운이 나쁘면 대게 성적이 부진하고. 혹은 학업을 중단한다.

안 좋은 학업 운 예시 1

丁 乙 己 癸	卯 未 합목하여 일간을 도와주어도, 癸水가 극을 받아
丑 卯 未 丑	학업 운이 약한 사주가 됩니다. 토 극 수
4 3 2 1 4	화토가 흉신인데 초년부터 화토 운을 만나, 공부하기를
甲乙丙丁戊	실어하여 중학교 간신히 졸업을 하고 돈을 번다고 기능
寅卯辰巳午	기술을 배우러 다녔다고 합니다.
	이 학생은 기술자로 성공할 수 있다.
	1. 卯 손재주가 있으며, 2. 화개 살이 강하고, 3.일간이
	고집이 있고. 신약사주에 인 비 대운이34세부터 40년간
	통 대운이 기다리고 있어 성공할 수 있는 사주입니다.

참고

천간이 지지를 극할 때= 개두라 하고,
지지가 천간을 극할 때= 절각이라 한다.

심장마비

陰 陽4 陰 陽3	强弱 0	用神 목화	格局 식신	男女 0	대운	세운	월운	오행	개수	十神
殺								화	3	比劫
六親								토	3	食傷
十神								금	1	財星
天干	**庚**	**丁**	**癸**	**丁**		丁		수	1	官星
地支	**戌**	**丑**	**丑**	**巳**		酉		목	0	印星
地藏干					신축년 45세					
十神										
六親										
殺	화개	화개	화개	역마						

대운수	12	11	10	9	8	7	6	5	45	3	2	1	5
천간							丙	丁	戊	己	庚	辛	壬
지지							午	未	申	酉	戌	亥	子

겨울에 태어난 丁丑 일주, 화기가 많아서 좋아보였으나, 목기가 전무하여 힘이 없는 丁火 일주이고. 이 사주의 심장마비로 죽음을 맞이한, 丁丑 일주의 사망한 시기를 보면, 공부에 많은 도움이 됩니다.

통상은 대운과 세운에서 강한 수 기운이 丁火와 巳火의 불을 끄면 사망의 시기라고 추정을 하기 가 쉬웠으나,
이 경우는 운에서 들어오는 丁火가 원국에 癸水와 충돌하여, 운에서 오는 丁火가 꺼져서 일주가 심장이 멈추는 경우이며.

酉金은 원국에 일주의 식상인 丑土와, 일간의 록이 되는巳火와 巳 酉 丑, 삼합을 하여 巳火가 변하여도, 꺼지는 형국이 되어 사망 운이 됩니다.

운에서 들어오는 오행의 십성과 육친은 남의 것이 아니고, 좋으나 나쁘나 내가 써야하는 오행이고, 결과는 운명의 변화가 됩니다.
심장이 멈추는 이치와, 사망을 유추하는 방법을, 잘 관찰을 하고, 잘 풀이를 하여야 하며. 丁酉년에 심장마비는 특이한 경우라고 이해가 되고
丁癸 沖+ 巳 酉 丑 合= 이 사망의 원인이 되는 사례입니다.

갑술 일주

93

陰 陽3 陰 陽4	强弱 0	用神 수목	格局 편재	男女 0	대운	세운	월운	五行	個數	十星
殺		재고	괴강					목	1	比劫
六親								화	1	食傷
十神								토	3	財星
天干	**癸**	**甲**	**庚**	**丁**		辛		금	2	官星
地支	**酉**	**戌**	**戌**	**未**		丑		수	1	印星
地藏干				乙	신축년 55세					
十神										
六親										
殺										

大運數	11	10	9	8	7	6	55	4	3	2	1	5	
天干						癸	甲	乙	丙	丁	戊	己	
地支						卯	辰	巳	午	未	申	酉	

가을에 잘 자란 甲木을 庚金으로 잘 다듬어서 재목용으로 쓴다고 볼 수 있으나. 일간이 보유하고 있는 땅은 광물이 들어있는 戌土이고.
3억 원의, 많은 연봉, 수입이라고 보면, 木火 운에 강한 화기가 庚金을 제련하는 명으로, 木火 運에, 명예와 부를 이루는 시기가 되며. 庚金 원석을 무한정, 생산을 할 수 있는 戌土의 형국이 됩니다.

辛丑年= 辛金 正官 운이, 일간 甲木을 극을 하면, 운에서 오는 관성은, 새일, 새 근무처를 의미하며, 일간은 새일을 진행을 하면, 재물과 명예가 하락하고, 동으로 고생하는 운이 되고.
丑土 정재= **丑 戌 未** 삼형을 이루니, 財庫, 돈 창고가 지진이 일어나는 형상이 되며, 명예와 재물에 손실이 발생할, 운세가 되고. 관재 구설이나, 수술수가 발생을 하는 운이 됩니다.

壬寅年= 편인 운이, 丁火와 합을 이루면, 은인이나, 문서 발전 운이 되고,

寅木= 戊土 재성과 합으로, 재성 국을 이루면, 재물과 명예가 상승되는 좋은 운이 되고. 그러나 강한 화기에 타격을 받는 酉金은 正官이며, 회사가 없어지는 형국으로, 퇴사하거나 이직하는 운이 됩니다.

陰 陽3 陰 陽5	强 弱 0	用神 토금	格局 정관	男 女 0	대운	세운	월운	五行	個數	十神
殺								금	1	比劫
六親								수	4	食傷
十神			편관					목	0	財星
天干	**壬**	**庚**	**丙**	**癸**		壬		화	3	官星
地支	**午**	**子**	**午**	**亥**		寅		토	0	印星
地藏干					2020년 40세					
十神					수 자식이, 화기 남편을					
六親					힘들게 하는 구조.					
殺										

大運數					7	6	5	4	3	2	1	
天干					甲	癸	壬	辛	庚	己	戊	丁
地支					寅	丑	子	亥	戌	酉	申	未

이혼을 하고 재혼을 하여도, 배우자 덕이 부족하여, 자식과 사는 명.
庚子 일주= 이성을 보는 눈은 높으나, 남편 자리에 자식이 차지하고 있으니. 남편의 부족을 자식에서 채우려 하고. 자식과 사는 형상이 되며. 득자 부별 이라 하고, 부부애정이 불안한 명이 되며, 천간의 구성이 좋아 보이나, 수기가 강하여, 배우자가 약한 상태이고, 강한 수기를 감당할 길이 없으며. 음욕은 강한 명이 됩니다.

대운에서 건토와, 큰 나무가 많이 와주면 삶이 생기가 있을 터 인데, 水運이 화기를 극하여 불이 꺼지면, 심혈관 질환과 우울증이 옵니다. 오행의 위치나 힘으로 보면 자식이, 남자와 직장을 극해하는 형상이라 자식을 낳으면, 남편 하는 일이 잘 안되거나, 해어지는 형상이 됩니다.

壬寅年= 壬水 식신 운이, 천간에 생 조 할 木이 없어 丙火관성을 극하면, 업무에 차질이나, 직장에 변동수가 발생 할 수 있는 운이 되고.
寅木= 재성 운이, 亥水 식신과 합을 이루면, 재물이 들어오는 운으로, 퇴직을 하고 퇴직금이 들어오는 운이 되고, 이직이면 좋은 직장을 의미 하는 형상이 되며, 전근이면 승진 운이 됩니다.

우울증 1

95

陰 陽1 陰 陽6	强 弱 0	用神 목화	格局 정재	男 女 0	대 운	세 운	세 운	五 行	個 數	十星
殺								목	1	比劫
六親								화	0	食傷
十神								토	2	財星
天干	**庚**	**乙**	**壬**	**癸**	丙	庚	壬	금	1	官星
地支	**戌**	**亥**	**戌**	**亥**	寅	子	寅	수	4	印星
地藏干	丁		丁							
十神										
六親										
殺										

大運數	11	10	9	8	7	6	5	4	35	2	1	5
天干						己	戊	丁	丙	乙	甲	癸
地支						巳	辰	卯	寅	丑	子	亥

땜 사주로 물이 흐르지 못하고 고여 있는 형국으로 乙木이 부목이 되고 운로가 겨울에서 봄을 지나 여름을 만나, 화운이 오면 병이 나을 것이나, 丙寅. 丁卯 대운에 기대를 하였으나. 丙壬 沖, 丁壬 合을 하여 꺼진 불이 되어 우울증이 치료가 안 되는 운기가 됩니다.

자식이 火이니 득남을 하면 약간의 효과는 있을 수 있고.
자연을 이용 하는 치유법 쉽지는 않으나, 빨간색은 태양, 파란색은 나무.
를 가까이하면, 보충하는 효과가 있으니. 밝은 색을 가까이하고 매일
한 시간 이상 일광욕, 햇볕을 쬐라고 합니다.

庚子年= 정관 庚金과 일간이 합으로 희신 이라고. 볼 수 있으나.
강한 수기의 유인 력, 으로 강한 수기를 생하여 흉한 운을 만나고.
子水= 편인 운은, 물이 많아지면, 戌土가 습토가 되어, 제방이 무너지는 형국이 되어. 손재 운으로, 문서 사고나, 사기수를 조심 하여야 합니다.

壬寅年= 壬水 정인은 수기가 과하여 흉한 운을 만나고,
寅木= 亥水와 合으로, 亥水가 木 운동을 하면, 많은 수기를 흡수하여 좋은 겁재 운으로 乙 木이 힘을 받고, 발전이 있는 좋은 운이 됩니다.

陰 陽	强 弱	用神	格局	男 女	대운	세운	세운	五行	個數	十星
陰 陽	0		양인	0						
殺										比劫
六親										食傷
十神										財星
天干	**0**	**乙**	**甲**	**0**		庚	辛			官星
地支	**0**	**卯**	**寅**	**0**		子	丑			印星
地藏干										
十神										
六親					충력보다 합력이 강하다.					
殺										

大運數	11	10	9	8	7	6	5	4	3	2	1	
天干												
地支												

庚子年= 관성운, 합격. 취직, 子水 인성 운, 시험에 합격하는 운이 되고. 庚金, 관성 운을 乙木 일간이 합을 이루어 시험에 합격을 하고. 취직을 을 하면, 庚金이 甲木을 제거하여가 아니고, 乙木 일간이 경 금과 합을 하여 합격하였다가, 정답이 됩니다.

乙木 일주에 申金 관성 운과, 겁재 寅木이, 상충을 하면,寅木은 겁재이고, 겁재는 흉신이라 일간과는, 상관이 없다고 하면, 완전 잘못된 상식이고.

비견, 겁재는 일간과 한 몸이 됩니다. 乙木 에게 寅木 동패이며, 한 몸이 되고, 寅木이 충을 받으면 乙木의 건강이 약해지고.
반대로 寅木이 水에게 생을 받으면 乙木의 힘이 강해지는 것과 같다.
전체에서 보면 乙木의 대항력이 강해지는 원리이다.

辛丑年= 辛金 편관 운이 乙木 일간과 沖이 되면, 직장 변동 운을 만나고.
丑土= 재성 운으로, 충이나 극이 없어 재물이 들어오는 운이 됩니다.
결과는, 전근이면 승진이고, 이직이면 좋은 직장을 만나는 운이 되고, 사직이면 퇴직금을 수령하는 형국이 됩니다.

명성황후

陰 陽4 陰 陽6	强 弱 0	用神 목	格局	男 女 0	대 운	세 운	월 운	五 行	個 數	十星
殺			괴강					토	4	比劫
六親								금	2	食傷
十神		0		상관				수	1	財星
天干	**戊**	**戊**	**戊**	**辛**		壬		목	0	官星
地支	**午**	**申**	**戌**	**亥**		寅		화	1	印星
地藏干				甲	1851년 11월 17일 생					
十神					1895년 10월 8일 사망					
六親										
殺										

大運數	11	10	9	8	7	6	5	4	3	2	1		
天干						乙	甲	癸	壬	辛	庚	己	
地支						巳	辰	卯	寅	丑	子	亥	

특이한 사주라 올려 봅니다.

형상으로 보면.
오행의 구조가, 큰 조직이 되고, 권위 있는 위인의 형상이 되며.
이씨왕조 26대 고종왕의부인, 명성황후 27대 순종 어머니의
명조라고 합니다.
일지 申金을 순종 27대 왕으로 보면 그림이 되고.

식상이 강하니 배품의 품성과 똑똑 하심을 추명 할 수 있고.
명조의 구성을 보면, 보통의 명주보다 다르다고 볼 수 있으며.
申金 순종을 위주로 모여 있으며, 午 火 는 윗 글자이니,
친정어머니 이고, 관성 甲木은 해수 시어머니 품속에 있으니
나라를 지키지 못하고 빼앗긴 나약한 왕의 형국이 됩니다.

해설은 어설프지만 형상으로 보는 방법에 많은 연구가필요합니다.

자식이 부담

98

陰 陽6 陰 陽6	强弱 0	用神 수	格局 식신	男女 0	大運	歲運	月運	五行	個數	十星
殺	괴강	백호						화	1	比劫
六親								토	5	食傷
十神								금	1	財星
天干	**戊**	**丙**	**甲**	**己**	庚	庚		수	0	官星
地支	**戌**	**戌**	**戌**	**酉**	辰	子		목	1	印星
地藏干		辛丁戊			신축년에 52세, 신약한					
十神					명조이나 여장부 상으로					
六親					수기가 약한 것은 병이되고					
殺	재고귀인	재고귀인	재고귀인	천을문창	배우자, 자식 복 약한 명					

大運數	11	10	9	8	7	62	52	42	3	22	1	2
天干						辛	庚	己	戊	丁	丙	乙
地支						巳	辰	卯	寅	丑	子	亥

명조에 관성이 없어 일지에, 투출 신인, 시간에 무술을 남편으로 보고.
남편이 자식 궁에 있어 자식처럼 챙기고자 하나 그도, 괴강 살 이라,
직성이 강하여 부인과 융화가 잘 안 되는 형상이 되고.
관성은 없고, 식상은 강하여, 활동력. 추진력. 강하여 어디를 가나 리더의
상이 되고, 土氣가 과하여 자식 복이 약한 명이 되며, 내가 가주이고.
자식하고 살기도 힘든 구성이 됩니다.

남자 보기를, 돌보듯이 하고, 존경하는 마음이 없는 사주 구성이 되고,
식상은 나의 에너지가 표출되는 힘이고, 재물을 모으는 힘이 되고. 식상이
강하면= 많은 것을 배우고, 공부도 잘하고, 일도 잘하고, 선두기질 이며.
조직이나 단체에서 대장의 형상이 되며. 이 여인은 부녀회장 같이
오지랖이 넓고 통이 큰 여인의 명이 됩니다.

庚子年= 庚金 재성 운이 甲木 인성과 충이되면, 결재권이나, 신용과 명예가
하락하는 형상이 되고, 사기 수나, 재물 지출 운을 만나고.
子水= 正官운이 酉金 정재, 천을 귀인과 파가 되면= 관재구설이 발생하거나,
손재할 운이 발생 한고, 子水= 나쁜 남자를 만나는 운이 됩니다.

陰 陽4	强 弱	用神	格局	男 女	대	세	월	五	個	十星
陰 陽5	0	금	식신	0	운	운	운	行	數	
殺			백호					토	3	比劫
六親								금	0	食傷
十神								수	1	財星
天干	**甲**	**己**	**丙**	**乙**		庚		목	3	官星
地支	**戌**	**亥**	**戌**	**卯**		子		화	1	印星
地藏干	辛		辛		재물과 명예는 있으나					
十神					배우자 복이 부족한 여인					
六親					병화는 인성이며					
殺	재고귀				명예가 됩니다.					

大運數	11	10	9	8	7	6	5	4	3	2	1	5	
天干						癸	壬	辛	庚	己	戊	丁	
地支						巳	辰	卯	寅	丑	子	亥	

丙火로, 乙木에 꽃을 피우니, 부모덕이 있고 재물도 있는 여명이 되며. 귀인의 덕으로 관직에 진출하면 승진이 빠르고. 의부 증 우려 있으며. 처음남자. 乙卯 편관 남편은 겁재 戌土와 卯戌 합으로 남이되는 형상이고.

甲木 正官이 남편이고, 戌中 辛金이 자식으로 시주를 자식으로 같이 보며. 배우자와 자식이 시주에 같이 있어 자식같이 챙긴다고 할 수도 있으며. 요상한 것은 시주에 甲木 남편이, 戌土 겁재와 동주, 하나의 기둥을 하니, 거쳐 온 남자이거나. 아이 딸린 남자 일 가능성도 있고. 남자 甲木이 일간과, 두 집 살림을 하는 형국이 됩니다.

庚子年= 庚金 傷官 運이 乙木 偏官과 合을 이루면, 食傷은 일간의, 마음이며, 계획이고, 관성과 합을 이루면, 직장 변동 운을 만나고.
子水-偏財운이, 卯木 관성과 형살을 이루면, 천간으로 오는 좋은 기운을 살리지 못하고, 재성과 관성이 형살이라. 사직을 하고. 새 일을 시행하면 돈으로 고생하는 흉한 운이 예상되는 운이고.

* 甲己 合, 卯戌 合= 다정하고 인정이 많은 여인의 상이 됩니다.

형제덕 없는명

100

陰 陽5 陰 陽3	强弱 0	用神 수목	格局 정관	男女 0	대 운	세 운	월 운	五 行	個 數	十星
殺								목	4	比劫
六親								화	0	食傷
十神		0						토	2	財星
天干	**乙**	**乙**	**甲**	**甲**		庚		금	2	官星
地支	**酉**	**未**	**申**	**戌**		子		수	0	印星
地藏干	辛	丁	庚	辛	신축년 28세 乙木에					
十神					미토(편재) 배우자는					
六親					현명한 부인					
殺					배우자복 있는 명					

大運數	11	10	9	8	7	6	5	4	3	25	1	5	사주 이야 기
天干						辛	庚	己	戊	丁	丙	乙	
地支						巳	辰	卯	寅	丑	子	亥	

형제가 많으면 우애가 부족하다고 하며. 천간에 오행이 한 가지, 오행이면, 천전 일기격, 이라하고, 귀격으로 분류되며. 乙未일주= 두뇌명석하고 선하며 예술성이 있고 재물 복이 있는 일주이고. 유산 상속 문재로 형제 간에 피나게 싸운다고 합니다.

형제들의 배우자가, 모두 지지 지장 간에 칼을 품고 있는 형상이 되고. 형수와 제수 모두 성품이 순수하지 못하고 앙칼진 성격의 소유자로 보며, 우연의 일치라고 하기에 는 기이한 우연이고. 위 명주는 부인이 착한 배우자이고. 사주 간명 의뢰인 이라고 하며. 기이한 사주라 올립니다.

庚子年= 庚금 관성 운과, 일간이 합이 되어 직장 발전 운이 되고,
子水= 인성은, 申金과 합으로 많은 수기가 일간을 도와주는 좋은 운이고. 관성과 인성의 도움으로, 직장에 발전 운이 되며, 인덕, 문서 발전 운, 명예가 상승하는 운으로, 합격이나, 매매에도 좋은 운이 됩니다.

壬寅年= 壬水 인성 운은 문서나 명예에 발전이 있는 운을 만나고.
寅木= 겁재 운= 申金 관성과의 충이되어 직장에 업무가 힘들거나, 이직이나, 퇴사, 전근, 이사하는 운이며, 사고나, 지출이 예상됩니다.

제 4장

배우자 복,
자식 복

목차

제 4장 배우자 복, 자식 복

Memo

건축설비업 장 사장

陰 陽2 陰 陽4	强弱 0	用神 목화	格局 편인	男女 0	大運	歲運	月運	五行	個數	十神
殺								금	1	比劫
六親								수	2	食傷
十神								목	1	財星
天干	**癸**	**庚**	**甲**	**己**	丁	壬		화	1	官星
地支	**未**	**午**	**戌**	**亥**	卯	寅		토	3	印星
地藏干	乙			甲	2002년 64세					
十神										
六親										
殺										

대운수	12	11	10	92	82	72	62	52	42	32	22	12	2
천간			癸	甲	乙	丙	丁	戊	己	庚	辛	壬	癸
지지			亥	子	丑	寅	卯	辰	巳	午	未	申	酉

1. 가을에 庚金으로 태어난 남자, 甲木을 키우는 명으로, 재물이 있고. 甲己 합을 이루면 쓰러진 나무나, 굽은 나무라고 하며, 재물복은 약하다 고합니다, 재성과 합이라 먹고 살만은 하고, 재물욕심이 많은 명이 되고 식상이 초년, 년주에 있고, 시주 말년에도 있으니. 초년에서 노후 말년 까지 왕성한 활동을 한다고 볼 수 있으며, 시주에 미토 인성은 말년에 재물의 문서가 있음을 의미합니다.

2. 사주에는 관인의 구성이 좋으나 대운을 보면 학업 운이 약하며, 비겁과 식상 운이라 건강하였다고 보고. 지지에 화개성이 강하여 기술사업 주택 설비 업으로 재물을 모았으며. 자녀들을 건강하게 잘 키운 명입니다.

3. **壬寅年**= 壬水 식신 운은, 甲木 재성을 생하여, 재물 운을 만나고, **寅木**= 재성 운이, 寅 午 戌 관성 국을 이루면 사업에 발전이 있으며, 명예와 재물이 불어나는 좋은 운기가 됩니다.

4, 62丁卯, 72 丙寅 재성대운, 2022년壬寅년 부터에 재물이 늘어나고 명예가 상승하는 좋은 대운을 만나 부를 이루는 운을 만나고.

* **92甲子大運** 갑자년에 午火가 꺼지면 생명이 위험 하게 됩니다.

배우자 운보기

102

陰 陽	强弱	用神	格局	男女	대운	세운	월운	五行	個數	十星
陰 陽	0	수	정관	0	운	운	운	行	數	
殺								금	2	比劫
六親								수	0	食傷
十神								목	2	財星
天干	**己**	**辛**	**辛**	**乙**	戊	癸		화	1	官星
地支	**丑**	**卯**	**巳**	**未**	子	卯		토	3	印星
地藏干	癸辛	甲乙乙	戊庚丙	丁乙己						
十神										
六親										
殺	화개	도화	역마	화개						

大運數	11	10	9	8	7	62	52	4	3	2	1	2
天干						戊	丁	丙	乙	甲	癸	壬
地支						子	亥	戌	酉	申	未	午

辛卯일주= 현침성이 강하여 의사, 간호사, 침술사에 좋으며, 음식솜씨와 인덕이 좋으며. 끈기가 강하고 백호살이 년 주에 있어 부친이 강하고 부친 덕이 있으며, 명주 자신도 강한 기질 됩니다.

마음에 걸리는 것은 월주에 辛金이 巳火 정관과 동주를 하고 있으며.
사화 정관을 일주로 하여 돌려보면, 辛金 여자가 둘이고, 乙, 卯木 정인, 지식과, 인덕이 있으며. 명예와 재물이 있는 명이 되고.
丑土 속에 癸水가 자식이라 친모가, 자식을 키워주는 형상도 됩니다.

일간 辛金에서 보면, 한번 거쳐서 온 남자의 형국이고.
丑中에 癸水 자식은, 丑中 辛金이 낳은 자식으로 볼 수도 있으며.
위와 같이 다양한 방법으로 간명하고 해설함이 필요로 할 구조가 있을 수 있습니다. 그러나 언재나 신중하여야 합니다.

癸卯年= 癸水는 식신 운이며, 통관 운을 만나고.
卯木= 재성 운으로 未土 인성과 합을 이루면, 무형의 자격으로 재물이 상승하는 좋은 형상으로, 재물 발전 운이 되고.
*재물에 대한 욕심이 과하면, 신용과 명예가 하락할 수 있는 운이 됩니다.

陰 陽4 陰 陽6	强弱 0	用神 수화	格局 이행	男女 0	대 운	세 운	월 운	五 行	個 數	十星
殺								목	4	比劫
六親								화	0	食傷
十神								토	4	財星
天干	**甲**	**甲**	**戊**	**己**		壬		금	0	官星
地支	**戌**	**寅**	**戌**	**卯**		寅		수	0	印星
地藏干	辛	戊	辛							
十神					사오미 대운이 통관운이며					
六親					식상운으로 발복의					
殺					시기가 됩니다					

大運數	11	10	9	8	7	6	5	4	3	2	1	
天干						辛	壬	癸	甲	乙	丙	丁
地支						卯	辰	巳	午	未	申	酉

甲寅일간 간여지동 으로 주관이 강하며. 추진력이 강하여 자수성가 하고. 배우자 관계는 불안하며. 시주에 비겁이 재성과 동주를 하고 있다는 것은, 비겁이 그 재성을 가져가는 형상이 됩니다.

여자. 돈, 재성이 년주, 월주, 시주에 있고, 비견 겁재, 다른 남자 두 명이 정재와 편재에 동주를 하고 있어 결과는 일간이 두 여인을 거쳐서 결혼을 세 번 이나. 내번할 수 있는, 형상이 됩니다.

壬寅年= 壬水는 인성 운이며, 생명수 이고, 신약한 일간을 수생 목을 하면, 통관 운으로, 인덕, 문서 운, 명예 발전 운을 만나고,
寅木= 비견으로, 戊土 재성과 합을 하면, 비견甲木이 일간의 재물을 가져가는 형국으로 배신이나, 사기 수 조심을 하여야 합니다.

신약한 일간이 寅木 동지를 만나, 일간의 힘이 강해지고, 자만심에 일을 벌리면 돈으로 고생하는 운이 됩니다.

癸卯年= 癸水 인성 운이, 戊土 재성과 합을 하면, 지출하는 운이 되고.
卯木= 겁재 운이, 戊土 재성과 합을 하면, 일간의 재물이나 여자를 남이 가져가는 형상으로. 배신이나. 사기 수 조심 하여야 합니다.

결혼 3번

陰 陽3 陰 陽6	强弱 0	用神 토	格局 정관	男女 0	대 운	세 운	월 운	五 行	個 數	十星
殺								목	2	比劫
六親								화	1	食傷
十神								토	0	財星
天干	**辛**	**乙**	**甲**	**庚**	己	庚		금	4	官星
地支	**巳**	**亥**	**申**	**申**	卯	子		수	1	印星
地藏干	戊庚	戊甲壬	戊壬庚	戊壬庚						
十神										
六親										
殺										

大運數	11	10	9	8	7	6	5	4	3	2	1	4	
天干						丁	戊	己	庚	辛	壬	癸	
地支						丑	寅	卯	辰	巳	午	未	

乙木은 끈기 있고 대민성, 접객성이 좋아 교육성과 예술성이 강하며,
乙亥일주= 총명 다정하고, 학문성이 좋아 지식이 풍부하여. 지식창고라 하고.
명주에 특징= 일간 乙木이 지지전체와 명 암합, 乙庚합을 하고 있어, 세번
이상 결혼 할 수 있는 사주의, 구성이 됩니다.

庚子年= 庚金 관성 운이고 일간과 합을 하여 득이고. 직장 발전이나, 남자를
만나는 운, 한 남자가 들어오는 운이 되고,
子水= 편인은 申金 정관과 합이 되어, 水 인성 국을 이루면, 사업발전 운,
직장발전 운, 남자 운, 취직 운, 합격 운, 명예상승 운이 됩니다.

辛丑年= 편관 운이 일간과 충이되면= 직장 불안, 업무가 힘들거나. 직장변동
운이 되고, 남자가 힘들게 하는 운으로, 나쁜 남자를 만나는 운기가 되며.
丑土= 편재 운으로, 통관 운이 되어, 원국에 막힌 기를 순환을 시켜주며.
만사형통하는 운이 되어, 巳 丑 合하여, 내실은 재물 발전 운이 됩니다.

壬寅年= 壬수 인성 운으로, 문서와 명예에 발전이 있는 운을 만나고,
寅木= 겁재 운이, 寅申 沖, 寅巳 刑이 있으나, 합이 우선이고, 일지우선순위
에 따라 亥水와 합을 이루고 木을 생산하면, 신약한 일간이 발복의 운기가
됩니다.

결혼 운

105

陰 陽3 陰 陽1	强 弱 0	用神 토금	格局 편재	男 女 0	대운	세운	월운	오행	숫자	十神
殺								금	2	比劫
六親								수	2	食傷
十神								목	3	財星
天干	**辛**	**辛**	**乙**	**癸**	戊	壬		화	0	官星
地支	**卯**	**丑**	**卯**	**亥**	午	寅		토	1	印星
地藏干					관성이 전혀 없을 때는					
十神					일지 지장 간에 오행이					
六親					천간에 있으면, 그 오행을					
殺					남편으로 보는 방법도 있다.					

대운수	12	11	10	9	8	7	6	5	4	3	2	1	
천간							壬	辛	庚	己	戊	丁	丙
지지							戌	酉	申	未	午	巳	辰

관성이 없다고 결혼을 못하는 게 아니고. 관성이 없거나 충이나 형이 되어있는 여자들은 대체로 친구들에 비하여 결혼이 늦어지며, 배우자를 선택하는 눈이 약하므로 남자를 만나면 정들기 전에 반드시 남자의 사주를 확인하여, 여자, 재성 글자의 해석이 좋은 사람과 사귀어야 불행을 예방하는 방법이 됩니다.

戊午大運 남자 생식기를 뜻하는 천간의 戊土는 여자의 생식기를 뜻하는 원국의 식상인 癸水와 戊癸 合을 하고. 大運의地支 午火는 배우자 궁인, 丑土를 生 하므로, 이 시기에 결혼 할 수 있는 좋은 운기가 되고. 丙,丁화 관성 운을 세운에서 만나면, 남자를 만날 수 있는 기회가 됩니다.

壬寅年= 壬水 식상 운을 만나면, 여명은 자식에 대한 욕심이 동하여, 남자를 만날 의욕이, 강하게 발동을 하는 시기가 되며, 새로운 환경에 대한 의욕이 발동하는 시기이며. 득남 운을 만나고.
寅木 재성 운이, 식상인 亥水와 合을 이루면, 재성은 재물이며 좋은 결과를 의미하니 좋은 일이 있을 운기가 되고. 火 官星에 해당하는, 火, 月運에 좋은 남자를 만날 수 있고, 득남 운이 됩니다.

고관

陰 陽5 陰 陽6	强 弱 0	用神 금목	格局 편관	男 女 0	대 운	세 운	월 운	五 行	個 數	十星
殺								금	2	比劫
六親								수	1	食傷
十神								목	0	財星
天干	**丙**	**庚**	**丙**	**壬**	甲	乙		화	4	官星
地支	**戌**	**午**	**午**	**申**	寅	未		토	1	印星
地藏干		병기정			신축년 89세					
十神					甲寅 재성대운 乙未 년에					
六親					승진하여, 고관에 이른 명					
殺										

大運數	11	10	9	8	7	6	5	4	3	2	1	
天干					乙	甲	壬	辛	庚	己	戊	丁
地支					卯	寅	子	亥	戌	酉	申	未

庚午일주= 편관-도화-금여-활동적이고 사교적이며, 달변이며 여행을 좋아하고. 사물 처리 분명하니 직장이 좋다. 군 경 검 쌘 직업이 좋으며.

여름에 불이 강하여 木 運을 만나면, 금을 제련하여 뜻을 이루고.
관이 강하니 성품이 반듯하고 인물이 좋고 명예를 추구하는 사주이며.
수 식상 운에, 본인의 능력을 잘 발휘하며 열심히 살고,
지지에 木운, 寅 午 戌 화국을 이루어, 庚金을 제련하는 힘이 강한 운에
고위직에 오를 수 있었다고 합니다.

물상으로 보면

태양은 庚金에게 관성이며, 명예이고,
月干 과 時干에 丙火 관성이 빛내고 있으니, 명예를 중요시 하며, 명예를 추구하는 힘이 강하고. 말년에도 명예가 좋은 명으로, 해석이 됩니다.

말을 두 마리를 키우고 있으니, 옛날 고관의 형상으로, 부와 명예가 있는 형상으로 볼 수 있는 좋은 물상이 되며. 원국에 壬水 큰 호수 가에,
태양은 강 휘 상 영 이라하며 좋은 형상으로 귀한 명으로 봅니다.

고란살 3

陰 陽5 陰 陽3	强弱 0	用神 화	格局 식신	男女 0	대 운	세 운	월 운	五 行	個 數	十星
殺								목	4	比劫
六親								화	1	食傷
十神								토	1	財星
天干	癸	甲	辛	乙		庚		금	1	官星
地支	卯	寅	巳	丑		子		수	1	印星
地藏干										
十神										
六親										
殺		고란살								

大運數	11	10	9	8	7	6	5	4	3	2	1		
天干						戊	丁	丙	乙	甲	癸	壬	
地支						子	亥	戌	酉	申	未	午	

甲寅일주= 착하고 자비스러우며, 맏이의 상이 되고, 추진력이 강하여 자수성가 하며, 재복은 있는 명이 됩니다.

부부애정은 부족하고 자식에게, 남편의 대리 만족을 하고 사는 격이 되고. 辛金 남편이 乙木 겁재와 충이되고 월지 巳火에 극을 받으며. 자식이 태어나면 남편이 하는 일이 잘 안되고 부부사이는 멀어지는 형국이며, 물상으로 보면 목을 키우는 명으로 자식 궁에서 癸水정인이 더위를 식혀주어 자식 덕이 있는 구조가 됩니다.

庚子年= 庚金 편관운이, 乙木 겁재와 합을 하면, 직장발전 운을 만나고. **子水**= 정인운이= 丑土 정재와 子丑合을 하면, 문서 발전 운, 합격 운 매매 운, 명예와 재물에 발전이 잇는 운이 됩니다,

甲寅 간여지동을, 고란 살이라고 하며, 외로운 살이라 하고, 여명에만 해당이 되고. 자식이 생기면, 巳火가 강하고, 동하여 辛金 배우자를 극하여 부부사이가 멀어지는 구조의 사주 입니다.

재혼

陰 陽5 陰 陽4	强弱 0	用神 금수	格局 상관	男女 0	대운	세운	월운	五行	個數	十星
殺								수	2	比劫
六親								목	3	食傷
十神								화	2	財星
天干	**丙**	**癸**	**壬**	**丁**	己	庚		토	1	官星
地支	**辰**	**卯**	**寅**	**卯**	亥	子		금	0	印星
地藏干										
十神										
六親										
殺	화개	도화	역마	도화						

大運數	11	10	9	8	7	6	5	4	3	25	1	5	
天干						乙	丙	丁	戊	己	庚	辛	
地支						未	申	酉	戌	亥	子	丑	

癸卯 일주= 天乙貴人-도화 학문성이 길하고, 두뇌총명. 호남형에 의식주가 풍부한 명이 됩니다.
식상이 강하면. 식상은 일간의 종업원과 같고 나의 손과 발 같이, 재성을 취하기 위한 지식과, 수단이고, 일간의 수완이 되며. 목을 키우는 명으로 목이 재물이고 丙, 丁火는 명예가 됩니다.

오행으로 보면 丙, 丁火가 재물이고, 물상으로 보면, 丙, 丁火가 명예이며.
위 명조는= 신약에 金, 水운이 희신 운이 되어야 하나, 酉 대운은 卯 식상과 충이되고, 申 大運은 寅木과 충을 이루면, 대운에서 충이되는 오행을, 세운에서 만나, 같이 충을 이루면, 흉한 작용이 크게 발생하여, 재물과 명예, 건강에 타격을 많이 줍니다.

壬寅年= 壬水 겁재 운이 丁火 편재와 합을 이루면, 남이 나의 재물을 가져가거나, 아내가 다른 남자를 따라가는 형상으로 손재 운이 되고.
다른 각도에서 보면, 현재의 봉급이 중단되는 형상이라, 직장변동 운이고.
寅木= 식상운이 寅卯辰 국을 이루어, 식상 국이 되면, 재물을 모으는 힘이 강하여, 많은 성과를 올릴 수 있는 운기가 됩니다.
전근이면 승진 운이고, 이직이면 더 좋은 직장을 만나는 좋은 운이 됩니다.

陰 陽3 陰 陽5	强弱 0	用神 목	格局 편관	男女 0	대 운	세 운	월 운	五 行	個 數	十神
殺								화	1	比劫
六親								토	1	食傷
十神								금	1	財星
天干	**庚**	**丁**	**甲**	**癸**	戊	壬		수	4	官星
地支	**戌**	**亥**	**子**	**亥**	辰	寅		목	1	印星
地藏干										
十神					월지에서 발생하는 자묘 형은					
六親					자년에 부부 불화, 가정불화					
殺					염려 있다					

大運數	11	10	9	8	74	64	54	44	34	24	14	4
天干					壬	辛	庚	己	戊	丁	丙	乙
地支					申	未	午	巳	辰	卯	寅	丑

34세 戊辰大運 많은 수기를 흡수하여 좋은 운을 만나고,
子月 음력11월 엄동설한에 태어난 丁火일간에, 甲木 어머니 덕이 크고,
戊土 난로는 자식 덕이 되고, 운로가 좋아 庚金을 제련을 하면 부친 덕이 있는 명이 됩니다.

甲木= 모친이 丁火 자식을 위하여, 癸水의 극을 막고, 많은 물을 흡수하여 고마운 어머님이 되시고, 수기는 너무 강하여 덕이 부족한 배우자 상이다.
운로에서 木 火운을 만나, 봄에서 여름으로, 좋은 세월을 만나는 명이되고.

壬寅年= 壬水 정관 운은 일간과 합을 하고, 木을 생하여 관운을 만나고,
寅木= 인성 운으로 亥水 관성과 합을 이루면, 경금을 제련하는 힘이 되어 직장이나, 사업장에 발전이 있는 운으로, 명예와 재물이 상승하는 운이 됩니다.

癸卯年= 癸水 편관 운= 일간 丁火와 충을 이루면, 직장 변동 운을 만나고
卯木= 인성운, 술토 식상과 합을 하면, 합격 운, 문서 발전 운, 명예가 상승하는 좋은 운이 됩니다.

관운

110

陰 陽3 陰 陽4	强弱 0	用神 화	格局 식상	男女 0	大運	歲運	月運	五行	個數	十星
殺								토	4	比劫
六親								금	1	食傷
十神								수	1	財星
天干	**乙**	**戊**	**己**	**壬**		庚		목	2	官星
地支	**卯**	**戌**	**酉**	**辰**		子		화	0	印星
地藏干		丁			2021년 70세, 시주에					
十神					정관이 통근을 하고 있어					
六親					말년에도 명예가 있음을,					
殺					의미하며, 좋은 명					

大運數	11	10	9	8	7	6	5	4	3	2	1	5
天干						丙	乙	甲	癸	壬	辛	庚
地支						辰	卯	寅	丑	子	亥	戌

戊戌일주= 괴강, 화개, 태극귀인, 생각의 차원이 높은 일주. 고집은 쌔나 성공은 하는 일주이고, 뚝심이 있는 사주 입니다.

물상으로 보면 땅은 많은데 나무가 부족한 형상이고. 운에서, 木運이 오면 나무를 키우는 구조 이고, 木運을 만나면 관운이고, 작장 발전으로 명예가 상승하는 운기가 되고. 金운이오면, 광물을 캐는 형국의 구조이며. 金운을 만나면 식상 운으로 재물이 늘어나고 부를 이루게 됩니다.

金운은 식상 운으로, 의 식 주 ,재물과 명예, 발전 운이 되고. 많은 직원이 활동을 하면 많은 수익을 올리는 의미가 되며. 운에서 만난 식상 운은, 새로운 일이나, 계획, 새 업무에 해당 합니다.

甲寅, 乙卯 官 대운에 대발하여 고관이 되신 명조라고 합니다.
壬辰이 부인이고, 시주에 관. 乙卯는 명예이고, 벼슬이며, 일지에 戌土 와 합을 이루니 좋은 자식이 됩니다.

庚子年을 만나면= 庚金 식신은 乙木 정관과 합을 하면 명예를 갖고 싶은 마음이 하늘에서 이루어져, 명예가 상승하는 운을 만나고.
子水 正財운= 비견 辰土와 합을 하면 재물 발전 운이 됩니다.

군겁 쟁재

陰 陽3 陰 陽5	强 弱 0	用神 금	格局	男 女 0	대 운	세 운	월 운	五 行	個 數	十星
殺								토	5	比劫
六親								금	0	食傷
十神								수	1	財星
天干	**己**	**己**	**壬**	**戊**		壬		목	1	官星
地支	**巳**	**卯**	**戌**	**戌**		寅		화	1	印星
地藏干			신정무							
十神										
六親					묘술 합의 중요성					
殺										

大運數	11	10	9	8	7	6	5	4	3	2	1	5
天干						己	戊	丁	丙	乙	甲	癸
地支						巳	辰	卯	寅	丑	子	亥

비견이 많으면 군비 쟁재 라하고, 겁재가 많으면 군겁 쟁재 라 합니다.
己卯 일주= 두뇌가 명석하여 학문성이 우수하며, 온순하나 타인을 제압하는 힘이 있으며, 처복과 재복이 좋은 일주입니다.
Q비견 겁재가 많아, 하나뿐인 壬水재성을 쟁탈전을 벌이는 형국으로 신강한 사주는 인성 운과, 비겁 운에, 재물의 손재나, 사기수, 구설시비 또는 건강이 나빠지는 운이 됩니다.

다행인 것은 월지를 卯戌 합으로 묶어놓아, 월지에 戌土 는 화의 운동을 하므로 壬水를 가져 갈수 없다고는 하나. 壬水 여인은 戌土를 거쳐서 온 여인의 형상이 됩니다.

겁재가 많고 재성이 작은 사주를 군 겁 쟁 재 라 하고.
재성이 비겁과 동주를 하고 있으면, 여자나 재물을 가져가는 형국으로 배우자를 빼앗기고 재혼을 하거나, 혼자 살수도 있는 명 이 됩니다.

壬寅年= 壬水, 재성 운은 재물 운이며, 여인이 들어오는 운을 만나고,
寅木정관운이 戌土겁재와, 반합으로 보면, 관운을 만나, 재물과 직장에 발전이 있는 운이 됩니다.

남자 多福

陰 陽1	强弱	用神	格局	男女	대운	세운	세운	五行	個數	十星
陰 陽5	0	목화	三象	0						
殺								수	3	比劫
六親								목	0	食傷
十神								화	0	財星
天干	**己**	**壬**	**戊**	**癸**	癸	丁	癸	토	4	官星
地支	**亥**	**辰**	**申**	**丑**	丑	未	卯	금	1	印星
地藏干	甲	乙	壬		2021년 49세					
十神										
六親					갑인, 을묘 대운 발복					
殺					운이 됩니다.					

大運數	11	10	9	8	7	63	53	43	3	2	1	3	
天干						乙	甲	癸	壬	辛	庚	己	
地支						卯	寅	丑	子	亥	戌	酉	

壬辰일주= 괴강-자립정신 강하고, 도량이 넓고, 고집은 강하며. 일복은 많고 부부 애정 불안하며 이별 수 있는 명이 됩니다.
위 명주는 비견 겁재들이 관성과 동주, 한 기둥을 하고 있어, 나의 남자들이 다른 여자들을 따라가는 형국으로, 많은 남자. 여러 남자들과 살아보는 형국이고. 비견 겁재는 강하고 식상, 자식 은 숨어 있으며.

재성은 火 이나 보이지 않으며. 재성이 없다고 돈이 없는 것은 아니고. 활동이나, 노력으로 돈을 버는 힘은 약하고, 머리로 돈을 버는 능력은 보통의 사람보다는 강하다고 봅니다.

丁未년= 丁火 재성 운을 만나 합을 하고.
未土= 남자는 재물을 달고 왔으나, 기존의 丑土 남자와 충돌하여, 丑未 충으로, 해여 질 남자를 만나는 형국이 됩니다.

癸卯년= 癸水 겁재 운이 戊토 정관, 나의 남자를, 가져가는 형상이 되고. 직장으로 보면, 업무 중단의 형국으로, 직장 변동 운을 만나고,
卯木= 식상 운이, 진토에 뿌리를 내리고, 亥水 비견과 합을 이루면, 목운. 통관 운이 과한 수기를 덜어주어 희신 운으로, 전근이나, 이직을 한 결과가 전에 직장보다 좋다. 바뀐 남자가, 더 좋은 남자를 만나는 운이 됩니다.

陰 陽1 陰 陽5	强弱 0	用神 화토	格局 편관	男女 0	대운	세운	월운	五行	個數	十星
殺								토	3	比劫
六親								금	2	食傷
十神								수	2	財星
天干	**壬**	**戊**	**辛**	**己**	戊	癸		목	1	官星
地支	**戌**	**申**	**卯**	**亥**	戌	卯		화	0	印星
地藏干					관성이 약하면 배우자가					
十神					생활능력이 약하고					
六親					병 약 할 수 있으며					
殺					해여 지는 수가 많다					

大運數	11	10	9	8	7	63	5	4	3	2	1	3
天干					己	戊	丁	丙	乙	甲	癸	壬
地支					亥	戌	酉	申	未	午	巳	辰

戊戌大運= 신약한 사주에 비겁운은 크게 도움이 되어 부와 명예를 이룹니다.

戊申일주= 큰 산속에 광물이 많이 들어있는 형상으로 부명이 되고.
여명= 복성귀인. 천주귀인. 암록. 귀인의 도움이 많고, 장부의 기상으로, 부와 귀가 있고. 사업가로 나가면 성공하며. 부부애정은 부족하고 외로운 명에 속하는 명이 됩니다,

남편이 卯木이라 亥水에 쓸려 부목의 형상으로 힘이 없으며 자식은 申金으로 건장하고, 자식궁을 보면 壬戌 괴강 이고. 똑똑하고 무리 중에 리더가 되는 격으로, 자식사랑이 지극하고. 자식하고 사는 형상이 되며, 자식이 태어나면, 남편과 멀어지는 형상이 됩니다.

癸卯年= 계수 정재 운이 일간과 합을 하여 재물 운을 만나고,
卯木= 정관 운이 戌土 비견과 합을 이루면 재물과 명예에 발전이 있으며 좋은 남자를 만나는 운이 됩니다.
비견이나 겁재와 합이 되는 운에는, 비겁은 타인으로 사기수를 조심하여야 합니다.

男子德 無

114

陰　陽3 陰　陽4	强弱 0	用神 금수	格局 편관	男女 0	대 운	세 운	월 운	五 行	個 數	十星
殺								수	2	比劫
六親								목	2	食傷
十神								화	1	財星
天干	**辛**	**壬**	**甲**	**戊**	己	辛		토	2	官星
地支	**丑**	**子**	**寅**	**午**	酉	丑		금	1	印星
地藏干										
十神										
六親										
殺										

大運數	11	10	9	8	7	6	5	44	34	2	1	4	
天干						丁	戊	己	庚	辛	壬	癸	
地支						未	申	酉	戌	亥	子	丑	

壬子 日柱 양인–프로의 기를 살려 재물을 취하는 힘이 강하고, 戊土 남자는 月지에 寅木과 년 지에 午火와 합으로 불이 나서 戊土남자는 못 쓰는 흙이 되었으며.

시지에 丑土 남자는 子水 겁재와의 합으로 水多 토류가 되어 丑土 흙이 물에 풀려서 못 쓰는 남자가 되어 남자복과 관운이 약하니, 가주가 되어 자식과 사는 명이 됩니다.

己酉 大運= 己土 관운은 甲木 식상과 합을 이루면= 좋은 남자를 만나거나 직장이나 사업에 발전이 있는 운을 만나고.
酉金= 정인 운은, 문서에 발전이 있는 운이며, 일간이 힘을 얻어 재물과 명예를 구하는 힘이, 크게 향상 되어 좋은 대운이 됩니다.

辛丑年= 辛金 인성 운이 甲木 식상을 극을 하면= 업무가 힘이 들거나, 마음에 변화가 발생하며, 직장인이면, 직장 변동 운을 만나고.
丑土= 관성 운이, 일지 子水 겁재와 합을 하면= 좋은 남자를 만나거나 취직 운, 합격 운, 직장에 발전이 있는 좋은 운기가 됩니다.

배우자 덕

115

陰 陽5 陰 陽5	强弱 0	用神	格局 三象	男女 0	대 운	세 운	월 운	五 行	個 數	十星
殺								토	3	比劫
六親								금	0	食傷
十神		0		정관				수	0	財星
天干	**己**	**己**	**己**	**甲**	癸	庚		목	2	官星
地支	**巳**	**巳**	**巳**	**寅**	亥	子		화	3	印星
地藏干		무庚병			신축년48세, 수운이오면					
十神					목을 생하여 길하고					
六親					조후가 되어 길하다					
殺										

大運數	11	10	9	8	7	6	55	45	3	2	1	5	
天干				庚	辛	壬	癸	甲	乙	丙	丁	戊	
地支				申	酉	戌	亥	子	丑	印	卯	辰	

남편 덕, 조상 덕 , 부모 덕, 음덕이 좋은 명주 이며.
癸亥 大運을 만나면= 불바다와 水 剋 火 하여 전쟁을 할 것 같으나
상생의 원리에서 보면, 수생 목을 먼저 하며, 해수는 인목과 합을 하고.
탐생 망극의 원리에서 보아도 그러하다, 조후용신 운을 만나고, 재성 대운
으로 재물이 늘어나고 명예가 상승 하는 좋은 대운이 됩니다.

庚子年= 운에서 오는 庚金 상관이 甲木 正官을 沖 하면, 남편이 하는일에
문제가 생기거나, 남편의 건강이 나빠 질수 있고. 일간이 운영하는 직장
이나, 가게에 불미한 일이 발생 하는 운이 되며,
직장인이면, 직장에 변동이 있을 운으로 보고, 근무처가 극을 받은 운으로,
과중한 업무에 스트레스를 많이 받거나, 전근, 직장 변동 운을 만나고.

子水= 편재 운은 정관, 인목을 생하여 재물과 명예가 상승하는 운이 되고,
하반기에 마무리가 잘 되는 그런 운이라고 이해할 수 있으며
예를 들어 설명을 하면, 퇴직을 하고 퇴직금이 들어오는 형상이 되고,
이직을 하였으면, 좋은 직장을 만나 적응을 잘하는 좋은 결과이고. 전근을
하면, 승진 운이 됩니다.

부자 여명

陰 陽1 陰 陽4	强弱 0	用神 목	格局	男女 0	대운	세운	월운	五行	個數	十神
殺			괴강					수	4	比劫
六親			어머니					목	1	食傷
十神								화	1	財星
天干	**癸**	**癸**	**庚**	**丁**		壬		토	1	官星
地支	**亥**	**卯**	**戌**	**亥**		寅		금	1	印星
地藏干	甲壬	丁乙	丁戊	甲						
十神										
六親										
殺										

大運數	11	10	9	8	7	6	5	4	3	2	1	
天干					戊	丁	丙	乙	甲	癸	壬	辛
地支					午	巳	辰	卯	寅	丑	子	亥

官星= 직장, 남자, 학교, 관청, 바른길로 인도하고 조절하는 힘이 되고. 오행의 구조만 보면 재성이 약하여 재복이 없다고 할 수 있으나, 大運을 보면 말년에도 계속 재성 운을 만나고 있으며.

남편, 사별의 시기는 乙卯大運, 乙卯年= 乙庚合, 卯戌 合으로 사라지면. 戌土 남편과 사별의 운이라고 추정을 하며. 사별 후에 사업으로 성공 한 사주라고 합니다.

木, 火運에 金을 제련하는 명으로 큰 재물을 모을 수 있는 좋은 사주이며, 바다위에 달이 뜬 형상으로 인물이 좋으며, 비견이 많으면 큰 조직에서 지위가 높거나, 자영업이면 대표자의 자질이 가능한 명이 되고. 조상궁에서부터 생으로 이어져 부모님 덕이 좋은 명이 됩니다.

이 여인을 부자로 만들어 준 힘은, 남편과 사별 후 재성대운을 만나고. 본인이 업종 선택과, 노력이 삼위일체가 되어 이룩한 결과라고 봅니다.

壬寅년= 壬水는 겁재이며, 丁火 편재와 합을 이루면 재물 지출 운.
寅木= 상관운으로, 年支에, 亥水 겁재와 합을 하면 재물에 발전 운이 되나, 비겁이 변하면 배신이나 사기를 잘 살펴야 합니다.

재성운과, 비겁 국 (주식거래)

117

陰 陽 陰 陽	强弱 0	用神	格局	男女	大 運	歲 運	月 運	五 行	數 字	十神
殺										比劫
六親										食傷
十神										財星
天干	**戊**	**乙**	**丁**	**庚**		庚				官星
地支	**寅**	**卯**	**亥**	**戌**		辰				印星
地藏干					木이 강한 일주에					
十神					木 국을 이루면 기신 운으로					
六親					볼 수 있으나, 운에서					
殺					온 오행이, 재성이라 吉하다					
	庚辰年= 庚金은 관성 운으로 일간과 합을 하여 吉神이									
	되고. 地支는 辰土 財星 運이 원국에 寅 卯와 동방 木									
	局을 이루면, 재물상승의 운으로. 주식으로 돈 벌었다.									

(위 구조는 헛갈리기 쉬운 구조라 참고하시라고 올립니다)

재물 손재운보기 (주식 거래) (참고 자료)

陰 陽 陰 陽	强弱 0	用神	格局	男女 0	大 運	歲 運	月 運	五 行	數 字	十神
殺										比劫
六親										食傷
十神										財星
天干	**戊**	**乙**	**丁**	**庚**		丁	乙			官星
地支	**寅**	**卯**	**亥**	**戌**		亥	巳			印星
地藏干					월운의 중요성					
十神					흉운 년 에 발생하는 월운					
水 木 으로, 신 강한 사주에 丁亥 년은 넘쳐서 기신운 이고										
흉이 됩니다. 乙 巳월= 乙木은비견이고, 남이 되며, 乙庚 합, 나의 官, 근무처를 가져가는 형국으로.										
巳火= 巳亥 沖= 식상운이 인성을 충, 하여 재물 손실이 많았다고 함										

합격 운

118

陰 陽2	强弱	用神	格局	男女	대	세	세	五	個	十星
陰 陽5	0	수목	편관	0	운	운	운	行	數	
殺			괴강					수	2	比劫
六親								목	0	食傷
十神								화	2	財星
천간	**己**	**壬**	**丙**	**庚**	辛	辛	壬	토	2	官星
지지	**巳**	**申**	**戌**	**子**	卯	卯	寅	금	2	印星
地藏干					신축년 62세					
十神					관성과 인성의 구성이 좋아					
六親					큰 조직에 발전이 있는 명					
殺										

大運數	11	10	9	8	7	6	5	45	3	2	1	5
天干						癸	壬	辛	庚	己	戊	丁
地支						巳	辰	卯	寅	丑	子	亥

壬申일주= 학당귀인, 문장력 좋고, 해외에도 인연이 있으며 금을 캐서 壬水는 씻어주고 丙火는 빛나게 하니, 재물이 있고. 명예 있으며. 丙火와 壬水가 조화를 이루니, 강휘상영, 인물이 좋고 두뇌가 명석하며, 조상 덕, 배우자 덕이 있는 좋은 명주입니다.

辛卯大運= 辛卯 년에 단체장에 당선된 운을 살펴보면.
辛金 정인= 인덕, 문서 운, 명예 운, 자격증, 합격증, 당선 증을 의미하며.
辛金 인성운이 원국에 재성 丙火와 합을 하면, 재성을 지출을 하고, 인성, 명예, 당선 증을 취득한 형국이 됩니다.

卯木식상 운= 원국에 관성 戌土와 합을 하면, 卯식상은 일간의 마음이 되고, 실천이 되며, 관성과의 합은, 관을 득한 운으로, 직업에 발전 운이 됩니다.

壬寅年= 壬水 비견 운, 丙火 재성과 충이되어 손재 운이 되며, 비견은 남이 되고, 남이 일간의 봉급이나. 재물에 손해를 끼치는 흉한 운이 되고.
寅木식신= 일지에 申金 인성과 충을 하면, 신용이나 명예가 하락하고, 재물이 하락하는 흉한 운이 됩니다.

관살혼잡

119

陰 陽1 陰 陽3	强 弱 0	用神	格局	男 女 0	大運	歲運	月運	五行	個數	十神
殺		백호	괴강					화	1	比劫
六親								토	2	食傷
十神								금	3	財星
天干	**庚**	**丁**	**壬**	**辛**		壬		수	2	官星
地支	**子**	**丑**	**辰**	**酉**		寅		목	0	印星
地藏干		癸			丁 壬 合					
十神					辰 酉 合					
六親					子 丑 合					
殺		백호			대민성, 접객성이 좋음					

大運數	11	10	9	8	7	6	5	4	3	2	1	2
天干						기	무	정	병	을	갑	계
地支						해	술	유	신	미	오	사

관성인 수기는 남편의 기운으로, 금기 시어머니의 생을 받아 강하고.
강한 물 기운, 수기가 약한 화기를 끄고도 남을 힘이라, 구타나 구박하는
남편을 만나게 될 수도 있는 형상이 됩니다.

壬水 남편은 정신적인 합이고,
子水 남편은 丑土와 合으로 배우자 궁과 합을 이루니, 육체전인 합이되고.
壬水 남자보다 궁합이 잘 맞을 수 있다.
水運 이오면, 生할 木이 없어 火 일간을 극을 하면. 건강이 병약해지거나
생명이 위험하게 되면 가출을 하고 자수 남자를 만날 수도 있는 운이 된다.

辰酉합은, 辰土 자식이 酉金 시어머니와 합을 하는 형국이 되고,
子丑 합은 丑土 자식이 남편과 합을 이루는 형상으로 좋은 모습이. 되며
일간은 합이 많아 다정하며, 정이 많은 여인의 형상이 됩니다.

壬寅年= 丁壬 合 직장에 발전이 있는 운이 되고, 남자를 만날 수 있는
좋은 운을 만나고.
寅木= 인성 운으로, 직장발전, 문서발전, 은인을 만나는 좋은 운으로
남자를 만나면, 좋은 남자를 만나는 운기가 됩니다.

無官

陰 陽5	强弱	用神	格局	男女	大運	歲運	月運	五行	個數	十神
陰 陽5	0	금수	편인	0						
殺								화	2	比劫
六親								토	2	食傷
十神								금	1	財星
天干	**甲**	**丙**	**己**	**庚**		壬		수	0	官星
地支	**寅**	**午**	**卯**	**戌**		寅		목	3	印星
地藏干					신축년 52세, 인성이					
十神					강하면 학업 운, 인덕이					
六親					좋은 명이고					
殺										

大運數	11	10	9	8	7	6	53	43	3	2	1	3
天干						丙	乙	甲	癸	壬	辛	庚
地支						戌	酉	申	未	午	巳	辰

간여지동에 양인이라 권력형 직업이 길하고, 융통성은 부족하며. 초년에는 금을 캐고, 노년에는 나무를 키우는 명으로, 재물과 명예가 있는,사주이며,

인성이 강하여 학업 운이 좋으며, 어머니의 덕이 크다고 보는 것은. 시주에 인성은 말년에 등기 권리증 같은 좋은 문서를 의미하고, 수기가 약하면, 신장 방광 생식기가 약하여 말년에 질병이 유발 합니다,

壬寅年= 壬水 편관 운, 통관 운이나, 甲木 편인을 생하면, 좋은 운이라고 할 수 있으나, 일간을 극하여 관재구설이나 직장변동을 의미하고.
寅木= 편인은 寅 午 戌 火국을 이루면, 庚金 재성이 녹는 형국으로 庚金 배우자가 사망이나, 가출을 할 수 있는 기운이 되며. 재물과 명예가 하락하는 흉한 운이 됩니다.

신강한 일간에 인성 운은, 차면 넘치는 과유불급의 원리에 의하여, 자만심, 방종에 의한 재해가 발생을 하는 운으로 명예가 하락하고, 재물에 손상이 예상되는 운으로, 사기 수 조심 하고, 사람 조심, 언행조심, 세심한 주의가 필요하며 발전이 없는 운이라고 할 수 있습니다.

백호 격 121

陰 陽6 陰 陽4	强 弱 0	用神 금수	格局	男 女 0	대 운	세 운	월 운	五 行	個 數	十星
殺			백호	괴강				토	3	比劫
六親								금	1	食傷
十神								수	0	財星
天干	**丁**	**己**	**丙**	**庚**	辛	壬		목	2	官星
地支	**卯**	**卯**	**戌**	**戌**	卯	寅		화	2	印星
地藏干					2022년 53세 비겁이					
十神					강하면 경쟁력이 좋아					
六親					조직에서 성공하는 강한 힘이					
殺					됩니다.					

大運數	11	10	9	8	76	66	56	46	36	26	16	6	
天干					甲	癸	壬	辛	庚	己	戊	丁	
地支					午	巳	辰	卯	寅	丑	子	亥	

인성이 강하여 학업 운과, 인덕이 좋은 명이 되고. 백호 격에 괴강 까지 협력하니, 길상이라 강한 직업에 발전이 있으며. 군, 경, 검, 법무, 의사, 언론인, 강한직업이 길하며. 기질이 강하여, 우두머리 격으로 출세가 빠른 명이 됩니다.

사주에 재성이 없다고 부인이 없는 것은 아니고, 수 재성 운에 배우자를 만날 수 있으며, 배우자의 성격은 묘목의 성향으로 해석이 되고, 대민성 접객성이 좋은 배우자를 만날 가능성이 있으며, 아버지 와 배우자 덕은 부족하나, 어머니 덕과, 자식 덕은 좋은 명이 됩니다.

壬寅년= 壬水 정재 운이, 인성 丁火와 합으로, 재성 운을 만나면, 일간의 무형의 자격과, 가치와 능력으로 재물을 취하는 운을 만나고,
寅木= 관성 운이, 戊土 겁재와 합을 이루면, 직장이나 사업장에 발전이 있는 좋은 운이 되며. 결론은, 명예와 재물이 상승하는 좋은 운이 됩니다.

신강한 명이= 비견이나 겁재운, 인성운에는 사기수를 조심 하여야 합니다.

소통 불가

陰 陽3	强 弱	用神	格局	男 女	대	세	월	五	個	十星
陰 陽3	0	목화	정인	0	운	운	운	行	數	
殺								수	2	比劫
六親								목	1	食傷
十神			정인	편재				화	2	財星
天干	**癸**	**壬**	**辛**	**丙**				토	1	官星
地支	**卯**	**午**	**丑**	**申**				금	2	印星
地藏干										
十神										
六親		배우자	자식							
殺		비인								

大運數	11	10	9	8	7	6	5	4	3	2	1	5	사주 이야기
天干						戊	丁	丙	乙	甲	癸	壬	
地支						申	未	午	巳	辰	卯	寅	

주변글자와 순환이 안 되는 오행의 구성으로, 독불장군 같은 형상을 이루고.
신금을 임수로 씻어 주고 병화로 빛을 내는 형국이나,
수기가 과하여 흉이 되고. 결혼은 하였으나 부인이 가버렸다고 합니다.

壬水 큰물은 주위에 작은 글자, 오행들과 융화가 잘 안되고.
오행의 기운이 순환이 안 되어 삶이 고달픈 명이 됩니다.

배우자궁이, 午 卯파, 丑 午 원진, 수생 목, 목 생화 받은 午火 재성이
꿈틀 거리면, 큰물 壬水가 水 剋火 하여, 午火 부인이 죽지 않으려고
가출을 하는 형상이 되고, 午火가 강해지는 운에 작별 하였을 것으로 추정,
을 하며, 강한 수기가, 식= 업무, 재= 처, 관= 자식 삼기를 무두 쓸어버리는
형상이 되어, 삶이 고달픈 명주가 됩니다.

다행인 것은 겨울丙火가 生을 못 받아 힘은 없으나, 辛金 보석을 빛나게
하고, 火 大運에 겨울壬水가, 여름 火운으로 흐르면, 소기에 목적은 이룰 수
있을 것이라고, 기대하여 봅니다.

특이한 사주라 참고 하시라고 퍼 와서 올립니다.

승진과 퇴직 123

陰 陽1	强弱	用神	格局	男女	대	세	세	五	個	十星
陰 陽1	0	목화	편관	0	운	운	운	行	數	
殺		백호						수	3	比劫
六親								목	0	食傷
十神								화	1	財星
天干	**癸**	**癸**	**庚**	**己**	乙	乙		토	2	官星
地支	**亥**	**丑**	**午**	**酉**	丑	未		금	2	印星
地藏干	甲	癸			신축년 52세					
十神										
六親										
殺										

大運數	11	10	9	8	7	6	55	45	35	2	1	5	
天干						癸	甲	乙	丙	丁	戊	己	
地支						亥	子	丑	寅	卯	辰	巳	

癸丑일주= 백호= 강한 기질이며, 평생 귀인의 도움 받고 지혜와, 과격성으로 지도자 격이 되고. 암록 살이 있고, 애정불안 있는 명으로, 일지에 축토 편관이라. 근면 성실한 배우자, 카리스마 있는 상이 됩니다.

午火 재성 배우자의 성향이, 일지에 축토의 근면성이 있다고 보며, 자식은 己土와 丑土이며, 시지에 癸亥로 보면 머리가 영리한 자식이 되며. 친구같은 자식이 될 수 있는 구성이 됩니다.

丙寅大運= 공직에서, 고관으로 승진 한 운은, 丙火 재성 운이 己土 관성을 생하여 희신 운이 되며. 재생 관운에 승진을 예상 할 수 있고, **寅木= 식상** 운이 亥水 겁재와 합을 하여. 식상 운은 의식주가 발전하는 좋은 운이며, 통관 운으로 승진하기에 좋은 대운이 됩니다.

乙丑大運= 乙未年에= 乙庚 合= 庚金인성, 결재권이 없어지는 형국 이 되고, **未年에**, 未土 편관 운이 午火 재성과 합을 이루어, 관성이 재성으로 변하는 운에, 乙庚합 午未합. 퇴직 하였다고 하면. 관을 반납하고 퇴직금을 수령 하는 형국이 됩니다.

승진 운 1

陰　陽 陰　陽	强弱	用神	格局	男女 0	大運	歲運	月運	五行	字數	十神
殺								화	1	比劫
六親								토	2	食傷
十神								금	1	財星
天干	**甲**	**丁**	**戊**	**壬**		庚		수	3	官星
地支	**辰**	**亥**	**申**	**子**		子		목	1	印星
地藏干										
十神										
六親										
殺										

大運數	12	11	10	9	8	7	6	5	4	3	2	1	5	현명 역학
天干												경	기	
地志												술	유	

庚 子 年= 庚 金은 재성 운으로 새 직장, 봉급에 해당하며, 壬水 관성을 생하고, 지지에 子水 관성 운은 申 子 辰 관성 국을 이루면 직장이나 사업장에 발전이 있는 운으로 명예와 재물이 상승 되는 운기입니다. 취직이나, 이직을 하여도 적응을 잘 할 수 있는 좋은 운에 승진되는 월.

승진 되는 월

1. **庚辰 月**= 庚금 재성 운을 만나고,
   辰 土 식상 운은 申 子 辰 관성 국을 이루면 승진 된다.

2. **乙酉 月= 乙木** 인성 운을 만나고
   지지에서 酉 金 재성 운이 관성과 합이 되면 승진 되는 것으로,
   辰 土 지장 간에 癸水 관성이 있는, 辰土와 합이 되면 승진 된다.

3. **戊子 月**= 戊土 식상 운을 만나면,
   지지에서 재성과 관성이 합이 되면 승진 운이 되는 것으로.
   子水 관성 운은, 申金 재성과 합을 하여 승진 된다.

부동산 계약 되는 월

4. **己丑 月**= 식상 운이 인성과 甲己 습합을 하면, 지지에서 월운이
   丑土와 일지가 형 충 파 되지 않으면 계약이 된다고 봅니다.

승진 운 2

125

陰　陽 陰　陽	强弱	用神	格局	男女	大 運	歲 運	月 運	五 行	數 字	十神
殺										比劫
六親										食傷
十神										財星
天干	**戊**	**己**	**癸**	**壬**		庚				官星
地支	**辰**	**亥**	**卯**	**子**		자				印星
地藏干										
十神										
六親										
殺										

大運數	12	11	10	9	8	7	6	5	4	3	2	1	5
天干													
地志													

庚子年= 庚金 식상 운은 壬水 재성을 생하고,
子水= 재성 운은 辰土 비겁과 합을 하여 길상으로 승진이 가능한 운이고.
월운에서 관성 운과 합을 이루면 승진이 가능한 운이 됩니다.

승진 되는 월

1. **庚辰 月**= 庚 金 식상 운을 만나고.
   지지에서= 辰土 (지장 간에 乙, 官星) 비겁 운은 子水 재성과 합을 하면, 지장 간에 乙木, 官星 덕분에 승진이 가능 합니다.

2. 癸未 月= 癸水 재성 운이 戊土 비견과 합을 하면 재성 운을 만나고.
   未土 比肩 運은= 卯木 官星과 합을 이루면 卯未 合, 亥未 合, 亥 卯 未 合 官星 局을 이루어 승진 되는 운기가 됩니다.

3. 乙酉 月= 乙木 관성 운을 만나고,
   酉金= 식상 운이 辰土 겁재와아 합을 이루면, 辰土 지장 간에 癸水 재성이 있어 승진 된다.

4. 癸未 月= 癸水 재성 운을 (시간에 戊土 비겁과 합을 하여)만나고
   未土= 비견은 지장 간에 丁火 印星을 가지고 있어 卯木과 합을 하면 계약이 되는 운기가 됩니다.

부동산 계약

陰 陽 陰 陽	强弱 0	用神	格局	男女	大 運	歲 運	月 運	五 行	數 字	十神
殺										比劫
六親										食傷
十神										財星
天干	**癸**	**甲**	**辛**	**丙**		庚				官星
地支	**酉**	**子**	**卯**	**辰**		子				印星
地藏干										
十神										
六親										
殺										

大運數	12	11	10	9	8	7	6	5	4	3	2	1	3	
天干												기	경	
地志												축	인	

庚子年= 庚金은 관성 운이고,
子水= 인성 운으로 辰土 재성과 합을 하면 **財 官 印**에 발전이 있는 운으로 직장 발전, 재물과 명예가 상승하는 운기입니다.

승진되는 월운

1.**庚辰月**= 庚金 관성 운을 만나고, 辰土 재성은 시지에 酉金 관성과 합되어 승진 된다.

2.丙戌月= 丙火는 식상 운으로, 辛金 관성과 합을 하고,
戌土 재성은 일지에 子水와 형 충 파 하지 않아 승진된다.

부동산 계약되는 월운

1.**戊寅月**= 戊 土는 재성 운으로 시간에 癸水 인성과 합을 하고,
지지는 월운과 일지가 刑 沖 破 가 되지 않으면 계약 된다.

2.庚辰月= 庚金 관성 운을 만나고
辰 土 재성은 (合 우선순위) 시지에 酉金 관성과 합을 이루어 계약 된다.

3.癸未月= 癸水 인성 운을 만나면, 지지는 원국에서 재성이 합되면 계약이 되는 것으로= 未土 財星 運은 卯木과 卯未 合하여 계약 된다.

시모 딸린 신랑 127

陰 陽1 陰 陽4	强弱 0	用神 화금	格局 편인	男女 0	대 운	세 운	월 운	오 행	個 數	十星
殺				백호				목	1	比劫
六親								화	0	食傷
十神								토	3	財星
天干	**戊**	**甲**	**癸**	**癸**	戊			금	0	官星
地支	**戌**	**子**	**亥**	**丑**	辰			수	4	印星
地藏干	辛丁	壬癸	壬	辛						
十神					음기가 강하면					
六親					많은 남자를 만날 수 있고					
殺	화개	도화	역마	화개	약한 남자는 버티기 힘든명					

大運數	11	10	9	8	7	6	55	45	3	2	1	5
天干						庚	己	戊	丁	丙	乙	甲
地支						午	巳	辰	卯	寅	丑	子

甲子일주= 도화 성이 강하고 기풍이 있고, 화려하고 인기 있으며, 인성이 강하여 지혜와 포용하는 힘이 있으며, 물이 많으며, 음기는 강한 명이고, 건토가 많아서 제방을 만들어 물을 가두고 용수로 쓰면 재물이 되고, 토기, 재성이 땜을 이루니 재물 복이 있는 명이 됩니다.

亥 子 丑 수국이라 큰 땜을 이루고, 의식주걱정은 없는 명이 되며, 겨울 甲木으로, 여름 巳 午 未 운을 만나면 발 복을 하여 부를 이루고.

배우자 복
戌土, 재성은 시모 이고, 속에 辛金 남편은 자식이 딸려 있는 형상이 되고, 자식(火氣)이 태어나면 남편을 극하는 구조가 되어 해로하기 힘들 수 있다. 戌中에 자식은 丁火이고, 戌中에 辛金이 남편이 되니, 丁火 자식이 태어나면, 辛金을 丁火가 극하는 구조가 됩니다.

시주에 戊戌 편재 는 재물 복이 좋은 형상을 나타내고 있으며. 시모 딸린 남자도 되고, 재물을 많이 가지고 있는 남자의 형상도 됩니다.

陰 陽4	强弱	用神	格局	男女	대	세	월	오	개	십성
陰 陽5	0	금수	편인	0	운	운	운	행	수	
殺								토	3	비겁
六親								금	1	식상
十神	편관		정재	상관				수	1	재성
天干	**甲**	**戊**	**癸**	**辛**	丁			목	2	관성
地支	**寅**	**辰**	**巳**	**未**	亥	亥		화	1	인성
地藏干					월지와 일지를					
十神					득하여 일간이 강하고					
六親										
殺										

大運數	11	10	9	8	7	6	55	4	3	2	1	5
天干					乙	丙	丁	戊	己	庚	辛	壬
地支					酉	戌	亥	子	丑	寅	卯	辰

戊辰 일주= 화개, 백호, 재고귀인, 관대= 지능이 뛰어나고 이상이 크며 발 복이 빠르고, 성공하는 일주의 강한기질이 되고,

간여지동이라 부인이 사회 활동을 하여야 부부 궁이 안전 하다고 하며, 시주에 관성이 강한 것은 말년에 까지 명예가 있다고 보며. 오행이 다있어 오행 구족 격 이라 하고, 삶이 평탄하여 좋은 명이 됩니다.

아버지 재성은 월간에 자리하고, 어머니 巳火인성은 월지에 자리하니, 부모님 덕이 있다고 보아야 하고, 제일 좋은 특징은 시주에 관성이 잡티가 없이 강한 오행이 길상이고, 말년에 명예 운이 좋은 명이 되겠습니다.

편관 甲木이 배우자궁, 辰土에 뿌리를 박고 있으니 배우자 덕이 있으며, 丁亥大運 중, 財, 官, 수와 목 운에 장관이 되었다고 합니다,
초년에 관성 운을 만나서 바르게 공부를 잘 하였다고 보며. 亥水 재성운이 관성인 寅木을 생하여 법무부장관이 되었으며,

관성, 재성, 인성이 시주에서 하나의 기둥을 이루며, 충이나 극이 없으면 재물과 명예가 좋은 사주가 됩니다.

신왕 재왕

129

陰 陽4 陰 陽4	强 弱 0	用神 토	格局 편관	男 女 0	대 운	세 운	세 운	五 行	個 數	十星
殺								화	3	比劫
六親								토	0	食傷
十神		0						금	3	財星
天干	**辛**	**丙**	**丁**	**庚**	辛	壬		수	1	官星
地支	**卯**	**午**	**亥**	**申**	巳	寅		목	1	印星
地藏干			戊	戊						
十神					육합은 육충 이나 반합보다					
六親					강하여, 우선 적용한다.					
殺										

大運數	11	10	9	8	7	6	55	4	3	2	1	5	
天干						庚	辛	壬	癸	甲	乙	丙	
地支						辰	巳	午	未	辛	酉	戌	

丙午일주= 지장 간에= 제왕, 도화, 양인, 이 있으며, 양인은 권력형이며, 강한 기질로 분류되고. 군, 경, 검 의료, 강한 직업에 발전이 빠르고 양인= 도구를 쓰는 직업에도 발전이 있다고 봅니다.

여명에서 재성은 아버지이고, 재물이 되며, 남편인 관성을 생하여 ,시모, 시어머니로 분류. 합니다.
庚金 申金이 시어머니이고, 강한 성격으로, 남편 亥水를 도와주고 있어. 丙火 일간과 전쟁의 형국이 됩니다.

자식은 토의 기운으로 亥수 와, 申金의 지장 간에 있으니, 자식 딸린 남편의 형상이 되고. 자식하고 정이 없는 형상도 됩니다,
겨울 생, 亥月에 丙火일간이 巳 午 未 여름대운을 만나면 조후가 해결되고. 庚金을 제압하여, 명예와 부를 이루는 좋은 운이 됩니다.

壬寅年= 壬수 편관 운이 겁재 丁火와 합을 하면 편관 운을 만나, 직장이나 사업에 발전이 있는 좋은 운이 되고. 좋은 남자 운이 됩니다.
寅木= 편인운= 인덕이며, 명예 운으로, 강약의 우선순위서, 亥水편관과 합을 이루면, 직장이나 사업장에 많은 발전이 있는 좋은 운이 됩니다.

애정불안

陰 陽4 陰 陽6	强弱 0	用神 금	格局 편재	男女 0	대운	세운	월운	五行	個數	十神
殺								목	2	比劫
六親								화	1	食傷
十神								토	2	財星
天干	**丙**	**甲**	**甲**	**壬**	戊	壬		금	0	官星
地支	**子**	**戌**	**辰**	**子**	戌	寅		수	3	印星
地藏干		辛			신축년 50세.					
十神										
六親										
殺										

大運數	11	10	9	8	7	6	55	4	3	2	1	5	
天干						丁	戊	己	庚	辛	壬	癸	
地支						酉	戌	亥	子	丑	寅	卯	

辰土와 戌土, 재성으로, 배우자에 해당 되며, 이혼 재혼 가능하고. 甲木을 辰土에서 戌土 로 옮겨 심어야 하는 번거로움이 있고, 辰土를 동지에게 빼앗기는 형상도 되고, 수시로 충돌하여 땅이, 지진이 일어나는 형상으로, 땅이 흔들리면. 辰土와 戌土, 돈, 재물, 창고가 열리고,
돈 창고가 수시로 열리는 형상이 되니 사기수를 조심하고. 인성과 식상이 강하며, 지식과 인덕이 좋은 구조이고, 전문가의 직업이 좋은 명이 됩니다.

壬寅年= 壬水인성, 일간을 도와 과유불급에 해당하고 차면 넘치는 형국, 에서 보면, 印星운은 문서나 사람으로 인한 사기수를 조심하여야 하고.
寅木= 비견 운으로 戌土 재성과 합으로 내 돈을 비견, 남이 가져가는 형상이 되니, 문서 사기로 인한 사기 수, 손재수가 예상되는 운이 됩니다.

癸卯年= 癸水 인성 운은, 甲木을 생하여, 차면 넘치는 형상이 되고,
卯木= 겁재 운으로, 戌土 재성과 합을 하면 남이나, 동지가 일간의 재물이나 여자를 가져가는 운기가 되며. 문서로 인한 사기수를 조심 하여야 합니다.
현재 戊戌大運은, 재성 대운으로, 재물과 명예가 상승하는 좋은 大運이나 좋은 大運 기간 중에도 흉한 세운은 있으며, 흉의 결과는 약하다고 봅니다.

약한 남편

陰 陽7 陰 陽5	强弱 0	用神 금	格局	男女 0	대운	세운	월운	五行	個數	十星
殺	백호							화	3	比劫
六親								토	2	食傷
十神								금	0	財星
天干	**甲**	**丁**	**癸**	**丙**	戊	壬		수	1	官星
地支	**辰**	**卯**	**巳**	**辰**	子	寅		목	2	印星
地藏干	乙癸戊		庚	乙癸戊	2021년 46세 여명.					
十神										
六親										
殺										

大運數	11	10	9	8	7	6	5	45	3	2	1	5	
天干						丙	丁	戊	己	庚	辛	壬	
地支						戌	亥	子	丑	寅	卯	辰	

인덕이 있고, 두뇌가 명석하며 활동력과 생활력 강하며, 亥 子 丑 大運에 조후가 해결되어 부를 이루는 좋은 구조이고. 甲木을 옥토인, 진 토 에 키우면, 재물 복이 좋으며 건강한 명이 됩니다.
癸水 남편의 위치가 불안하다, 화기에 증발할 위기에 있으며, 남편은 조용히 더위를 식혀주는 고마운 남편이 됩니다.

癸水 남편에서 보면 여자가 많으며, 불속에 갇혀 있는 형국이 되고.
戊土 운에 癸水와 합이 되면 癸水남편이 없어지는 형국이 되고.
죽지 않으려고 이혼을 하거나, 가출을 할 수 있는 형국이 됩니다.

壬寅年= 壬수정관운, 일간 丁火와 합을 이루면, 직장이나 사업에 발전이 있는 운기이며, 좋은 남자를 만나는 운이 되고,
寅木= 정인 운이, 寅 卯 辰 方 合을 하여 인성 局을 이루면, 인성이 과하여 넘치는 형국이 되어 사람으로 인한 손재수가 발생할 가능성이 있다고 볼 수 있으나.

寅木 인성 운= 辰土 식상과 합을 이루면, 새로운 일을 하기 위하여, 근로 계약이나, 사업계약을 하는 형국으로 발전이 있는 운이 됩니다.

여명 無官

陰 陽3 陰 陽2	强弱 0	用神 수화	格局	男女 0	대운	세운	월운	五行	個數	十星
殺								금	3	比劫
六親								수	0	食傷
十神								목	2	財星
天干	**戊**	**辛**	**乙**	**乙**	己	庚		화	0	官星
地支	**戌**	**酉**	**酉**	**丑**	丑	子		토	3	印星
地藏干	丁			癸	신축년 37세 여.					
十神										
六親										
殺										

大運數	11	10	9	8	7	6	5	4	35	2	1	5	
天干						壬	辛	庚	己	戊	丁	丙	
地支						辰	卯	寅	丑	子	亥	戌	

여명이= 관성이 약하면 남자 보기를 돌같이 할 수 있고, 식상이 약하면 자식을 키우는 성향과, 자식에 대한 애정이 약할 수 있으며, 도화 성이 강하여 인기는 있으며, 辛酉 일주, 강한 성품이 되고. 비견이 나의 재물을 가져가는 모습이 있고, 乙酉에 酉 비견은 남이고 타인의 역할을 합니다.

辛酉일주= 미인이며, 간여지동은 배타성이 강하며, 부부 애정이 불안하고 자수성가 하는 기운이 강한 명이고. 신강 한 명조에, 土 인성 운과,金 비겁 운은 특별히 좋을 일이 없으며 차면, 넘치는 기신 운이 됩니다.

강한 인성은 공부, 지식에 대한 욕심이 많고, 인덕이 있으며. 酉金 도화 성이 강하여 무엇을 하던지, 인기가 있으나, 酉酉 自 刑은 金이 많아 흉이 되고. 수술 수가 있다고 보기도 합니다.

庚子年 庚金= 乙木 편재와 합을 이루니, 일간의 재물을 가져가는 형국으로 사기수를 조심 하여야 하고.
子水 식신= 年支에 丑土 편인과 합을 이루면, 시험 합격이나, 이력서. 자격증 취득, 문서에 관하여, 발전이 있는 좋은 운이 됩니다.

강한 재성

133

陰 陽3 陰 陽6	强 弱 0	用神 토	格局 편관	男 女 0	대 운	세 운	월 운	五 行	個 數	十星
殺								화	2	比劫
六親								토	0	食傷
十神	정관		편관					금	2	財星
天干	**癸**	**丙**	**壬**	**甲**	戊			수	3	官星
地支	**巳**	**申**	**申**	**子**	辰			목	1	印星
地藏干		戊	戊		신축년 38세					
十神										
六親		시모	시모		갑목은 고마운 어머니					
殺					계수는 가정이 있는 남자.					

大運數	11	10	9	8	7	6	5	45	35	2	1	5
天干						乙	丙	丁	戊	己	庚	辛
地支						丑	寅	卯	辰	巳	午	未

신약한 여명으로, 丙申日柱= 특성은 교육계나 공무원이 좋으며, 고위직에 오를 수 있는 능력이 있으며, 예지 력과 추진력이 좋다고 하며. 申金 시어머니, 水氣, 남편을 생하여 일간을 힘들게 하고, 戊土 자식은 일지에 시어머니 품속에 있어. 시어머니가 자식을 키워주는 형국이 되고.
申金= 시어머니를 모시고 사는 형국으로, 남편 水氣가 일간의 빛을 흐리게 하며, 생명을 위협하는 형국이 되고, 삶이 힘든 명이 됩니다.

辛丑년= 辛金 정재 운은, 일간 丙火와 合을 이루어 재성 운을 만나고.
丑土= 식상 운, 자수 관성 운과 합을 이루면, 직장이나 사업장에 발전이 있는 운이 되어, 재물과 명예가 상승하는 운기가 됩니다.

壬寅年= 壬水 편관 운이, 일간 丙火와 충을 이루면. 직장이나 사업장에 변동수를 의미하고, 전근, 이직, 사직, 가게 이전의, 운이 됩니다.
寅木= 편인= 申金 재성과 충을 이루면, 재물이 지출되는 운이며, 이사하고 지출하는 형국이 되기도 합니다.

이사를 하거나 수리를 하고, 지출을 하면 액을 면하는 효과가 있으며, 업상대체 효과라고 합니다.

배우자 복 1

134

陰 陽3	强弱	用神	格局	男女	대운	세운	월운	五行	個數	十星
陰 陽4	0	금목	편인	0						
殺								토	4	比劫
六親								금	0	食傷
十神								수	2	財星
天干	**丁**	**己**	**壬**	**壬**	己	壬		목	1	官星
地支	**卯**	**丑**	**戌**	**辰**	巳	寅		화	1	印星
地藏干		癸								
十神										
六親										
殺										

大運數	11	10	9	8	7	65	5	4	3	2	1	5	
天干					庚	己	戊	丁	丙	乙	甲	癸	
地支					午	巳	辰	卯	寅	丑	子	亥	

己丑일간= 간여지동, 화개, 근면 성실, 학식과 인품 있는 일주이며.
壬水 여인들은 일간 己土를 위협하는 흉한 형상이 되고. 壬水 두개, 모두, 辰土 와 戌土 겁재가 가져가는 형국을 하고 있으며, 겁재가 정재와 하나의 기둥을 이루고 있어, 그렇게 풀이를 합니다.

年주 와 月주에 壬水는 남의 여자이며, 재물도 가져가는 형국이 되고,
丑中에 癸水 배우자는, 근면 성실하여 알뜰하고 성실한 부인의 상이 되고,
丑土 중에 癸水 여인은, 거쳐 온 여인의 형상이 됩니다.

대운은 현재 70세 나이에 己巳大運을 지나고 있으며, 巳火大運은 인성 운으로, 일지에 丑土와 巳 酉 丑 金 局을 이루면, 식상이 없는 명조에 식상 국을 이루면 뜻을 이룰 수 있는 좋은 대운이 됩니다

壬寅年= 壬水 정재 운= 인성 丁火 와 합을 이루면= 일간의 무형의 가치로, 재물을 들여오는 형국이 되고.
寅木정관운= 寅 卯 辰 方 合, 관성 국을 이루면. 취직, 승진, 직장발전, 사업발전, 자식발전 가능하고. 재물과 명예가 상승하는 좋은 운이 됩니다.

배우자 복 2

135

陰 陽5 陰 陽7	強弱 0	用神 금목	格局 정인	男女 0	대 운	세 운	월 운	五 行	個 數	十星
殺		괴강						토	4	比劫
六親								금	0	食傷
十神								수	2	財星
天干	**壬**	**戊**	**壬**	**甲**		庚		목	1	官星
地支	**戌**	**辰**	**午**	**戌**		子		화	1	印星
地藏干	辛	癸		辛	신축년 28세 남.					
十神										
六親										
殺										

大運數	11	10	9	8	7	6	50	40	30	20	10	
天干					己	戊	丁	丙	乙	甲	癸	
地支					丑	子	亥	戌	酉	辛	未	

壬水, 편재를 양쪽 옆에, 두 여인을 모두 빼앗기고 혼자 살거나
辰土 지장 간 중에 癸水 정재와 살아갈 수 있는 형상이 됩니다.
辰中에 癸水 여인은 비견 속에 있으니, 거쳐서 온 여인으로 볼 수 있고.
戊辰 일주= 우직하며, 고집이강하나 지능이 뛰어나고 이상이 크다.
위 명주는 고집과 집념은 좋으나, 돈을 벌어도 남이 가져가는 형상으로
오행의 구성이 안 좋아 재물이 모이지 않는 형국이 됩니다.

月柱= 壬水 여자는 午火와, 戌土가 合을 하여, 년주에 甲戌이 가져가고.
時柱에 壬水 여자는 戌土가 동주하고 있으니, 時柱에 戌土의 여자이다.

庚子年= 庚金 식신 운, 甲木 편관과 상충으로, 관재 구설이나, 전근, 이직,
퇴사하거나. 직장에 변동 수가 되고,
子水재성= 월지에 午火와, 子午 충이 성립 되면, 결과는 재물 손재 운,
명예와 신용하락의 운이 됩니다.

年干에 甲木= 편관이 천간에 떠서 반듯한 명예가 되고. 첫 대운에,癸水는
욕심이 많다고 하며, 20대와 30대 官星 대운은, 학교 이고, 학업 운이 이며,
亥 子 丑 재성 대운에, 꿈을 이루고 명예와 재물이 상승하는 운기가 됩니다.

배우자 복 3

136

陰 陽4 陰 陽2	强弱 0	用神 화	格局 건록	男女 0	대운	세운	월운	五行	個數	十神
殺								목	4	比劫
六親								화	0	食傷
十神		我						토	3	財星
天干	**庚**	**乙**	**己**	**乙**		庚		금	1	官星
地支	**辰**	**卯**	**卯**	**丑**		子		수	0	印星
地藏干					여명 乙木이 辰土에					
十神					뿌리내려 富 命이 되고					
六親					건강이 좋은 명.					
殺										

大運數	11	10	9	8	7	6	5	4	3	25	15	5
天干						丙	乙	甲	癸	壬	辛	庚
地支						戌	酉	申	未	午	巳	辰

2월에 꽃밭에 토끼들이, 옹달샘 가에서 즐겁게 노니는 형상이 되고 土가 많으니 땅이 크고 넓으며. 옹달샘 저수지가 두 개나 있으며, 여자가 많은데 내가 庚金 남자와 합을 하여, 마님 같은 형상이 되고, 아름다운 풍경이 되며, 일간 乙木은 동료들의 보호를 받고 있는 형국이며 龍 위에 오라 탄 남편은, 큰 인물, 대인 같은 모습이고, 남편에서 보면 여인들이 많고 己土와 辰土 밭에 꽃을 가꾸는 꽃밭형상이 됩니다. 乙卯에 卯月 이면 인물이 좋고 친화력이 좋으며 음기가 강하여, 남편에게 많은 사랑을 받는 행복한 여인의 형상이 됩니다.

庚子年= 庚金 정관 운= 취직 운, 남자 운, 승진 운, 득남 운이며, **子= 편인** 운, 문서와 관계되는 모든 사건에 길한 운으로, 丑土 재성과 합을 하면, 투자, 지출, 매매, 합격, 승진 운이며. 재성을 주고, 명예나 권리증, 명예나 문서를 구하는 형상이 됩니다.

辛丑年= 辛金 편관 운이, 일간 乙木과 상충이 되면, 업무가 힘들거나, 밖에서 만나는 남자가 힘들게 하는 형상으로, 나쁜 남자를 만나는 운이 됩니다.

여장부 1

137

陰 陽5	强 弱	用神	格局	男 女	대	세	월	五	個	十星
陰 陽5	0	화금	정인	0	운	운	운	行	數	
殺		백호						목	4	比劫
六親								화	0	食傷
十神								토	2	財星
天干	**甲**	**甲**	**甲**	**癸**	庚	辛		금	0	官星
地支	**戌**	**辰**	**子**	**卯**	午	丑		수	2	印星
地藏干	辛丁									
十神										
六親										
殺	재고귀인									

大運數	11	10	9	8	7	63	53	4	3	2	1	3
天干						辛	庚	己	戊	丁	丙	乙
地支						未	午	巳	辰	卯	寅	丑

甲木이 辰土에 뿌리를 내리면 재복이 있고 건강하다,
그러나 땅보다 나무가 많으니 경쟁이 심한 환경에서 살아야 하는 명으로
여자에게는, 土氣가, 집이며 가정이고, 남자도 되며, 辰土가 옥토인데,
남자 배우자는 戌土가, 숨기고 있으며, 시모 딸린 남자의 형상이 되고,
자식이 딸린 배우자의 형상이 되기도 합니다.

子卯刑. 子辰 반합. 辰戌 沖. 하여 바람 잘날 이 없는 형국으로,
애정불안, 가정 불안의 형상이 되고. 그러나 甲辰 백호의 강한 기질이니,
여 장부상이라 좌충우돌 하며 역동적으로 강한 기질을 발휘하며,
생활력이 강하여 잘사는 명이 됩니다.

겨울 甲木이 남쪽, 조후와 통관 巳 午 未 大運 을 만나 부를 이루며,
돈을 부동산에 묶어두면 좋은 방법이 됩니다.
이유는 辰 戌, 으로 돈 창고가 수시로 열리는 형국이라 많은 돈을 모을 수 없으며. 조금만 모이면, 남이 가져갑니다.
전문성을 살려서, 전문직으로 살며, 재물에 대한 욕심은 버리고, 명예에만 노력을 하면, 좋은 결과를 이룰 수 있는 명이 됩니다.

학업 운

陰 陽2 陰 陽7	强弱 0	用神 목	格局 점재	南女 0	大運	歲運	月運	五行	數字	十神
殺								수	2	比劫
六親								목	1	食傷
十神	편관		비견	편인				화	1	財星
天干	**戊**	**壬**	**壬**	**庚**				토	2	官星
地支	**申**	**寅**	**午**	**辰**				금	2	印星
地藏干					2022년 23세					
十神	편인	식신	정재	편관	관인 상생					
六親					활동성이 좋은 여명					
殺										

大運數	12	11	10	9	8	7	6	5	4	3	2	1	3
天干							乙	丙	丁	戊	己	庚	辛
地志							亥	子	丑	寅	卯	辰	巳

양 7통에 역마기운이 강한 여인으로 두뇌가 총명하고 지혜가 있으며 추진력이 강하여. 대장부 기질의 소유자 이고. 관인 상생이 좋아, 학문성이 좋으며, 명예를 중요시 하고, 명예를 추구하며, 순수하고 고지식한 성향이 강하며. 좋은 직장에서 명예와 부를 이루며, 말년에도 명예가 좋을 형상으로 부모덕이 좋은 구성이 됩니다.

壬寅年을 만나면= 신강 사주에 비겁 운은 기신 운이 되며,
寅木= 식상 운으로 편인 신금과 충을 하면, 학생의 위치에서 보면, 식상과 인성의 충으로 시험이나 학업성적이 저조한 운이라 하고, 공부에 적응을 잘 못하며, 학업 중단으로 볼 수 있는 운이 됩니다.

癸卯年= 癸水겁재= 시간에 戊土 편관과 합을 이루면, 학업이 중단되는 일이 발생한다고 할 수 있는 운기가 되고, 학교나 진로변경 운이 되고,
卯木= 寅 卯 辰 식상 국을 이루면, 마음에 변화가 발동을 하는 운으로 진로변경, 새로운 일을 만들거나 만나는 형국이 됩니다.

陰 陽6 陰 陽3	强弱 0	用神 수목	格局 편인	男女 0	대 운	세 운	월 운	五 行	個 數	十星
殺								목	2	比劫
六親								화	2	食傷
十神								토	2	財星
天干	**癸**	**乙**	**戊**	**乙**		辛		금	0	官星
地支	**未**	**巳**	**子**	**巳**		丑		수	2	印星
地藏干	丁	庚		庚						
十神					巳火 丁火는 자식이 되고					
六親					사중에 庚 금이 남편					
殺										

大運數	11	10	9	8	7	6	5	4	3	2	1	
天干						乙	甲	癸	壬	辛	庚	己
地支						未	午	巳	辰	卯	寅	丑

자식 딸린 남자= 乙木 여자는 火 식상이 자식이고, 자식은 巳火이고, 관성인 庚金은 巳火 지장간에 있으니, 자식 딸린 남자를 만나는 운명이 되고, 겨울乙木이 태양은 없으나, 戊土가 북풍한설을 막아주어 고마운 부친이고, 大運이 봄에서 여름으로 흘러, 여름대운에 꽃을 피우면 말년에 재물이 있고 좋은 명이 됩니다.
건강은= 金기운이 약하여 기관지 호흡기, 대장, 골수, 치아가 약하고, 辛金이 乙木을 충 할 때와, 수기가 巳火를 충 할 때 병이 올수 있으며, 천간과지지가, 동시에 충을 당하면, 충이되는 그해, 사망이 될 수 있습니다.

辛丑年을 만나면 辛金이 乙木을 상하게 하여 편두통이나, 우울증, 불면증 신경계에 질환이 올수 있으며.
乙木 일간이 辛金 偏官 에게 극을 받은 것으로, 관재 구설이나, 퇴직, 이직, 전근 운이 되며, 직장 변동 운을 만나고,
丑土= 편재 운이 子水 편인과 합을 하면, 재성 운과 인성의 합으로,
1. 퇴직을 하고 퇴직금을 수령하는 형상,
2. 이직을 한 직장이 전에 직장 보다 더 좋은 경우,
3. 전근이면, 승진이 되어 즐거운 경우가 됩니다.

자식 딸린 여자 1

陰 陽2 陰 陽3	强弱 0	用神 목화	格局 정인	男女 0	대운	세운	월운	五行	個數	十星
殺	양인	백호		백호				수	3	比劫
六親								목	2	食傷
十神								화	0	財星
天干	**壬**	**癸**	**甲**	**乙**		壬		토	2	官星
地支	**子**	**丑**	**申**	**未**		寅		금	1	印星
地藏干				丁						
十神					未土 자식					
六親					지장 간에- 丁火여자					
殺										

大運數	11	10	9	8	7	6	5	4	3	2	5
天干						戊	己	庚	辛	壬	癸
地支						寅	卯	辰	巳	午	未

癸丑일주= 편관, 암록, 백호, 을 깔고 있으며 평생 귀인의 도움을 받고 지혜와 강직한 성격으로 지도자 상이 되는 강한 성향의 일주이고, 未土는 癸水에 자식이 되며, 未土 자식 지장 간에 배우자 星인, 丁火가 자리하고 있으니, 자식이 딸린 배우자, 그런 여자를 만날 운명이라고 풀이를 합니다.

壬寅年을 만나면= 壬水 겁재는 식상인 甲 乙木을 생하여 길하고,
寅木= 申金 정인과 충을 이루면= 나의 행동이나 언어가 실수를 하면, 문서로 인하여 손재나 명예가 손상 될 수 있는 흉한 운이 됩니다.
말조심, 행동 조심, 돈 조심, 사람 조심, 역마 충은 사고 조심.

巳 午 未 재성 운과, 寅 卯 辰 식상 운이, 성공하기 좋은 운이 되고.
火 기운이 약하면, 심장. 소장. 심혈관이 약하여 심부전증, 뇌졸중, 협심증, 우울증, 등의 질환이 발생 할 수 있으며, 운에서 오는 火氣가, 합, 충, 극으로 소멸하여도 심혈관에 질병이 발생을 하고. 화기는 심장을 관장하여, 생명과 직접관계가 됩니다.

陰 陽4 陰 陽6	强弱 0	用神	格局	男女 0	大運	歲運	月運	五行	個數	十神
殺								금	3	比劫
六親								수	1	食傷
十神								목	2	財星
天干	**甲**	**庚**	**壬**	**乙**		壬		화	2	官星
地支	**申**	**申**	**午**	**巳**		寅		토	0	印星
地藏干										
十神										
六親										
殺	역마	역마		역마						

大運數	11	10	9	8	7	6	5	4	3	2	1	1
天干						己	戊	丁	丙	乙	甲	癸
地支						丑	子	亥	戌	酉	申	未

庚申일주= 강한일주, 원석, 철광석, 우박, 먹구름, 과일이라고 쓰이며 地支에 홍염, 간여지동, 건록이 있어 명주가 강하여 영웅심의 기질이 되고,
여명= 큰 인물이 되어 권세를 휘둘러야 평범한 가정을 이루는 명이 되며,
운시대운= 첫 대운, 癸수= 지혜가 있으며 욕심이 많고,
未 大運= 사업수완 있고, 돈이 항상 있고. 음식솜씨도 있다고 합니다.

庚金 여름 생으로, 임수 자식이 申金과, 조후를 잘하고 있어 좋으며,
午火 와 巳火 두 개의 관성이 있어, 관살 혼잡으로 볼 수 있으나,
강한 壬水가 약한 午 화를 水 剋火 하여, 午火를 꺼주면, 혼잡을 없게 하여, 壬水 자식을 효자라고 보는 형상이 됩니다.

亥 子 丑 대운에 조후가 해결되면, 오행의 기운이 순환이 잘 되어 재물을 많이 모을 수 있는 운을 만나 부를 이루고,

壬寅年 壬水= 식신 운을 식복이라고 하며, 재성을 생하여 희신 운이 되고.
寅木= 편재 운이, 일지에 申金 비견과 충을 하면, 건강이 약해 질수 있고 재물이 손재하는 운이며, 사고나, 사기를 조심하여야 합니다.

갑기 합

陰 陽2 陰 陽7	强弱 0	用神 금	格局	男女 0	大 運	歲 運	月 運	五 行	個 數	十星
殺								토	4	比劫
六親								금	1	食傷
十神			배우자					수	1	財星
天干	**壬**	**戊**	**甲**	**己**		庚		목	1	官星
地支	**戌**	**申**	**戌**	**巳**		子		화	1	印星
地藏干		壬	丁							
十神					마음고생 시키는,					
六親					바람둥이 남편의 형상					
殺			재고							

大運數	11	10	9	8	7	65	55	45	35	2	1	5
天干						辛	庚	己	戊	丁	丙	乙
地支						巳	辰	卯	寅	丑	子	亥

목을 키우고자 하니 甲木 남편이, 겁재 己土 와 합을 하는 형국이라,
결혼을 하면 남편이 다른 여자와 합의 관계가 되는 형국이 된다.
月支와 日支, 지장 간에 丁壬 合이 되어, 甲木 남편이 己土 겁재를
따라가지는 않을 것으로 보며, 속궁합이 잘 맞는다고 볼 수 있다.

戊土, 건토로 댐을 만들어서 壬水를 가두고, 申金으로 壬水를 키우면,
말년에 재물이 많이 있는 형국이 되고, 배우자궁에, 자식사랑이 극진하며,
힘이 있고 똑똑한 형상이 됩니다.

庚子年= 庚金 식신 운은 새 일을 하고 싶은, 마음을 의미하나, 원국에 관성
甲木 과 충을 이루면, 전근, 이직, 퇴사, 운이 되고,
子水 재성 운이 申金 식상과의 합은, 재물이 들어오는 운이 되며,
1. 퇴사하고 퇴직금을 수령하는 그런 형상의 운이고.
2. 이직을 하면, 전에 직장보다 좋은 직장을 만나는 운이 되며,
3. 전근이면 승진 운이 됩니다.
다양하게 직장, 변동수가 발생할 수 있으니 잘 살펴야 합니다.

陰 陽4 陰 陽4	强 弱 0	用神 화	格局 양인	男 女 0	대 운	세 운	월 운	五 行	個 數	十星
殺								목	3	比劫
六親								화	0	食傷
十神								토	3	財星
天干	**庚**	**甲**	**己**	**乙**	乙	辛		금	1	官星
地支	**辰**	**子**	**卯**	**丑**	酉	丑		수	1	印星
地藏干					신축 년37세 남.					
十神					경 금과, 진토가					
六親					부와 명예를 이루는					
殺					핵심이 됩니다.					

大運數	11	10	9	8	7	65	55	45	35	25	15	5	
天干					辛	壬	癸	甲	乙	丙	丁	戊	
地支					巳	午	未	申	酉	戌	亥	子	

초년대운이 식상과 인성으로, 건강하고, 활발하며, 학업 운이 좋은 것으로 보고. 명예를 중요시 하고, 추구하는 성품 이라고 봅니다.
乙木이 己土를 극하여, 乙木을 己土에 심고, 己土 는 乙木을 키우는 의무가 되여, 甲己 합을 못하는 것으로 해석을 하고,
甲木은 庚金에게 충을 당하여 흉하다가 아니고, 庚金이 옆에 있어 명예를 추구하며, 반듯한 인물이 될 수 있으며. 卯月 에 庚金은 어린 금으로, 어린 과일로 보고, 甲木에 달아서 같이, 辰土에 뿌리내리고 잘 키우면 가을에 재물과 명예가 좋은 명으로. 보는 것은, 글자,오행의 구성을 형상으로 풀어보면 그러 합니다.

甲子일주= 지식에 대한 욕구가 강하여 문장력 창의력이 풍부하며, 사람을 다스리는 상으로 교육계가 적성이 되고, 년주에 乙木 겁재가 丑土 일간의 재성과 동주하여, 丑土를 가져가는 형국으로, 이혼과 재혼의 명주 입니다.

辛丑年= 정관 운이 乙木 겁재와 충을 이루면, 직장에 변동 운을 만나고,
丑土 재성운= 子水 인성과 합을 이루면, 재물이 들어오는 운이 되며.
전근이면 승진 운이고, 이직이면 좋은 직장을 만나는 운이 됩니다.

재혼 1

陰陽2 陰陽5	强 弱 0	用神 목화	格局	男 女 0	대 운	세 운	월 운	五 行	個 數	十星
殺								화	2	比劫
六親				시모				토	2	食傷
十神				정재				금	2	財星
天干	**庚**	**丁**	**辛**	**戊**		庚		수	2	官星
地支	**子**	**亥**	**巳**	**戊**		子		목	0	印星
地藏干					庚金 재성 시모=					
十神					시어머니-戊土= 자식이고,					
六親					亥수= 남편이다.					
殺										

大運數	11	10	9	8	7	6	5	4	3	2	1		
天干						甲	乙	丙	丁	戊	己	庚	
地支						戌	亥	子	丑	寅	卯	辰	

丁亥일주= 역마 성, 천문 성, 두뇌명석, 귀격, 미인, 재주 있고, 인기 있다.
일간 丁火의 의무는 庚金 을 제련하여 기물을 만들어야 하는 의무이다.

丁火 일간은 힘이 없고, 자신의 의지 데로 되는 일이 있을 수 없고,
巳화와 亥수의 충은= 가정 불안, 애정 불안이 되고, 부부가 사회활동을
하여야 불화를 줄이는 방법이 됩니다.

물, 亥水 와 子水의 강한기운에 丁화 불이 꺼지는 형상이 되고. 불이
꺼지면 죽는 것이다. 죽지 않으려고 가출을 하게 되며, 수운을 만나면
새로운 남자, 다른 남자를 만나는 운명 이라고 오행의 구성으로 해석이
되며, 처음 남자는 亥수이고, 다음 남자는 子水의 형상이 됩니다.

庚子年= 庚金은 동합으로 원국에 庚金과, 수기의 힘을 강하게 하고,
子水= 편관 운은, 亥水와 반합으로, 남편, 水氣를 도와주는 일을 한다.
수기가 강해지는 운이 되어 丁火불이 꺼지면 심장이 멈추고, 죽음이다.
죽지 않으려고 가출을 하고,
자수 운은 새로운 남자를 만나는 운이 됩니다.

陰陽 6	强弱	用神	格局	男女	大	歲	月	五	個	十星
陰陽 4	0	습토	식상	0	運	運	運	行	數	
殺			화토금					화	5	比劫
六親								토	2	食傷
十神								금	1	財星
天干	**丙**	**丁**	**庚**	**丁**	甲	壬		수	0	官星
地支	**午**	**巳**	**戌**	**未**	辰	寅		목	0	印星
地藏干										
十神					수 관성이 없는 명					
六親					정자 생산이 힘든 명					
殺					수운을 늦게 만나는 명					

大運數	11	10	9	8	7	6	55	45	3	2	1	5
天干						癸	甲	乙	丙	丁	戊	己
地支						卯	辰	巳	午	未	申	酉

丁巳일주= 火, 土 金으로, 삼상 격 을 이루어 귀격이 되었으나, 수 기운이 너무 없어 밭에 곡식이 자랄 수 없는 형국이 되었으며, 체내에 수분이 정상으로 순환이 안 되어 정자가 생성이 안 되는 형국이 되고, 대운에서도 수기를 만나지 못하니 희망이 없는 형국이 됩니다.
신장, 방광, 전립선이 약하고, 피부에 건조증이 있을 수 있으며, 庚金을 재련을 하면, 재복은 있으며, 조직에서 성공할 수 있는 명이 되며, 성격은 독불장군에 나만 따르라 의 형국이 됩니다.

壬寅年= 壬水 정관이, 통관 운으로, 비견 丁火와 합을 이루면, 직장이나 사업에 발전이 있는 운을 만나고,
寅木 정인운= 寅 午 戌 화국을 이루어 신강한 사주에, 과하여 넘치는 운이 되어, 문서 사고나 사기를 조심하여야 합니다.

癸卯年= 癸水 편관 운이 일간과 충을 하여, 관에게 충을 받으면, 직장에서 업무가 힘들거나, 구설 시비, 관재나, 전근, 퇴직, 직장 변동 운을 만나고,
卯木= 卯戌 합= 인성 운이 식상과 합을 이루면, 문서 발전 운, 합격 운, 계약이나 이력서의 운이 됩니다.

146

陰 陽1 陰 陽7	强弱 0	用神 수목	格局 식신	男女 0	대 운	세 운	월 운	五 行	個 數	十星
殺	괴강							금	2	比劫
六親								수	1	食傷
十神								목	0	財星
天干	壬	庚	辛	丙	甲	壬		화	2	官星
地支	戌	申	亥	申	辰	寅		토	3	印星
地藏干										
十神										
六親										
殺										

大運數	11	10	9	8	7	65	5	4	3	2	1	5
天干					癸	甲	乙	丙	丁	戊	己	庚
地支					卯	辰	巳	午	未	申	酉	戌

庚申일주= 큰 인물이 되어 권세를 휘둘러야 평범한 가정을 이루고, 평범하면 가주가 되고, 정에 약해 친지에게 손해 보는 명이 됩니다, 겨울 亥月에 태어난 庚金으로, 丁未 大運부터 여름대운을 만나 조후가 해결되어 만사형통하고 부를 이루는 시기가 됩니다.

丙火남편이, 辛金 겁재와 합을하여. 주말 부부 아니면 무늬만 남편이 되는 구성을 이루고 있어, 주말 부부나, 무늬만 부부라고 풀이를 합니다.

壬寅年= 壬水 식신은 丙火 편관을 극하여 추운 겨울에 태양이 꺼져. 흉한 운이 되며, 丙火 남편의 건강을 주의 하고. 직장 변동 운을 만나고.
寅木= 재성 운= 합과 충의 우선순위에서, 亥水식신과 寅亥 합을 이루어 희신 운을 만나면, 승진이나 좋은 이직 운이 됩니다.

癸卯 年= 癸水 식상은, 生할 나무가 없어 丙火 관성을 충을 하면, 직장에 변화를 의미하며, 전근, 이직, 사직의 운이 되고.
卯木= 재성 운이 戌土 편인과 합을 이루면, 재물이 들어오는 운으로. 1.사직을 하고 퇴직금을 수령하거나. 2.승진으로 좋은 운이 됩니다.

무계 합 147

陰 陽5 陰 陽6	强弱 0	用神 금	格局 편인	男女 0	대 운	세 운	월 운	五 行	個 數	十星
殺								토	2	比劫
六親								금	0	食傷
十神		0						수	3	財星
天干	**癸**	**戊**	**癸**	**丙**		壬		목	0	官星
地支	**亥**	**辰**	**巳**	**午**		寅		화	3	印星
地藏干										
十神					계해는 말년에 재물 복					
六親										
殺										

大運數	11	10	9	8	7	6	55	4	3	2	1	5	
天干						庚	己	戊	丁	丙	乙	甲	
地支						子	亥	戌	酉	申	未	午	

일간이 신강한 명주로, 외골수 적이고 융통성이 부족한 상이 되고,
官星이 없어 정신적 조절이 잘 안 되는 형상이 되고. 癸水 가 부인이고,

남편과 戊癸 合이 되어 좋을 것 같으나, 癸水에서 보면 戊토는 남편 이고, 火 기운은 시어머니의 강한 기운이, 癸水를 증발시키는 형상으로, 화운을 만나면 가출을 하거나 사망의 으로, 이별이 형국이 됩니다.

壬寅年을 만나면= 壬水 편재 운이 丙火를 극하면 재물과 인성의 충으로 재물 손재나 명예가 하락하는 운을 만나고,
寅木 편관= 午火 정인과 합으로, 화국이 되어 불타고 있어. 癸水 배우자가 죽지 않으려고, 가출하는 운이 될 수 있으며, 문서 사기를 당하여 명예와 재물이 손해를 보는 흉한 운이 됩니다.

癸卯年= 癸水 정재 운은 재물이고, 여자가 되며, 일간과 합을 하면, 재물을 맞이하는 형상이 되며 득이 되고, 여자가 들어오는 운을 만나고,
卯木= 관성 운이, 亥水 재성과 합을 이루면, 사업장이나 직장에서 많은 재물이 들어오는 형상이 되고, 癸水 여인이 관을 달고 왔으니 재물이나 복이 많은 여인을 만나는 형국으로 볼 수도 있는 운이 됩니다.

착한남편 2

陰　陽1 陰　陽4	强弱 0	用神 목토	格局	男女 0	대 운	세 운	월 운	五 行	個 數	十星
殺	백호	괴강		양인				금	2	比劫
六親								수	3	食傷
十神								목	0	財星
天干	**丁**	**庚**	**辛**	**壬**	丙	辛		화	1	官星
地支	**丑**	**戌**	**亥**	**子**	午	丑		토	2	印星
地藏干					2020년 51세					
十神					사주 구성이 좋음					
六親										
殺										

大運數	11	10	9	8	7	63	53	43	33	2	1	3		
天干						甲	乙	丙	丁	戊	己	庚		
地支						辰	巳	午	未	辛	酉	戌		

인성이 좋아 인덕은 있고, 식상이 강하여 활동성이 강하고, 표현이강하며 언행이 강할 수 있다. 식상이 강하면 관을 극하니 배우자가 약할 수 있고,
庚戌 일주의 특징= 두뇌와 재치 있고 남자심리 잘 알고 여걸의 상이 되며, 관이 왕 하면 귀부인 일주이고. 남편은 순하고 착한편이 재격이 됩니다.

겨울생이 난방이 준비되어 있어 기본점수는 있고, 丁火 고마운 남편이며 巳 午 未 대운에 발복하여 부를 이루고. 남편도 힘을 받는 운기가 되고, 수기가 강하여, 지식, 지혜, 잇고, 식상이 강하여 의식주가 풍부 하다.
남편이 자식 궁에 있으니 자식같이 잘 챙겨 줄 것이며. 해로 할 것이다.
丁丑 남편은 근면 성실한 남편의 상이고. 받는 기운이 없어 순한 백호이다.

巳 午 未 大運은 재물 상승 운이며, 남편의 힘이 강해지는 시기가 됩니다.

辛丑年= 辛金 겁재는 신약한 일간을 도와 일간의 힘이 강해지는 운이 되고,
丑土= 정인, 子水, 상관과 합으로, 좋은 인성 운이 와서, **亥 子 丑**식상 국을 이루면, 식복 운이고, 의식주가 증진되는 좋은 운이 되고,
직원이나, 일꾼이 많이 들어와서 재물을 불려주는 형국으로, 명예와 재물이 상승하는 좋은 운이 됩니다.

陰 陽5 陰 陽3	强弱 0	用神 금토	格局 정관	男女 0	대 운	세 운	월 운	五 行	個 數	十星
殺								금	1	比劫
六親								수	2	食傷
十神								목	2	財星
天干	**戊**	**辛**	**丙**	**壬**	壬	辛	壬	화	2	官星
地支	**子**	**卯**	**午**	**寅**	子	丑	寅	土	1	印星
地藏干					신축년 60세 남명,					
十神					뜨거운 오월에 태어난					
六親					신금이 해 자 축 대운에					
殺					빛을 못보고 있는 명.					

大運數	11	10	9	8	7	65	55	45	3	2	1	5
天干					甲	癸	壬	辛	庚	己	戊	丁
地支					寅	丑	子	亥	戌	酉	申	未

辛卯일주= 현침, 예민한 손끝으로 의사나, 특수기술에 발전이 있는 명으로 재물은 있으나 관에 욕심 부리지 마라, 이별 수 있고 전문직에 발전 있다. 일주가 합이 많아 다정 다감 하고 상관이 천간에 떠서 언변이 좋다.

호수위에 태양이 강휘상영 이라 경치 좋아 인물이 좋고,金을 캐는 형상으로, 재물이 있다고 보나 지지에 근이 없어, 일간이 허약하여 통치를 할 능력이 부족한 구조가 됩니다.
배우자 궁이 형살이라, 여자가 없는 형상이 되고. 子卯 刑-午卯 破.
가정 궁이 寅午합, 불이나서, 뜨거워 못살고 죽지 않으려고 가는 형상이고.
자식과는, 丙辛 합이 되고, 부자유친이 되어. 자식과는 정이 좋으며.寅木, 배우자에서 보면, 자식이 부부 사이에 버티고 있어 같이 살면 주말 부부이거나 다른 방을 쓰는 형국이 됩니다.

壬寅年= 壬水상관, 큰물이 正官 丙火를 끄는 형국이라 흉한 운이 되고, 관재구설이나 직장변동 운이 되며,
寅木 재성 운= 午火관성 과 합을 이루면, 사업에 발전이 있고, 명예상승 운이 되며, 전근이면 승진이고, 이직이면 좋은 직장 운이 됩니다.

통관 운 1

150

陰 陽2 陰 陽5	强弱 0	用神 토금	格局 식신	男女 0	대 운	세 운	월 운	五 行	個 數	十星
殺								금	3	比劫
六親								수	2	食傷
十神								목	0	財星
天干	**己**	**庚**	**癸**	**辛**		辛		화	2	官星
地支	**巳**	**申**	**亥**	**巳**		丑		토	1	印星
地藏干					2020년 22세, 巳 亥 沖,					
十神					충이 있으면 저돌적 이고					
六親					전투력강하여 성공 하는 명					
殺	역마	역마	역마	역마						

大運數	11	10	9	8	7	6	5	4	3	25	15	5
天干						庚	己	戊	丁	丙	乙	甲
地支						午	巳	辰	卯	寅	丑	子

庚申일주= 건록, 홍염, 음욕, 간여지동 명주가 강하여 영웅심이 강하며, 권력 계통으로 가야 성공이 빠른 여명 입니다.
조직에 발전이 있으나 식상이 강하여 관을 극하는 구조이며 성향이강하다, 고로 변호사, 의사 같은 전문직에 발전이 있으며. 자식이 태어나면 남편과 사이가 멀어지는 형상으로,
시지에 사화는 巳申 合水 하여, 巳火 남편星이 수로변하여, 남편 덕이 부족한 여인이 되고. 그러나 사회생활은 저돌적으로 추진하며. 전투력이 강하여 성공하는 상이 되며, 겨울 출생에 대운이 봄에서 여름으로 흘러, 모든 업무가 굴곡은 있어도, 잘 이루어지고, 성공을 하는 명이 됩니다.

辛丑年= 辛金 겁재 운은 일간을 도와 水를 생하여, 재물과, 명예에 발전이 있는 좋은 운이 되고, 학생은 학업증진 운을 만나고.
丑土정인= 巳火 편관과 반합으로, 巳丑 合金 하여, 일간을 도와, 재물을 취하는 힘이 강해지는 좋은 운이라 학업 증진 운이 됩니다.

壬寅年= 壬水는 식상 운으로, 일복, 먹을 복 이며, 학업증진 운을 만나고.
寅木= 통관 운이며, 재성 운이, 亥水 식상과 합은 좋은 학업운이 됩니다.

제 5장

대통령 및 고관

목차

제 5장 대통령 및 고관

Memo

이 승만 건국대통령 1.2.3대

151

陰 陽3 陰 陽3	强 弱 0	用神 목화	格局 편인	男 女 0	大 運	歲 運	月 運	五 行	數 字	十神
殺								화	1	比劫
六親								토	1	食傷
十神								금	1	財星
天干	**庚**	**丁**	**己**	**乙**				수	3	官星
地支	**子**	**亥**	**卯**	**亥**				목	2	印星
地藏干					2022년 148세					
十神					1948 戊子년 초대대통령					
六親					1952 壬辰년 2대 당선					
殺					1956 丙申년 3대 81세					

大運數	12	11	10	9	85	75	65	5	4	3	2	1	5	
天干				己	庚	辛	壬	癸	甲	乙	丙	丁	戊	
地志				巳	午	未	申	酉	戌	亥	子	丑	寅	

亥水는 큰물, 바다를 의미하며 해외와 인연이 있는 역마의 기운이라 하고,
亥, 子대운에 미국에서 독립운동을 하시고, 乙酉년 해방을, 맞이하고,
1대= 戊子년73세= 초대 당선= 戊土 상관 운, 子水편관운에 당선.
2대= 壬辰년 壬水정관운, 辰土 상관 운 (당선)
3대= 未土 大運= 丙申년= 丙火 겁재 운, 申金 재성 운 (당선)
4대 부정선거로 4,19 학생혁명 발생, 하야= 庚子년 물이 범람하여, 큰물 수 관성이 卯 印星 명예와 결재권을 쓸어가는 형국이 되어, 자격 박탈, 하야하시고, 하와이로 망명을 하셨다고 해석이 됩니다.

丁火 일간에, 亥水 두자는 천을 귀인으로 귀격이고. 丁亥 일주= 호수위에 뜬 달의 형상으로 두뇌가 명석 하며 천문성과예술성이 있어 귀격이 됩니다, 얼핏 보면 물이 많아 丁火가 꺼지는 형국으로 보이나, 亥水가 卯木과 합을 이루어 丁火의 화력을 강하게 하여 庚金을 제련할 수 있는 강한 화력이 되어 자유 민주주의 대한민국 정부를 수립하고, 지키게 하였다라고. 풀이가 됩니다.

만약에 공산주의가 되었다면, 현재 북한의 사정과 같이 가난하고, 국민은 헐벗고 굶주림을 당하고 살아가는, 많이 불행한 세상이 되었을 것을, 생각만 하여도 끔찍한 것은, 부인할 수 없는 현실 입니다.

윤 보선 4대 대통령

陰 陽3 陰 陽4	强 弱 0	用神 목화	格局 편관	男 女 0	大 運	歲 運	月 運	五 行	字 數	十神
殺								수	2	比劫
六親								목	2	食傷
十神								화	1	財星
天干	**癸**	**壬**	**戊**	**丁**				토	1	官星
地支	**卯**	**寅**	**申**	**酉**				금	2	印星
地藏干					2022년 126세					
十神										
六親										
殺	천을	문창								

大運數	12	11	10	9	8	7	6	5	4	3	2	1	
天干						庚	辛	壬	癸	甲	乙	丙	丁
地支						子	丑	寅	卯	辰	巳	午	未

가을에 태어난 壬水일간 으로 성품이 온화하고 학자의 풍모였으며,
임인 일주= 문창, 역마, 학당, 암록으로 학문성과 귀인성이 좋아
학자나 교육자의 성향으로 복록 이 있는 명주입니다.

1960년대 초에, 의원 내각제 체재에서, 4,19 학생혁명 직 후에,
4대 대통령을 역임 하신 분으로, 서울에서 집이99칸, 아흔아홉 칸이라고
소문이 난 것으로 기억을 합니다.

당시에 시골에서는 사시사철 배부르게 먹고살기가 여려 운 시대에,
조상님 덕으로 공부를 많이 하시고 좋은 집, 좋은 환경에서 사신 분으로,
사주 구조가 조상 덕이 있는, 구조이며.

丁火부친, 申金 모친, 배우자 丁酉이며 寅木의 성향, 이라고 볼 수 있으며,
자식은 월간에 戊土이나, 시주에 癸卯 의 성향 이라고 봅니다.
유명하고 성공하신 분들은 사주 구조와, 大運 運路가 모두 잘 구성되어
있습니다.

박 정희 5.6.7.8.9.10대 대통령

陰 陽5 陰 陽6	强 弱 0	用神 토금	格局 식신	男 女 0	大運	歲運	月運	五行	個數	十神
殺								금	3	比劫
六親								수	1	食傷
十神								목	1	財星
天干	**戊**	**庚**	**辛**	**丁**	甲	己	甲	화	2	官星
地支	**寅**	**申**	**亥**	**巳**	辰	未	戌	토	1	印星
地藏干					2021년 105세					
十神					1917년 11월 26일 출생					
六親					1979년 10월 26일					
殺		건록			19시 40분 62세 사망					

大運數	11	10	9	8	7	62	52	42	32	22	12	2
天干					癸	甲	乙	丙	丁	戊	己	庚
地支					卯	辰	巳	午	未	申	酉	戌

庚申일주= 역마, 암록, 홍염, 간여지동, 명주가 강하여 영웅심이 강하며 권력계통 에서, 빠르게 성공하는 강한 기질의 일주이고. 戊土의 생을 받아 강하고, 지지에 많은 역마 성으로 추진력이 매우강한 사주의 구성이 됩니다.

丁巳 관성이 국가자리에 있어, 관성이 강하여 명예를 중요시하고, 애국심이 강하며, 식신 격으로, 고지식하며, 베푸는 성향이 강한 명이 됩니다.
지지를 보면 寅, 申, 巳, 亥 역마 星을 모두 깔고 있으며, 충을 이루니, 좌충우돌 하며 추진력이 무척 강한 격을 이루고 있으며. 가난한 나라, 원조 받는 나라를, 자급자족의 나라에서, 선진국으로, 원조를 하는 나라로 만들려면, 선비의 기질로 는 절대로 이룰 수 없으며, 경재 산업발전의 기적을 이룩하신 박 정희 대통령은 천재적인 기질이며 **영웅적인** 업적이 됩니다.

물상으로 보면= 겨울에 큰 金으로 丁火와 戊土가 난방 역할을 하여 조후가 잘되고, 庚, 辛金광물을 캐고, 辛金이 丁火 달빛에, 조용히 빛나는 형국으로 귀명의 격을 이루고 있으며, 잘사는 나라가 될 수 있도록 만들어 주신 분이 확실하며, 박 정희 대통령만 하실 수 있는 업적이라고 많은 국민들이 감사한 마음을 간직하고 있는 것이 사실입니다.

전 두환 12대 대통령

154

陰 陽3	强弱	用神	格局	男女	大運	歲運	月運	五行	字數	十神
陰 陽1	0	목화	편인	0						
殺								수	1	比劫
六親								목	0	食傷
十神								화	1	財星
天干	**戊**	**癸**	**辛**	**辛**				토	3	官星
地支	**午**	**酉**	**丑**	**未**				금	3	印星
地藏干			癸辛己		신축년 91세					
十神					사망. 2021년 11월 23					
六親					辛 丑년 己亥월 乙亥일					
殺					강한 수기에 오 화가 꺼짐					

大運數	102	92	82	72	62	52	42	32	22	12	2
天干		辛	壬	癸	甲	乙	丙	丁	戊	己	庚
地志		卯	辰	巳	午	未	申	酉	戌	亥	子

공부 차원에서 어떤 운에 진급을 하였는가 알아봅니다.
소위 임관= 1955년 乙未년-乙木은 식신 운 이고, 未土는 **편관 운**
공수특전단 부단장= 1699년 丙午년 –정재 辛金 편인과 합= 정재+편인 합
육군 참모총장실 수석부관= 1969년-乙酉년-乙木은 식신 운 酉金, 인성 운
청와대 경호실 차장보= 1976년 丙辰년-丙辛합, 辰酉= 편인과 합

육군소장= 1977년 丁巳년-丁火는 편재이고 巳火는 **정재**이며 巳午未 방국을 이루어 겨울 계수가 따뜻한 여름 날씨를 만나 **조후가** 해결되는 형상이다.

제1사단장= 1978년 戊午년-戊토는 정관이고 午火는 편재 이면서 조후.
따뜻한 불을 만나 좋은 형상이 되고.
국군 보안 사령관= 1997년 己未년 관성 운으로 진급에 좋은 운이 됩니다.

癸酉 일주의 특징= 영리하고 처덕이 있으며 억센 여자가 좋은 명이 되고.
사주의 구조= 특이하게 일간 癸水에게로 모든 기운이 모이는 형국으로
반대의 오행이 하나도 없는 구성이 특이하며.
조상 궁과 부모 궁이 좋은 구성을 이루고 있습니다.

陰 陽3 陰 陽6	強 弱 0	用神 목	格局 건록	男 女 0	대 운	세 운	월 운	五 行	個 數	十神
殺	백호	괴강						금	3	比劫
六親								수	1	食傷
十神								목	ㅇ	財星
天干	**丁**	**庚**	**戊**	**壬**				화	1	官星
地支	**丑**	**戌**	**申**	**申**				토	3	印星
地藏干					2021년 90세 정사대운					
十神										
26六親										
殺	백호	괴강	건록	건록						

大運數	117	107	97	87	77	67	57	47	37	27	17	7	
天干				丁	丙	乙	甲	癸	壬	辛	庚	己	
地支				巳	辰	卯	寅	丑	子	亥	戌	酉	

庚戌日柱= 가을에 태어난 庚金 일주= 인성과 비견이 강하여 신강한 일주가 됩니다. 크고 넓은 산에서 金을 캐는 형국으로, 부와 명예가 있는 좋은 구성을 이루고 있으며, 결실의 계절에 강한 금을 토인성이, 하늘과 땅에서 일간을 돕는 형상이 됩니다.
金을 캐는 구조에 壬水는 씻어주는 의미가 되고, 명예로 봅니다.
운로에서 초년에 신강 한 사주가, 土, 金 운을 만나 힘이 들었을 것으로, 억부용신 법에 의하면 강한일간에, 인성과 비겁 운은 흉이 된다. 과유불급.

32세 亥 대운부터 길하고. 원국에 없는 木 大運에 대통령에 당선되었으며, 木 大運에는 丁火용광로가 庚金을 제련하여 훌륭한 기물을 만드는 형상으로. 좋은 구성이 됩니다.
동료와 인덕, 음덕, 이강하고. 많은 인성과 비견이 일간을 향해 돕고 있는 형상이 됩니다.
일지에 戌土는 배우자의 성향이 되고, 덕이 있는 배우자의 형상이 됩니다.
자식은 배우자를 돕고 배우자는 일간을 돕는 형상이 되고,
자식이 태어난 후부터 모든 일이 잘 되는 형국이 됩니다.

사망의 시기= 2021년 10월 26일= 辛丑년 戊戌월 丁未일이 됩니다.

김 영삼 14대 대통령

156

陰 陽1 陰 陽4	强弱 0	用神 금	格局 2행격	男女 0	대 운	세 운	월 운	五 行	個 數	十神
殺			귀격					토	6	比劫
六親								금	0	食傷
十神								수	0	財星
天干	**甲**	**己**	**乙**	**戊**	辛			목	2	官星
地支	**戌**	**未**	**丑**	**辰**	未			화	0	印星
地藏干	辛丁	丁乙己	癸辛	癸	2022년 95세					
十神					출생, 1927년 12월 20일					
六親					대통령 당선 1992년 12월 19일					
殺					사망, 2015년 11월 22일					

大運數	11	10	9	87	7	67	57	4	3	2	17	7	
天干			乙	甲	癸	壬	辛	庚	己	戊	丁	丙	
地支			亥	戌	酉	申	未	午	巳	辰	卯	寅	

특별격= 부와 명예가 있으며 평생, 안락하고 장수한다는 귀한 격으로.
지지에 辰 戌 丑 未 화개가 다 있어 제왕 격 이라고 합니다.
간여지동.-주장이강하며, 교육계가 좋다. 출세가 빠르고 우두머리 격이고,
암록에 귀격으로–재물의 궁함은 없는 격이 되고, 오행의 구성이 특이하다.

행운 중에 방해자만 없으면 식상 운과 재성 운이 두루두루 길 하고.
반대로 식상과 재성이 충 극 이면 지출 손재 불합격, 실직, 등 성사되는
일이 없다고 한다.
이분은 辛未 대운 중 未土 火 大運 壬申년에 소원성취 하셨다.

대통령 당선일= 1992년 12월 19일 64세, 壬ㅊㅊ년 癸丑 月 壬辰日
壬申年= 壬水= 正財 年, 申金= 償官 年, 未土 비견 大運.
癸丑月= 癸水= 偏財 月, 丑土= 比肩 月, 壬辰日= 壬水= 正財-辰土= 劫財

형상으로 보면,
명예를 중요시하고 명예를 추구하는 강한 의지가 있는 길명으로,
조직에서, 대장의 형상으로 조직을 상징하는 관, 甲 木깃발 세우고,
동지들을 관리하고 통솔하는 形象 으로. 吉象이며, 귀인의 격이 됩니다.

김 대중 15대 대통령

157

陰 陽4 陰 陽4	强弱 0	用神 화토	格局 정인	男女 0	대 운	세 운	월 운	五 行	個 數	十神
殺								목	3	比劫
六親								화	1	食傷
十神								토	0	財星
天干	**丁**	**甲**	**甲**	**癸**	丁			금	1	官星
地支	**卯**	**申**	**子**	**亥**	巳			수	3	印星
地藏干		무壬경			2022년 100세					
十神					출생, 1924년 1월 6일					
六親					대통령당선 1997년 12월 19일					
殺					사망, 2009년 8월 18일					

大運數	11	10	9	80	70	60	50	4	3	2	10	
天干				丙	丁	戊	己	庚	辛	壬	癸	
地支				辰	巳	午	未	申	酉	戌	亥	

甲 木은 맏형이며 선두이고, 자존심의 대표이며, 창의력이 강하고.
水 인성이 많아 지식과 지혜. 인덕이 많음을 내포하고 있으며.
甲申 일주= 편관, 역마, 현침, 활동성과 추진력이 강하며 다재다능하다.
항상 침착하라 성공의 비결은 서두르지 아니하고 참는데 있다.
겨울나무 甲木이. 丁火 난로에 땔감이 풍부한 형국으로,

조상 궁과 부모궁의 물, 水氣가, 나무를 키우고 나무는 불을 키우니
엄동설한에 丁火는 용광로 같이 큰 모닥불이 되어 따뜻한 온기로 넓은
세상을 보듬어주는 좋은 인품의 사주이다.
나무에 비하여 불이 부족하다.

火 大運에, 겨울나무에 꽃을 피우는 형상으로 대통령에 당선되었으며.
겨울 甲木은 땔감용으로 火大運에 기량과 의무를 충분히 발휘할수 있는
시기에, 발 복을 하여 뜻을 이루는 시기를 만난 운으로 해석이 가능하고.
火運에 조후, 난방이 해결되어 소원을 성취하는 吉 한 운이 됩니다.

丁巳大運 1997년 12월 19일 대통령 당선, 丁丑 년, 癸丑 月, 甲子 日,
원국의 구조와 대운의 흐름이 절묘 하다고 할 수 있습니다.
일반인들의 사주에서도, 겨울 생이 火 大運을 만나면 발 복을 합니다.

노 무현 16대 대통령

陰 陽5 陰 陽8	强 弱 0	用神 금수	格局	男 女 0	대 운	세 운	월 운	五 行	個 數	十星
殺								토	3	比劫
六親								금	1	食傷
十神								수	0	財星
天干	**丙**	**戊**	**丙**	**丙**				목	1	官星
地支	**辰**	**寅**	**申**	**戌**				화	3	印星
地藏干			壬		신축년 76세					
十神		편관			1946년 5월 23일 출생					
六親					대통령당선 2002년 12월 19일					
殺					사망 62세 2009년 5월 23일					

大運數	11	10	9	8	7	65	55	4	3	25	1	5
天干						癸	壬	辛	庚	己	戊	丁
地支						卯	寅	丑	子	亥	戌	酉

초년 운이 비겁 운이라 넉넉한 환경은 아니라고 볼 수 있나, 건강하고,
亥 대운부터 재성과, 木 大運 관성으로 흘러 발 복의 시기라고 보며,
戊寅 일주= 지능이 뛰어나며, 이상이 크고, 개척정신이 강하여, 만인의
지도자 상이 되고. 사주에 모든 기운이 일간을 돕고 있어 귀격을 이루고.
일간을 중심으로, 일간을 도와주는 오행들이 잘 배치되어 있어,
조직에 대장의 형상이 됩니다.

밝은 태양은 인덕, 음덕, 귀인의 덕을 의미하니 귀인의 덕이 광대하고.
水運은 조후이며 재성 운이고 통관 운으로. 木 官성운은 병화 인성 운에
화력을 높이는 좋은 편관 대운을 만나, 하늘이 내려주시는
대통령이 되셨다고 할 수 있으며, 부하고, 귀한 명이 됩니다.
제16대 대통령 당선일 2002년 12월 19일= 壬午년. 癸丑월, 甲午일 당선.

사망의 시기 2009년 5월 23일= 己丑년 庚午월 辛卯일
신강 한 사주, 己丑 년에 庚午월은 과유불급으로 과하여 제방이 터지는
형국으로 매우 흉하며 결정적으로 辛卯일= 辛金은 丙火와 합을 이루면
심장이 멈추는 형국이 되고, 卯木은 일간 戊土와 한 몸이 되는 戊土와
卯戌 합이 되어 일간이 없어지는 형국으로, 사망일에 흉한 운기가 됩니다.

陰 陽2 陰 陽4	强弱 0	用神 수	格局	男女	대 운	세 운	세 운	五 行	個 數	十星
殺			귀격					금	4	比劫
六親								수	1	食傷
十神								목	1	財星
天干	**庚**	**辛**	**庚**	**辛**		辛	壬	화	1	官星
地支	**寅**	**丑**	**子**	**巳**		丑	寅	토	1	印星
地藏干		辛		庚	2022년 82세					
十神										
六親					2022년 5월 20일 현재					
殺					수감자 신분으로 치료중임					

大運數	11	10	95	85	75	6	5	4	3	2	1	5	
天干			庚	辛	壬	癸	甲	乙	丙	丁	戊	己	
地支			寅	卯	辰	巳	午	未	申	酉	戌	亥	

천전 일기 격

丁亥년 12월 19일 17대 대통령 당선 丁火 편관 운을 만나고,
亥 子 丑 三合 方合= 식상 국을 이룬다, 같은 뜻을 가진 동지들의
도움을 많이 받고 있는 형국이며,
동지들이 힘을 합하여 대통령 에 당선된 좋은 명이 됩니다.

辛丑年= 辛금 丑土, 신강사주에 인성과 비겁 운이라 좋은 일을 기대하기
어려운 운을 만나 변동이 없고.

壬寅年= 壬水는 식상 운으로 일간이 활동을 하는 운기가 되고.
寅木 재성 운은 巳火 正官을 생하여 명예회복의 기운이라고 볼 수 있으며,
寅巳 刑을 조정하는 기운으로 보아도 현재 감옥 에서 변경하고, 조정하여
석방의 운기라고 할 수 있습니다.

현재 지병이 악화되어,
2022년 2월 15일 현재 어느 병원에서 입원 치료중 이라고 하고,
2022년 3월 9일, 20대 대통령 선거에서, 국민의힘당 윤 석열, 당선.
2022년 5월 9일 퇴임하는 문재인 대통령이 사면을 하지 않았음.

박 근혜 18대 대통령

陰 陽5 陰 陽4	强 弱 0	用神 화토	局格 식상	男 女 0	大運	歲運	月運	五行	數字	十神
殺								토	2	比劫
六親								금	2	食傷
十神								수	0	財星
天干	**甲**	**戊**	**辛**	**辛**	己	壬		목	4	官星
地支	**寅**	**寅**	**丑**	**卯**	酉	寅		화	0	印星
地藏干	丙	丙	癸		2022년 72세					
十神					사회에 봉사할 수 있는					
六親					건강한 기간은 짧고 결실은					
殺					약한 운을 만나게 됩니다.					

大運數	12	11	10	9	8	71	61	51	41	31	2	1	1
天干					庚	己	戊	丁	丙	乙	甲	癸	壬
地志					戌	酉	申	未	午	巳	辰	卯	寅

戊土 일간이 의지할 곳이, 꽁꽁 얼어있는 丑土 하나 밖에 없는 극 신약 명으로, 음력 12월생, 戊申大運 壬辰年 12月19日,18대 대통령에 당선되고.

음력12월 겨울 생이 36세부터 火 大運을 만나 30년간 좋은 大運을 만나고, 66세 丙申年= 丙火운이 辛金식상과 합을 하고, 지지에 申金 운이 寅木 관성과 충을 하면= 행동이 재한 되고, 근무처가 없어지는 형국의 흉한 운을 만나, 억울하게 옥고를 치루시게 되고. 일반 직장인이면 해고 운이 됩니다.

2022년부터 己酉大運에 己土의 운기를 받으면= 신약한 사주는, 크게 힘이 강해지는 운기를 만나고, 새로운 환경에서 생활하는 형국이 됩니다.

壬寅年을 만나면= 壬水는 재성 운으로 甲木 관성을 생을 하고,
寅木= 편관 운으로 지지에서 충이나 극 이 없어, 좋은 운을 만나, 명예와 건강을 기대할 수 있는 좋은 운이 됩니다.

2022년 3월 5일 현재, 20대 대통령 선거, 사전투표 장에 걸어서 투표를 하였으니 건강이 많이 회복이 되신 것으로 이해가되고, 경북, 달성군에 사저를 마련하고, 3월 20일 현재는 병원에 입원 중이시며, 많은 국민들과 지지자들이 애정으로, 사저를 구경하러 많이 모인다고 합니다.

문 재인 19대 대통령

161

陰 陽3 陰 陽4	强 弱 0	用神 목화	格局 편인	男 女 0	대 운	세 운	월 운	五 行	個 數	十星
殺								목	1	比劫
六親								화	1	食傷
十神								토	2	財星
天干	**丙**	**乙**	**癸**	**壬**	庚	辛	壬	금	0	官星
地支	**子**	**亥**	**丑**	**辰**	申	丑	寅	수	4	印星
地藏干					2022년 71세					
十神					대통령당선 2017년 5월 9일.					
六親					5년 2022년 5월 9일만기					
殺					현재 흉 대운					

大運數	11	10	9	8	74	64	5	4	3	2	1	4	
天干					辛	庚	己	戊	丁	丙	乙	甲	
地支					酉	申	未	午	巳	辰	卯	寅	

신강한 사주는 비 겁운과 인성 운은 발전이 없는 운이 됩니다.

엄동설한에 태어난 乙木일주. 다행으로 태양이 뜨고 乙木을 도와주는
辰土와 수인성의 도움으로, 지혜와 지식이 많으며 인덕 과 음덕이 강하며,
인성= 일간이 받는 기운이며 욕심에 해당되며 과하면 독이 될 수도 있다.

乙亥 일주의 특징= 역마, 지식창고에, 학술 예술 좋아하고 창의력이 있으며,
현재 官 大運, 길운으로 보나, 자세히 보면 金이 水를 생산 하고 있어.
인성이 과유불급 현상으로 명예에 손상이 되는 형국으로 흉한 운이 되고.

壬寅年= 壬水는 乙木을 생하고 남는 기운이 병화를 끄는 형국으로.
壬水 인성은 욕심도 되고, 원국에 인성 수기가 많은데 壬水 운은 욕심이
과하여 흉한 결과를 만들 수 있는 운을 만나고.
寅木= 겁재 운은 辰土에 뿌리를 내리고. 일지에 亥水와 合을 하여 亥水
인성이 木 으로 변하면 배신에 의미가 되고. 도와주는 인덕이 없어지는
형국으로 흉한 운이 됩니다.
사주 원국에 팔자도 내 것이고, 운에서 만나는 글자도 내 것으로,
좋으나 나쁘나 비켜 갈수가 없고, 버릴 수가 없는 것이 운명입니다.

윤 석열 20대 대통령 162

陰 陽2 陰 陽4	强 弱 0	用神 상관	局格 삼상	男 女 0	大 運	歲 運	月 運	五 行	數 字	十神
殺								금	2	比劫
六親								수	3	食傷
十神								목	0	財星
天干	**癸**	**庚**	**戊**	**庚**		壬		화	0	官星
地支	**未**	**辰**	**子**	**子**		寅		토	3	印星
地藏干	丁乙	乙			2022년 임인년 63세					
十神					20대 대통령 선거					
六親					2022년 3월 9일 당선					
殺					좋은 정치를 희망함					

大運數	12	11	10	9	87	77	67	57	47	3	2	1	7
天干					丁	丙	乙	甲	癸	壬	辛	庚	己
地志					酉	申	未	午	巳	辰	卯	寅	丑

土 生 金, 金 生 水= 木과 火가 없는 귀격, 삼상 격이 균형을 잘 이루고 있으며, 53세 巳火 대운부터-35년간 좋은 운을 만나는, 좋은 명이 됩니다.

辛丑年= 辛金겁재운은 癸水 식상을 생하여 좋은 운을 만나고,
丑土= 정인은 인성 운으로, 子水 식상과 합을 하여 식상 국을 이루어, 명예에 발전이 있는 운으로, 대 길운을 만나, 국민의힘당 대통령 후보가 되었으며. 2021년 11월 5일 확정.

壬寅年= 壬수는 식신 운으로 좋은 운기이며,
寅木= 재성 운으로 충이나 극이 없으며, 辰土이 뿌리를 내리고 잘 자라면 20대 대통령에 당선이 가능한 운이며 선군이 되어주기를 기원합니다,

癸卯年= 癸水상관 운이 戊土 편인과 합을 이루면. 명예에 발전이 있으며,
卯木= 재성운이며, 통관 운이, 미토 인성과 합을 이루면 명예에 발전이 있는 좋은 운이라고 봅니다.
子卯刑을 완전, 무시할 수는 없으며, 업무가 힘이 들고 구설이 예상 됩니다.

2022년 5월10일 20대 대통령 취임식, 집무실을 용산 국방부 청사로 정하고, 기존의 청와대는 국민의 휴양지로 결정됨. 2022년 5월 15일 현재.

이 병철 회장 삼성창업주

陰5 陽 陰 陽7	强 弱 0	用神 화	格局 편관	男 女 0	대 운	새 운	월 월	五 行	個 數	十神
殺				괴강				토	3	比劫
六親								금	2	食傷
十神								수	2	財星
天干	**癸**	**戊**	**戊**	**庚**				목	1	官星
地支	**亥**	**申**	**寅**	**戌**				화	0	印星
地藏干	무	무	무병	정무	2021년 112세					
十神					1987년 11월 19일					
六親					77세 사망					
殺	두뇌명석	문창								

大運數	118	108	98	88	78	68	58	48	38	28	18	8
天干				丁	丙	乙	甲	癸	壬	辛	庚	己
地支				亥	戌	酉	申	未	午	巳	辰	未

유명하고 크게 성공하신 분들의 명조는 오행의 구조가 특이하다.
약간 신약하나, 식상, 재성, 관성을 감당 하고 이길 수 있다,
戊申일주특징= 광물이 들어있는 큰 산이라. 복록이 따르고, 부, 귀하고 장수 한다는 좋은 일주입니다.

형상으로 보면

큰 산, 광물을 캐는 명주이며, 金을 캘 수 있는 땅이 무궁무진하게 많다.
땅속 지장 간에, 戊土 큰 산을, 빠짐없이 모두 감추고 있어. 많은 金을 캘 수 있으며, 캐는 만큼 재물이 되는 형국으로 부자의 구조가 됩니다.
癸水 로 씻어서 팔면 값이 더 비싸다,
새로운 상품. 신 개발품으로 묘사가 된다.

오행 생 극 제화로 보면

재물이 많이 있는 사주의 구조가 됩니다,
시주에 癸亥 재성, 에서도 재물이 많음을 나타내고 있으며,
시주의 癸亥는 財物 이고. 배우자이며. 자식 이 되고,
힘이 있고 좋은 구성이 되고. 癸亥는 지혜가 많으신 의미가 됩니다.

조 중훈 한진그릅창업회장

164

陰 陽4 陰 陽5	强 弱 0	用神 토	格局 정관	男 女 0	대 운	세 운	월 운	五 行	個 數	十神
殺								화	2	比劫
六親								토	0	食傷
十神								금	2	財星
天干	壬	丁	丁	庚				수	2	官星
地支	寅	卯	亥	申				목	2	印星
地藏干					2022년 103세					
十神					부모 덕. 배우자 덕					
六親					자식 덕이 있는 명.					
殺										

大運數	11	10	9	8	7	6	5	4	3	25	15	5
天干					乙	甲	癸	壬	辛	庚	己	戊
地支					未	午	巳	辰	卯	寅	丑	子

약간, 약한 명주이나 丁壬合 木 하고, 亥水와 卯木의 合木 하여 신강한 명주가 됩니다.
丁卯日柱= 지혜가 좋으며, 편인의 저돌성으로 빠르게 성공하는 기질이 강하며, 멋과 센스 있고, 음욕이 강한 특성이 있는 일주이다.

亥水 正官이 卯木 인성과의 合木이 되어, 庚金을 제련을 할 수 있게 丁火에게 큰 힘이 되어 어머니 덕과 자식 덕 이 크다고 볼 수 있으며.
자식이 태어나면 하는 일이 잘되는 형국이 됩니다.

庚金 큰金을 제련하여 훌륭한 기물로 만들고 壬水로 씻어주어, 빛이 나게 하는 명으로 부와 귀함이 있는 길명이 됩니다.

庚金을 제련 하는 만큼, 재물이 늘어난다. 丁火 용광로가 두 개인 것을 해석하면, 힘이 강하다, 그칠 줄을 모르고 생산을 하는 형국이다.

大運 운로에서 木과 火로 화기를 강하게 하고, 제련을 꾸준히 잘하여 한진그룹, 유명한 대한항공 외에 다수의 계열사를 설립하였으며, 성공하신 분들의 사주는 절묘하다는 감탄사가 저절로 나옵니다.

정 운찬 전 국무총리

陰 陽4 陰 陽4	强 弱 0	用神 토금	格局 귀격	男 女 0	대 운	세 운	세 운	五 行	個 數	十星
殺			삼상					화	2	比劫
六親								토	0	食傷
十神								금	0	財星
天干	**壬**	**丁**	**癸**	**丁**		壬	己	수	4	官星
地支	**寅**	**亥**	**卯**	**亥**		午	丑	목	2	印星
地藏干					신축년7 5세 정임 합,					
十神					인해 합, 해묘 합 온순 하고					
六親					적이 없는 상이며, 상대를					
殺					나의 편으로 만드는 힘이있다.					

大運數	11	10	9	8	7	6	5	4	3	2	1		
天干						丙	丁	戊	己	庚	辛	壬	
地支						申	酉	戌	亥	子	丑	寅	

丁亥 일주= 두뇌명석하고 호수위에 달빛이라 귀 격이며, 亥水= 천을 귀인
어진 처와 귀한 자식 두고 가정이 태평하고, 일생이 행복한 일주이고.
생 극 제 화로 보면 꺼진 불로 보고 힘이 하나도 없다. 라고,
할 수 있으나, 서울대 총장에서 국무총리를 역임하신 사주라고 합니다.

壬午年= 壬水 정관 운과 일간 丁火의 합은 좋은 운이다.
午火 비견이 寅木 정인과 합을 하여 吉運, 비견과 **인성 합,**
壬午年, 서울대 총장에 당선됨 (壬水 정관 운)

辛丑年= 신금 편재 운이 癸水 편관을 생하여 좋은 직책,
국민의힘당 대통령 후보를 선출하는, 선거대책 위원장직 수행.
윤 석열 국힘당 당내 대통령후보 선출. 11월 5일 결정

壬寅 年= 壬水= 正官 운은, 일간과 합을 하여, 명예 발전 운이 되고.
寅木= 正印運= 亥水 正官과 합을 하여 명예가 상승하는 운을 만나고.
壬寅년 3월 9일에 정권교체를 이루는 것으로 해석 할 수도 있습니다.

정 주영 현대그룹 창업회장

陰 陽4 陰 陽3	强 弱 0	用神 토	格局 식신	男 女 0	대 운	세 운	월 운	五 行	個 數	十神
殺								금	2	比劫
六親								수	1	食傷
十神								목	2	財星
天干	**丁**	**庚**	**丁**	**乙**				화	2	官星
地支	**丑**	**申**	**亥**	**卯**				토	1	印星
地藏干					강원도통천 생, 85세에 별세					
十神					아들 몽필, 몽구.					
六親					몽근, 몽헌, 몽준, 몽윤,					
殺					몽일, 딸 경희 8남매					

大運數	116	106	96	86	76	66	56	46	36	26	16	6
天干				戊	己	庚	辛	壬	癸	甲	乙	丙
地支				寅	卯	辰	巳	午	未	申	酉	戌

生 1915-11-25-= 2021년 107세, 死 2001년 3월 21일

위 명주는 오행의 구조가 절묘 합니다.
丁火의 火力으로 일간이 庚金. 원석. 철광석 을 제련하는 구조로 庚金이 재물이 되고. 年柱에 乙木의 부족한 힘을, 亥水 식신이 亥 卯 合木 하여 丁火의 화력을 돕는 형상이며, 丁火가 두 개 있다, 두 개의 용광로가 많은 원석을 제련을 하니, 무궁무진한 재물을 만들어내는 저력의 형상이 됩니다.

형상으로= 정주영 회장님의 수완과 능력이 사주팔자, 여 덜자 속에 있으니, 년주에 乙卯 正財는 배우자이며 힘이 있고, 간여지동 이며 卯木은 乙木의 뿌리가 되어 힘이 강하다. 용광로의 화력이 되었으니 내조를 잘 하셨다. 라고 볼 수 있으며. 丁火는 자식이 되고 사업장이 되며, 자식이 태어나고 하는 일이 더욱 잘 되었다고 봅니다.

庚金 옆에 丁火가 있으면 모두다 제련을 하고, 부자가 되고 성공하는 것은 아니며. 亥水와 卯木의 合은 절묘한 구성이 됩니다.
1915, 乙卯년 에서 60년을 더하면= 1975, 乙卯 년생에 정주영 회장님과 같은 사주가 있으니 참고 하시기 바랍니다.

陰 陽1 陰 陽5	强弱 0	用神 목	格局 정관	男女 0	대 운	세 운	월 운	五 行	個 數	十星
殺								수	1	比劫
六親								목	0	食傷
十神								화	1	財星
天干	**庚**	**壬**	**辛**	**辛**				토	3	官星
地支	**戌**	**戌**	**丑**	**巳**				금	3	印星
地藏干	辛	辛	辛	庚	신축년 81세					
十神					1942년 1월 9일생					
六親					2020년 10월 25일 사망					
殺										

大運數	11	10	9	8	75	6	5	4	3	2	1	5	
天干				甲	癸	甲	乙	丙	丁	戊	己	庚	
地支				辰	巳	午	未	申	酉	戌	亥	子	

특징= 인성이 강한 것은 부모님 덕과 음덕, 인덕이 좋은 것을 의미하고,
모든 기운이 일간에게로 모이는 것은 타고난, 복이 많은, 좋은 명이라고
할 수 있으며.
명주가 잘 다스리고 베풀며 처세를 잘하는 의미가 됩니다.

금을 캐는 명으로 금이 지장 간 속에 까지, 무궁무진 하다 는 표현이
적절 하다고 할 수 있으며,
지장 간 4곳에 모두 금을 저장하고 있다.
절묘하고 신기하게 아버님 되시는 이 병철 회장님은
庚金을 캐는 명으로 지장 간에 戊土 를 모두 저장 해 두고 있으며,
아들 되시는 건희 회장님은 辛金과 庚金을 캐는 명으로 지장 간 전체에
庚金과, 辛金을 모두 저장하고, 감추고 있으니, 재물이 무궁 무진 하다는
표현이 적절하다고 봅니다.

형상으로 보면

그림이= 큰 조직에서 인자하고, 조용한 인품으로 대장의 형상이 되고,
모든 氣운이 관인 상생으로 일간 壬水에게로 모이고 있는 특징이 됩니다.

정 세균 전 총리

陰 陽4	强弱	用神	格局	男女	대운	세운	월운	五行	個數	十星
陰 陽4	0	목	정인	0						
殺								수	2	比劫
六親								목	2	食傷
十神								화	1	財星
天干	戊	癸	乙	庚	辛			토	1	官星
地支	午	亥	酉	寅	卯			금	2	印星
地藏干					신축년 72세,					
十神					현재 묘 대운					
六親					합은 친화력					
殺										

大運數	11	10	9	8	75	65	5	4	3	2	1	5	
天干					壬	辛	庚	己	戊	正	丙	乙	
地支					辰	卯	寅	丑	子	亥	戌	酉	

두뇌총명의 최고 일주, 움직이는 백과사전 이고 배우자가 잘 도와준다고.
부창부수라고 합니다.
초년대운이 인성과 관성 운이라 공부하기에 좋은 운이 되고,
45세부터 좋은 대운을 만나 명예와 부를 누리는 좋은 명이 됩니다.

庚子年= 국무총리 역임,= 庚金은 乙庚 合, 子수는 亥수와 반합 하여 길운.
辛丑年= 더불어 민주당 대통령 후보 경선 중 4위로 자진사퇴함
辛丑年= 辛金= 월간에 乙木과 乙辛 沖 하여 흉한 운이 됩니다.

壬寅年= 壬水 겁재 운이, 寅木 상관을 달고 오면, 무엇인가 새로운 일을 하고자 하는 마음이고. (마음의 변화) 亥水겁재와 합은 새로운 일을 실행 하는 것으로 볼 수 있으나, 일지에 비겁이 변하는 운은 배신에 의미가 있으며, 사기수를 조심하여야 하고.

癸卯年= 운에서 오는 癸水 비견은 남이고, 乙木을 생하고 戊土 정관과 합을 이루면, 일간의 직장을 가져가는 형국으로 흉한 운이 되고,
卯木= 식신 운은 酉金 편인과 충을 이루면, 신용과 명에가 하락하는 흉한 운이 됩니다. 건강 주의.

이 낙연 전총리 169

陰 陽2 陰 陽6	强 弱 0	用神 목	格局 식신	男 女 0	대 운	세 운	세 운	五 行	個 數	十神
殺	백호		양인	괴강				금	1	比劫
六親								수	4	食傷
十神								목	0	財星
天干	**丙**	**庚**	**壬**	**壬**		庚	壬	화	1	官星
地支	**戌**	**子**	**子**	**辰**		子	寅	토	2	印星
地藏干					기자, 국회의원. 대변인					
十神					도지사, 국무총리					
六親					더불어민주당 대표					
殺					임인년 평당원					

大運數	11	10	9	8	75	65	5	4	3	2	1	5
天干				辛	庚	己	戊	丁	丙	乙	甲	癸
地支				酉	申	未	午	巳	辰	卯	寅	丑

부와 명예가 있는 명으로, 금을 캐서 깨끗이 씻어서주고 태양으로
빛을 발하여 부와 귀함이 있는 좋은 사주의 구성이고.
식상이 강하여 지식이 풍부함을 알 수 있고, 물속은 잘 모른다고
한 것은 수기가 많음에서 알 수 있다.
겨울 생이 운로가 봄, 여름, 가을, 로 달려서 전체적으로 대운이 길하다.

庚子年에 庚金 비견이 자수 상관을 달고 와서 子辰合, 辰土 인성편인
문서= 당선 증 과 합을 한, 운의 덕으로, 종로에서 국회의원에 당선 되고.
복음 년에 당선.

辛丑年= 丙辛 合= 관, 직장이 없어지는 형국으로, 국회의원직 사퇴함
2022년 민주당 대통령 후보경선에서 낙선함, 이 재명 후보 선출 됨.
壬寅年= 壬水식상이 丙火 관을 끄는 형상이라, 직장이 없어지는 것과 같은
형상이라 발전이 없는 운이 됩니다.

2022년 2월 1일 현재, 앞으로의 변동 수를 정확하게는 알 수 없으나
이재명 후보의 운기가, 약하여, 2022년 3월 9일 대통령선거에서,
2022년 20대 대통령에 당선될 확률은 저조한 현실임을 기록 합니다.

陰 陽5 陰 陽3	强弱 0	用神 토	格局 양인	男女 0	대운	세운	월운	오행	숫자	十神
殺				괴강				화	3	比劫
六親								토	2	食傷
十神								금	0	財星
天干	癸	丁	丁	壬	甲	壬		수	2	官星
地支	卯	巳	未	辰	寅	寅		목	1	印星
地藏干										
十神										
六親										
殺										

대운수	12	11	10	9	8	71	61	5	4	3	2	1
천간						甲	癸	壬	辛	庚	己	戊
지지						寅	丑	子	亥	戌	酉	申

丁巳일주= 12운성은 제왕을 득하고, 정의, 욕망, 강하고 우두머리 격으로, 고지식한 성향이 강하며, 년 주에 괴강 살이 강함을 더하고,

사주에 구조를 살피면 未月은 늦은 더위에, 불이 많은데 식혀줄 물도 적당히 있고, 월간에 丁火는 일간의 분신으로 壬水 정관과 합을 이루니, 명예를 추구하는 성격의 소유자, 고지식한 성격이고, 대운이 재성 운과 관운으로 흘러 재복과 관복이 좋은 명이 됩니다.

壬寅年= 만나면 壬水는 丁火와의 합으로 좋은 기운 같으나
물이 강하여 정화를 위협하는 형국이 되고,
寅木이 寅 卯 辰 木局을 이루면, 신약한 사주이면 대발하고,
신강 한 사주에서 인성이 국을 이루면, 과하면 넘치는 이치로,
인성은 문서, 신용, 명예, 이니, 문서 로 인한 구설을 조심하여야
작은 손재 수 라도 피하거나, 줄일 수 있다고, 풀이를 하여 봅니다.
사기 수나 명예가 하락하는 운기가 됩니다.

흉한 운기에는 조심을 많이 하여야 한다. 언행조심. 돈 조심, 문서조심, 甲寅大運 10년= 쉬어가는 시기로 보아야 한다.

박 태준 포항제철 초대회장

陰 陽6 陰 陽4	强弱 0	用神 수목	格局	男女 0	대 운	세 운	월 운	오 행	숫 자	十神
殺								금	2	比劫
六親								수	0	食傷
十神								목	2	財星
天干	**戊**	**辛**	**庚**	**丁**				화	1	官星
地支	**戌**	**卯**	**戌**	**卯**				토	3	印星
地藏干					1927년생 신축년 95세,					
十神					좋은 운명					
六親					부모님 덕, 초년에					
殺					공부한 덕으로 잘 살다 감					

대운수	12	11	10	9	8	7	6	5	4	3	2	1	
천간					辛	壬	癸	甲	乙	丙	丁	戊	己
지지					丑	寅	卯	辰	巳	午	未	申	酉

가을 생으로 재생 관, 관생 인, 으로 연결 하여 관인 상생이 잘 이루어 져 있으며, 원국과 대운에 수 기운이 없어 흉하다고 보이나 성공한 사주이다.
일지에 卯木은 편재이고, 시지에 정인 戌土와 합을 이루고 있어서,
인덕이 좋으며, 대민성과 사업수완이 좋다고 할 수 있고.
결재권 도 크고 좋은 형국이 됩니다.

일본 대학에서 기계과를 전공하고, 육군 사관학교를 졸업하였으며.
1963년 소장으로 예편한 후에 甲辰年에, 대한중석 사장이 되었다.
강원도 영월군 상동읍 특수한 철 강석, 운송 시에 총을 든 경비원이 탑승.
당시 37세 로 젊은 나이에 소장이 되었으며 주민들에게 많이 베풀어
좋은 칭송을 많이 들었다고 전해지고 있음,

신임을 얻어 포항제철을 발전시키는 사장, 회장을 역임 하며 철강 산업에
많은 업적을 남기신 명이 됩니다.

초년 운에서는 火 관운을 만나서 좋은 직장을 만나, 능력을 발휘하고,
인정을 받고. 甲辰 大運부터는 식상과 재성 운으로 평생을 좋은
운을 만나서 고생 없이 잘 살았다고, 보는 좋은 사주입니다.

황 교안 전법무부장관

172

陰 陽6 陰 陽5	强 弱 0	用神 토금	格局 정인	男 女 0	대 운	세 운	세 운	五 行	個 數	十神
殺								화	3	比劫
六親								토	1	食傷
十神								금	1	財星
天干	**壬**	**丁**	**甲**	**丁**	丁	庚	壬	수	1	官星
地支	**寅**	**巳**	**辰**	**酉**	酉	子	寅	목	2	印星
地藏干					2021년= 64세,					
十神					丁酉大運 발전이 약한 운					
六親										
殺										

大運數	11	10	9	8	7	65	55	4	3	2	1	5	
天干					丙	丁	戊	己	庚	辛	壬	癸	
地支					申	酉	戌	亥	子	丑	寅	卯	

丁壬 合 호수위에 뜬 달이라 경치가 좋 와, 인물과 명예가 좋은 명이 되고.
丁巳일주= 간여지동= 인물과 성품이 반듯하고 인정이 많으며 눈물도 많다.

물상으로 보면, 甲木나무를 키우는 명주이고. 재목용으로 학문성 이며, 辰土 옥토에 뿌리내리고 잘 키우고 있어, 재물과 건강한 명이 되고, 검사 보다 판사가 더 어울리는 성향이 됩니다.

庚子年= 2020년, 庚金 재성 운이 甲木 인성과 沖이되어 당선증이 날아가는 형국으로 종로구 국회의원 출마하였으나, 낙선 하고,

辛丑年= 辛金 재성 운이, 甲木 인성을 극을 하면, 명예 하락 운.
丑土= 巳 酉 丑 삼합, 金局, 재성 국을 이루면, 재물은 늘어날 수 있으나 寅木 인성이, 금기에 극을 받으면 신용과 명예가 하락하는 운이 됩니다.

壬寅年= 壬水 正官 운, 비견과 합이 되면 명예 상승 운이 되나, 寅木= 日支에 巳火와 刑이 되어 좋은 결실을 기대하기는 부족한 운이다.

陰陽4 陰陽4	强弱 0	用神 火木	格局 정인	男女 0	대 운	세 운	월 운	五 行	個 數	十星
殺 살	괴강			재고				火	1	比劫
六親								土	5	食傷
十星								申	1	財星
天干	**戊**	**丙**	**己**	**乙**				水	0	官星
地支	**戌**	**申**	**丑**	**丑**				木	1	印星
지장간					충남 부여군 1926년					
十星					1월7 일 생					
六親					2018년 6월 23일 92세에					
殺					사망					

大運數			91	8	7	6	5	4	3	2	11	1	
天干			己	庚	辛	壬	癸	甲	乙	丙	丁	戊	
地支			卯	辰	巳	午	未	申	酉	戌	亥	子	

겨울 丙火 태양이 乙木을, 己土 밭에 심고 꽃을 피우는 형상이 되고,
귀하게 키운 꽃이고, 식물이니 값이 비싸고. 부와 귀가 있는 명조이며.
식상이 많은 것은 많은 아랫사람이 돕는 형상이 되고. 일간의 능력과 같다.

나무를 키울 밭이 많으며, 土 는 재물인 乙木을 키우고, 申金을 캔다.
식상은 일간을 위하여 일하는 사람으로도 보고, 베푸는 기운이 된다.
土氣는 재물을 키우며, 지키는 힘이 되고, 木은 재물이고, 丙화는 명예이다.

위 명조는 배우자 덕이 큰 형국을 이루며,
土 식상의 氣가 모두 배우자인 申金에게 모이고 있는 형국이 되고.
일지 申金은 힘이 있고, 구성이 좋아 덕이 있는 형국이 되며.
일간 丙火는, 덕이 있고 힘이 있는 申金 배우자를 취하고,
관리하는 격이다. 배우자 덕, 인덕, 덕이 많고 운이 좋은 명주가 됩니다.

청소년시절에 아버님은 면장으로 계시고.
학창시절에는 일본인 선생과 싸우고, 일본인학생을 때리기도 하여서,
학교를 자주 옮겨 다닌 것으로 알고 있으며, 군 복무는= 일반사병으로
입대하여 근무하다가, 육군 사관학교에 입학을 한 것으로 알고 있습니다.

陰 陽4 陰 陽4	强弱 0	用神 화	格局 정재	男女 0	대 운	세 운	세 운	五 行	個 數	十星
殺			괴강					목	4	比劫
六親								화	0	食傷
十神								토	2	財星
天干	**戊**	**乙**	**壬**	**癸**		辛	壬	금	0	官星
地支	**寅**	**卯**	**戌**	**卯**		丑	寅	수	2	印星
地藏干					2021년 69세,					
十神										
六親										
殺		건록		건록						

大運數	11	10	9	8	7	65	55	45	35	25	1	5
天干					甲	乙	丙	丁	戊	己	庚	辛
地支					寅	卯	辰	巳	午	未	申	酉

정치인 전 경기도지사
乙卯일주= 똑똑하고 친화력이 좋으며 사업수완 있는 좋은 일주 이고,
도화 성이 강하여 재주 있고, 인기 있으며, 음욕이 강한 특징이 있으며,
乙木을 키우고 꽃을 피우는 명으로, 火,大運에 꽃을 피우고,
木 大運에 쉬어가는 형국이 되며.
현재 木 大運을 지나고 있습니다.

과유불급 현상으로, 꽃을 피울 수 있는 날은, 지나간 火 大運이었으며,
신강 한 명조에 비겁 운이 오면 의욕은 넘치고 결실은 부족한 운을 만나며,
앞으로 10년 이상 발전이 약한 운을 만나게 됩니다.

辛丑年= 辛金= 乙목 일간과 沖의 관계 이고,
丑土는 戌土와 刑이 되어 흉한 운이 됩니다. 명예 하락 운이 됩니다.

壬寅年= 壬水= 인성 운이고, 寅木은 겁재 운으로, 과하여 성과는 부족하고,
발전은 없고 쉬어가는 운기입니다.
大運을 보면, 건강이나 챙기며 여가생활 할 때가 왔다고 해석이 됩니다.

陰 陽5 陰 陽6	强弱 0	用神 화	格局	男女 0	대운	세운	월운	五行	個數	十星
殺	괴강							목	3	比劫
六親								화	0	食傷
十神								토	2	財星
天干	**庚**	**乙**	**壬**	**壬**		壬		금	1	官星
地支	**辰**	**未**	**寅**	**寅**		寅		수	2	印星
地藏干		丁			2021년 60세					
十神					의사, 사업가, 국회의원					
六親					대통령후보. 정당 대표					
殺					갑진년을 지나야 발복					

大運數	11	10	9	8	7	65	55	4	3	2	1	5	
天干					庚	己	戊	丁	丙	乙	甲	癸	
地支					戌	酉	申	未	午	巳	辰	卯	

乙未日柱= 미토는 건토이나 乙木에 生支가 됩니다. 특유의 끈기와 선하고, 예술성이 있으며, 강인한 생활력과, 재물 복이 있는 명이 됩니다.

庚金 正官이 乙木을 바르게 자라도록 통제하고 지켜주는 형상이 되고, 명예욕이 강하고, 水氣 인성이 강하여 인덕과 지식이 풍부하며 신의가 있고 반듯한 형상의 명이 됩니다.

乙木이 辰土에 뿌리를 내리면, 재물과 건강이 좋은 명이 되고,
寅月에 어린 庚金을, 乙木에 달고, 같이 키우는 형상도 되며,
庚金, 관성은 명예이고, 壬水는 지식이 되며, 인덕이 좋은 사주이고,
水와 木으로 신강 한 명조에 大運이, 식상, 재성, 관성으로 흘러,
대성하는데 크게 힘이 되었다고 풀이가 됩니다.

壬寅년= 壬水는 인성 운이나 일간의 힘이 너무 과하여 좋은 일은 기대하기 힘든 운이 라고, 보통은 그렇게 풀이를 합니다. 현재는 과유불급 운이며, 2022년 3월 9일. 20대 대통령 선거에서 윤 석열 후보와 단일화를 하고, 윤 석열 국민의힘당 후보가 당선이 되고, 3월 15일 현재 인수 위원장으로 선임되고, 업무를 잘 하고, 새 정부에서 중책을 맡을 것으로 사례 되나. 현재는 중책을 맞지 않는다고 하며, 경기도 00구 국회의원 보궐선거에 국민의힘당 여당후보로 출마하였으며, 큰 차이로 당선이 가능 합니다.

심 상정 국회의원

陰 陽5	强 弱	用神	格局	男 女	대운	세운	월운	五行	個數	十星
陰 陽5	0	목화	정인	0						
殺								화	2	比劫
六親								토	3	食傷
十神								금	0	財星
天干	**壬**	**丙**	**丁**	**己**		庚		수	2	官星
地支	**辰**	**辰**	**卯**	**亥**		子		목	1	印星
地藏干					신축년 62세					
十神					정의당대표 대통령후보					
六親					국회의원					
殺										

大運數	11	10	9	8	7	65	55	4	3	2	1	5
天干					癸	壬	申	庚	己	戊	丁	丙
地支					亥	戌	酉	申	未	午	巳	辰

재성이 없으면 태어날 때 부친이 없을 수 있고, 부친 덕이 약할 수 있으며, 일간 丙火의 의무는 木을 키워야 하는, 천간에 목이 없어서, 卯木을 辰土에 키우는 형국이 되고, 건강하고 명예가 있는 명이 되며, 식신 상관이 강하니 활발하고 언변이 달변 이라고 봅니다.

丙辰 일주의 특징= 추진력, 배짱, 지혜, 수완 있고 다재다능하며 착하고 관이 천간에 뜨니, 명예를 추구하며, 말도 잘하고 바쁘며, 내가제일이다.
자비스러우며 복록이 있는 사주이며,
명예를 중시하고 명예욕이 강한 명주가 됩니다.

庚子年= 庚金 은 편재 운으로, 壬水를 생하여 吉하고, 재생 관 운,
子水= 正官 운으로, 辰土 식신과 합 운에, 국회의원에 당선되고,

壬寅年= 壬水는 편관 운으로, 원국에 丁火와 합을 이루면 관운을 만나고,
寅木 편인은 寅 卯 辰 인성 국을 이루면 명예가 상승하는 운기이고,
亥水와 합을 이루어도 좋은 운이 된다.
壬寅年은 酉 大運, 재성 大運에 있으며, 酉金 재성 대운이 월지에 卯木 인성과, 충을 하고 있어 발전이 약한 대운이 됩니다.

조 원진 정치인

177

陰 陽5	强弱	用神	格局	男女	대운	세운	세운	五行	個數	十星
陰 陽5	0	토금	정인	0						
殺								화	2	比劫
六親								토	2	食傷
十神								금	0	財星
天干	**甲**	**丁**	**丙**	**己**	庚	庚	壬	수	1	官星
地支	**辰**	**卯**	**寅**	**亥**	申	子	寅	목	3	印星
地藏干					신축년 63세					
十神										
六親										
殺										

大運數	11	10	9	8	7	64	5	4	3	2	1	4
天干					戊	己	庚	辛	壬	癸	甲	乙
地支					午	未	申	酉	戌	亥	子	丑

대운이 좋아도 세운이 나쁜 시기에는 성공을 못하고, 발 복이 안 됨.
나무를 키우는 명이며, 부와 귀가 있는 사주이고.

원국에 인성이 寅 卯 辰 국을 이루어. 인덕, 글덕, 음덕이강하다.

丁卯 일주= 두뇌가 총명하며 지혜가 있고, 편인의 저돌성으로 빠르게,
성공한다는 일주이며,
대운에서 木과 火운을 만나지 않아 순항을 할 수 있었다고 볼 수 있으며,

庚子年= 국회의원에 출마 하였으나, 庚金이 甲木, 인성을 沖, 剋하여
당선 증이 깨지는 형국으로 낙선을 하였으며
辛丑년= 庚子年과 대등 소이하고,

壬寅年= 천간에 관성 운, 壬水는 일간과 합을 하여 길하고,
地支에 寅木 인성 운은, 亥水관성과 합을 하여 좋은 운이나. 과유불급.

직장이 생긴다, 라고 할 수 있으나, 인성이 과하여, 흉한 운기 이며,
문서조심, 사기조심, 돈 조심, 건강이 약해질 수 있는 운기이고,

64세 己未大運 은 발복하는 운이 되며, 세운은 토,금,수 운이 길운입니다.

최 문순 강원도지사

陰 陽4 陰 陽5	强弱 0	用神 수	格局 편재	男女 0	대 운	세 운	세 운	五 行	個 數	十星
殺								금	3	比劫
六親								수	0	食傷
十神		0						목	1	財星
天干	**戊**	**辛**	**辛**	**丙**		辛	壬	화	2	官星
地支	**戌**	**巳**	**卯**	**申**		丑	寅	토	2	印星
地藏干				壬	2021년 66세					
十神					현재 강원 도지사					
六親										
殺										

大運數	11	10	9	8	7	6	5	4	3	2	1	8		
天干					己	戊	丁	丙	乙	甲	癸	壬		
地支					亥	戌	酉	申	未	午	巳	辰		

辛金이 반짝 반짝 빛이 나니, 부와 명예가 있는 구조이고,
辛巳 일주= 호흡기가 약할 수 있으며, 이성에 빠지기 쉬운 명이 되고.

일생동안 부, 귀 장수 하고, 좋은 배우자 만나는 좋은 일주이며,
년간 에 丙火 정관이 떠서 명예가 있을 구조가 되고, 초년에
관 大運을 만나 학업 운과 직장 운이 좋은 사주입니다.

辛丑年= 비견이 인성을 달고 왔다.
비견 辛金은 丙火 정관과 합을 하고, 丑土- 편인은 巳火 정관과 巳丑
합으로, 관 직장이 금으로 변하면,
직장이 없어지지 안하면 명예에 손상이나 업무가 힘들고. 구설이 발생하는
흉한 운이 됩니다.

壬寅年= 壬水는 식 극관의 순리에 따라서 丙火 정관을 극하면,
업무가 힘이 들거나, 전근, 이직, 사직의 직장이 없어지는 운이 되고,
寅木= 정재와 申金 겁재가 충이되고, 寅 巳 申 삼형이 되면,
재물과 명예가 손상되거나, 건강이 약해질 수 있는 흉한 운이 됩니다.

홍 준표 국회의원

179

陰 陽3 陰 陽5	强 弱 0	用神 화	格局 정인	男 女 0	大 運	歲 運	歲 運	五 行	個 數	十星
殺								목	1	比劫
六親								화	2	食傷
十神								토	1	財星
天干	**丙**	**乙**	**癸**	**癸**	丙	庚	壬	금	0	官星
地支	**戌**	**亥**	**亥**	**巳**	辰	子	寅	수	4	印星
地藏干					신축년 69세,					
十神										
六親										
殺										

大運數	11	10	9	8	7	66	5	4	3	2	1	6
天干				甲	乙	丙	丁	戊	己	庚	辛	壬
地支				寅	卯	辰	巳	午	未	申	酉	戌

홍 준표, 국회의원 전투력은 화 식상이 강하여 발산 된다고 볼 수 있으며,
乙亥 일주= 지식 창고를 깔고 있으며, 문화 예술성과 창의력이 있다고 하며.
남녀모두 아는 것이 많고, 음욕이 강한 특징이 있는 일주 입니다.
水氣, 지혜, 지식이 많으며, 인덕 이 좋은 명조이고.
만약에 수 대운을 만나면 명예와 건강이 모두 쓸려가게 됩니다.

庚子年= 庚金 정관이 일간 乙木과 합을 한 운기 덕으로, 국회의원 당선됨.

辛丑年= 辛金 편관 운이 乙木과 충을 하면, 직장 병동이나 구설수가 있고.
丑土= 편재 운이 戊土와 刑殺을 이루어, 흉한 운이 되어, 실언을 많이 하여
명예가 하락을 하고. 당내 대통령 후보 경성에서 2등으로 낙선 하였으며.

壬寅年= 壬水-정인은 乙木 일간을 생하고 남는 기운이 丙火를 극하면,
丙火는 식상으로 일간이 손과 발이 묶이는 형상으로 흉한 운이 되고,
명예가 약간의 하락은 하였으나,
寅木= 亥水와 합하고 수기를 흡수하고 설기 하면 운기가 살아나고서,
2022년 6월 1일 단체장 선거에, 국힘당 후보로 대구시장 당선 가능한 운을,
만나 당선이 되면, 사회에 봉사하는 마지막 기회가 될 수 있습니다.

김 진태 전국회의원

陰2 陽 陰 陽5	强弱 0	用神 수목	格局 정재	男女 0	대운	세운	월운	五行	個數	十神
殺								목	3	比劫
六親								화	1	食傷
十神								토	3	財星
天干	**辛**	**乙**	**甲**	**甲**	己	庚	壬	금	1	官星
地支	**巳**	**未**	**戌**	**辰**	未	子	寅	수	0	印星
地藏干					신축년 58 기미 대운					
十神										
六親					2022년 6월 1일 도지사선거					
殺					당선운					

大運數	11	10	9	8	7	60	50	4	3	2	10		검사 출신
天干					丁	戊	己	庚	辛	壬	癸		
地支					巳	午	未	申	酉	戌	亥		

乙未일주= 끈기와 예술성이 있고, 두뇌 명석하고, 재물 복이 있으며,
관성에 극을 받으면, 명예와 체통을 중요시 하며, 명예를 추구 하는 성향이
강한 명이 되고 노후에 명예와 재물이 좋은 명이 됩니다.
좋은 의미에서 보면= 甲木 형님들이 좋으신 배우자 와 사는 형국이 되고,
다른 측면에서 보면= 형님들이 일간의 재물을 가져가는 형국이 됩니다.

庚子年= 국회의원 선거= 庚金 정관 운은 일간 乙木과 합을 하여 길하나,
子水= 인성 운이, 未土와 원진이 되고, 일지 우선순위로. 낙선을 하였다.

辛丑年= 신금 편관 운= 乙木 일간과 충을 하여 흉하고.
丑土= 편재 운= 일지 未土와 충을 하여 발전이 없는 운이 됩니다.

壬寅年= 壬水 정인은 문서와, 명예에 발전이 있는 운으로, 木 을 생하여
좋은 운이 되고, 통관 운이며, 인성 운, 문서 운. 당선 운. 을 만나고
寅木 겁재운= 신약한 일간의 힘을 강하게 하여 발전 운이 되며,
진토에 뿌리 내리고, 巳火식상을 생을 하면, 명예가 상승하고,
사회에 봉사할 수 있는 좋은 운을 만나. 강원도 도지사에 당선 가능함.

최 재형 전 감사원장

181

陰 陽3 陰 陽8	强 弱 0	用神 목토	格局 편인	男 女 0	대 운	세 운	월 운	五 行	個 數	十神
殺								수	1	比劫
六親								목	1	食傷
十神								화	2	財星
天干	**甲**	**壬**	**丙**	**丙**		壬		토	1	官星
地支	**辰**	**申**	**申**	**申**		寅		금	3	印星
地藏干					신축년= 64세					
十神					甲木을 키우면. 재물이고					
六親					병화는 명예이며,					
殺					건강이 좋은 명.					

大運數	11	10	9	8	7	65	5	4	3	2	1	5	
天干					甲	癸	壬	辛	庚	己	戊	丁	
地支					辰	卯	寅	丑	子	亥	戌	酉	

壬申일주의= 학당귀인, 역마, 학문성 좋아 이름을 날리는 일주이고,
강휘상영 이라 하여 호수위에 태양이 비추고 반사되어 빛나는 형상으로
부와 명예가 있으며, 지지에 호수, 생명수가 4개나 있어= 만인 구재 상.
만물을 살리고 구재 할 수 있는 많은 물이다. 일간의 생지가 3개나 있고
申金 인성은 지식과 인덕을 의미 하며 결재권으로 쓰기도 합니다.

辛丑年= 辛金 정인 운이 일간의 재성인 丙火와 합을 하여, 丙火 편재가
묶이는 것은, 재물과 명예가 없어지는 형국으로, 감사원장직을 사임하고
국민의힘 당에 입당하여, 정치에 입문을 하고,
당내, 20대 대통령후보 선출에서 탈락 하여 명예하락 운을 만나고.

壬寅年= 壬水 비견 운이, 丙火 재성과 충을 하면 재물 지출 운이 되며,
壬水 일간에 丙火는 재물이며 명예에 해당하여, 명예 하락 운을 만나고,
寅木= 식신 운, 辰土에 뿌리 내리고, 丙火를 생을 하여,
태통령 후보군에서 탈락하여, 크게는 명예가 하락하였으나,
2022년 3월 9일 종로구 국회의원 보궐 선거에서 당선 되어, 채면유지는
하였다고 할 수 있으며, 앞으로 10년은 국가에 봉사할 수 있는 운이 됩니다.

박 범계

陰 陽4 陰 陽3	强 弱 0	用神 목화	格局 정인	男 女 0	대운	세운	세운	五行	個數	十神
殺								화	1	比劫
六親								토	1	食傷
十神								금	1	財星
天干	**庚**	**丙**	**癸**	**癸**		辛	壬	수	3	官星
地支	**子**	**辰**	**卯**	**卯**		丑	寅	목	2	印星
地藏干					신축년 59세, 丁酉대운					
十神										
六親					2021년 법무부장관					
殺					2022년 5월 9일 임기만료					

大運數	11	10	9	8	7	6	57	4	3	27	17	7
天干						丙	丁	戊	己	庚	辛	壬
地支						申	酉	戌	亥	子	丑	寅

수생 목, 목 생 화 관 인 상생이 좋은 구조를 잘 이루고 있으며,
지식과 지혜가 많다고, 보며 인덕 부모덕 귀인의덕 또한 많은 명조이며.
丙辰 일주= 지혜 있고, 수완과 배짱이 있으며 다재다능한 일주이다.

辛丑年= 辛金 재성이 일간과 합을 하여 길하고,
丑토는= 자수 정관과, 子丑합을 하여, 법무부 장관에 임명되고,

壬寅年= 壬水는 편관 이고, 생 조할 木이 없어 일간 丙火를 극을 하면.
관 이 일간을 극을 한 것은 직장인이면 해고 와 같은 운수이니 명예가
손상되는 운기가 되고. 이직, 전근. 사직의 운이 된다. 직업변동 운,
寅木= 寅 卯 辰 木 局을 이루면 강한 일간에 과유불급으로 흉한 인성
운이 되고.
직업을 상징하는 관성과, 결제 권을 상징하는 인성이 모두 과하여,
명예가 손상되는, 흉한 운이 됩니다.

2022년 현재 5월 9일, 대통령임기가 만료됨에 따라, 장관의 임기 만료됨.

박 영선

183

陰 陽2 陰 陽3	强弱 0	用神 금목	格局 편인	男女 0	대 운	세 운	세 운	세 운	五 行	個 數	十神
殺			백호						토	3	比劫
六親									금	2	食傷
十神									수	1	財星
天干	**庚**	**己**	**丁**	**己**		庚	辛	壬	목	0	官星
地支	**午**	**酉**	**丑**	**亥**		子	丑	寅	화	2	印星
地藏干				甲	신축년 63세						
十神					전 중소기업부 장관						
六親					해수는 시 어머니						
殺					해중 갑목= 배우자						

大運數	11	10	9	8	7	65	55	4	3	2	1	5	
天干						甲	癸	壬	辛	庚	己	戊	
地支						申	未	午	巳	辰	卯	寅	

己酉 일주의 특징= 문장력 추리력이 좋으며 재주가 많은 명이다.
인성과 식상이 길상이고, 일간은 신강하며. 월주가 백호 격으로,
만인을 거느리며 호령하는 권위자의 상이 되고.

庚子年= 庚金은 상관 운이고 합이나 충이 없어 좋은 운을 만나고,
子水편재운이, 丑土 비견과 합으로 좋은 운을 만나, 중소기업부 장관 부임.

辛丑年= 辛金은 식신 운으로 희신 운을 만나고,
丑土 비견이 오면 원국에 丑土와, 동합을 하고, 酉金 식신과 합을
이루기 전에 亥水 큰물에 풀려서 없어지는 형국이고.
과유불급의 기운이 작용을 하여 서울시장 선거에서 낙선을 하고.
신강한 일간 에 비견 운은 기운이 넘쳐서 화가되는 원리입니다.

壬寅年= 壬水 재성 운이 丁火 편인과 합을 하면, 재성과 인성이 합이 되면
무형의 가치, 인성이 재물을 들여오는 형상이 되고,
재물 욕심 때문에 신용이나 명예가 하락을 할 수 있으니 주의를 하여야 함.

寅木= 관성 운은 亥水 재성과, 寅亥 合= 財 官 합을 이루면, 재물과
명예가 상승 하는 운이 되나. 亥水재성이 변하는 육친을 살펴야 합니다.

트럼프 미국대통령

陰 陽6	强弱	用神	格局	男女	대운	세운	월운	五行	個數	十星
陰 陽4	0	정인	귀격	0						
殺								토	4	比劫
六親								금	0	食傷
十神								수	0	財星
天干	**己**	**己**	**甲**	**丙**		壬		목	1	官星
地支	**巳**	**未**	**午**	**戌**		寅		화	3	印星
地藏干					신축년 76세					
十神										
六親										
殺										

大運數	11	10	9	8	75	6	5	4	3	2	1	5	
天干				癸	壬	辛	庚	己	戊	丁	丙	乙	
地支				卯	寅	丑	子	亥	戌	酉	申	未	

木 火 土, 木生火, 火生土 삼상격 이라 하고,
균형을 잘 이루면, 명예와 부를 이루는 귀한 명조 입니다.

辛丑年= 辛金이 丙火 정인을 합거 하여, 태양이 꺼지면,
正印, 당선증이 없어지는 해이고, 명예에도 손상이 있는 불운을 만나고,
丑土= 원국과 3형을 이루어 더 흉하여 재선에 희망은 날아갔다가.
됩니다.

壬寅年= 壬水는, 수생 목, 정관을 생하여 좋은 운을 만나가 아니고.
壬水 재성과 丙火인성과 충을 하여, 결재권이 없어지는 운을 만나고.
寅木, 관성 운이 寅 午 戌 국을 이루면, 관과, 명에 발전 운이 못되고
인성이 태과하여 문서 사고나 명예 하락 운이 됩니다.

김 경수

陰 陽5 陰 陽4	强弱 0	用神 화	格局 정인	南女 0	대 운	세 운	세 운	五 行	個 數	十星
殺								목	4	比劫
六親								화	2	食傷
十神								토	1	財星
天干	**甲**	**乙**	**辛**	**丁**	乙	辛	壬	금	0	官星
地支	**戌**	**亥**	**亥**	**未**	巳	丑	寅	수	1	印星
地藏干					신축년 55세					
十神					전 경남지사					
六親					부모덕이 있는 사주이다.					
殺										

大運數	11	10	9	8	7	6	54	4	3	2	1	4	
天干					癸	甲	乙	丙	丁	戊	己	庚	
地支					卯	辰	巳	午	未	申	酉	戌	

1. 천간은 사건을 나타내고, 지지는 결과를 나타낸다.
2. **庚子年**= 乙木 일간이 庚金 정관과 합을 이룬 덕으로 도지사 업무를 수행을 하고.

3. **辛丑年**= 편관 운으로 乙木과 상충하여, 官을 박탈당하는 형국이라 감옥 에 가는 운이 되고,

4. **壬寅年**= 壬水 정인, 문서 운으로, 乙木에, 과하여 흉이 되며, 丁火 식상과 합을 하면 불이 꺼지는 형국이 되어, 심혈관에 병이 올수 있고, 寅木= 과하여 기신 운이 됩니다.

5. **癸卯年**= 丁火 식상과 상충이라 활동이 제한되는 형국이 되고. 卯木= 亥 卯 未 삼합을 이루면. 과유불급으로 발전이 없는 운이 됩니다.

6. **甲辰年**= 겁재가 재성을 달고 오면 기신 운을 만나고, **辰土** 운= 辰戌 沖이 되고, 辰土가 재성이니, 손재 운이 되고. 사기 수를 조심 하여야 하며, 정치에 재기는 어려운 대운을 만나게 됩니다.

김 두관 정치인

陰　陽5 陰　陽7	强 弱 0	用神 화금	格局 편재	男 女 0	대 운	세 운	월 운	五 行	個 數	十星
殺				괴강				목	3	比劫
六親								화	1	食傷
十神								토	2	財星
天干	丙	甲	癸	戊		辛	壬	금	0	官星
地支	寅	寅	亥	戌		丑	寅	수	2	印星
地藏干				辛	신축년 64세 재성이					
十神					강하면 재물에 대한 집착이					
六親					강하고 재복이 있다.					
殺					더불어민주당					

大運數	11	10	9	8	7	6	5	4	3	2	1	2
天干					辛	庚	己	戊	丁	丙	乙	甲
地支					未	午	巳	辰	卯	寅	丑	子

인성이 강하면 지식과 학업 운이 좋으며 바라는 마음도 강하고.
건록을 두개나 깔고 있으며 食傷, 財星, 印星이 모두 강하며,
金 官星이 돈 창고 속에 숨어 있다.

甲寅 일주= 건록, 자립심이 강하고, 타협이 불가 하며, 처가 재복이 있다.
大運= 40대 초부터 좋은 운을 만나 성공의 길을 걸었다고 보며,

辛丑年= 시간에 丙火 식상과 합이 되어, 태양이 사라지는 운을 만나고.
丑土= 재성운이 술토 재성과 형살을 이루면 발전이 없는 운이 됩니다.

壬寅年= 壬水 인성 운으로 명예가 손상되는 운을 만나고,
寅木= 비견은 亥水와 합하여 水인성이 비견으로 변하면 일간의 전투력은 너무 강해서 흉이 되고, 인성, 인덕은 변해서 흉이 되는 운으로, 명예에 손상이나, 사기수가 발생할 가능성이 있는 흉한 운이 됩니다.

신강한 사주에 비겁과 인성 운은 좋은 일이 일어나지 않으며,
과유불급, 가득하게 차면 넘치는 형국으로. 저수지에 물이 넘치면 제방이 무너진다. 뚝 이 터지는 형국으로, 결실이 없고, 발전이 없는 운이 됩니다.

김 진욱 공수처장

187

陰 陽5 陰 陽5	强 弱 0	用神 금	格局 귀격	男 女 0	대 운	세 운	월 운	五 行	個 數	十星
殺			삼상격					토	4	比劫
六親								금	0	食傷
十神				정관				수	0	財星
天干	**丙**	**戊**	**己**	**乙**		庚	辛	목	2	官星
地支	**辰**	**寅**	**丑**	**巳**		子	丑	화	2	印星
地藏干	癸		癸		2021년 57세 남					
十神					丙火 어머니 덕이 크고.					
六親					유산 있는 명					
殺										

大運數	11	10	9	8	7	63	53	4	3	2	1	3
天干						壬	癸	甲	乙	丙	丁	戊
地支						午	未	申	酉	戌	亥	子

겨울 戊土에 乙木이 꽃을 피우고, 천간과 지지지에 온기가 충만하니,
귀격으로 귀하게 자랐으며 조상 덕이 있고, 부와 귀의 명이 됩니다.
戊寅일주= 복록이 있고, 개척정신이 강하고, 만인의 지도자 상이 되며.
사주 원국에 오행의 구조가 좋으며, 대운의 운로가 좋아 성공하는 명이고.

庚子年= 庚金 식상 운이 乙木 관성과 합을 하여 희신 운을 만나고,
子水 재성 운은 子丑 合, 丑土 겁재와 합을 하여. 신설되는 공수처장에
임명되는 행운을 만나고.

辛丑= 辛金 상관이 乙木 정관을 沖하고, 剋 하여, 명예 하락 운을 만나고,
丑土= 겁재운= 巳火 편인과 합을 하여, 巳火 인성이 식상으로 변한다.
인성 결재권과 명예가 변하면, 구설수나, 명예 하락 운이 됩니다.

壬寅年= 壬水 편재 운이 丙火 인성과 충을 이루면, 신용과, 명예에 손상이
예상되는 운을 만나고,
寅木= 巳火를 생을 하여도 과하여 흉이 되고, 刑으로 보아도 흉한 운이
되고. 명예가 하락하는 운이 됩니다. 공수 처= 현재는 성과가 없음.

한 동훈 전 부장검사

188

陰 陽3 陰 陽5	强弱 0	用神 수목	格局 편인	南女 0	대운	세운	세운	五行	個數	十星
殺				백호				목	2	比劫
六親								화	1	食傷
十神								토	2	財星
天干	**甲**	**乙**	**丙**	**癸**	辛	辛	壬	금	1	官星
지지	**申**	**亥**	**辰**	**丑**	亥	丑	寅	수	2	印星
地藏干					2021 신축년 49세.					
十神					부모님 덕,					
六親					음덕이 좋은 명					
殺	역마	역마	화개	화개	앞으로 좋은 운을 만남					

大運數	11	10	9	8	7	65	55	45	35	25	15	5
天干					戊	己	庚	辛	壬	癸	甲	乙
地支					申	酉	戌	亥	子	丑	寅	卯

乙亥일주= 亥水는 지식창고이며, 두뇌총명, 학술 예술성이 있으며 창의력이 있는 좋은 일간이 되고. 초년에 신약한 일주에, 비겁대운, 인성대운을 만나 학업과 직업에 크게 도움이 되었다고 봅니다.

물상으로 보면 辰月에 乙木이 辰土에 뿌리내리고 잘 자라면, 건강 하고, 재물이 많은 명이 되고, 丙火 식상이 빛을 주어 乙木에 꽃을 피우니 부와 명예가 있는 좋은 형국이 됩니다.
시주에 관성은 노년에도 명예가 있음을 의미 합니다.

辛丑年= 辛金 편관 운은 일간과 충이되니 관성과의 충이라, 관재 구설이나 직장 변동을 의미하며, 전근이나, 이직. 사직의 운을 만나고.
丑土= 辰土(월지) 와 파가되어, 배우자와 불화 가능하고, 이사할 운이며, 직장 변동 운이 되고, 명예에 손상도 예상할 수 있는 운이 됩니다.

壬寅年= 약한 일간에 인성 운은 크게 힘이 되고, 명예 발전 운을 만나고,
寅木= 겁재 운이, 亥水인성과 합을 이루면, 일간이 재성과 명예를 취하는 좋은 운이 됩니다. 그러나 申金이 동하여, 寅木이 극을 받으면, 쓸데없는 구설은 발생할 수 있는 운이고, 2022년 5월 17일 법무부 장관 취임

陰 陽4 陰 陽2	强弱 0	用神 금수	格局 편관	男女 0	大 運	歲 運	月 運	五 行	數 字	十神
殺								토	3	比劫
六親								금	1	食傷
十神								수	0	財星
天干	**庚**	**己**	**己**	**乙**	乙	壬		목	2	官星
地支	**午**	**巳**	**卯**	**丑**	亥	寅		화	2	印星
地藏干					2021년 37세					
十神					현재 좋은 대운에 살고 있음					
六親					최연소 제일야당					
殺					국민의힘당 당대표					

大運數	12	11	10	9	8	7	6	55	45	35	25	1	5	
天干						辛	壬	癸	甲	乙	丙	丁	戊	
地志						未	申	酉	戌	亥	子	丑	寅	

봄에 태어난 己土 일간이, 庚金 상관이 천간에 뜨니 언변은 달변이고,
乙木 관성이 卯木에 뿌리가 있으니, 관을 추구하는 심리가 강하다,
명예를 중시하며, 명예를 추구하는 성향이 매우 강하고, 머리는 영리하고.
말을 너무 많이 하여 신뢰성이 부족하게 보일 때가있습니다.

辛丑年= 辛金 식신 운이, 乙木 관성과 충이되어 명예가 손상되는 운이 되나,
국민의 힘당 대표에 선출 되었습니다.
丑土= 비견운이, 巳火와 반합으로 金局이 되고, 巳火 인성이 변하는 운으로
명예의 손상 운이 예상됩니다. 2021년 말경에, 성실성이 많이 부족하였음.

壬寅年= 壬水는 재성 운으로, 乙木 관성을 생하여 직장에 발전 운이 되고.
乙木 을 생을 하고 남는 물이, 己土를 수다토류 하면= 신용이 하락을 할 수
있으니, 말이나 행동에, 조심을 많이 하여야 합니다.
寅木= 정관 운이, 巳火인성과 刑殺을 이루면, 관재구설이나 명예가 하락을
하는 흉한 운이 됩니다,

癸卯年= 기신 운이며, 명예하락 운으로, 언행을 많이 조심을 하여야 합니다.

존F케네디 미국 대통령

陰 陽 陰 陽	强 弱 0	用神	格局 양인	男 女 0	대 운	세 운	월 운	五 行	個 數	十星
殺										比劫
六親										食傷
十神										財星
天干	**丙**	**辛**	**乙**	**丁**	庚	壬				官星
地支	**申**	**未**	**巳**	**巳**	子	寅	亥			印星
地藏干										
十神										
六親					47세, 사망					
殺					庚子대운, 壬寅년, 亥월					

大運數	11	10	9	8	7	6	5	45	3	2	1	5
天干						戊	己	庚	辛	壬	癸	甲
地支						戌	亥	子	丑	寅	卯	辰

양력
1917년 5월 29일 출생

1961년 1월 20일 대통령 취임 일
辛丑 년 庚寅 月 戊戌日

1963년 11월 22일 47세에 사망
庚子 大運=
壬寅년= 壬水= 丁壬 합 丁火 불이 꺼지고,

亥月= 亥수= 巳火를 沖 하여 불이 완전히 꺼지고,
불이 꺼지면 심장이 멈추고 사망에 이르는 흉한
운이 됩니다.

엄 지현 공학박사

陰 陽4 陰 陽2	强 弱 0	用神 수목	格局 편재	男 女 0	大 運	歲 運	月 運	오 행	숫 자	十神
殺								목	2	比劫
六親								화	1	食傷
十神								토	3	財星
天干	**戊**	**乙**	**丁**	**甲**	癸			금	0	官星
地支	**子**	**丑**	**丑**	**子**	酉			수	2	印星
地藏干		辛								
十神					천안 공주대 교수					
六親										
殺										

대운수	12	11	10	97	87	77	67	57	47	37	27	17	7
천간				丁	戊	己	庚	辛	壬	癸	甲	乙	丙
지지				卯	辰	巳	午	未	申	酉	戌	亥	子

엄동설한에 태어난 乙木으로, 난방용 丁火가 부모 궁에 자리하고
조상 궁에 甲木 땔감이 대령하고 있는 좋은 형상이며.
찬바람을 막아주고 뿌리를 감싸주는 戊土는 자식 궁에서 든든하게 자리
하고 있다, 조상 궁에 天乙 貴人, 조상 덕, 명석한 두뇌를 물려받은 덕,
부모님이 박사님이 되도록 만들어 주셨으니 부모덕 이 있으며,

자식 궁에 천을 귀인이 있어, 좋은 자식으로 보며, 말년에 명예가 되고.
말년에도 귀인의 도움으로 명예를 오래 유지할 수 있는 좋은 형상이 되며.
남편은 배우자궁 축토 속에 숨어있으니 착한 배우자의 상이 됩니다.

壬寅年= 壬水정인, 문서와 명예 발전 운으로 丁火식신과 합을 이루면 나의
능력으로 명예를 이룬 것 이라고 결론이 가능하며. 승진 운이 되고.
寅木= 寅木 겁재는 신약한 일간에 크게 도움이 되는 운으로 명예와 재물이
상승하는 좋은 운기가 됩니다.

癸卯年= 癸水는 인성 운으로 戊土 재성과 합을 이루면, 명예 상승 운,
卯木= 비견 운으로, 子水와 子卯 刑살을 이루면, 남이나 경쟁자가, 시기하고
질투를 하여 힘들게 하는 형상이 됩니다.

정일권 전 국무총리

192

陰 陽4	强 弱	用神	格局	男 女	대운	세운	월운	오행	숫자	十神
陰 陽4	0		양인	0						
殺		괴강						금	1	比劫
六親								수	3	食傷
十神	정관		식신	정관				목	0	財星
天干	**丁**	**庚**	壬	丁				화	3	官星
地支	**亥**	**戌**	子	巳				토	1	印星
地藏干					2022년 106세					
十神	식신		상관		원국과 대운의 조화가					
六親					좋은 사주 입니다					
殺										

대운수	12	11	10	9	8	7	6	5	4	3	2	1	
천간						甲	乙	丙	丁	戊	己	庚	辛
지지						辰	巳	午	未	申	酉	戌	亥

庚戌일주= 크고 넓은 땅에서, 무한정 생산되는 광물의 형상이 되고.
庚戌 괴강의, 강한 리더 의 기질이, 성공을 만들어 내는 힘이 강하며.
子月, 겨울에 태어나고, 水氣 식상이 강하여, 火 관성과, 전쟁을 하는
형국으로, 관성이 꺼지고, 흉하다고 할 수 있으나,
신약한 사주에서, 초년 대운이 인성 운과 비겁 대운을 만나 건강하게,
좋은 학업 운이라고 볼 수 있으며,

40대 丁未大運부터 30년 발복의, 火大運을 만나, 국무총리를 역임하신
명주 입니다. 사주 원국의 오행 구성은 부족하여도,
좋은 대운을 만나 조화를 잘 이루면 크게 성공하는 사례를 올립니다.

위 명주, 106세에서 60년을 빼면= 2022년에 46세 되는 사주와 같습니다.
똑같은 사주가 있습니다. 사주가 같다고, 모두 같은 길을 갈수는 없어도,
인간의 성품이나 추구하는 방향성은 비슷하다고 하겠습니다.

陰 陽2 陰 陽3	强 弱 0	用神 목화	格局 편관	男 女 0	大 運	歲 運	月 運	五 行	數 字	十神
殺								화	1	比劫
六親								토	1	食傷
十神								금	3	財星
天干	**庚**	**丁**	**戊**	**庚**	乙	壬		수	3	官星
地支	**子**	**酉**	**子**	**子**	未	寅		목	0	印星
地藏干					2021년 현재 62세					
十神					2021년 현재 서울시장					
六親					25세 사법고시 합격,					
殺		천을		도화	배우자 궁에 유금-천을 귀인					

大運數	12	11	10	9	8	71	61	51	4	3	2	1	1
天干						丙	乙	甲	癸	壬	辛	庚	己
地志						申	未	午	巳	辰	卯	寅	丑

32세 辛未年 변호사 개업-환경 변호사, 偏財 와 食神 년,
47세 戊子年 서울시장 당선, 傷官,상관 과 偏官,편관 년.
51세 서울시장 재선, 壬子年= 정관, 편관 운.
62세 辛丑年, 서울시장 보궐선거에, 당선 됨,
辛丑年= 辛金= 편재 운, 형이나 충이 없어, 발전 운을 만나고.
丑土= 식신 운은 자수 편관과 합을 이루어 당선 운이 됩니다.

壬寅年= 2022년= 서울시장 선거에 출마하면 당선 가능한 운입니다,
壬水= 正官 운= 관에 발전이 있는 운을 만나고.
寅木= 정인, 통관 운으로, 자수 관성의 생을 받고, 일간을 생하여 좋은 결과가 예상되는 운이 됩니다.

癸卯年= 癸水 편관운은 일간 정관과 충을 하고자 하나, 戊土 식상과 합을 이루면, 업무를 잘 수행하여 명예가 상승 하는 운을 만나고.
卯木= 통관 운이며, 인성 운으로, 일지에 酉金 재성과 과 충을 하고, 수 관성과 子卯 刑을 이루면, 근무처 에서 구설이 발생하거나, 건강에 이상이 올수 있는 기신 운이 됩니다.

유 승민

陰 陽3 陰 陽3	强 弱 0	用神 수목	格局 정인	男 女 0	大運	歲運	月運	五行	數字	十神
殺								목	1	比劫
六親								화	2	食傷
十神								토	1	財星
天干	**庚**	**甲**	**癸**	**丁**	丙	壬		금	3	官星
地支	**午**	**申**	**丑**	**酉**	午	寅		수	1	印星
地藏干					2021년 65세					
十神					정치인, 경재학자					
六親										
殺										

大運數	12	11	10	9	8	7	65	5	4	3	2	1		
天干						乙	丙	丁	戊	己	庚	辛	壬	
地志						巳	午	未	申	酉	戌	亥	子	

신약한 겨울 생으로 관이 강하여 명예를 추구하는 성향을 강하고,
甲申일주= 지지에 역마와 현침으로 활동성과 추진력이 강하며 영리하고,
다재다능한 성향이 됩니다.

천간에 丁火 상관, 언변이 좋은 것을 의미하는바, 영리하고 언변이 좋으며,
일간이 癸水 편인의 생을 받아 두뇌가 총명하고, 인덕이 좋으며 명예가
있는 좋은 구성을 이루고, 겨울 甲木이, 50대부터 火 여름 大運을 만나
크게는 좋은 大運에 살고 있습니다.

辛丑年= 辛金 정관 운이, 일간 甲木을 沖하면, 관재구설이나 명예하락 운.
丑土= 재성 운= 酉金 정관과 합을 이루면 좋은 결과가 있어야 하나.
천간 충으로, 대통령 후보 경선에서 선출이 되지 못하는 운이 됩니다,

壬寅年= 신약한 甲木 일간에, 壬水 인성 운이, 丁火 식상과 합을 이루면,
명예 상승 운, 합격 운이 되고.
寅木= 비견을 만나면 일간의 힘이 강해지고, 명예가 상승 발전을 하는 좋은
운기라고 볼 수 있으나. 비견 寅木이, 일지에 申金 관성과 충을 이루면,
신용과 명예가 하락하는 운이 됩니다. 쉬어가는 운기입니다.

陰 陽4 陰 陽5	强 弱 0	用神 화	格局 건록	男 女 0	대 운	세 운	월 운	五 行	個 數	十星
殺								목	3	比劫
六親								화	1	食傷
十神								토	2	財星
天干	**庚**	**乙**	**丁**	**甲**		壬		금	1	官星
地支	**辰**	**亥**	**卯**	**辰**		寅		수	1	印星
地藏干										
十神					乙亥 일주 두뇌명석					
六親										
殺										

大運數	11	10	9	8	7	6	5	4	3	25	1	5	
天干						甲	癸	壬	辛	庚	己	戊	
地支						戌	酉	申	未	午	巳	辰	

년간에 甲木은 일간과 음양이 다르니 겁재라 하고. 겁재는 도전정신이 강하고, 빼앗으려는 기질과 경쟁심이 강하여. 겁재를 겁탈해간다고 하는 이론은. 재성이나 관성과 동주를 이룰 때, 해당하는 해석이고.
年干에 甲木은 辰土 정재와 동주하니 일간의 배우자나 재물을 가져가는 형국으로. 처음만난 여인이나 재물은 남의 것이 되는 형국이 되고.

乙木 日干이 庚金 정관과 합을 이루면 일간의 성품은 반듯하며, 명예와 체통을 중요시하는 인간성이 되고, 명예를 추구하는 성향이 강하다.
乙木 일간은 지지 전체와, 辰土에 뿌리를 내리고 있어, 건강 하고 재물과 명예가 있는 좋은 명이 됩니다.

壬寅年= 壬水정인운은 丁火 식상과 합을 하면. 합격 운, 매매 운, 인덕이나 명예상승 운을 만나고.
寅木= 寅 卯 辰 辰土 재성과 합을 하여 국을 이루면, 재물과 명예가 상승하는 좋은 운이 됩니다.

寅木 운은 일간이 강하여 기신 운으로 볼 수 있으나, 辰土 재성과 합을 이루어 희신 운이 되며. 헛갈리기 쉬운 구성이 됩니다.

판사

陰 陽5 陰 陽4	强弱 0	用神 토	格局 편인	男女 0	대 운	세 운	월 운	五 行	個 數	十神
殺								화	3	比劫
六親								토	0	食傷
十神								금	2	財星
天干	**丁**	**丙**	**壬**	**丁**		庚		수	1	官星
地支	**酉**	**寅**	**寅**	**酉**		子		목	2	印星
地藏干										
十神										
六親										
殺	천을	홍염	홍염	천을						

大運數	11	10	9	8	7	65	5	4	3	2	1	5	
天干						乙	丙	丁	戊	己	庚	辛	
地支						未	申	酉	戌	亥	子	丑	

天干과 地支 원국의 형상이 조화를 잘 이루고 있다
관성과 인성이 발달 하여 지식이 풍부하며 조직에서 리더 의 형상이 되고.
세상을 밝게 하는 의무의 명조이며. 밝은 곳에는 거짓이 없다,
丙火는 대장 격이고 丁火 겁재는 동료 중에 아래 급으로 보고
地支 양쪽에 酉金, 칼을 차고 있는 아랫사람으로 볼 수 있으며.

寅호랑이, 강한물상, 범법자 옆에 酉金은 칼의 형상으로, 법관이 감시하는
형상이 되고. 오행의 구조가 절묘하다는 감탄이 절로 나오는 구성이 되고.
만약에, 壬水관성이 없고, 법조인이 못되고 평민 이라면 양쪽에 酉금은
일간의 돈이나. 일간의 배우자를 丁火 겁재가 가져가는 형상이 됩니다.

庚子年= 庚金 편재는 壬水 편관을 生 하여 희신 운을 만나고.
子水 정관운= 酉金 재성과 破되어, 재물이나 명예에 손상이 올수 있으니
많은 조심과 주의가 필요하며, 부부 불화도 있을 수 있는 운이 됩니다.

壬寅年= 壬水 편관 운은, 직장에 발전이 있는 좋은 운기이고.
寅木= 인성 운은, 일간이 강하여, 기신 운이 되며, 문서 사고나 사기를
조심 하여야 하는 운이 됩니다.

추 미애 전 국회의원

197

陰 陽4 陰 陽6	强 弱 0	用神 화금	局格 정재	男 女 0	大 運	歲 運	月 運	五 行	數 字	十神
殺								목	1	比劫
六親								화	1	食傷
十神								토	3	財星
天干	**壬**	**乙**	**壬**	**戊**		辛		금	0	官星
地支	**午**	**亥**	**戌**	**戌**	辰	丑		수	3	印星
地藏干			辛		신축년 64세					
十神					땜사주					
六親					부와 명예가 좋은 명					
殺										

大運數	12	11	10	9	8	7	65	55	4	3	2	1	5	
天干						甲	乙	丙	丁	戊	己	庚	辛	
地志						寅	卯	辰	巳	午	未	申	酉	

乙亥 일주의= 지식창고를 깔고 있어 총명하고 다정한 감은 있으나 괴강, 백호 살의 강한 기질을 발휘하는 성향이 있고.
인성, 인덕이 좋은 명이나, 받는 성분이 너무 강하여 베푸는 성분이 약할 수 있는 사주의 구조가 됩니다.
때로는, 벽을 문이라고 밀어붙이는, 강한 기질이 발동하는 성향이 있으며.
재성이 인성을 심하게 극을 하면, 지혜가 부족할 수 있다고 합니다.

庚子年= 庚金 정관 운을 만나, 합을 하여 법무부 장관직에 오르고,
子水= 인성 운으로 午火 식상 운과 충이되어, 식상이 극을 받으면, 업무가 힘들고, 불량품을 생산하는 운을 만나 명예가 하락을 하고,

辛丑年= 辛金 관성 운으로, 乙木 일간과 충을 이루면, 관재구설, 명예 하락, 직장 변동 운을 만나고, 일반인이면 해고나 퇴사하는 운을 만나고.
丑土= 재성 운이, 戌土 재성과 형살이 되면, 명예와 재성이 하락하는 운이 됩니다.

壬寅年= 壬水는 인성 운은, 강한 수기에 일간의 건강이 약해지는 운이고,
寅木= 겁재 운이= 寅 午 戌국을 이루어, 戌土 재성과 합이 되면, 남이 일간의 재물을 가져가는 형국으로, 재물과, 명예에, 하락 운이 됩니다.

이 재명 전 경기도지사

198

陰 陽3 陰 陽1	强弱 0	用神 화토	局格 편인	男女 0	大 運	歲 運	月 運	五 行	數 字	十神
殺								목	3	比劫
六親								화	0	食傷
十神								토	1	財星
天干	**癸**	**乙**	**甲**	**癸**		壬		금	1	官星
地支	**未**	**酉**	**子**	**卯**		寅		수	3	印星
地藏干					2021년 59세					
十神					10대 중반까지는 흉 운이고					
六親					10대 후반부터 좋은 운을					
殺					만나 성공하는 명					

大運數	12	11	10	9	8	75	65	55	45	35	25	15	5	
天干						丙	丁	戊	己	庚	辛	壬	癸	
地志						辰	巳	午	未	申	酉	戌	亥	

겨울 음력 12월 생으로 음덕과 인덕이 좋은 명으로 신강한 일주이고. 끈기와 집착이 강한 성향이며, 명예를 추구하는 성향이 강한 사주이며, 사주의 구성이, 말년에 재물과 명예가 있는 명이 됩니다.

辛丑年= 辛金 관성 운이, 일간과 충을 이루면, 일반인 이면, 직장에서 해고 수준의 흉한 운이 되며, 관재구설이나, 직장 변동 운을 만나고,
丑土= 재성 운이, 子水 인성과 합을 하면= 재물은 들어오는 운기가 되고. 일반인으로 보면= 사직을 하고 퇴직금을 수령하는, 형상이 됩니다. 20대대통령 선거에 민주당 대통령후보로, 출마하여 경기도 지사직 사임.

壬寅年= 壬水는 인성 운으로, 水氣가 과하여 기신 운을 만나고.
寅木= 겁재 운이, 시지에 未土와 귀문 관살이 되고, 일지와 원진이 되며, 대통령 선거일이 3월 9일 癸卯 월 이며 과하여 넘치는 형국으로, 기신 운을 만나 낙선을 하게 되었으며.

6월 1일 지방 단체장 선거 중에, 국회의원 보궐선거, 인천광역시 계양乙 지역구에 출마를 하고, 선거일 당시의 월운이 丙午月 식상 운을 만나, 국회의원에 당선이 되었으며, 더불어민주당을 이끌어 선정을 하여주기를 바라는 많은 국민들의 마음이 되겠습니다.

정 동영

199

陰 陽3 陰 陽1	强弱 0	用神 금수	局格 편관	男女 0	大運	歲運	月運	五行	數字	十神
殺								토	4	比劫
六親								금	0	食傷
十神								수	1	財星
天干	**乙**	**己**	**己**	**癸**	壬	壬		목	2	官星
地支	**丑**	**卯**	**未**	**巳**	子	寅		화	1	印星
地藏干					신축년 69세					
十神					현재					
六親					임자대운 재성대운이라					
殺					재물 운은 좋은 운이 됩니다.					

大運數	12	11	10	9	8	7	67	5	4	3	2	1	7
天干						辛	壬	癸	甲	乙	丙	丁	戊
地志						亥	子	丑	寅	卯	辰	巳	午

전 민주당 대통령후보
비견이 강하고 구조가 좋아 무리 중에 리더 가 될 수 있는 좋은 사주이며.
초년 대운이 인성 운으로 학업 운이 좋은 명이 되고, 관성이 강하여명예를 추구하는 성향이 강하고 반듯하며 모범적 이니, 일등 사위 감이 되고, 집착과 끈기는 강한 성품이 되나, 식상이 약하여 융통성과 베푸는 성향이 부족할 수 있는 명이 됩니다.

17대 대통령 선거 운,
丁亥年= 丁火는 인성 운으로, 원국에 재성인 癸水와 충을 이루고,
亥水= 상관 운이= 년지에 巳火 정인과 충을 이루면, 재물과 명예가 하락을 하는 운을 만나, 낙선의 운이 됩니다.

壬寅年= 壬水는 재성 운으로, 좋은 운이 되나, 己土 일간이 수다토류 되어 재성이나 명예가 손상되는 형국이 되고.
寅木= 巳火 인성과 刑살을 이루면, 발전이 없는 한해가 됩니다.

癸卯年= 재성 운= 乙木 관성을 생을 하면, 직장이나, 사업에 발전 운이 되고,
卯木= 관성운이 未土 비견과 합을 이루면, 사업에 발전이 있는 운이 됩니다.

陰 陽6 陰 陽5	强 弱 0	用神 금토	格局 정인	男 女 0	대 운	세 운	월 운	오 행	개 수	十神
殺								화	5	比劫
六親								토	1	食傷
十神								금	0	財星
天干	甲	丁	癸	丙				수	1	官星
地支	辰	巳	巳	午				목	1	印星
地藏干										
十神					대학총장- 옛날 신민당 당수					
六親										
殺										

대운수	12	11	10	9	8	75	65	55	4	3	2	1	5
천간						辛	庚	己	戊	丁	丙	乙	甲
지지						丑	子	亥	戌	酉	申	未	午

유진오 박사님의 사주라고 합니다. 1960년대 말경에 신민당 당수역임.
염상 격이라 하고. 삼상 격 이라 하고. 의견이 상이하나. 일반 격으로 풀이를 합니다.

사월 뜨거운 여름에 태어난 丁巳 日柱의 특징= 욕망과 정의가 있고, 언변이 좋으며 우두머리 격이 되어, 직장생활을 오래하기 힘든 성향이며. 독립심은 강하고, 융통성은 부족하나, 베푸는 성향은 강하다.

甲木을 辰土에 심고 키우면, 재물 복이 있고 건강한 명이 됩니다.
癸水 편관은 辰土에 뿌리를 내리고, 비를 뿌리면 고마운 편관 癸水이나 주위에 화기가 강하여, 증발하는 형국으로, 관운이 약한 명으로 봅니다.

태양과 달이 밤과 낮에 교대로 밝게 비추어주면, 다른 집 나무보다, 훨씬 많이 자란다, 결론은 노력을 많이 한다는 의미가 되고. 인덕이 좋은 명으로, 좋은 결실을 거두는 형국이 되며, 부귀공명의 명주가 됩니다.

55세부터 亥 子 丑 겨울을 만나면, 조후가 해결 되어 만사형통하는 좋은 운을 만나 부와 명예를 이루고, 잘 살다, 가신사주라, 올립니다.

제 6 장

유명인, 연예인, 정치인

목차

제 6장 유명인, 연예인, 정치인

Memo

명화당 처녀보살 201

陰 陽5 陰 陽2	强 弱 0	用神 수목	格局 편재	男 女 0	大 運	歲 運	月 運	五 行	數 字	十神
殺								목	2	比劫
六親								화	2	食傷
十神								토	2	財星
天干	**壬**	**乙**	**乙**	**戊**				금	1	官星
地支	**午**	**酉**	**丑**	**午**				수	1	印星
地藏干					2022년 45세					
十神					유튜브방송 최고의 점집에					
六親					선정 명화당 처녀보살					
殺					010-6376-7386					

大運數	12	11	10	94	84	74	64	54	44	34	24	14	4	
天干				乙	丙	丁	戊	己	庚	辛	壬	癸	甲	
地志				卯	辰	巳	午	未	申	酉	戌	亥	子	

乙木일간= 접객성, 친화력, 영업성, 타협적이고 인정이 많으며 예술성이 있고, 교육성이 있으며, 말로 먹고사는 세월이 있는 乙木 이고.
乙酉일주= 아는 것이 많아 집안에 있으면 신기가 발동하여 병이 날 지경이고, 재주와 재치가 있으며, 의료계나 종교계에 인연이 많으며, 편관을 깔고 있어 명예를 중요시하는 명이 됩니다.

엄동설한에 태어난 乙木으로, 년간 조상궁에 戊土 큰산이 설한풍을 막아주고, 년지에 午火는 꽁꽁 얼어있는 丑土를 녹여서 乙木이 丑土에 뿌리를 내리고 잘 자랄 수 있게 하여, 조상 덕, 부친 덕이 있으며. 여명으로 양의 성향이 강하여 음덕이 있으며, 午火 식상은 표현력을 담당하는 좋은 오행으로, 말년에도 사회에 봉사할 수 있는 좋은 명이 됩니다.

壬寅年= 壬水 인성 운으로 인덕이 되고, 명예, 문서에 발전 운을 만나고 **寅木**= 겁재 운으로, 午火 식상과 합을 하고, 일간을 도와 재물과 명예에 발전이 있는 좋은 운이 되고, **癸卯年**= 건강에 유념을 많이 하여야 합니다.

* 무속인의 사주는 어떤 구성을 하고 있을까, 호기심에 풀어보았으며, 명리 학으로 해결할 수 없는, 60살 이전에 사망하신 조상님을 천국으로 인도하는 **천도 제**= 무속인만이 할 수 있기에 공유하고자 올립니다.

광고업

陰 陽4 陰 陽5	强 弱 0	用神 수토	格局	男女 0	대 운	세 운	세 운	五 行	個 數	十星
殺								수	1	比劫
六親								목	2	食傷
十神								화	2	財星
天干	**乙**	**壬**	**甲**	**辛**		辛	甲	토	0	官星
地支	**巳**	**申**	**午**	**酉**		丑	辰	금	3	印星
地藏干					2021년 41세,					
十神					46세 己丑大運에 운이					
六親					바뀌는 명					
殺										

大運數	11	10	9	8	7	6	5	46	36	2	1	6
天干					丙	丁	戊	己	庚	辛	壬	癸
地支					戌	亥	子	丑	寅	卯	辰	巳

壬申일주= 壬水 생지를 깔고 있어 힘이있고, 포용력이 좋아 만인의 신망을 얻고, 인덕이 있어 좋은 일주이고. 木을 키우는 명으로 土 運에 발전함.

초년에 만나는 여자는 내가 스스로 밀어내는 형상이 되고.
월주에 甲木과 금기의 냉기가 午火를 끄는 형상이 되며.
월주에 甲木= 식신은 나의 생각이고, 나의 언어이고, 계획이며, 행동으로, 일간이 배출하는 에너지가 됩니다.

辛丑년= 辛金 편인 운이, 乙木 상관과 沖을 하여 활동력이 저하되고.
丑土는 巳 酉 丑 金局, 인성국을 이루면, 인덕, 문서 운, 명예 상승 운, 사업에 발전 운이 되나. 천간의 충으로 큰 발전을 기대하기는 부족하다.

甲辰年= 甲木 식신 운이, 辛金 관성과 沖이되고, 지지에서 오는 辰土 편관 運과, 조합을 하여보면, 현재 운영하는 사업을 접고. 이직, 업종 변경,
辰土= 편관 운이 식신 甲木 의 뿌리가 생기는 운으로, **관성 辰土와 印星, 酉 金과**, 合을 이루면, 運에서 오는 官星은 새로운 업무나 사업을 의미하고, 좋은 사업에 계약을 하는 형상으로 발전 운이 됩니다.

陰 陽4 陰 陽6	强 弱 0	用神 목	格局 정인	男 女 0	大 運	歲 運	月 運	五 行	個 數	十神
殺		백호						토	4	比劫
六親			부친					금	2	食傷
十神								수	1	財星
天干	**己**	**戊**	**壬**	**庚**		壬		목	0	官星
地支	**未**	**辰**	**午**	**申**		寅		화	1	印星
地藏干	乙	乙癸	丁		2021년 42세.					
十神										
六親			모친							
殺										

大運數	11	10	9	8	7	67	57	47	37	2	1	7	
天干						己	戊	丁	丙	乙	甲	癸	
地支						丑	子	亥	戌	酉	申	未	

비겁이 많아 한 고집 하고, 추진력이 강하여 자수성가 할 명이 되고,
金, 광석을 캐는 명으로. 金이 재물이고. 재물 복이 있는 사주이며
비견겁재가 많아, 규모가 큰 사업을 할 수 있고. 현재는 작은 규모 이다.

월간에 壬水 큰물이 부친이고. 午火가 모친이다. 수 극화 형상으로
壬水 부친이 午火 모친을 힘들게 하여, 일찍이 부모님은 이혼하시고,
홀로사시는 어머님이 사업하시며, 공부시키고 키워주셨다고 하며,
어머니 午火 에서 보면, 戊辰과 己未 아들이 둘이 있는 형상이 되고,

壬水는 부친이며 배우자이다. 지혜와 이해심, 포용력이 좋은 배우자이나
배우자가 들어오면 어머니가 힘든 형국이 되고, 수 극화,
일간이 간여지동으로 반듯한 부인이 아니면 다툼이 많을 수 있으며.
자식 궁에 비겁이 동주하니, 자식과는 친구같이 부자유친이 될 수 있다.

壬寅년= 壬水는 편재, 재물 운을 만나면 여자와, 사업 발전 운이 되고,
寅木= 편관 운으로, 밖에 새로운 직장이나 사업장을 의미하고, 년지에 申金
식신은 일간의 계획이며. 寅木관성은 새로운 사업을 의미하며, 충을 이루
면 발전이 없는 운이 되므로, 많은 주의가 필요한 시기가 됩니다.

陰 陽4 陰 陽6	强弱 0	用神 목화	格局 상관	南女 0	세 운	세 운	월 운	五 行	個 數	十星
殺								수	2	比劫
六親								목	3	食傷
十神								화	2	財星
天干	**乙**	**壬**	**丙**	**壬**				토	1	官星
地支	**巳**	**寅**	**午**	**辰**				금	0	印星
地藏干	庚				2021년 70세					
十神				배우자	봉사랄 기회를 드리려고					
六親					하였으나 체력이 딸려서					
殺					못하신다고 합니다.					

大運數	11	10	9	8	76	66	5	4	3	2	1	6
天干				丁	戊	己	庚	辛	壬	癸	甲	乙
地支				酉	戌	亥	子	丑	寅	卯	辰	巳

壬寅일주= 남편복은 없으며, 자식복은 있고, 꿈이 적중하는 신기가 있는 명, 이라고 하며, 저와는 예전에 건설업의 공사 관계로 인연이 되었으며, 돌아가신 분의 영혼과 대화를 하는 특수한 능력의 소유자 분이시다. 그러나 신점을 보는 재주는 없으며, 회갑나이 이전에 사망하신 조상님을 천국으로 인도하시는 천도 제를 올리는 능력은 탁월하고, 잘하십니다.

필자의 장모님이 옛날에 40대에 사망하시어, 천도 제를 올려드린 인연이 있으며, 그때 나의 많은, 호기심을 시험하여 그분의 능력을 인정하는 계기가 되었습니다.
그러나 업으로 하시는 분은 아니고, 본 업은 휀스, 울타리 설치 공사 업을 하고. 현재는 작은아들이 사업을 경영하여, 크게 발전하고 있으며, 사업을 하시며 사기를 많이 당하였다고 하여, 사주를 분석하여 보면, 인성이 약하여 인덕이 약하고, 문서 운이 약하여 그러 하다고 풀이가 됩니다.

배우자는 년 주에 辰土이며, 壬水 비견이 동주하고 있어 남의 배우자가되고. 배우자 궁에 인목 식신이 자리하고 있으니, 자식과 사는 명이 되며.
건강이 약하게 되는 시기를 보면, 2032년 壬子 年을 잘 넘겨야 하고, 금기가 약하여 뼈와 기관지가 약하여, 건강관리를 잘 하여야 합니다.

陰 陽1 陰 陽0	强弱 0	用神 수화	格局 편재	男女 0	大運	歲運	月運	五行	字數	十神
殺								금	4	比劫
六親								수	0	食傷
十神	편인							목	1	財星
天干	**己**	**辛**	**辛**	**辛**				화	0	官星
地支	**丑**	**酉**	**卯**	**丑**				토	3	印星
地藏干	癸			癸	2021년 61세 회갑년					
十神	편인		편재	편인						
六親										
殺										

大運數	12	11	10	9	8	72	62	52	42	32	22	1	2
天干				辛	庚	己	戊	丁	丙	乙	甲	癸	壬
地支				丑	子	亥	戌	酉	申	未	午	巳	辰

이 은하= **멀리 기적이우네** 아스라이 기억 속에서 사라지고 있는 노래가사.
이 사주는 편고 된 사주로, 많은 금기는, 배가 많이 부른데 배설을 못하는 이치와 같고, 물이 흐르다 물길이 막혀서 고인물이 되어 상하는. 것과도 같은 이치로, 하는 일이 뜻대로 안 되는 형국이 됩니다.

초년에 는 火, 관운을 만나 잠깐 빛을 보았으나, 32세 乙未 大運부터. 土, 金운을 만나면서, 운로가 막혀서 몸에 혈액이 돌지 못하는 형상과 같고. 大運에서 水를 만나지 못하여 운기가 순환이 안 되여. 운이 막히고. 사주에 남자복과 자식 복이 약한 명이 됩니다.

보는 역술인도 가슴이 답답합니다. 사주팔자가 노력이나, 정성, 또는 종교심으로 변경 할 수 있으면, 얼마나 좋을까. 하는 생각을 하여 봅니다.

水운, 통관 운은 77세부터, 30년간 들어오는데 잘 받을 수 있을까,
걱정이 되고. 건강을 잘 유지하면 기회를 잘 쓸 수도 있습니다.
사주로 봐서는 남편이 없고, 자식도 없는 명이 되며.
만약에 있어도, 크게 도움이 못되는 가족의 형국이 이라고 풀이가 봅니다.

陰 陽6 陰 陽5	强弱 0	用神 화	格局	男女 0	大 運	歲 運	月 運	五 行	數 字	十神
殺								목	3	比劫
六親								화	1	食傷
十神								토	2	財星
天干	**戊**	**乙**	**丁**	**庚**		壬		금	1	官星
地支	**寅**	**卯**	**亥**	**戌**		寅		수	1	印星
地藏干					2022년 53세					
十神										
六親										
殺										

大運數	12	11	10	9	8	7	6	5	4	3	2	1	5
天干						乙	甲	癸	壬	辛	庚	己	戊
地志						未	午	巳	辰	卯	寅	丑	子

겨울, 11월에 乙木이, 亥水 어머니의 덕이 있고, 신강하며 부모님의덕이 좋은 사주이며.

좋은 구성을 보면 절묘하다는 표현을 하게 됩니다.

丁火 食神이 庚金을 제련하여, 좋은 기물을 만드는 구조이고, 땔감이 乙木이라 약하다고 볼 수 있으나,

亥水 正印이, 卯木과 合을 하면, 亥水 지장간에 甲木이 木운동을 하고 甲木으로 변하여 丁火 용광로에 火力을 강하게 키워주고, 戌土에서 생산되는 庚金 원석을 쉼 없이 제련을 하면. 많은 재물이 되고, 명예가 상승하는 절묘한 구조의 사주입니다.

시주에 戊土 배우자는 군겁쟁재 의 형상으로 寅木 겁재가 戊土를 빼앗아 가려고 노리는 형상이라, 말년에 재물이나 배우자 관리를 잘 하여야 하고, 자식이 일간의 재물을 쓰는 형상이 되기도 합니다.

壬寅年= 印星 運이 丁火 식상과 합을 이루면, 명예나 문서 발전 운이며. 일을 하려고, 계약이나. 이력서, 문서 발전 운을 만나고.

寅木= 겁재 운= 亥水 정인과 합을 이루면, 일간의, 힘이 넘치는 형국으로 사기 수를 조심 하여야 하고. 투자를 하면 손해 보는 운이 됩니다.

陰 陽3 陰 陽3	强 弱 0	用神 화토	格局 귀격	男 女 0	대운	세운	월운	五行	個數	十星
殺								수	2	比劫
六親								목	3	食傷
十神								화	0	財星
天干	**甲**	**癸**	**辛**	**庚**		庚		토	0	官星
地支	**寅**	**酉**	**亥**	**寅**		子		금	3	印星
地藏干	戊丙甲	庚辛	戊甲壬	戊丙甲						
十神					계수 겨울 생으로,					
六親					여름대운에 대발하여 부와					
殺					명예를 이룹니다.					

大運數	11	10	9	8	7	6	55	45	35	2	1	5
天干					癸	甲	乙	丙	丁	戊	己	庚
地支					卯	辰	巳	午	未	申	酉	戌

癸酉일주= 준수하고 영리하며 음욕이 강하고, 처세는 밝고, 순종의 미덕은 없으며, 권력 계통의 직업에 발전이 있고, 명주는 인덕과 부모덕이 좋으며 식상이 강하여, 활동적이고, 장부의 기질이며, 부자 명이 됩니다.

배우자 기운이 식상 속에 숨어있어, 약 하다고 할 수 있으며. 지장 간에 숨어있는 많은 戊土 하고 합을 이루면, 많은 남자를 만나는 형상이 됩니다.

庚子年= 庚金= 正印운으로, 일간을 생하면서, 甲木 상관과 충의관계가 되고, **子水**= 일지 酉金과 破가되면, 천간에서, 식상이 극을 받고, 지지에는 일지에 인성이 파 되어, 손발이 묶이고 불량품이 생산되는 형국으로 신용과 명예는 하락을 하고, 재물은 손재 운이 됩니다.

甲辰年= 甲木 식상 운이, 庚金 인성에 충을 받아 손발이 묶이는 형상이고, **辰土**= 정관운이 酉金 인성과 합을 이루고, 寅木에 옥토가 되어 재물 운이고, 辰土운은 직장이나 사업장에 발전 운이고, 좋은 남자를 만나는 운이 됩니다.

위 사주의 재물복은 甲寅 식상이 됩니다.

陰 陽4 陰 陽3	强 弱 0	用神 목	格局 편관	男 女 0	대 운	세 운	세 운	세 운	五 行	個 數	十星
殺									목	2	比劫
六親									화	1	食傷
十神									토	2	財星
天干	**辛**	**乙**	**癸**	**甲**		庚	辛	壬	금	2	官星
地支	**巳**	**丑**	**酉**	**辰**		子	丑	寅	수	1	印星
地藏干					2021년 58세 여명.						
十神					乙木 특유의 예술성을 잘 살려						
六親					사회 활동을 잘 하고 있는 명.						
殺											

大運數	11	10	9	8	72	62	52	42	32	22	12	2
天干					乙	丙	丁	戊	己	庚	辛	壬
地支					丑	寅	卯	辰	巳	午	未	申

乙丑일주= 오행의구조가 좋으면 남편이 군.경 검으로 출세 할 수 있고, 격이 낮으면 이별 수 있으나, 재복은 있는 사주이고, 초년에 목을 키우는 명으로 진토에 뿌리내리고 좋은 명이되며, 노년에는 辛金보석을 캐는 명으로 재복은 있는 명이고. 조상 덕, 부모 덕. 인덕이 잇고 물려받을 유산이 있을 사주의 구성이 되며. 지지에 구성이, 巳酉丑 金局 을 이루면, 사회적으로는 넓은 활동무대 라고. 좋은 의미로 볼 수 있으며,많은 남자를 만나고, 많은 남자를 상대로 하는 직업의 형국이 됩니다.

庚子年= 庚金-정관 운이고 취직, 직장, 남자, 사업에 발전이 있으며,
子水= 印星 運= 丑土편재와 합을 하여, 재물과 명예 상승 운이 됩니다.

辛丑年= 辛金 편관 운은, 일간 乙木을 극하면. 업무가 힘든 운이 되고, 丑土= 巳酉丑 金局, 官局, 관운은 사업이나, 직장에 발전이 있는 운이나, 건강에는 신경계에 병이 유발할 수 있습니다.

壬寅年= 壬水 正印 운은 木을 생하여, 문서발전, 명예 발전 운이 되고,
寅木= 겁재운= 신약한 일간을 도와주지 못하고, 사화 상관과 형살일 이루면, 자식에 흉이 발생하거나, 구설이 발생하여 명예, 하락 운이 될 수 있습니다.

김 건모

209

陰 陽4 陰 陽8	强 弱 0	用神 금수	格局 정관	男 女 0	대 운	세 운	월 운	五 行	個 數	十神
殺								수	3	比劫
六親								목	1	食傷
十神								화	2	財星
天干	**癸**	**壬**	**癸**	**丁**	丁	辛		토	2	官星
地支	**卯**	**午**	**丑**	**未**	未	丑		금	0	印星
地藏干	갑을	병기丁	계신기	丁을기	2021년 53세,					
十神					1968년, 1월, 13일, 생					
六親										
殺										

大運數	11	10	9	8	7	6	52	4	3	2	1	2
天干				甲	乙	丙	丁	戊	己	庚	辛	壬
地支				辰	巳	午	未	辛	酉	戌	亥	子

수기가 강하여 지혜가 있으며, 음기가 강하여 집착 하는 기질이 강하고,
예술성과 유를 창조하는 원동력이 되고, 성공에 비결이 되었다고 봅니다.

물상으로 보면 불을 끄는 의무이고, 불은 여자이고 재물이 되며. 앞으로,
겨울 생이 여름 대운을 만나 40년 좋은 운을 만나고. 그동안 남다른
노력으로 명예와 부를 이루었다면, 배우자와 해로하며, 행복하게 살아갈
좋은 명으로 볼 수 있으나,
가정궁을 의미하는 월지에 丑土와, 년지에 未土가 丑未 沖을 하고,
일지와 월지는 丑午 원진이 되고, 일지와 시지는 午卯 破, 되어,
행복한 가정을 이루고, 해로하기 어려운 형국이 됩니다.

辛丑年= 辛金 인성 운이 丁火에 剋을 받아 힘이 없으며,
丑土= 관성= 丑 未 沖을 하여 가정이나, 직장이 흔들리는 형국이 됩니다.

壬寅년= 壬水 비견은 丁火 正財와 합을 하면, 남이 일간의 여자나, 재물을
가져가는 형국으로, 배우자와 해여 지는 운이 될 수 있고,
경사에 돈이 지출되는 경우에도, 같이 쓰이고, 그렇게 되기를 바며,
寅木= 食神 운이, 일지에 배우자 궁, 午火 정재와 合을 하면, 寅木 식상은
새로운 여인을 만나는 운이 될 수 있습니다.

강 수연 영화배우

陰 陽4 陰 陽3	强弱 0	用神 수목	格局 정관	男女 0	대운	세운	월운	五行	個數	十星
殺								목	2	比劫
六親								화	3	食傷
十神								토	0	財星
天干	癸	乙	丙	丙		壬		금	2	官星
地支	酉	卯	申	午		寅		수	1	印星
地藏干					乙목은 유연한 동작. 무대에					
十神					金, 정관, 편관, 들은 관객					
六親					丙화= 무대조명, 癸水는					
殺					연출감독, 좋은 그림이 된다.					

大運數	11	10	9	8	7	6	56	4	3	2	1	6
天干						己	庚	辛	壬	癸	甲	乙
地支						丑	寅	卯	辰	巳	午	未

乙卯일주= 일지가 건록이며 똑똑하고 친화력이 좋고, 인물이 좋아 무었을 하나 인기있고, 일지가 묘유 충으로 부부 애정이 불안하다. 天간과 地支에 도화기운과, 발산의 에너지, 화기가 강하여, 무었을 하나 인기가 있는 사주의 구성이며, 酉金은 돈 항아리 금고의 형상이며. 申금 酉금이, 乙木 채소뿌리에 달린, 과실이며 재물의 형상이 되고, 金을 쇠와 칼이라고 하며 뿌리를 자른 다고 하는데. 형상으로 볼 때는, 재물 창고라 하고,

위의 명주는 화려하게, 미모와 발산의 능력으로 재물과 명예를 이루었으며, 火는 일간이 발산하는 에너지이고, 관성, 申 酉금은 손님, 인기로 쓰고. 일간의 식상 활동인 火氣가 金을 제압하고, 관리하는 형상으로, 申 酉金이 관객이 되고, 인기이며 결과는 재물이 되는 형상이 되며. 결론은, 丙火는 명예이고, 申 酉 金은 관객이며, 재물이 많은 형상이 됩니다.

壬寅年= 壬水정인 운이, 丙火 식상과 충을 하여, 태양이 없어지면, 乙木이 시들어, 꽃이 떨어지는 형상으로, 명예가 하락하는 운이 되고,
寅木= 겁재 운이 申金 正官과 충이 되면, 남이 나의 직장이나 근무처를 힘들게 하는 형국으로, 신용과 명예가 하락을 하는 흉한 운 이 됩니다.
심장정지. 병원 이송 전, 풀이내용 작성일= 2022년 3월 12일 풀이하였으며
심장정지. 병원 이송일= 2022년 5월 5일 어린이날, 壬寅年, 乙巳月, 戊午日
寅木= 지장간에 丙火를 살피지 않았으며. 쾌유를 빌었으나. 5월7일 사망.

김 어준

211

陰 陽4 陰 陽6	强 弱 0	用神 화토	局格 편관	男 女 0	大 運	歲 運	月 運	五 行	字 數	十神
殺								토	2	比劫
六親								금	2	食傷
十神								수	2	財星
天干	**甲**	**戊**	**癸**	**戊**	己			목	2	官星
地支	**寅**	**申**	**亥**	**申**	巳			화	0	印星
地藏干	丙				2021년 54세					
十神					교통방송 진행자					
六親										
殺										

大運數	12	11	10	9	8	7	6	55	4	35	25	1	5
天干							庚	己	戊	丁	丙	乙	甲
地志							午	巳	辰	卯	寅	丑	子

겨울에 戊土로 태어난 남자, 재성과 관성이 강하고, 식상도 강하며 일간은 약하나 운에서 화토 운을 많이 만나고 있어 능력을 발휘하는 사주이며 관성이 강하니 반듯하며 명예를 중요시하는 성향이 강하고,

초年大運이 관성과 인성 운을 만나 학업 운이 좋아 지식이 있으며, 대운을 잘 만나 명예와 부를 이루고 잘 살고 있는 구조이고, 겨울 생이 여름대운을 만나고, 火운은 인성 운이며 통관 운으로, 발 복의 대운을 만나 좋은 운에 살고 있는 명입니다.

辛丑年= 辛金은 傷官 운으로 癸水 正財를 생하여 길하고,
丑土= 겁재 운을 만나 신약한 일주를 도와주어 일간의 힘이 강해지고 재물이 늘어나는 좋은 운기가 됩니다.

壬寅年= 壬水는 財星 운으로, 甲木 官星을 생하면 발전 운이 되나. 戊土가 壬水를 막고 있으며.
寅木= 관성 운으로 일지에 申金 식상과 충을 하면, 직장이나 사업장에 변동 수가 발생을 하며. 일은 힘들고, 수입은 줄어드는 재물 손재 운이 되고, 건강과 명에가 하락을 하는 운이 됩니다.

김 제동

陰 陽3 陰 陽2	强弱 0	用神 화금	格局	男女 0	대운	세운	세운	五行	個數	十星
殺								목	2	比劫
六親								화	1	食傷
十神								토	2	財星
天干	丁	乙	乙	癸	庚	庚	辛	금	0	官星
地支	亥	亥	丑	丑	申	子	丑	수	3	印星
地藏干			辛	辛	2021년 49세 남,					
十神					방송인					
六親										
殺										

大運數	11	10	9	8	7	6	5	45	3	2	1	5	
天干						戊	己	庚	辛	壬	癸	甲	
地支						五	未	申	酉	戌	亥	子	

乙木= 예술, 기능에 소질이 있으며 수기가 강하여 지식과 지혜가 있고,
乙亥 일주= 학문 예술 좋아하고 독창성과 창작력이 있고. 처가, 똑똑하며,
현재- 庚申 大運 官 大運에 살고 있으며,

庚子年= 庚金 正官은 일간 乙木과 합을 하여 직업 발전 운이라 길하고,
子水 편인은 丑土, 偏財와 합을 하여, 문서, 명예 발전 운이 되며.
재물을 투자하고 문서를 얻는 형국이 됩니다.

辛丑年= 辛金 편관 운은 일간과 충을 하여 흉한 운이되고, 직장변동 수.
丑土= 재성이 강한 亥水에 수다토류 되어, 재물이 나가는 형상이 됩니다.

壬寅年= 壬水 正印운이, 丁火 食神과 合을 하여 길 할 것 같으나,
水氣가 강하여 丁火 食神이 꺼지는 형국이 되며. 식신이 극을 받으면,
업무는 힘이 들고, 마음에 변화가 발생을 하며.丁火= 심장을 주관하는바,
불이 꺼지는 것은, 건강상, 심혈관에 장애가 발생할 수 있는 운을 만나고,
寅木 겁재 운=일간이 신강 하여, 壬寅年은 발전이 없는 忌神 운이 되고
배신이나 사기수를 조심하여야 됩니다.

전 대통령부인 - 19대 문 재인 대통령 영 부인 김 정숙 213

陰 陽5	强弱	用神	格局	男女	대	세	월	五	個	十星
陰 陽5	0	화	정인	0	운	운	운	行	數	
殺								목	4	比劫
六親								화	1	食傷
十神								토	1	財星
天干	**戊**	**乙**	**乙**	**甲**		壬		금	0	官星
地支	**寅**	**亥**	**亥**	**午**		寅		수	2	印星
地藏干					2021년 68세					
十神					대통령 5년 임기					
六親					2022년 5월 9일 24시					
殺					19대 문 재인 대통령 부인					

大運數	11	10	9	8	7	6	5	4	3	2	1	
天干					丁	戊	己	庚	辛	壬	癸	甲
地支					卯	辰	巳	午	未	申	酉	戌

공부의 목적에만 사용 하여야 함. **여명 無 官 에 水木 으로 신강명주**

乙亥 일주의 특징= 역마, 활동성이 강하면서 총명 하고 다정하다.
지식이 풍부하고, 관성이 없어 자유분방한 성향이 강할 수 있고.
남자를 존경하는 마음이 약할 수 있으며. 대운이 수와 목을 만나지 않아
크게 풍파 없이, 좋은 사주가 됩니다.

辛丑年= 편관 신금이 乙木 일간을 충, 剋을 하면
명예가 손상되고 건강이 나빠질 수 있는 운기가 됩니다.

壬寅年= 壬水 正印=문서, 명예, 신용 운으로 과하여 기신 운이 되고,
寅木=나무가 많은데 또 와서, 과유불급에 형상이 되어 기신 운이라 하고,
과하면 넘치는 이치가 되므로, 마음을 비워야 하는 운기를 만났으며
재물과 명예가 하락할 수 있는 운을 만나면, 조심을 많이 하여야 합니다.

새로운 일을 만들지 않으면, 흉한일은 발생하지 않는 기운이 되며,
조심을 많이 하여야 하는 운이 됩니다.
흉한 운을 만나면 봉사와 적선을 많이 하면 액을 줄일 수 있다고 합니다.
* 말조심, 사람조심, 행동조심

꽃밭 여인

214

陰 陽6 陰 陽0	强弱 0	用神 수	格局 귀격	男女 0	대 운	세 운	월 운	五 行	個 數	十星
殺								목	6	比劫
六親								화	0	食傷
十神		0						토	1	財星
天干	**乙**	**乙**	**己**	**乙**		辛	壬	금	1	官星
地支	**酉**	**卯**	**卯**	**卯**		丑	寅	수	0	印星
地藏干					2021년 47세 여,					
十神					음 팔통					
六親					끈기와 집착이 강하다					
殺										

大運數	11	10	9	8	7	6	5	45	3	2	1	5	소
天干						丙	乙	甲	癸	壬	辛	庚	무
地支						戌	酉	申	未	午	巳	申	승

比肩이 많으면 자기주장이 너무 강하여 독불장군이 될 수 있고,
군비 쟁 재가 되어 나의 재물이나 배우자를 두고, 싸우는 형상이 되며,
하늘에는 새가 나르고, 꽃밭에 닭 과 토끼가 노니는 평화로운 형상으로,
성격과 인물이 좋을 명이 되고. 대운이 여름에서 가을로 흐르니, 꽃나무가
자라서 꽃을 피우고 열매를 맺는 좋은 형상이 됩니다.

乙卯= 새봄에 땅을 박차고 나오는 기운이라 음기가 강하여 음욕 살 있고.
도화 기운으로 도배가 되어. 무엇을 하나 인기 있는 명이 되고,
비겁이 많으면 큰 조직에서 성공 하고, 리더 이고, 관리자의 상이 되며.
酉金 남자에서 보면= 여자들이 많이 있는 형국이 됩니다.

辛丑年= 辛金 운은, 乙木 일간을 剋하여 흉한 운이 되고.
壬寅年 수생 목하여 인성 운, 인덕. 시험 운, 문서 발전 운을 만나고,

癸卯年= 癸水= 印星 운이며, 통관 운, 명예와, 문서 발전 운이 되고,
卯木= 酉金 관성과 충을 이루면= 남이 나의 직장이나 남편을 해롭게 하는
형상으로, 업무가 힘들 거나, 이직, 전근, 직장변동 운이 됩니다.

결혼 4번

215

陰 陽1 陰 陽5	强 弱 0	用神 목화	格局 三象	男 女 0	대 운	세 운	월 운	五 行	個 數	十星
殺								수	3	比劫
六親								목	0	食傷
十神								화	0	財星
天干	**己**	**壬**	**戊**	**癸**	癸	丙	丁	토	4	官星
地支	**亥**	**辰**	**申**	**丑**	丑	午	未	금	1	印星
地藏干	甲	乙	壬							
十神					현재 丑 大運					
六親										
殺										

大運數	11	10	9	8	7	63	53	43	3	2	1	3
天干						乙	甲	癸	壬	辛	庚	己
地支						卯	寅	丑	子	亥	戌	酉

壬辰일주= 괴강, 자립정신 강하고, 도량이 넓고, 고집은 강하고. 일복은 많으며, 부부 애정은 불안하며, 이별 수 있는 일주라고 합니다.
위 명조는 비견 겁재들이 관성과 동주 하고 있어, 나의 남자들이 다른 여자들을 따라가는 형국으로 많은 남자. 여러 남자들과 살아보는 형국이 됩니다.

비견 겁재는 강하고 식상은 숨어 있으며. 재성은 火 이나, 보이지 않으며. 재성이 없다고 돈이 없는 게 아니고, 인력으로 돈을 버는 힘은 약하고, 머리로 돈을 버는 능력 은 보통사람보다 강하다고 하며, 甲寅, 乙卯 식상 大運 통관 운에 많은 돈을 벌 수 있게 됩니다.

丁未年= 丁火 재성 운을 만나고
未土= 관성 운이, 丑未 沖하여, 헤어 질 남자를 만나는 운이 됩니다.

壬寅年= 신강하며 물이 많은 사주에 壬水를 은 戊土관성이 제압을 하고.
寅木= 食神 運으로, 시지에 亥水와 합을 이루면, 통관 운이며, 설기 운을 만나, 강한 일간의 왕성한 식상 활동으로, 식복 운 이라고 하며, 재물과 명예가 상승 하는 좋은 운이 됩니다.

부 자

陰 陽5 陰 陽1	强弱 0	用神 금수	格局 정재	男女 0	대 운	세 운	월 운	五 行	個 數	十星
殺								수	2	比劫
六親								목	1	食傷
十神								화	2	財星
天干	**丁**	**壬**	**癸**	**乙**	丙	壬		토	3	官星
地支	**未**	**午**	**未**	**未**	子	寅		금	0	印星
地藏干	丁	丁	丁	丁	2022년 68세					
十神					亥 子 丑 대운에 대발					
六親					돈복, 땅속에 재물 과 合					
殺										

大運數	11	10	9	8	74	64	54	4	3	2	1	4
天干					乙	丙	丁	戊	己	庚	辛	壬
地支					亥	子	丑	寅	卯	辰	巳	午

未土에 乙木을 키우는 명으로, 未土는 乙 木의 생지가 됩니다.
천간에 큰 호수와 계곡물이 있으니, 땅은 뜨거운 여름이라도 수기는 충분하여. 乙木이 자랄만한 여건이 되고,
午火와 3개의 未土속에 정재 재물이 들어있어 부자의 형상이 됩니다.

일주와 같은 운을 복음 이라고 나쁘다고 하나, 그 경우는 일간이 강한 사주이고, 신약한 사주는 인성 운과 비겁 운이 크게 도움이 됩니다.

壬午年= 복음 년에 10억을 벌었다고 하며,
丙戌年= 재성과 관성 운에 30억을 벌었고 합니다.
일지에 정재는 배우자복이 좋다. 현명한 배우 자 라고 하며,
일지에 재성은 재물을 늘리는 재주가 있고, 배우자 복이 있다고 봅니다.

壬寅年= 비견운이, 丁火 재성과 합을 하면, 남이 일간의 재물을 가져가거나 배우자가 다른 남자를 만나는 형국이 되고,
寅木= 운에서 오는 식상 운은 새 업무이며, 午火 재성과 합을 이루면 재물을 취하는 형국으로, 결과는 재물을 득하는 운이 됩니다.

217

陰 陽4	强弱	用神	格局	男女	대	세	월	五	個	十星
陰 陽4	0	금수	정인	0	운	운	운	行	數	
殺		괴강	백호					수	1	比劫
六親								목	1	食傷
十神								화	3	財星
天干	**丙**	**壬**	**丁**	**甲**				토	2	官星
地支	**午**	**辰**	**丑**	**申**				금	1	印星
地藏干										
十神										
六親										
殺										

大運數	11	10	9	8	7	6	5	4	3	29	19	9	
天干					乙	甲	癸	壬	辛	庚	己	戊	
地支					酉	申	未	午	巳	辰	卯	寅	

사주에 木, 火, 土, 金, 水 오행이 모두 다 있으면, 삶이 순탄하다고 봅니다.
食, 財, 官, 印이, 구성이 좋으면 조직을 관리하고, 결재권이 크다고 보며,
재성이 강한 것은 재물의 형태도 되고, 꼼꼼하고 치밀하여 조직을 관리를
잘하는 능력이 되며, 시주에 강한 재성은 말년에 재물의 형태가 되고,
형상으로 보면 축토 꽁꽁 얼어붙은 땅에 한기를 녹여줄 준비가 잘되 있어,
좋은 부명이 됩니다.

年支에 申金이 甲木을 극하여 장작으로 만들어 丁火에 불을 지피면,
한기가 해결되고 큰 호수, 壬水 위에 丙火 태양이 비추니 강휘상영 이라
하고, 인물이 좋으며, 印星은 공부요, 官星은 직장이라, 종합하여보면,
큰 조직에서 명예와 부를 누릴 수 있는 구성이 되고,
한 겨울, 丑月生이, 巳 午 未 여름 大運에 조후가 해결되면, 발복하여 꿈을
이루고, 성공하는 사주라고 풀이를 할 수 있으며, 원국에 화가 강하면
화 대운에 발복이 약하게 작용을 하며, 신약하고 살기가 강한명이 재물을
많이 모으면, 말년에 殺의 압력에 건강이 약하게 작용을 할 수가 있습니다.

초년대운이 관성과 식상 운이라, 어린 시절에 관성은 학교이고, 식상은
활동력이라고 보면, 건강하고, 모범적인 학생으로 유추 할 수 있습니다.

윤 여정 배우

218

陰陽4	强弱	用神	格局	男女	대운	세운	월운	오행	숫자	十神
陰陽3	0	금목	편인	0						
殺								토	1	比劫
六親								금	1	食傷
十神								수	2	財星
天干	**癸**	**己**	**丙**	**丁**	癸	壬		목	0	官星
地支	**酉**	**巳**	**午**	**亥**	丑	寅		화	4	印星
地藏干				甲	신축년 75세					
十神					인성이 강하여 인덕, 지식이					
六親					풍부하고, 인덕이 좋으며					
殺					말년에도 재물이 들어오는 명					

大運數	12	11	10	9	8	76	66	56	46	3	2	1	6
天干					乙	甲	癸	壬	辛	庚	己	戊	丁
地支					卯	寅	丑	子	亥	戌	酉	申	未

아카데미 오스카 여우 조연상, 수상을 축하드립니다, 2021년 신축년 수상 여름에 태어난 己巳일주= 모친을 봉양 할 수 도 있고, 日支에 巳火가 己土 日干을 생하는 구조로 보면 남편의 사랑을 받는 구조이나, 남편의 별은 亥中 甲木으로 깊은 물속에 잠겨있는 형상으로 멀리에 있어 남편의 덕은 부족하다고 볼 수 있으며.

時柱를 자식 궁과 말년의 환경으로 같이 보면. 사주상 으로는 酉金 자식이 자리하고 있어, 배우자 궁과 합의 관계 지체는 좋은 형상이나, 배우자 궁에 巳火가 金으로 변하는 형상은, 좋은 배우자가 아니라고 할 수도 있습니다.

현재-丑 大運으로, 比肩 大運이고, 辛丑年= 辛金은 식상 운으로, 상승하는 운이며, 丑土 比肩은 地支에 巳, 酉 와 巳, 酉, 丑 合을하여 金局, 식상 국을 이루면, 나의 의식주 활동 무대에 크게 발전이 있는 운이 됩니다.

壬寅年= 壬水 財星 運이 丁火 印星과의 合은, 무형의 능력으로 재물을 취하여 재물이 들어오는 형상이 되고,
寅木= 官星과 亥水財星과의 合은, 직장에서, 재물을 취하는 형상으로, 업무상 재물과 명예가 상승되는 좋은 운이 됩니다.

陰陽6 陰陽3	强弱 0	用神 토	格局 편인	男女 0	대운	세운	세운	五行	個數	十星
殺								화	2	比劫
六親								토	1	食傷
十神								금	1	財星
天干	**戊**	**丁**	**乙**	**癸**	戊	庚	壬	수	1	官星
地支	**申**	**卯**	**卯**	**巳**	申	子	寅	목	3	印星
地藏干										
十神					인성이 강하고.					
六親					학업 운과 인덕이 좋음					
殺										

大運數	11	10	9	8	7	65	55	45	35	25	15	5
天干						戊	己	庚	辛	壬	癸	甲
地支						申	酉	戌	亥	子	丑	寅

卯月에 丁卯일주= 지혜총명 편인의 저돌성으로 빠르게 성공한다고 하며,
인성이 강하여 학문성이 좋아 관인상생으로 보이나,
위 명주는 상업을 하여 거부가 되었다고 합니다,

丁火의 의무는 강한 火力으로 庚金을 제련하는 것이 제 일의 의무이고,
원국에는 庚金이 없어 실리를 거두지 못하다가 대운에서 辛亥, 庚戌
天干으로 오는 庚, 辛, 財星 大運에 상업으로 많은 재물을 벌었으며,
地支에 申金 재성과 물상 결합되어 힘이 있는 재성이라, 크게 벌었으며,
결론은 일간 丁火가 庚金 辛金을 제련하는 시기에 거부가 된 운기입니다.

庚子年= 庚金 재성은 印星 乙木 과 合으로 길한 운이 되고,
子水 偏官 運이 地支에 卯木 印星과 刑을 하면, 부부 불화나, 이사 운이
될 수 있으며, 부부가 이별하는 운이 되기도 합니다.

壬寅年= 壬水 正官 運은 丁火 일간과 합을 하여 좋은 관운을 만나고,
寅木= 正印 運은 寅. 巳. 申 三刑殺을 이루면, 업무에서 손재 운이 되거나,
관재 구설이 발생할 수 있는 흉한 운이 됩니다.

陰 陽5	强 弱	用神	格局	男 女	대운	세운	월운	五行	個數	十星
陰 陽5	0	토		0						
殺			귀격					화	4	比劫
六親								토	2	食傷
十神								금	1	財星
天干	**己**	**丙**	**丙**	**丙**	壬	庚	壬	수	0	官星
地支	**丑**	**寅**	**申**	**午**	寅	子	寅	목	1	印星
地藏干	癸		壬		2021년 56세					
十神										
六親					사립학교 이사장					
殺					사업가, 요리연구가					

大運數	11	10	9	8	7	6	55	45	3	2	1	5
天干						癸	壬	辛	庚	己	戊	丁
地支						卯	寅	丑	子	亥	戌	酉

天干에 한 가지 五行이 3개부터= 貴格에 해당 하고,
比肩, 태양이 천간에 많으니, 남들이 많이 아는 명주이고, 명이 높으며,
화가 강하면 성격은 급할 수 있고, 너무 밝으니 거짓이 있을 수 없고.
있는 것은 나누어야 하고, 펼치는 기상이 강하다, 식상이 강하여,
더욱 그러하고, 丙火는 발산의 에너지, 화려한 도화의 성분이 됩니다.

활인지명 으로 많이 베풀고, 펼치는 기상으로 활인을 많이 하는, 명이
되며, 양생지화, 식물을 키워야 하는 명으로 교육의 성향이 되고,
태양이 강하여 세상을 밝히는 명으로, 재물과 명예, 복이 좋은 명입니다.

丙寅일주= 홍염 살이 있어 인기 있고, 인물이 좋으며, 명예 복이 있는
좋은 일주가 됩니다.

庚子年= 財星 運이 오고, 子水 정관은 丑土 상관과 합을 하여, 사업에
발전이 있는 운으로, 명예가 상승하는 좋은 운기입니다.

辛丑年= 辛金, 財星 運을 만나면= 재물과 명예에 발전 운이 되고,
丑土= 食傷運= 사업에 발전이 있고, 재물과 명예가 상승하는 운이 됩니다.

陰 陽4	强 弱	用神	格局	男 女	대운	세운	월운	五行	個數	十神
陰 陽4	0	목화		0						
殺	백호							화	1	比劫
六親								토	3	食傷
十神								금	2	財星
天干	**甲**	**丁**	**庚**	**癸**		壬		수	1	官星
地支	**辰**	**未**	**申**	**未**		寅		목	1	印星
地藏干		丁乙己	壬							
十神										
六親					20세부터-65세 까지 발복					
殺										

大運數	11	10	9	8	7	65	55	4	3	25	15	5	
天干					壬	癸	甲	乙	丙	丁	戊	己	
地支					子	丑	寅	卯	辰	巳	午	未	

庚金을 제련하는 의무인 丁火 일간이, 신약하나 운로에서 木火 운을 만나 일간의 힘을 강하게 하여 庚金을 능히 제련하여 재물과 명예를 이룰 수 있는 힘이 되는 시기는 木, 火 運이 되고, 좋은 대운을 만나, 성공을 하는 좋은 사주입니다.

食傷이 강하면, 지식을 많이 취하여 유능한 인물이 될 수 있고, 많이 베푸는 성품이 되며,
월주에 庚金 父親이 癸水의 찬비를 막아주어 좋은 아버지의 상이 되고,
시주에 자식 또한 백호에 재성을 깔고 있으니 똑똑하고 재물 복이 있으며
배우자는 월주에 庚申이고, 똑똑하며 과격하여, 강한 인성이고 인물이 좋은 형상이며, 배우자 복이 있는 명이 됩니다.

壬寅年= 壬水 正官 運이, 일간과 합을 하면, 직장 발전 운을 의미하며, 취업이나. 직장에 변동수가 있음을 의미 하고.
寅木 正印 運이, 月支에 申金 재성과 沖을 하면, 지출발생 운이 되고, 문서 사고나, 이사 운, 이사를 하는 비용이나, 지출이 발생할 수 있는, 운이 되며. 신용과 명예가 하락을 할 수 있는 운이 됩니다.

법조인 6

222

陰　陽1 陰　陽1	强弱 0	用神 목화	格局 편재	男女 0	대운	세운	월운	五行	個數	十神
殺								화	1	比劫
六親								토	1	食傷
十神								금	4	財星
天干	**己**	**丁**	**辛**	**癸**		壬		수	2	官星
地支	**酉**	**亥**	**酉**	**酉**		寅		목	0	印星
地藏干					끈기와 집착이강한 명					
十神					대운과 조화를 잘 이루어					
六親					성공하는 좋은 사주입니다.					
殺										

大運數	11	10	9	8	75	65	55	45	35	2	1	5	
天干					癸	甲	乙	丙	丁	戊	己	庚	
地支					卯	寅	丑	子	亥	戌	酉	辛	

일반 격으로 보면 木, 火 大運에 대발 하는 사주의 구성이며,
특이한 것은 천을 귀인 4개있고, 地支 전체가 천을 귀인, 음덕이 강하고,
칼 酉金 3개를 써서 법조인이 되었다, 고서에 이론이며. 물상이 되고.
年柱 조상 궁에 관성과 귀인이 좋으며, 충 극이 없어, 조상님의 덕이
있다 고 해석이 됩니다,

丁亥일주= 두뇌가 총명하여 귀격이고, 성품 좋아 덕이 있는 일주 이며,
바다위에 달이 떠있어, 태평성세의 좋은 물상이 되며, 원국의 구조가
음이 강하여 집착과 끈기가 좋은 구조입니다.

일간대행-대세론= 辛酉를 일주로 보면= 丁火는 편관이고, 癸水는 식상이
되며, 地支에 比肩이 많은 것은 무리 중에 리더 의 형상으로 성공하여
관리자의 형국이 된다고 보기도 합니다. 종재 격.

壬寅年= 壬水는 正官운으로 일간과 합을 하여. 직장 발전, 사업에 발전이
있는 운이 되며,
寅木= 정인 운은 일지에 亥수 正官과 합을 이루어 확실하게 재물과
명예가 상승되는 좋은 운기가 됩니다.

복음 대운

223

陰 陽2 陰 陽4	强 弱 0	用神 화목	格局 정관	男 女 0	대 운	세 운	월 운	五 行	個 數	十星
殺								화	2	比劫
六親	배우자		부친					토	0	食傷
十神	편재	일간	편재	정관				금	2	財星
天干	**辛**	**丁**	**辛**	**壬**		壬		수	3	官星
地支	**亥**	**巳**	**亥**	**寅**		寅		목	1	印星
地藏干			戊	戊						
十神										
六親			자식							
殺										

大運數	11	10	9	8	7	65	55	45	3	2	1	5	
天干						戊	丁	丙	乙	甲	癸	壬	
地支						午	巳	辰	卯	寅	丑	子	

신약한 丁巳 일주 자존심과 고집은 강한데 세력이 없어, 힘이 없으나, 大運에서 인성과 비겁 운으로 일간을 도와서, 왕성한 활동을 하던 중에 **丁巳大運을 만나** 신약한 사주에 丁巳大運은, 화력이 크게 강화 되고 발복하여 부자가 되었다고 하며,
귀인의 도움과 같고, 만사형통으로 원하는 일이 잘되는 운이 됩니다.

반대로 강한 일주가 복음 운을 만나면 기운이 넘쳐서 화가 됩니다.
저수지에 물이 넘치면 뚝 이 터지는 형상이 되고,
기운이 넘치면 자만심으로, 매사 일을 그르쳐서 실패 하는 운이 됩니다.

지지에 모두 역마를 깔고 있으니, 추진력이 대단히 강하며, 해외에 까지 발전할 수 있는 좋은 형국이 됩니다.

壬寅年= 壬水는 正官 운으로 일간과 합을 하여 직장이나 사업에 발전이 있는 운을 만나고,
寅木= 正印 運으로, 亥水 正官과 합을 이루면, 사업발전, 문서 발전 운, 명예와 재물이 상승하며, 합격. 당선, 승진의 좋은 운이 됩니다.

별난 사주

224

陰 陽1 陰 陽8	强弱 0	用神 화수	格局 귀격	男女 0	대운	세운	월운	五行	個數	十星
殺								토	1	比劫
六親								금	6	食傷
十神								수	0	財星
天干	**庚**	**戊**	**甲**	**庚**		壬		목	1	官星
地支	**申**	**申**	**申**	**申**		寅		화	0	印星
地藏干		壬			신축년 42세 여,申金 편재					
十神					물 창고, 물탱크, 돈 탱크					
六親										
殺										

大運數	11	10	9	8	7	6	5	4	3	2	1		소무 승책
天干						丁	戊	己	庚	辛	壬	癸	
地支						丑	寅	卯	辰	巳	午	未	

부 와 명예를 다 이룬 귀격 사주 이며,
물상론= 甲木의 상징성, 깃발을 높이세우고, 戊土 대장을 중심으로, 아래 글자 아랫사람, 직원이나, 재자들과 회의나 교육을 하는 형상이 되며, 큰 조직에서 통솔자의 형상이 됩니다.

庚金, 申金들은 갑옷 입은 장수나, 칼을 차고 있는 장수들의 형상이 되고, 甲木을 빼면 모두 戊土가 생하는 글자들이라. 학생, 재자, 직원. 자식의, 형상이 되며, 궁중요리 연구가 이고, 재물이 많다고 합니다.

壬寅年= 壬水 편재 운이, 甲木 官星을 生을 하면, 財生官, 직장이나 사업장에, 발전 운을 만나고.
寅木= 官성 운으로, 申金과 충으로 볼 수 없으며, 관운으로 보고, 사업에 발전이 있을 좋은 운으로 봅니다,

甲辰年= 甲木 官星 운이 庚金 식신과 충이되면, 관재구설이나, 직장 변동 운이 되고,
辰土= 월간 甲木 관성에 옥토가 되어, 전근이면 승진 운이 되고, 이직이면 좋은 직장을 만난 형국으로 재물과 명예 상승 운이 됩니다.

불바다 1

225

陰 陽7 陰 陽5	强弱 0	用神 금수	格局	男女 0	대 운	세 운	월 운	五 行	個 數	十星
殺				괴강				수	1	比劫
六親								목	0	食傷
十神								화	5	財星
天干	**丙**	**壬**	**丙**	**戊**		壬		토	2	官星
地支	**午**	**午**	**午**	**辰**		寅		금	0	印星
地藏干	丁	丁	丁	癸	임수가 왕이다, 불은					
十神					많아도 힘이 없고					
六親					午火(말), 일간의					
殺					사랑하는 애마이고, 재물					

大運數	11	10	9	8	7	6	5	4	3	2	1	
天干						癸	壬	辛	庚	己	戊	丁
地支						丑	子	亥	戌	酉	申	未

壬午日柱= 호수위에 빛나는 햇빛으로, 지혜가 비상하고, 계산이 빠르고 민첩하며, 호색하다고 하며,
五行으로 보면 불바다 이며, 양인으로 보면 칼을 찬 형상이 되고
午火를 보면 말 을 키우는 목장의 형상이 되며. 辰中에 癸水가, 생명수, 오아시스가 되고, 天干에 壬水의 수원지가 됩니다.

하늘에서 물을 뿌려주며, 세 마리의 말과, 명 암합, 丁壬합을 하고 있어 대단한 호색가의 상이 되고 영웅호걸 같은 물상으로, 특이한 사주이며,
亥 子 丑 大運에 많은 財物을 모을 수 있는 喜神 운을 만나고,
원국과, 大運이 조화를 이루어 많은 재물과 명예가 있는 명이 되며,
신약한 사주에 大運이 金과 水로 흐르면서 申 酉 戌, 亥 子 丑 大運에 많은 부를 이룰 수 있는 구성이 됩니다.

壬寅年= 신약한 사주에서 비겁과 식상 운은 발 복의 원동력이 될 수 있고, 불을 거야 재물이 늘어나는 명으로, 좋은 운을 만나고,
寅木= 일간의 식상으로 辰土에 뿌리를 내리고, 잘 자라면, 통관 운이며, 재성을 생하여 재물에 발전 운이 됩니다.

사법고시합격

226

陰 陽4 陰 陽5	强弱 0	用神 화	格局 건록	男女 0	대 운	세 운	월 운	五 行	個 數	十星
殺								목	3	比劫
六親								화	1	食傷
十神								토	2	財星
天干	**庚**	**乙**	**丁**	**甲**		壬		금	1	官星
地支	**辰**	**亥**	**卯**	**辰**		寅		수	1	印星
地藏干					乙亥 일주 머리가 영리하다.					
十神					사법고시에 합격					
六親										
殺										

大運數	11	10	9	8	7	6	5	4	3	2	1	
天干						甲	癸	壬	辛	庚	己	戊
地支						戌	酉	申	未	午	巳	辰

년간에 甲木은 일간과 음양이 다르니 겁재가 되고, 겁재는 도전정신이 비견보다 강하고, 빼앗으려는 기질과 경쟁심이 강하며, 겁재를 겁탈한다고 하는 이론은 구조에 따라 다른 것이고, 재성과 동주한, 비견과 겁재는 일간 의 것을 가져가는 형국이 됩니다.

年干에 甲木은 辰土 正財와 동주하니 일간의 배우자나 재물을 가져가는 형상이고. 처음만난 여인은 남이 되는 형국으로 일간의 이혼 수가 되고,

乙木 日干이 庚金 正官과 合을 이루니 일간의 성품은 반듯하여, 명예와 체통을 중시하고 명예를 추구하는 성향이 강하며, 乙木日干= 地支 4개에 모두 뿌리를 내리고 월지를 득하여 신강 하고, 辰土에 뿌리를 내려, 건강하고 인물이 좋으며, 부와 귀가 있는 명입니다.

壬寅년= 인성 운이 丁火 식상과 합을 이루면, 문서발전 운을 만나고,
寅木 겁재 운이, 辰土 재성과 합을 이루면, 재물과 명예가 상승하는, 좋은 운이 되고, 寅 卯 辰 木局이 되어, 과하여 기신이라고 보이나, 辰土는 財星으로, 재성과 합으로 보아 발전 운이 됩니다.

陰 陽5	强弱	用神	格局	男女	대운	세운	월운	五行	個數	十神
陰 陽7	0	수목	편인	0						
殺				백호				목	2	比劫
六親								화	2	食傷
十神								토	2	財星
天干	**丁**	**乙**	**丙**	**癸**	辛	壬		금	1	官星
地支	**卯**	**酉**	**辰**	**丑**	亥	寅		수	1	印星
地藏干					신축년 49세.					
十神					특이점 卯酉 충					
六親										
殺										

大運數	11	10	9	8	7	6	5	45	3	2	1	5
天干						己	庚	辛	壬	癸	甲	乙
地支						酉	戌	亥	子	丑	寅	卯

酉金 칼로,卯 여자성기를 沖하면, 접촉으로 보아 산부인과 의사의 형상이고 乙酉일주= 재주와 재치가 있고, 인정 많고, 인물이 좋으며, 카리스마 있는 배우자, 애인 같은 배우자를 만나는 상이 되고. 의료 의약 종교계와 인연이 많으며 명예를 중요시 하는 명이 됩니다.

乙木을 키우는 命에, 태양과 달이 모두 있으니, 밤낮으로 바쁘게 살며, 밤과 낮에 꽃을 피우면, 부와 명예를 모두 이룰 수 있는 命이 되고, 신약 명에, 大運이 比劫과 印星 運으로 흘러 순항이고, 大吉운이 됩니다.

壬寅年= 壬水 正印운, 丁火 食神과 合을 이루면. 문서와, 명예 발전 운이고, **寅木**= 寅 卯 辰, 方合, 木局을 이루어 약한 일간을 도와서. 大吉 運으로, 명예가 상승 되고 재물이 늘어나는 길운이 됩니다.

癸卯年= 癸水 인성 운이 丙火에 비를 뿌리고,丁火 식신과 충을 하고, **卯木**= 비견운, 일지에 酉金 관성과 충을 하면, 관재구설이나, 명예와 신용이 하락하는 운이 되고. 건강에 병이 유발 할 수 있는 흉한 운이 됩니다.

산중에 호수

228

陰 陽6 陰 陽5	强弱 0	用神 수목	格局 귀격	男女 0	대 운	세 운	월 운	五 行	個 數	十星
殺								수	1	比劫
六親								목	0	食傷
十神								화	3	財星
天干	**戊**	**壬**	**戊**	**戊**		甲		토	3	官星
地支	**午**	**申**	**午**	**午**		辰		금	1	印星
地藏干	丁	戊壬庚	丁	丁	큰 산이 많고 말들이 많아					
十神					귀 명이고, 목장에 많은 말이					
六親					재물이 되고,					
殺					큰 조직 단체, 여왕의 형상					

大運數	11	10	9	8	7	6	5	4	3	2	1	5	소무 승책
天干						乙	甲	癸	壬	辛	庚	己	
地支						丑	子	亥	戌	酉	申	未	

壬申일주= 생지를 깔고 있어, 뿌리가 튼튼하여 환경적응력이 좋으며, 문장력이 좋아 이름을 날리고 해외에도 인연이 있을 명조이며, 만인의 신망을 얻는 좋은 일주이고. 富와 貴함이 있는 오행의 구성이며, 여명=두뇌 재치 비상하고 사회활동하면 성공하고 귀부인 상이 됩니다.

오행의 모든 기운이 배우자 궁으로 모이고, 배우자는 받은 기를 金生水 하여, 일간 에게 주는 형상으로 귀한 격을 이루고. 의문은, 말 세 마리와 암합을 하고 있다는 것이고,

戊土는 첩첩산중도 되고, 넓고 넓은 광야도 된다, 드넓은 광야에 말을 키우는 목장의 형상으로, 큰 저수지가 있어, 절묘한 형상이 되고, 大運을보면 초년大運이 印星運으로, 부유한 환경에서 학업 운이 좋으며, 亥 子 丑 大運에 조후가 해결되면 부를 이루는 시기가 됩니다.

甲辰年= 甲木 식상 운은, 의식주에 발전이 있는 좋은 운을 만나고
辰土= 官星運으로, 일지에 申金과 합을 이루면, 사업의 발전이나, 좋은 남자를 만나는 운기가 됩니다.

陰 陽6	强弱	用神	格局	男女	대	세	월	五	個	十神
陰 陽6	0	수목	삼상	0	운	운	운	行	數	
殺				백호				토	3	比劫
六親								금	2	食傷
十神								수	0	財星
天干	**丙**	**戊**	**庚**	**戊**		庚		목	0	官星
地支	**午**	**午**	**申**	**辰**		子		화	3	印星
地藏干				乙						
十神					화 생 토 생 금					
六親										
殺										

大運數	11	10	9	8	7	65	55	45	3	2	1	5	
天干						癸	甲	乙	丙	丁	戊	己	
地支						丑	寅	卯	辰	巳	午	未	

三象 格= 삼상 격은 3가지 오행으로 구성된 사주를 이르는 용어이고, 삼상 격이 안 좋은 점은, 업는 오행은 쓸 수 없으니, 수기와 목기에, 해당하는 육친이나, 신체 장기가 약하여 병이 빨리 올수 있으며,

강한 사주가 자식에 대한 애착이 더 강하다 하고, 월주에 庚申자식이사랑을 많이 받는 형국이고, 祿을 깔고 있어 똑똑 하고, 인물이 좋으며 재물 복이 있는 형상이 됩니다.

金, 광물을 캐는 명주이고 땅이 많아, 많은 금을 캘 수 있으며, 태양이 천간에 떠서 명예와 부를 누릴 수 있는 좋은 사주이고,
午火양인= 프로의 별이라고 하며, 직업의 자부심이 강하고, 칼이나 도구를 쓰고 강한 직업에 많이 진출하고 발전이 있는 사주가 됩니다.

庚子年= 庚金 食神運= 衣 食 住,재물에 발전이 있는 운을 만나고,
子水=재성 운이 申 子 辰 水局을 이루면, 재물과 명예는 좋은 운이 되고, 건강에는=강한 水氣에 午火, 正印이 꺼지면, 배우자나 본인의 건강에 병이 유발할 수 있는 운이 됩니다.

송 가인

陰 陽4 陰 陽7	强弱 0	用神 토	格局 편인	男女 0	대 운	세 운	세 운	五 行	個 數	十神
殺		백호						목	2	比劫
六親								화	1	食傷
十神	편인	0	편관	식신				토	1	財星
天干	**壬**	**甲**	**庚**	**丙**		庚	壬	금	2	官星
地支	**申**	**辰**	**子**	**寅**		子	寅	수	2	印星
地藏干					신축년 36세.					
十神					진토= 돈 창고					
六親					재물과 명예와 건강이					
殺					좋은 명					

大運數	11	10	9	8	76	66	56	46	36	2	1	6
天干					壬	癸	甲	乙	丙	丁	戊	己
地支					辰	巳	午	未	辛	酉	戌	亥

겨울 甲木= 다 자라서 쉬고 있는 재목용, 값이 비싸며 좋은 나무이고,
庚金으로 잘 다듬어서, 좋은 건물 만들면, 재물과 명예가 있는 좋은 명이고,

甲辰일주= 집에서 살림만 하면 남편이 早死 한다. 배우자가 무능한 경우가 많으며, 귀인들의 덕으로 재복은 있으나 과부 명으로 분류되며, 貴格이면 좋은 배우자 만나고, 미인들과 연애 하는 명이 되고, 地支에 돈 창고가 局을 이루니 재물이 많은 명주가 됩니다.

국가자리에 겨울 丙火가 최고의 보물이 되고 보배이며, 조상 덕 부모덕이 있으며, 결혼을 일찍 하면 庚子가 남편이고, 결혼을 늦게 하면 壬申이 남편이 되며, 자식은 丙寅 이고, 성실하고 똑똑한 명이 됩니다.

辛丑年= 辛金 관성과, 식신 丙火와 합을 이루면, 근무처에 발전 운이고,
丑土= 재성 운이, 子水 인성과 합을 이루면=재물이나, 명예에 발전이 있는 좋은 운이 됩니다.

壬寅年= 壬水 인성 운이, 丙火 식상과 충을 하면, 하늘에 태양이 없어지는 형상이 되면, 甲木은 열매가 영글지 못하여, 가지만 무성하고,
寅木= 비견, 申金 관성과 충을하면, 관재구설이나, 직장 변동 운이 됩니다.

陰 陽5	强 弱	用神	格局	男 女	대	세	월	五	個	十星
陰 陽3	0	금수	편인	0	운	운	운	行	數	
殺								수	1	比劫
六親								목	1	食傷
十神		0						화	2	財星
天干	**辛**	**壬**	**甲**	**丁**	戊	壬		토	2	官星
地支	**未**	**午**	**申**	**未**	寅	寅		금	2	印星
地藏干	丁	丁	壬	丁	신축년 55세 남명,					
十神										
六親										
殺										

大運數	11	10	9	8	7	6	55	4	3	2	1	5
天干						丁	戊	己	庚	辛	壬	癸
地支						丑	寅	卯	辰	巳	午	未

오행의 구조가 절묘하게, 모든 기운이 일간에게로 모이고 있으며 구성이 좋아 귀격 이라고 할 수 있으며, 오행의 배열이 합이 많아서 많은 여인을 만나는, 여복이 많은 명주 이고. 다정하고 인정이 많은 성품이 되며, 조상 궁에서부터 생을 받으니 부모덕이 있는 사주의 형상이 됩니다.
壬午일주= 지혜가 비상하고 다정다감하며, 계산은 빠르고 민첩하며, 호색하여 처덕이 깨질까 걱정이 되는, 좋은 일주입니다.

관성이 인성을 생하는 관인의 구조로 보면 조직에서도 잘 적응하고성공할 수 있는 능력이 있다고 보며, 사주에 재성이 많으며, 식신이 재성을 생하는 구조에, 초년 대운에 재성 운을 만나 재물과 여자에 대한 욕구가 강하다고 보며, 사업에 수완이 좋은 형국으로 재물이 많으며, 말 과 양 때들이 申금 中에 壬수를 즐겨먹는 형상으로 보아도 좋은 그림이 됩니다.

壬寅年= 壬水 비견 운이 丁火 와 합이 되면, 남이 일간의 재물을 가져가는 형상으로 재물에 손재수 가 염려되고,
寅木-식신 운이, 申金 인성과 충돌을 하면, 업무상 과실로, 신용과 명예가 하락할 수 있으며, 월지에 충은, 이사 운이 되기도 하고, 寅申 충은 사고를 조심 하여야 하며 재물 손재 운이 됩니다.

윤하 격 1

232

陰 陽0 陰 陽3	强弱 0	用神 목	格局	男女 0	大運	歲運	月運	五行	字數	十神
殺								수	6	比劫
六親								목	0	食傷
十神								화	0	財星
天干	**壬**	**癸**	**辛**	**壬**				토	1	官星
地支	**子**	**丑**	**亥**	**子**				금	1	印星
地藏干										
十神										
六親										
殺										

대운수	12	11	10	9	8	7	6	5	4	3	2	1	
천간							戊	丁	丙	乙	甲	癸	壬
지지							午	巳	辰	卯	寅	丑	子

윤하란 만물을 적시고 흐르는 성질을 가진 壬 癸 亥 子 水를 말하며,
水 日柱가 지지에 申 子 辰 수국 또는 亥 子 丑 수국을 놓으면
성립하는 격을 윤하 격 이라 하고,
이격은 목은 무방하나 丙 丁 巳 午는 불길한데, 그 이유는 화중에 토가
들어 있기 때문이며. 토를 생을 하 기 때문이라고 하며,
金 水 운이 길하고, 火 土운 은 불길한 운이 됩니다.

일지에 丑土가 방해자이나 亥 子 丑 수로 변하여 진격의 윤하 격이 되고,
壬 子, 癸 丑 운에 부유한 가문에서 귀공자로 자라고,
甲寅, 乙卯 運에 강한수기가 설기되어 부귀 하였으며 명망을 얻었다고
합니다.

壬寅年= 壬水는 水를 강하게 하여 길하고,
寅木= 강한 수기에 설기처가 되어 좋은 운이 됩니다.

양인 살4개

233

陰 陽4 陰 陽3	强 弱 0	用神 금	格局 정인	男 女 0	대 운	세 운	월 운	五 行	個 數	十星
殺								토	2	比劫
六親								금	0	食傷
十神								수	4	財星
天干	**壬**	**戊**	**丁**	**壬**	壬	壬		목	0	官星
地支	**子**	**午**	**未**	**子**	寅	寅		화	2	印星
地藏干	壬	丁丙	丁乙	壬	무 관성. 자제력이 약하고					
十神					배우자덕이					
六親					약하며, 자유분방하고					
殺	양인	양인	양인	양인	성격은 과격성 있다					

大運數	11	10	9	8	7	6	55	45	3	2	1	5
天干					己	庚	辛	壬	癸	甲	乙	丙
地支					亥	子	丑	寅	卯	辰	巳	午

戊午일주= 도화, 양인, 불화, 뜨거운 화산의 형상으로, 욕정이 강하고,
여명= 언변 좋고, 수단 좋은 여걸이다. 군, 경, 검 강한 직업이면 출세가
빠르다고 보며, 남녀 모두 인기 좋으며 음 양 살이 강한명이 됩니다.

오행의 구조를 보면 丁壬 합이 많아, 욕정이 강하고, 음란 지합 이라하며,
연애에 달인 같은 의미를 담고 있으며, 양인이 많아 기질이 강하다.
양인이란, 직업의 성향이, 강인한 프로의 기질을 의미합니다.

수기는 인간의 몸에 흐르는 혈유와 같고, 남녀 모두 성적 능력을 관장하며,
위 명조는 이성을 추구하는 욕구가 초년에서 노후 까지 강함을 의미하고,
많은 수기가 재성이니 재력도 이에 상응 한다고 볼 수 있습니다.

壬寅년= 壬水 재성 운이, 인성 丁火와 합이 되면 재물 운을 만나고,
寅木= 官星운이, 일지에 午火 인성과 합을 하면, 운에서 오는 관성은.
새로운 근무처를 의미하고, 좋은 남자를 만나는 운이 될 수 있으며,
원국에 인성= 현재 유지하고 있는 자격증, 면허증, 사업자격증을 의미하고
결과= 새로운 사업에 계약을 하거나, 이력서의 의미로 볼 수 있으며,
직장과 사업장에, 재물과 명예에 발전이 있고, 좋은 남자 운이 됩니다.

234

陰 陽3 陰 陽3	强 弱 0	用神 목화	格局	男 女 0	대운	세운	월운	五行	個數	十星
殺								수	3	比劫
六親								목	1	食傷
十神								화	0	財星
天干	辛	癸	癸	戊				토	2	官星
地支	酉	卯	亥	戌				금	2	印星
地藏干										
十神					정사대운의 경우					
六親					건강이 약하면 죽을 수도					
殺					있는 운이 됩니다.					

大運數	11	10	9	8	7	6	55	4	3	2	1	55	현명 역학
天干						丙	丁	戊	己	庚	辛	壬	
地支						辰	巳	午	未	申	酉	戌	

癸卯일주= 낮에 태어나면 귀명이고, 미모에 호감 형이 많으며, 교윤, 언론 의료계에 진출하면 좋은 배필 만날 수 있고, 평생 귀인의 도운이 있는 좋은 일주 이며,

오행의 구성을 보면, 년 주에 戊戌은 배우자의 별이며 기둥을 이루고 있어 강한별이 되나, 월주에 癸水비견과 합을 하여 癸水의 남자가 되어 초년에 결혼에 실패하고, 혼자 살았으며,
일지에 卯木은 자식이며, 같이 사는 형국이 되고. 卯木은 손재주가 좋은 오행이며, 음식장사를 하여 재물을 많이 벌었다고 합니다.
시주에 辛酉는 편인으로 영리하고, 인덕이며 재물의 문서에 해당하고 기둥을 이루니 재물이 많음을 의미합니다.

丁巳大運= 통관 운이며, 일반적인 해석에서= 운에서 오는 불이 꺼져도 심장이 멈출 수 있고, 심혈관에 병이 온다고 풀이를 합니다.
위 명주에서 丁巳는 재물에 해당하고, 정사대운 기간 중에, 丁 癸 沖, 巳 亥 沖이발생하였으나 심장은 멈추지 않았으며, 투자를 잘 못하여, 재물손해를 많이 보고. 마음고생을 많이 하였다고 합니다.

여명. 판사 235

陰 陽1 陰 陽4	强弱 0	用神 토	格局 귀격	男女 0	대운	세운	월운	五行	個數	十星
殺			삼상					토	1	比劫
六親								금	5	食傷
十神								수	2	財星
天干	**庚**	**戊**	**庚**	**辛**		壬		목	0	官星
地支	**申**	**子**	**子**	**酉**		寅		화	0	印星
地藏干					초년에 관운을 만나					
十神					고시에 합격하고, 겨울 생이					
六親					대운이 봄에서					
殺					여름으로 흘러 좋은 명,					

大運數	11	10	9	8	7	6	5	4	3	2	1	
天干						丁	丙	乙	甲	癸	壬	辛
地支						未	午	巳	辰	卯	寅	丑

형상으로 보면 권좌에 있는 형상으로, 좌우에 모두 아래글자들로, 국을 이루고 있으며. 戊子일주= 여명 팔방미인 현모양처, 눈물이 많고 이성에 인기 있으며, 모든 五行을 일간이 다스리는 형상이라 귀격의 상이 됩니다.

전체의 기운이 배우자 궁으로 모이고 있어 좋은 형상이 되고. 배우자 궁은, 일간의 몸체로 쓰이며, 일지에 오행은 배우자의 성향으로 쓰입니다.

식상이 강하면 일간의, 지식과 재주를 배출하는 능력이 강한 것으로 보며, 특이한 구성은, 일간을 위주로 모두 아래극자로만 구성 되어 있습니다.

壬寅年= 壬水= 재성 운을 만나고,
寅木= 편관 운이, 통관 운이 되나, 생조할 화기가 없어 申金 食神과 沖을 이루면, 운에서 오는 관은, 새 근무처를 의미하며, 직장변동을 의미하고, 시지에 申金 식신은, 일간의 계획과 업무를 의미하니,
새 근무처는 좋은 직장이 못되는 의미가 되고, 새 일을 진행 하면,
업무가 힘들거나, 재물로 손해를 보고, 고생하는 흉한 운이 됩니다.

여군 조종사

陰 陽4 陰 陽7	强 弱 0	用神 수	格局 귀격	男 女 0	대운	세운	월운	五行	個數	十星
殺								금	4	比劫
六親								수	0	食傷
十神								목	0	財星
天干	**丙**	**辛**	**庚**	**庚**		壬		화	2	官星
地支	**申**	**巳**	**辰**	**戌**		寅		토	2	印星
地藏干	壬		乙癸		여군 전투기조종사					
十神					남다른 노력으로 취한					
六親					빛나는 계급장.					
殺										

大運數	11	10	9	8	7	6	5	4	3	2	1		사주 이야기
天干						癸	甲	乙	丙	丁	戊	己	
地支						酉	戌	亥	子	丑	寅	卯	

비겁이 강하고 인성도 강하다. 귀격으로 부와 귀가 있는 구조이며,
辛金일간- 완성된 보석이나 신비함을 연상 하게한다고 하며,
예민, 깔끔, 민첩함, 辛金 일간이, 丙火 태양인, 정관과 합으로,
명예를 중요시 하고, 명예를 추구하며, 명예를 빛내고픈 여인의 상이 되고,

선배와 남자동료가 주위에서 도와주는 형국이 되며,
陰과 陽이 다른 동료와 선배, 그리고 官, 丙火, 감독관 의 형상이 되고,
地支에, 역마성이 강하여 활동성과 추진력이 강한 인간성이 됩니다,

金이 많아 신강하며. 사주전체의 기운이 일간에게로 모이고 있는 기이한
구조이며, 남다른 노력으로 성취한 여군 전투기 조종사, 빛나는 계급장.

壬寅年= 壬水 식상 운은, 丙火 관성과 충을 하면, 官, 직장에 변동수가 되고,
이직, 사직, 관재구설이 예상되며. 태양이 꺼지면 명예 하락 운을 만나고,
寅木 정재= 申金 겁재와 寅申 충이되고 寅 巳 申 형살을 이루면,
관재 구설이나, 사고 로 인하여 명예가 손상되고,
재물의 손실이 예상되는 흉한 운이 됩니다.

陰 陽5	强弱	用神	格局	男女	大	歲	月	五	個	十神
陰 陽4	0	금수	편재	0	運	運	運	行	數	
殺								수	2	比劫
六親								목	2	食傷
十神								화	2	財星
天干	**甲**	**癸**	**戊**	**癸**	癸			토	2	官星
地支	**寅**	**巳**	**午**	**丑**	亥			금	0	印星
地藏干		庚			신축년 49세					
十神										
六親										
殺										

대운수	12	11	10	9	8	7	6	54	44	34	24	14	4
천간							乙	甲	癸	壬	辛	庚	己
지지							丑	子	亥	戌	酉	申	未

학업 운= 초년대운이 학업에 좋은 인성 운을 만나, 좋은 성과가 있어 변호사가 되었으니, 감사할 申 酉 金인성 운이 되고.
배우자 복= 年支에 丑土 偏官을, 年干에 癸水 비견, 남이 깔고 있으니, 남의 남자, 형상이 되고. 월간에 戊土가 正官 배우자가 됩니다.

년간에 癸水와 合을 하려고 하는 형국으로, 戊土 정관하고 결혼을 하면 戊土 정관 남편이 다른 여인을 거쳐서 온 남자이거나, 바람을 피우는 배우자의 형상이 되고,

자식 복은= 시주에 甲木과 寅木이, 기둥을 이루고 있어, 건강하고 똑똑한 자식으로 판단되며, 寅木이 巳火를 도와 생 조를 하니 효자의 상이 되고,
재물복은= 식상이 재성을 생하는 구조에, 일지에 제성을 깔고 있으며 식상이 강하여 재물 복이 좋은 구성이 됩니다.

癸亥大運= 신약하며 여름에 태어난 癸水일간에 癸亥大運은 1석2조, 억부와 조후의 대운으로 발 복의 운이 됩니다.
庚子年= 庚金은 인성 운이나, 甲木 식상과 충을 하여 흉하고,
子水= 비견 운이나 午火 재성과 충을 하여 기신 운, 손재 운이 됩니다.

옹달샘

陰 陽3 陰 陽0	强弱 0	用神 수	格局 편재	男女 0	대 운	세 운	월 운	五 行	個 數	十星
殺								금	1	比劫
六親								수	0	食傷
十神								목	1	財星
天干	**乙**	**辛**	**丁**	**丁**		壬		화	2	官星
地支	**未**	**丑**	**未**	**未**		寅		토	4	印星
地藏干	己	癸	己	己	신축년 55세					
十神					양 때 들이, 축 중					
六親					계수를 먹고사는 형상					
殺	인덕	인덕	인덕	인덕	재물과 명예가 있는 명,					

大運數	11	10	9	8	7	6	55	4	3	2	1	5
天干						庚	辛	壬	癸	甲	乙	丙
地支						子	丑	寅	卯	辰	巳	午

辛丑일주=근면 성실하고, 재주가 있으며, 처덕이 있고, 신앙심이 있으며, 辛金 일간의 뿌리, 根은 축 중에 신금이 되고, 癸水 오아시스가 있고, 未土 에서는, 辛金 보석을 캐고, 땅이 많아. 캐는 만큼 재물 늘어나고, 인덕, 음덕이 많으니, 재복과 명예가 좋은 명이 되며,

편인이 강하여 기술성, 전문성이 길하고, 未土를 양을 키우는 환경으로 보아도 좋은 형상이 되며, 말년에는 乙木을 키우는 형상으로, 未土는 乙木의 生地가 됩니다.

壬寅年= 壬水 식상은 丁火 편관과 合을 하면, 새로운 사업을 하고 푼 의욕이 발동을 하는 운기가 되고, 직장이나, 사업 발전 운이 되며,
寅木= 재성 운으로, 재물이 들어오는, 재물 발전 운이 됩니다.

癸卯年= 癸水식상운, 丁火 관성과 丁癸 沖을 하면, 직장 변동을 의미하고
卯木= 재성은 乙木 재성과 물상 결합을 하여 재물이 들어오는 운기가 되며, 未土와 합으로 보면, 木 局을 이루어 재성 국이 되면, 많은 재물이 들어오는 형국으로, 좋은 발전 운이 됩니다.

陰 陽5 陰 陽3	强 弱 0	用神 토금	格局 정관	男 女 0	대 운	세 운	월 운	五 行	個 數	十星
殺								금	2	比劫
六親								수	1	食傷
十神								목	1	財星
天干	**壬**	**庚**	**甲**	**辛**		庚		화	3	官星
地支	**午**	**午**	**午**	**丑**		子		토	1	印星
地藏干	丁	丁乙己	丁	癸						
十神										
六親										
殺										

大運數	11	10	9	8	7	6	5	4	3	2	1	
天干					庚	辛	庚	己	戊	丁	丙	乙
地支					寅	丑	子	亥	戌	酉	申	未

庚午일주= 편관, 도화, 금여 록, 목욕을 지지에 깔고 있어, 활동적이며, 달변이고, 사교성이 좋으며, 도화 성이 강하여 화려한 거 좋아하고 용모가 수려하며, 좋은 배우자 만나고, 강한직업으로 가면 성공이 빠른 명이 되고,

午火, 말 을 키우는 형상으로 말 3 마리를 많은 숫자로 보아야 하고, 午火는 正官이고, 남자에 해당하며, 음욕이 강하고, 많은 남자를 거느리는 형상이 됩니다.

庚子年= 庚金= 비견 운이 甲木 재성을 충을 하면, 재물 지출 운이 되며 **子水** 상관 운이, 丑土 인성과 합을 이루면, 합격 운, 직장인이면 발전을 의미하고, 새로운 일을 위하여 이력서나 계약에 의미가 됩니다.

壬寅年= 壬水는 식상 운으로 甲木 재성을 생하고,
寅木= 재성운이 午火 관성과 합을 하면, 사업이나 직장에 발전 운이 되고, 남편이 하는 일에 발전 운이며. 강한 화기에 丑土가 극을 받으면, 위장에 병이 올수 있고, 돈 욕심에 명예가 하락할 수 도 있는 운이 됩니다.

여 의사

陰 陽4 陰 陽4	强 弱 0	用神 목화	局格 정인	男 女 0	大運	歲運	月運	五行	數字	十神
殺		백호	괴강	재고				화	1	比劫
六親								토	5	食傷
十神								금	1	財星
天干	**己**	**丁**	**戊**	**甲**				수	0	官星
地支	**酉**	**丑**	**辰**	**戌**				목	1	印星
地藏干										
十神					리더 의 형국이고					
六親					큰 조직에서 성공한다.					
殺					아래 글자= 아랫사람					

大運數	12	11	10	9	8	7	6	5	4	3	25	1	5
天干						庚	辛	壬	癸	甲	乙	丙	丁
地志						申	酉	戌	亥	子	丑	寅	卯

신약한 일간이, 백호와 괴강 살이 중첩 하여 기질이 많이 강하며,
형상으로 보면= 아랫사람, 직원이나 재자를 많이 거느리는 리더 의 형상을 이루고 있어, 여 장부로 성공을 할 수 있는 명이 되고, 큰 조직, 큰 그룹에서 성공할 수 있는 사주의 구조가 되며, 초년에 인성 운을 만나, 학업 운이 좋아 의사시험에 합격을 하고,

丙午年= 丙火는 겁재 운으로, 일간을 강하게 하여 좋은 운기가 되고,
午火= 비견 운은 戌土와 합을 이루고 화국을 만들어 일간의 힘을 강하게 하여 명예가 상승하고, 재물을 취하는 좋은 운기가 됩니다.

丁未年= 丁火 比肩 運은 지난해와 비슷하게, 좋은 운이며,
未土 식신 운이, 丑戌未 형살을 이루면, 관재구설이 발생 하거나, 업무상, 과로하거나 스트레스로 인하여 신체에 병이 유발할 수 있는 운으로, 재물이나, 명예가 하락하는 운이 됩니다.

戊申年= 戊土는 식상 운으로, 일간의 힘은 소모되는 운이나, 새로운 일을 펼치고자 하는 의욕이 강한 운이 되고, 의식주 증진 운, 식복 운이라고
申 酉 戌 金局, 재성 국을 이루면 재물과 명예가 상승하는 운이 되고, 재성 운은 재물을 의미하고, 재물 외에 좋은 발전이나, 결과에도 쓰입니다.

이 만희 신천지교주 241

陰 陽4 陰 陽0	强 弱 0	用神 수목	格局 편인	男 女 0	대 운	세 운	월 운	五 行	個 數	十神
殺								수	1	比劫
六親								목	2	食傷
十神								화	1	財星
天干	**乙**	**癸**	**丁**	**辛**		壬		토	1	官星
地支	**卯**	**酉**	**酉**	**未**		寅		금	3	印星
地藏干					2021년 91세.					
十神					癸卯 년에 건강주의					
六親										
殺										

大運數	11	10	9	8	7	6	5	4	3	2	1		
天干				戊	己	庚	辛	壬	癸	甲	乙	丙	
地支				子	丑	寅	卯	辰	巳	午	未	申	

물상으로 보면 辛金 보석이 달빛에 광체가 나는 형상이 되어, 길상으로, 명예와 부가 있는 명주 이고, 음 팔통 이라하고, 사주 전체가 음기이면, 집착과 끈기가 강하여, 종교와, 성향이, 적성에 맞을 것 같기도 합니다.

대운의 운로가 좋아, 부와 명예를 이룰 수 있는 좋은 명주이고, 비겁은 없으며, 인성이 강하여 지식과 인덕, 음덕이, 좋은 사주이며. 식신이 강하여, 일을 추진하는 끈기와 집착력이 강한 명이 됩니다.

癸酉일주= 酉金도화이고, 깔끔, 준수, 영리하고 처덕은 있고, 음욕이강하며, 남성 같고 억센 여자 만나면 해로 하고, 잘 사는 명이 라고 하며, 권력 기관으로 진출하면 성공이 빠른, 특성이 있는 일주입니다.

癸卯年= 癸水, 비견 운이 丁火 재성과 충, 丁火가 꺼지면, 심혈관에 장애가 올수 있으며, 지출 운을 만나고,
卯木= 식상 운이, 酉金 인성과의 충을 하면, 신용과 명예가 하락하는 운이 되며 재물이 손재하는 운이 되며, 일지가 충을 받으면 건강이 약해지는 운이 됩니다.

이 주일

陰 陽4 陰 陽5	强弱 0	用神 토	格局 식신	男女 0	대 운	세 운	월 운	五 行	個 數	十星
殺								금	2	比劫
六親								수	2	食傷
十神								목	0	財星
天干	壬	庚	丁	庚	癸	壬		화	3	官星
地支	午	午	亥	辰	巳	午		토	1	印星
地藏干					2021 신축년 82세,					
十神					63세 사망					
六親					壬午年 폐암으로 사망					
殺					연예인, 전 국회의원					

大運數	11	10	9	8	7	65	55	4	3	2	1	5		
天干						甲	癸	壬	辛	庚	己	戊		
地支						午	巳	辰	卯	寅	丑	子		

庚午일주= 활동적이고 사교적이며, 배우자 자리에 정관이라, 사물처리 잘하고, 직장에 발전이 빠른 일주이며,
코미디언 이주일= 이분은 표현력이 좋아서 인기가 많았습니다.

수기 식상이 강하여, 언변과 표현력이 강한 덕, 이라고 볼 수 있으며, 겨울 庚金으로, 불기운이 많은 것 같으나, 木 氣運. 땔감이 부족하고, 庚金 은 많아서, 흉한 수를 생산하고, 화기는, 심혈관을 약하게 하며, 여린 마음을 달래느라 담배, 흡연을 많이 한 탓으로 폐암이 빨리 왔다고 볼 수 있고, 사주해석으로 명이 짧은 것은, 운을 잘못만나 그러 합니다.

癸巳大運= 癸水는 丁火를 끄고, 巳火= 운은 원국, 亥水에 꺼지면, 大運 中에 심장이 멈출 수 있다고, 예고를 하고 있으며,

壬午年= 壬수 食傷운이 丁火 正官을 합을 하면= 丁火가 꺼지고, 地支에 午火운이 亥水에 꺼지면, 심장이 멈추는 운기가 되며, 잘 풀어보면, 사망의 시기를 유추 할 수 있습니다.

陰 陽6 陰 陽4	强弱 0	用神 수	格局 건록	男女 0	대 운	세 운	월 운	五 行	個 數	十星
殺								화	3	比劫
六親								토	2	食傷
十神								금	1	財星
天干	**甲**	**丁**	**甲**	**辛**		庚		수	0	官星
地支	**辰**	**巳**	**午**	**未**		子		목	2	印星
地藏干	癸	庚			2020 경자년 30세					
十神					辛금= 부친, 배우자					
六親					甲木= 모친 덕					
殺										

大運數	11	10	9	8	7	6	5	4	3	2	1	
天干					丙	丁	戊	己	庚	辛	壬	癸
地支					戌	亥	子	丑	寅	卯	辰	巳

식상은 나의 능력이며, 노력으로 만들어 내는 일간의 수단이 되고, 丁巳일주= 욕망과 정의 있고 언변 좋고, 우두머리 격으로 국재 적으로 활동을 할 수 있는 바탕에 능력이 있는 일주이며, 金을 녹이면 富하고, 壬水를 만나면 貴 할 수 있는 일주이고, 간여지동 이라 품행 이 방정하고 모범적이며 정이 많은 명이 됩니다.

백호 살이 있어 기질이강하고, 화기가 강하여 표현력 이 좋으며, 甲 木 인성이 강하여 인덕과, 어머니 덕이 좋다고 볼 수 있으며, 木을 키우는 명으로 木이 잘 자라면, 자라는 만큼 재물과 명에가 상승하고, 노년에, 후덕하게 후배 양성에 기여하며 활동하는 형상이 됩니다.

庚子年= 庚金-재성 운을 만나,
丁火가 庚金을 제련하는 형상으로 성공 운이 되고, 庚金이 甲木을 沖하여 장작이 되고, 장작이 丁火를 강하게, 용광로를 만드는 원리이며, 丁火는= 庚金을 제련할 때가 제일 좋은, 성공의 시기이고, 꿈을 이루며, 子=편관 운= 辰土 식상과 합을 하여 성공 운을 만나, 가수 선발전에서 우승하여, 고생하시는 어머니에게 효도 하는 경자 년이 되었습니다.

전 광훈 목사

244

陰 陽5	强弱	用神	格局	男女	대	세	월	五	個	十星
陰 陽4	0	토목	양인	0	운	운	운	行	數	
殺								목	2	比劫
六親								화	3	食傷
十神								토	0	財星
天干	**庚**	**甲**	**辛**	**丙**	甲	壬		금	3	官星
地支	**午**	**午**	**卯**	**申**	申	寅		수	0	印星
地藏干		己		壬	2021년 66세.					
十神					전국기독교 총연합회 회장					
六親										
殺										

大運數	11	10	9	8	7	65	5	4	3	2	1	5		
天干				壬	癸	甲	乙	丙	丁	戊	己	庚		
地支				午	未	申	酉	戌	亥	子	丑	寅		

甲午일주의 장점= 영리하고 수단과 언변이 좋으며 재치 있고. 인기 있으며,
일지에, 말 두필이 있고, 말을 타고 달리는 형상으로 인물이 좋으며,
분주하고, 분주한 가운데 재물과 명예가 발전하는 구조의 명이 됩니다.

명예를 중요시하고, 명예를 추구하는 성향이 강한 일주이며,
甲木= 맏형 격, 큰 형의 기질에, 火식상이 강하여 표현력, 포용력이강하고,
경쟁에서 호승심이 강한 명이 됩니다.

土氣는 중립, 중앙, 안정의 기운이고, 약하면 위장이 약할 수 있고,
卯木 양인이 申金에 극을 받고 있어, 신경계에 병이 올 수 있으며,
丙火 태양이 辛金 보석을 빛나게 하여, 명예가 빛나는 좋은 명이 됩니다.

壬寅年= 壬水 인성 운이, 丙火 식상을 극을 하여, 식상이 극을 받으면,
업무가 힘들거나, 마음에 변화가 발생하는 운을 만나고,
寅木= 비견 운이, 申金 관성과 沖을 하면, 남이 일간의 근무처를 해치는
형국으로, 관재 구설이나, 명예가 하락을 하는 흉한 운이 됩니다.
누구나= 흉한 운을 만나면, 눈과 귀를 막고, 충전의 기회로 삼아야 합니다.

정임 암합

245

陰 陽3 陰 陽4	强弱 0	用神 금수	格局 정인	男女 0	대 운	세 운	월 운	五 行	個 數	十星
殺								수	2	比劫
六親								목	0	食傷
十神								화	1	財星
天干	**丁**	**壬**	**癸**	**庚**		癸		토	4	官星
地支	**未**	**辰**	**未**	**戌**		卯		금	1	印星
地藏干	丁	乙	丁	丁						
十神										
六親										
殺										

大運數	11	10	9	8	7	6	5	4	3	2	1	5	
天干						丙	丁	戊	己	庚	辛	壬	
地支						子	丑	寅	卯	辰	巳	午	

壬辰 일주= 자립정신은 강하고 리더 격이며 부부애정은 불안한 명으로, 교육자이나, 남자 복을 많이 달고 나온 운명의 장한 여인의 사주이며 운명과 생리적인 현상은 어쩔 수가 없나 봅니다.

한 남자가 가면, 또 한 남자가 온다고 하며, 地支에 官이 4개이라, 관살혼잡에, 지장간 속에 丁火가 3개 있어, 丁壬 合이 애정 지 합의 기운이라고 합니다.

癸卯年= 癸水 겁재는 생 조 할 木이 없어 丁火 정재와 충을 하고, 재성이 극을 받으면 돈 나갈 일이 생긴다는 의미가 되고. 좋은 일, 경사나 집수리 등으로 나가는 돈도 포함이 될 수 있으며,
卯木= 상관 운이 편관 戌土와 合을 하면, 새로운 남자를 만나고 싶은 욕구가 되며, 새 남자를 만나는 운이 되고, 새로운 사업을 하고픈 의미도 됩니다.

운에서 오는 비견 겁재는 남이고, 타인이며, 식신 상관은 일간의 생각이며 새 업무이고, 언어와 행동이 됩니다.

조 영남 연예인

246

陰　陽2	强弱	用神	格局	男女	대	세	월	오	숫	十神
陰　陽2	0	수	편재	0	운	운	운	행	자	
殺	괴강							금	2	比劫
六親								수	1	食傷
十神								목	2	財星
天干	**壬**	**辛**	**己**	**乙**	辛	壬		화	0	官星
地支	**辰**	**丑**	**卯**	**酉**	未	寅		토	3	印星
地藏干								2021년77세		
十神										
六親										
殺										

대운수	12	11	10	9	85	75	65	5	4	3	2	1	5
천간					庚	辛	壬	癸	甲	乙	丙	丁	戊
지지					午	未	申	酉	戌	亥	子	丑	寅

卯月, 봄에 태어난 辛金 으로, 辛丑일주= 현침 이 있어 재주 있으며,
성실하며 끈기가 있는 명으로, 도화와 화개의 기운이 강하여 끼를 발휘
하는 원동력이 되었다고 볼 수 있으며,

乙木과 卯木은 재성으로 배우자에 해당하며, 배우자가 바뀌는 명이 되고,
신강 한 사주에서 비겁이나 인성 운을 만나면= 차면 넘치는 원리로,
현재 辛未大運 기간에는 발전이 약한 운기가 됩니다,

辛丑年= 복음 殺이라고 하며, 신강 한 명주라서, 흉한 운을 만나고,
나와 똑같은 놈이 들어오면 분탕질이 나고, 전쟁이 나는 형상이 되고,
재물과 명예가 하락하는 불행한 운이 되며,
단, 신약한 사주에서 복음 은 크게 도움이 되어 부를 이루게 됩니다.

壬寅年= 壬水는 食傷 運으로, 乙木이 부목이 되는 형국이 되고,
寅木= 寅卯辰 재성 국을 이루면 재물이 불어나는 운이라고 볼 수 있으나,
목다 금결, 辛金이 상하는 형국이 되어, 건강에 병이 유발할 수 있고,
재물과 명예가 하락하는 운이 되며, 90세까지는 발전이 약한 운이 됩니다.

음기강한 여인

247

陰　陽5 陰　陽2	强弱 0	用神 화	格局	男女 0	대 운	세 운	월 운	五 行	個 數	十星
殺								목	3	比劫
六親								화	1	食傷
十神								토	1	財星
天干	**戊**	**乙**	**癸**	**丁**		辛		금	0	官星
地支	**子**	**亥**	**卯**	**卯**		丑		수	3	印星
地藏干										
十神					신강한 사주가 관성이 없어,					
六親					자유주의 -내가 제일이고,					
殺					인덕이 있어, 재물을 모은다.					

大運數	11	10	9	8	7	6	5	4	3	2	1		소 무 승
天干						庚	己	戊	丁	丙	乙	甲	
地支						戌	酉	申	未	午	巳	辰	

乙亥일주= 해수정인, 역마성이 강하고, 지식창고 이며, 해외에 인연이 있고, 학술, 예술성이 있으며, 창의력이 있는 일주이고, 음욕이 강한 일주이며, 여명= 총명하고 다정하며 활동적이다, 지식이 풍부하며 늦은 결혼이 길하고 음기가 강하여 부부 애정 불안이, 있는 명주가 됩니다.

위 명조는 물 빼는 사주로서, 파트너가 상시 2명이상 있어야한다고 하며, 官성이 없어 간섭 받는 거 실어하고 자유로운 영혼의 형상이 되고, 卯를 여자 성기로 보며, 두 개나 드러 내어놓고 사는 형국으로 음기가 강하여 파트너가 상시 2명이상 대기하고 있어야 한다고 합니다.

辛丑年= 辛金 편관 운이 일간 乙木을 剋을 하여, 일간이 관성에 극을 받으면, 업무가 힘이 들거나, 퇴사, 전근, 이직의 운이나, 관재구설이 될 수 있고, 여성은 남자가 힘들게 하거나, 나쁜 남자를 만날 수 있으며, **丑土**= 편재운, 재물이고, 子水 편인과 합을 이루면, 재물에 발전 운이고, 전근이면 승진 운이 되고, 이직이면 좋은 직장을 만나고, 남자이면 좋은 남자이고, 사직이면 퇴직금을 수령하는 형국이 됩니다.

함 소원

陰 陽4 陰 陽6	強弱 0	用神 금수	格局 정인	男女 0	대 운	세 운	월 운	五 行	個 數	十星
殺								토	3	比劫
六親								금	0	食傷
十神								수	1	財星
天干	**甲**	**己**	**甲**	**丙**	己	庚		목	2	官星
地支	**戌**	**亥**	**午**	**辰**	丑	子		화	2	印星
地藏干	丁	壬	丁		신축년 46세					
十神										
六親										
殺										

大運數	11	10	9	8	7	6	5	45	3	2	1	5	
天干						丁	戊	己	庚	辛	壬	癸	
地支						亥	子	丑	寅	卯	辰	巳	

조상 덕, 부모덕, 인덕, 음덕이 좋은 명으로 부와, 명예가 있는 사주이며, 목을 키우는 명, 목은 관이고, 재물이다, 병화 태양은 빛나는 명예가 되며, 甲木과 辰土는 재물과 건강을 가늠하는 수단이 됩니다.

庚子年= 庚金은 식상 운으로 甲木 정관과 충을 하면, 관재구설이나, 직장에 업무상 어려움이나, 직장변동 운을 만나고,
子水 편재운이 午火 인성과 충을 하면, 문서사고나 손재 운을 의미하고, 午火인성이 꺼지면, 신용과 명예가 하락할 수 있고, 건강상 午火에 해당하는 신체 장기, 심혈관에 병이 유발 할 수 있는 흉한 운이 됩니다.

壬寅年= 壬水 정재 운이= 丙火 인성과 충을 하여, 태양이 꺼지면, 甲木에 과일은 안 달리고, 가지만 무성하여 손재 운이 되고,
寅木= 正官 運= 寅 午 戌 화국, 인성 국을 이루면 명예가 상승하는 좋은 운이 될 수 있으나, 과유불급에 해당하고,
강한 火氣에 甲木 관성이 불에 타면, 직장이나 사업장이 없어지는 형국으로, 이직, 퇴사, 남편과 불화나, 재물과 명예의 하락 운이 됩니다.

陰 陽7 陰 陽2	强 弱 0	用神 금토	格局 편인	男 女 0	大 運	歲 運	月 運	五 行	個 數	十星
殺								화	4	比劫
六親								토	2	食傷
十神			정관					금	0	財星
天干	**丙**	**丁**	**壬**	**乙**		庚	壬	수	1	官星
地支	**午**	**未**	**午**	**未**		子	寅	목	1	印星
地藏干	丁	丁	丁	丁						
十神										
六親										
殺										

大運數	11	10	9	8	7	6	5	4	3	2	1	
天干						己	戊	丁	丙	乙	甲	癸
地支						丑	子	亥	戌	酉	申	未

丁未 일주= 손재주 있고 총명하여 현모양처, 착하고 인정이 많으며, 감성이 풍부하여 눈물과 재주가 많은 성향의 일주이며, 남편과 자식 덕이 부족할 수 있으며, 丁壬 합이 많아 음란한 형국이 되고, 귀인의 도움으로 평생 안락한 명이 됩니다.

乙木을 키우는 명으로 삼복더위에 남편인 임수가 꿀 같은 물을 주어 좋은 배우자의 상으로, 말 과, 양이 많으니 목장의 형상이 되고 재물이 되며, 해와 달이 모두 있으니 밤낮으로 나무를 잘 키우는 형상으로 보면, 열심히 살고 재물을 많이 모으는 재주가 있는, 그림이 되고. 배우자 壬水 남편이, 지장 간에 숨겨둔 여자와 재물이 많이 있는 형상이 됩니다.

庚子年= 庚金 재성이 乙木 인성과 합을 하여 재물 운을 만나고.
子水= 正官= 午火, 비견과 沖을하면, 일간 丁火의 뿌리인, 양인을 충 하여 일간 丁火의 건강에 병이 유발할 가능성이 있으며, 나쁜 남자 운이 됩니다.

壬寅年= 壬水 정관은 일간 丁火와 합을 하면, 사업발전 운, 남자 운이 되고,
寅木= 인성 운이, 午火 비견과 합을 하여 화국을 이루면 넘치는 형국으로 발전이 약하고, 배신이나 사기를 조심하여야 합니다.

명암 합

陰陽5 陰陽3	强弱 0	用神 금수	格局 편인	男女 0	대운	세운	월운	五行	個數	十星
殺								수	1	比劫
六親								목	1	食傷
十神		0						화	2	財星
天干	**辛**	**壬**	**甲**	**丁**	戊	壬		토	2	官星
地支	**未**	**午**	**申**	**未**	寅	寅		금	2	印星
地藏干	丁	丁	壬	丁	신축년 55세 남명,					
十神										
六親										
殺										

大運數	11	10	9	8	7	6	55	4	3	2	1	5	
天干						丁	戊	己	庚	辛	壬	癸	
地支						丑	寅	卯	辰	巳	午	未	

오행의 구조가 절묘하게, 모든 기운이 일간에게로 모이고 있는 좋은 구성이며, 구성이 좋아 귀격 이라고 할 수 있으며,
오행의 배열이 합이 많아서 많은 여인을 만나는, 여복이 많은 명주 이고,
조상 궁에서부터 생을 받으니 부모덕이 있는 사주의 형상이 됩니다,
壬午일주= 지혜가 비상하고 다정하며, 계산이 빠르고 민첩하며, 호색하여 처덕이 깨질까 걱정이 되는, 좋은 일주입니다.

관성이 인성을 생하는 관인의 구조로 보면 조직에서도 잘 적응하고성공할 수 있는 능력이 있다고 보며, 사주에 재성이 많으며, 식신이 재성을 생하는 구조에, 초년 대운에 재성 운을 만나 재물과 여자에 대한 욕구가 강하다고 보며, 사업에 수완이 좋은 형국으로 재물이 많으며, 말 과 양 때들이 申금 中에 壬수를 즐겨먹는 형상으로 보아도 좋은 그림이 됩니다.

壬寅年= 壬水 비견 운이 丁火 와 합이 되면, 남이 일간의 재물을 가져가는 형상으로 재물에 손재수 가 염려되고,
寅木-식신 운이, 申金 인성과 충돌을 하면, 업무상 과실로, 신용과 명예가 하락할 수 있으며, 월지에 충은, 이사 운이 되기도 하고, 寅申 충은 사고를 조심 하여야 하며 재물 손재 운이 됩니다.

제 7 장

사업가, 직장인, 일반인 1

목차

제 7장 사업가, 직장인, 일반인 1

Memo

강휘상영 251

陰 陽4	强 弱	用神	格局	男 女	대	세	월	五	個	十星
陰 陽8	0	화금	편인	0	운	운	운	行	數	
殺		백호		괴강				화	1	比劫
六親								토	2	食傷
十神								금	1	財星
天干	**庚**	**丙**	**壬**	**壬**	己	丙		수	2	官星
地支	**寅**	**戌**	**寅**	**辰**	酉	午		목	2	印星
地藏干				癸						
十神					장부의 기질					
六親										
殺										

大運數	11	10	9	8	73	63	5	4	3	2	1	3	
天干					庚	己	戊	丁	丙	乙	甲	癸	
地支					戌	酉	申	未	午	巳	辰	卯	

강휘 상영은 丙火와 壬水의 좋은 모습= 호수위에 반사되는 햇빛이며
丙戌일주= 백호, 천문 성, 지혜 있고 총명 하며, 도량이 넓고 처세 좋아
무골호인 형으로 재복이 있는 명으로, 인물이 좋은 명이 되고, 부부애정은
불안하고 자식하고 사는 형상이 됩니다.

땜 사주로 호수위에 태양이 비추니, 명예와 재물이 있는 형상이 되고,
官星이 좋으니, 좋은 직장, 규모가 큰 직장에 발전이 있으며,
壬水 관성이 年干과, 月干에 있으면 남자를 일찍 만나거나, 직장생활이
남보다 빠르다고 볼 수 있으며, 식상인 戌土와 辰土가 자식이 되며,
壬辰, 年柱를 남편으로 보면, 辰土, 자식이 딸린 남자의 형상이 됩니다.

丙午年= 丙火 비견 운이, 壬水와 충을 하여, 丙火가 꺼지면, 심혈관에 병이
올 수 있고, 관재구설이나, 직장에 변동 운을 만나고,
午火= 겁재 운이 寅 午 戌 화국을 이루어, 명예와 재물이 상승하는 좋은
운이 되며. 전근이면= 승진 운이고, 이직이면, 더 좋은 직장을 만나고,
사직이면= 퇴직금, 수령의 형국이 되며, 강한 화기에 辰土 인성이 극을
받으면 위장에 병이 유발할 수 있는 운이 됩니다.

정유 일주

陰 陽3 陰 陽3	强弱 0	用神 화토	格局 편인	男女 0	대 운	세 운	월 운	五 行	個 數	十神
殺								화	1	比劫
六親								토	0	食傷
十神								금	3	財星
天干	**壬**	**丁**	**辛**	**辛**		丙		수	2	官星
地支	**寅**	**酉**	**卯**	**亥**		午		목	2	印星
地藏干	丙									
十神					명예를 중시하는 특성이 있고					
六親				남자	두 번째 남자는 합을 이루니					
殺					좋은 남자					

大運數	11	10	9	8	7	6	5	48	3	2	1	8	
天干					己	戊	丁	丙	乙	甲	癸	壬	
地支					亥	戌	酉	申	未	午	巳	辰	

신왕 재왕 하여, 재물을 모을 수 있는 사주이나,
官이 강하게 年과 時에 있으며, 年支에 亥水는 金生水를 받은 강한 힘으로 약한 묘목을 힘들게 하고 있으니, 묘에 해당하는 어머니를 亥水 남편이 卯木을 과하게, 水生 木을 하면, 사위가 장모를 힘들게 하는 형국이 되고 배우자궁 일지와, 가정 궁 월지가 충의 관계 이면, 부부 애정이 불안하다.

위와 같은 명조를 늦게 결혼 하라고 는 합니다.
時干에 壬水는 日干과 합을 이루고 있어, 해로할 남자라고 볼 수 있으며, 많은 재물을 모으는 시기는 일간에 힘이 강해지는 木 火運이 올 때 와, 土 運, 식상 운, 통관이 되어 길할 때, 재물을 취하는 운이 되며, 특징은 정이 많고 인간성이 좋으며 음욕이 강하고. 현침 살이 발달 하여 직업으로는 의사, 간호사, 한의사, 침술사, 미용사 에 적성인 사주입니다.

丙午年= 丙火 겁재 운이, 辛金 재성과 합을 하면, 남이 일간의 재물을 가져가는 형국이 되어 손재 운을 만나고,
午火= 비견 운이, 寅木 정인과 반합으로 화국을 이루면, 일간을 도와서 재물을 취하면 재물과 명예가 발전하는 좋은 운이 됩니다.

정묘일주 253

陰 陽5 陰 陽3	强弱 0	用神 토금	格局 편관	男女 0	대 운	세 운	월 운	五 行	個 數	十星
殺								화	3	比劫
六親								토	0	食傷
十神								금	1	財星
天干	**辛**	**丁**	**丙**	**甲**	壬	辛		수	2	官星
地支	**亥**	**卯**	**子**	**午**	申	丑		목	2	印星
地藏干	戊				신축년 35세 亥수 남자는					
十神					자식 딸린 남자일수 있고					
六親					子수 남자는 불에 둘러싸이고					
殺					충이되어 소멸 함.					

大運數	11	10	9	8	7	6	5	45	35	2	1	5
天干						己	庚	辛	壬	癸	甲	乙
地支						巳	午	未	申	酉	戌	亥

겨울 丁火일간= 甲木과 丙火 투출하여 밤낮으로, 불을 밝히고, 난방이 잘 되어, 재물과 명예를 이룰 수 있는 명이 되고, 배우자 복은, 약한 명이 되며, 자수 편관은 子午 沖, 亥水 正官은, 亥卯 合木, 子卯 刑 형살을 이루고 있어, 가정과 부부 애정이 불안한 명이 됩니다.

겨울 11월 엄동설한에 丙火 태양이 뜨고, 丁火, 午火 난방이 잘 준비되어, 甲木이 잘 자랄 수 있어 좋은 격을 이루어 좋은 명이 되고, 부와 명예가 있는 명이나 남편 덕은 부족하고 재혼 수 있는 명이 되며, 결혼을 늦게 하면, 재혼을 면할 수 있는 구성이 됩니다.

辛丑年= 辛金 편재 운, 일간이 재물에 대하여 욕심을 내는 운이 되고, **丑土** 식신 운이, 地支에서 亥 子 丑 水局을 이루면, 직장발전, 사업발전, 명예발전, 남자 운은 좋으나, 건강= 수국이 되어 많은 물에 卯木 인성과, 午火 건록이 사라지면, 건강이 나빠지는 운이 됩니다.

壬寅年= 壬水 正官운은, 직장에 발전이 있으며, 남자 운을 만나고, **寅木**= 정인이 亥水 正官과 합을 이루면, 관운, 명에 운, 직장에발전이 있고 명예가 상승하는 좋은 운기이나, 넘쳐서 기신 운이 될 수 있으니 자만하지 말고, 배신이나 사기수를 조심 하여야 합니다.

통관 운

陰 陽0 陰 陽2	强 弱 0	用神 목화	格局 삼기	男 女 0	大 運	歲 運	月 運	五 行	個 數	十神
殺								수	2	比劫
六親								목	0	食傷
十神								화	0	財星
天干	**己**	**壬**	**己**	**辛**		甲		토	3	官星
地支	**酉**	**申**	**亥**	**丑**		午		금	3	印星
地藏干										
十神					巳 午 未 大運에					
六親					발 복을 하여 부와					
殺					명예를 이룸.					

大運數	12	11	10	9	8	79	69	59	49	39	29	19	9	
天干						辛	壬	癸	甲	乙	丙	丁	戊	
地志						卯	辰	巳	午	未	辛	酉	戌	

초겨울에 태어나고, 金氣에 생을 받은 壬水 일간은, 신 강한 사주이고,
壬水 일간은 포용력이 좋으며, 식상인 목과, 재성인 화가 없으나 운에서
木火 운을 만나, 조후와, 오행이 순환의 조화를 이룰 때, 확실하게,
명예와 부를 이루는 시기가 됩니다.

시주에 관성은 말년에 명예를 의미하고, 인성은 좋은 재물의 문서이며,
재성이 시주에 있으면, 재물에 대한 욕심 때문에 직장생활을 오래 못하고,
시주에 재성이 있으면, 노후에 재물이 있다고 보고, 재물을 짊어지고
있는 형상이라, 관절이 약하다고 보기도 합니다.

甲午年= 甲己 合, 甲木은 식상 운으로, 일간의 마음과 계획을 의미하고,
운에서 올 때는 새로운 마음과, 새로운 업무를 의미하며,
원국에 己土 관성은, 현재의 근무처이며, 사업장이나, 회사를 의미 하고,
甲己 合은, 새로운 일터나, 사업으로 가고자하는 마음이라고 보면,
직장변동 운을 만나고,
午火= 재성 운이, 丑土 인성을 생을 하면, 새로 만난 직장이나, 사업장에서
재물과 명예에 발전을 의미하며, 통관 운을 만나 많은 발전 운이 됩니다.

열매나무 255

陰 陽5 陰 陽6	强 弱 0	用神 토금	格局 정관	男 女 0	대 운	세 운	세 운	五 行	個 數	十星
殺								금	1	比劫
六親								수	0	食傷
十神			편재					목	4	財星
天干	**丁**	**庚**	**甲**	**甲**	戊	壬	癸	화	1	官星
地支	**丑**	**寅**	**戌**	**寅**	寅	寅	卯	토	2	印星
地藏干	癸				2021년= 48세					
十神			편인							
六親										
殺										

大運數	11	10	9	8	7	6	5	4	35	2	1	5	
天干						辛	庚	己	戊	丁	丙	乙	
地支						巳	辰	卯	寅	丑	子	亥	

가을甲木은 성장 목이라, 잘 익은 과일이 많이 달려있는 형국으로, 재물과, 명예가 있으며,
庚寅일주= 개척정신이 강하여 만인의 지도자 상이 되는 좋은 일주이며 戊寅大運, 庚寅년에, 부인이 사망을 하였다고 합니다.

庚寅年= 財星인 甲木을 甲庚 沖하고, 지지에서 寅戌合하여, 화국을 이루어, 木氣, 재성이 불에 타면, 부인이 없어지는 형국이 됩니다.

壬寅年= 壬水 식신운이 丁火 정관과 합을 이루면, 새 직업을 원하는 마음이라고 불수 있으며, 직장변동 운을 만나고,
寅木= 편재 운은, 여자를 만나는 운이 되고, 寅木 재성이 戌土 인성과 합으로, 官星, 火局을 이루면, 새 사업이나, 직장에 발전 운이 됩니다.

癸卯年= 癸水 상관 운은, 통관 운으로, 甲木 財星을 生하고, 丁火 관성을 충을 하면, 직장 변동수를 의미하고.
卯木= 財星 運이, 寅木 재성과 동 합을 하고, 戌土 인성과 합을 이루면 壬寅年 과 같은 재물과, 명예에 발전이 있는 운이 됩니다.
전근이면 승진 운이고. 이직이면 좋은 결과를 의미하는, 발전 운이 되며, 강한 火氣에 丑土 인성이 극을 받아, 위장에 건강을 살펴야 합니다.

재목용

陰 陽4 陰 陽5	强弱 0	用神 화토	格局 정관	男女 0	대 운	세 운	월 운	五 行	個 數	十星
殺								화	2	比劫
六親								토	0	食傷
十神								금	3	財星
天干	**丁**	**丙**	**庚**	**甲**	乙	壬		수	1	官星
地支	**酉**	**申**	**子**	**寅**	巳	寅		목	2	印星
地藏干		壬								
十神										
六親										
殺										

大運數	11	10	9	8	7	6	5	45	35	2	1	5	
天干						丁	丙	乙	甲	癸	壬	辛	
地支						未	午	巳	辰	卯	寅	丑	

동량지목, 겨울 甲木으로 굴고 잘 자란 재목용이며, 땔감이 될 수 있고,
태양과 달이 있고, 庚金 으로 잘 다듬어서 좋은 건물을 지을 수 있으며,
겨울에 丙火 태양과, 丁火 난로 로, 난방을 하면 좋은 부명이 됩니다.

丙申일주= 화려한 것을 즐기나, 조직 관리형 이라, 고위직에 오를 수 있으며
재성 혼잡으로 여자 복은, 과하여 해가되는 형상이고,
부부 이별수가 있으며, 자식이 딸린 여인과 살수도 있는 명이 됩니다.

壬寅年= 壬수 편관 운이 시간에 丁火 겁재와 합을 이루면, 직장에 발전 운
이라고 볼 수 있으나, (1) 직장에서 승진 기회가 있으면 동지에게 밀리는
형상이 되고, (2) 다른 업체와의 경쟁의 조건이 있으면 다른 업체가 이익
권을 가져가는 형상이 될 수 있으니 잘 살펴야 합니다.

(3) 다른 시각으로 보면, 일간 丙火와 전쟁이 되는 壬水 편관을 丁火 겁재
동지가 合을 하여 새 직장을 가져가는 형국이 되는 운을 만나고,
寅木= 인성 운이, 일지에 申金 재성과 충을 하면, 신용과 명예가 하락하고,
재물 손재 운이 발생하는 흉한 운이 되고. 이동성이 강한 역마의 충으로
사고가 발생 할 수 있으며, 새로운 일을 만들면 고생하는 운이 됩니다.

신왕 재왕 2 　　257

陰 陽2 陰 陽5	强 弱 0	用神 금목	格局 편재	男 女 0	대 운	세 운	월 운	五 行	個 數	十星
殺								토	3	比劫
六親								금	0	食傷
十神								수	4	財星
天干	**壬**	**戊**	**己**	**丙**				목	0	官星
地支	**子**	**辰**	**亥**	**子**				화	1	印星
地藏干		乙	甲		신축년 26세 남명,					
十神										
六親										
殺										

大運數	11	10	9	8	7	65	55	45	35	25	1	5	
天干						丙	乙	甲	癸	壬	辛	庚	
地支						午	巳	辰	卯	寅	丑	子	

戊辰일주= 지능이 뛰어나고 이상이 크며 우직하고 고집이세며, 성실을 바탕으로 신용은 있어 성공 하는 좋은 일주 이고. 겨울에 丙火가 천간에 떠서 길상이 되고, 원국에 물, 재성이 너무 많아, 일간이 재성과 전쟁을 하여야 하는 형국으로, 재물과 여자에 밀리고 있으나,
大運에서 木 火運을 만나 水氣를 제압하고 성공을 하는 명이 됩니다.

癸卯大運= 癸水 편재를 戊土 일간이 합을 하여 비를 멈추게 하고,
卯木= 辰土에 뿌리를 내리고, 亥水와 합을 하여 亥水편재가 木으로 변하면,
년 지에 子水 정재는 水 生木을 하여 일간을 돕는 형국이 되어,
癸卯大運부터 강한 재성을 제압을 하고 꿈을 이루는 시기가 시작 됩니다.

甲辰年= 甲木을 己土 밭에 심고 키우는 형국으로 좋은 운을 만나고,
辰土= 비견 운이 子水 재성과 합을 이루면, 물이 불어나서 흉하고, 자수 재성을 가져가는 형국으로, 기신 운이 됩니다,

乙巳年= 乙木을 己土 밭에 심고 꽃을 피우는 형상이 되고,
巳火= 인성 운이 亥水 재성과 충을 하면, 신용과 명에가 하락하는 운으로 기신 운이 됩니다.

무 인성

258

陰 陽4 陰 陽6	强弱 0	用神 화토	格局 정재	男女 0	대 운	세 운	월 운	五 行	個 數	十神
殺								토	2	比劫
六親								금	2	食傷
十神								수	2	財星
天干	**庚**	**戊**	**甲**	**戊**		庚		목	2	官星
地支	**申**	**寅**	**子**	**子**		子		화	0	印星
地藏干		丙								
十神										
六親										
殺										

大運數	11	10	9	8	7	6	5	4	33	23	13	3
天干						辛	庚	己	戊	丁	丙	乙
地支						未	午	巳	辰	卯	寅	丑

子月= 엄동설한에 태어난, 戊土 는 잘 자란 甲木을 대들보로 쓰고
말년에는 戊土 에서 광물, 庚金을 캐는 형국으로 재복이 있으며,
초년에 官, 印 大運= 좋은 학업 운을 만나고, 좋은 직장에 취업을 하고,
일주가 똑똑 하고, 신약하여-무력하나,
火, 土 大運을 만나, 크게 발 복을 하여 부와 명예를 이루 게 됩니다.

아쉬운 것은 자수 정재가 年 柱에서, 비견과 동주를 하고 있다는 것이고,
오행의 구조로 보면 나의 여자와 재물을 비견이 가져가는 형상이 됩니다.

庚子年= 庚金 식신 과 甲木 편관이 상충 하면, 직장 변동수를 의미하며,
전근, 퇴사, 이직 등이 예상되는 운을 만나고,
子水= 申金과 반합으로 水局을 이루면= 財 星 局이 되는 것으로,
퇴직을 하고 퇴직금 수령이나, 승진발령, 이직한 직장이 좋은 경우입니다.

辛丑年= 辛金 상관 운, 甲木 관성을 극을 하면, 직장 변동 운을 만나고,
丑土= 겁재 운이 자수 정재와 합을 이루면, 일간의 재물을 동지인 겁재가
가져가는 형상으로 사기수를 조심 하여야 합니다.

인성과다 1

259

陰 陽3 陰 陽3	强 弱 0	用神 수	格局	男 女 0	대 운	세 운	월 운	五 行	個 數	十星
殺								금	1	比劫
六親								수	0	食傷
十神								목	1	財星
天干	**戊**	**辛**	**己**	**乙**				화	1	官星
地支	**戌**	**未**	**丑**	**巳**				토	5	印星
地藏干					신축년 57세, 인성 과다,					
十神					정상적인 기능이 안됨					
六親					乙 木 배우자 巳火 자식					
殺					부부, 떨어져 사는 형국					

大運數	11	10	9	8	7	65	55	4	3	2	1	5	사주 이야 기
天干						壬	癸	甲	乙	丙	丁	戊	
地支						午	未	辛	酉	戌	亥	子	

인성은 인내력이고, 지식이고, 학문이며, 어머니이고, 결재권이 되며, 좋은 의미에서 많이 쓰이나, 많으면, 받는 성분이 강하여 개으르고, 땀을 흘리는 노력은 안하고, 잔머리를 너무 많이 굴리다, 사기를 치게 된다.

辛未일주= 현침이 강하여 의사, 간호사, 정밀한 직업에 발전이 있으며, 지혜와 눈치 있어 일을 능숙하게 잘 처리하는 능력이 있으나, 이 명조는, 사기에 선수라고 하며, 土氣가 너무 많고, 丑 戌 未 삼형이 자리하고, 일찍이 전문 기술로 발전을 시켜야 성공하는 명조 입니다.

위 명조는 土多 金埋= 흙이 너무 많아서 작은 금이 묻히는 형상으로 辛金이 정상적인 능력 발휘를 못하는 구조로써, 무 식상이 화근이 되며, 사주 명조에 오행의 순환이 원활하여야 일간의 삶이 순탄할 수 있고, 작은 辛金이 들어오는 인성만 많이 있고, 배출하는 수 식상이 없어 순환, 활동은 못하고 머리만 굴리는 구성이 됩니다.

힘 안들이고, 땀 안 흘리고 돈 버는 연구, 남을 속이는 연구에서 행동으로 발전하면, 사기꾼이 되는 구조이며, 관성이= 극이나 충을 받는 운에 법이나 규정을 무시하는 기운이 발동하여, 연구와 연구를 거듭한, 사기 수가 발동을 하여 범법자가 되는 명입니다.

陰 陽3 陰 陽5	强弱 0	用神 금수	格局 식상	男女 0	대 운	세 운	월 운	五 行	個 數	十星
殺								수	2	比劫
六親								목	2	食傷
十神								화	1	財星
天干	**壬**	**癸**	**庚**	**辛**		壬		토	1	官星
地支	**辰**	**卯**	**寅**	**巳**		寅		금	2	印星
地藏干					2021년 21세 남,					
十神										
六親										
殺										

大運數	11	10	9	8	7	6	5	4	3	25	1	5	
天干						癸	甲	乙	丙	丁	戊	己	
地支						未	申	酉	戌	亥	子	丑	

癸卯 일주= 두뇌 영리하고, 인심 후하며 의식주 풍부하고, 학문성이 길하고, 미모에, 현명한 부인을 만날 수 있는 좋은 일주이며, 지지에 식상 국을 이루어 두뇌 총명의 일주 이고,

어머니 덕은 있으나, 巳火아버지가, 어머니를 힘들게 하는 형국이 되며, 식상 활동을 잘하고 인덕이 있으니, 재물 복이 있다고 볼 수 있고, 大運이 좋은 명주이고. 신약한 명조에 金, 水 大運이 좋은 운이 됩니다.

壬寅年= 壬水는 일간과 같은 오행으로 겁재이니 일간의 힘이 커지는 운을 만나고,
寅木= 寅은 상관이고, 지지에 寅 卯 辰 방합 으로, 식상 국을 이루어 활동 능력이 많이 커진 운으로, 원하는 모든 일들이 순조롭게 이루어지는 운기이며, 재물과 명예가 상승 하는 운을 만나, 건강하고 학업에 발전이 있는 운이 됩니다.

癸卯年= 신약한 일간이 복음 운을 만나. 학업에 발전이 있는 운이며, 신약한 명이라, 복음 운은 발전이 좋은 운이 됩니다.

陰 陽5 陰 陽4	强 弱 0	用神 화	格局 정인	男 女 0	대 운	세 운	세 운	五 行	個 數	十星
殺								목	3	比劫
六親								화	1	食傷
十神								토	2	財星
天干	**戊**	**乙**	**丁**	**庚**	癸	庚		금	1	官星
地支	**寅**	**卯**	**亥**	**戌**	巳	子		수	1	印星
地藏干					2021년 52세,					
十神										
六親										
殺										

大運數	11	10	9	8	7	62	52	42	32	2	1	2	
天干						甲	癸	壬	辛	庚	己	戊	
地支						午	巳	辰	卯	寅	丑	子	

乙卯日柱의 특징= 卯 建祿을 깔고 있어, 똑똑 하고 친화력이 좋으며, 인기 있고, 남녀 모두 음욕이 강한 특성이 있고, 간여지동으로 반듯하고 고지식한 명이 되며,

겨울 乙木이 亥水와 卯木이 合을 이루는 덕으로, 丁火는 땔감이 좋아 용광로가 되고, 庚金을 제련하여, 부와 명예를 이루는 좋은 사주입니다.

庚子年= 庚金은 乙庚 합 하여, 직장 발전 운, 관운을 만나고,

子水= 편인이, 일지에 卯木과 형살을 이루면, 일간의 건강이나, 배우자의 건강을, 조심 하여야 하며. 가정에 안녕과 건강은 흉한 운이 됩니다.

辛丑年= 관성 운이, 일간과, 충을 하면, 관재구설이나, 직장에 변동 운을 만나고,

丑土= 편재 운은 戌土와 丑 戌 刑殺이 되어, 재성 끼리 다투는 형사이라 관재구설이 발생하거나, 수술 수가 있을 수 있고 일의 지연이나, 변경 등, 손재 하는 흉한 운기가 됩니다.

부모님 덕 2

陰 陽5 陰 陽7	强弱 0	用神 수	格局 편재	男女 0	대운	세운	월운	五行	個數	十神
殺								金	1	比劫
六親								水	1	食傷
十神								木	3	財星
天干	**戊**	**庚**	**丙**	**甲**		庚		火	1	官星
地支	**寅**	**子**	**寅**	**戌**		子		土	2	印星
地藏干										
十神										
六親										
殺										

大運數	11	10	9	8	7	60	50	40	30	20	10		
天干						庚	辛	壬	癸	甲	乙		
地支						申	酉	戌	亥	子	丑		

운에서, 水운은 통관 운이 되고, 金土 運은 일간을 도와 길한 운이 되며, 木을 키우고, 金을 캐는 命으로 甲木 과 丙火가 있어, 부와 명예가 있는 좋은 명이 되며, 무 토와 술 토는 모친이 되고 인덕이며 음덕이 됩니다.

丙火 偏官이 힘이 있어 좋은 직장과, 좋은 남편 기대 할 수 있으며,
좋은 명주에 大運 이 좋으며, 자식사랑이 지극하여, 득자부별이 염려되고,
年柱 에 甲戌이 부친이고, 부모님이 돈 창고를 깔고 있으며,
위의 명주를 오행의 구성으로 보면 부모님이 두 분씩, 있다고 할 수 있는 명이 되고, 年柱에 甲戌과 시주에 戊寅의 형상이 그러하며,
유산 상속이 가능하고, 말년에 재물이 있는 명이 됩니다.

<u>**庚子年**</u>= 庚金이 甲木 재성과, 沖을 하면, 타인이 일간의 재물에 분탕질을 하는 혁국 으로, 재물의, 손재 운이 되고, 일간의 봉급이 없어지는 형국으로 직장에 변동을 의미하고,
<u>**子水 食神운**</u>=일간 庚金의 설기를 도와, 일지에 자수와, 寅木 재성을 생을 하면, 재물과 명예가 상승하는 좋은 운이 됩니다.

배우자 운

263

陰 陽3 陰 陽3	强弱 0	用神 수화	格局 정인	男女 0	대 운	세 운	월 운	五 行	個 數	十星
殺								금	3	比劫
六親								수	1	食傷
十神								목	1	財星
天干	**乙**	**庚**	**己**	**戊**		壬		화	0	官星
地支	**酉**	**申**	**未**	**子**		寅		토	3	印星
地藏干		壬	丁							
十神										
六親										
殺										

大運數	11	10	9	8	7	6	5	4	3	2	1		
天干						壬	癸	甲	乙	丙	丁	戊	
地支						子	丑	寅	卯	辰	巳	午	

庚申일주= 영웅이 못되면 건달이 될 수 있는 강한 기질이고, 권력 계통에 진출하면 성공이 빠른 일주 이며. 여명은 큰 인물이 되어 권력을 써야 평범한 가정을 이루고, 평범하면 가주가 되어 고단한 삶이 될 수 있다.

時干에 乙木은 말년에 재물이 되며, 酉金 겁재와 동주 하고 있어 겁재가 가져가는 형국으로, 군겁쟁재 라하고. 자식이나 남이 일간의 재물을 쓰는 형상으로, 흉상이 되고, 土인성이 강하여, 인덕과 부모덕이 있는 명, 이며,

일간에게는 경쟁력이 되는 토기이나, 子水식상 에게는 위협이 되고, 증발할 위기에 있는, 약한 자식의 형국이 되며. 배우자는 未土 지장 간에 丁火이며, 배우자 덕이 약한 명이 됩니다.

壬寅년= 壬水는 食神 운으로, 강한 금기를 설기하는 운이 되어 희신 운이 라고 볼 수 있으나, 乙木이 부목이 되어 흉한 운이 되,
寅木= 편재 운은, 火氣가 없어 생을 못하고, 일지에 비견 申金과 상충이 되면, 建 祿이 충 극을 받아, 일간의 건강이 약해지는 흉한 운이 되고, 배우자와 불화나, 재물 손실 운이 됩니다.

배우자 덕

264

陰 陽2	强弱	用神	格局	男女	大	歲	月	五	個	十星
陰 陽5	0	목토	편인	0	運	運	運	行	數	
殺								수	3	比劫
六親								목	1	食傷
十神								화	1	財星
天干	**丁**	**壬**	**壬**	**甲**	己	庚		토	2	官星
地支	**未**	**子**	**申**	**戌**	巳	子		금	1	印星
地藏干	丁				2021년 28세, 여명.					
十神										
六親										
殺										

大運數	11	10	9	8	7	6	5	4	33	23	1	3
天干						乙	丙	丁	戊	己	庚	辛
地支						丑	寅	卯	辰	巳	午	未

木을 키우는 명으로, 수기가 너무 강하여 물이 병이되는 사주이고,
壬子일주=양인, 간여지동, 만물을 감싸는 형상으로 도량이 넓으며,
여장부 격으로 많은 사람들을 거느리는 일주이고,
배우자 복이 약한 명으로, 관살 혼잡이 되며, 년지에 戌土 편관은 월주에
壬水의 남자가되고, 未土 정관은 丁壬 합으로, 정신적인 합을 하였으나,
未土 건토에, 子水 물이 들어와, 미중에 정화가 꺼지는 형국으로 배우자
덕이 약한 명이 됩니다.

庚子年= 庚金 인성= 甲木 식상과 충을 하여, 물 기운이 강해지면, 제방이
터지는 형국이 되어, 불량품이 만들어지는 운을 만나고,
子水겁재운= 申金을 만나서 물 기운이 커지면, 넘치는 기운이라 흉하고,
사람조심, 사기수를 조심 하여야 하는, 흉한 운이 됩니다.

甲辰年= 갑목 식신 운은 의식주가 증진되는 운이라고 하며, 많은 수기를
흡수하여 발전 운을 만나고,
辰土= 편관운= 수국을 이루어 흉한 운이 되고, 나쁜 남자를 만나거나,
申金 인성이 변하여, 직장에서 문서사고나 사기수를 조심하여야 합니다.

계해일주

265

陰 陽2 陰 陽4	强弱 0	用神 목토	格局 건록	男女 0	대 운	세 운	세 운	五 行	個 數	十星
殺								수	5	比劫
六親								목	0	食傷
十神								화	2	財星
天干	**壬**	**癸**	**庚**	**丙**		庚	壬	토	0	官星
地支	**子**	**亥**	**子**	**午**		子	寅	금	1	印星
地藏干										
十神										
六親										
殺										

大運數	11	10	9	8	7	6	55	4	3	2	1	5
天干						丁	丙	乙	甲	癸	壬	辛
地支						未	午	巳	辰	卯	寅	丑

癸亥日柱는 두뇌가 명석하여 걸어 다니는 백과사전이라 하고,
金의 生을 받은, 水 기운이 태왕하고 재성인 火기가 강해 보이나 木의 조력이 없어 힘이 없으니, 木 運에는 발 복을 하나, 火 運에는 물과 불이, 전쟁이 되어 巳 火 大運에 망했다고 합니다.

천간에 壬水가 巳火大運을 만나면, 천간에 얼음이 녹아서 대 해를 이루면 **火 財星**이 꺼지는 형상이라 매사 되는 일이 없어 망했다고. 합니다.
설명이= 물상으로 보면 그러하고, 생 극 제화로 보면, 망한 이유가, 巳亥 충, 巳火 재성이 소멸한, 탓이라고 볼 수도 있습니다.

庚子年= 庚金 인성은 강한 수일간을 생하여 길함이 없고,
子水= 午火 재성과 충이되어 재물 손실이 예상되는 운이 됩니다.

辛丑年= 辛金 인성 운이 丙火 재성과 합을 이루면, 하늘에 태양이 꺼지고,
丑土= 정관 운이 亥 子 丑국을 이루면, 대해를 이루어, 넘치고, 쓸어가고, 화기가 꺼지면, 재물 손실이 예상되고, 심장이 멈추는 형국으로, 사망이나 심혈관의 장애로 병이 유발 하는 많이 흉한 운이 됩니다.

삼합 운

266

陰 陽5 陰 陽3	强 弱 0	用神 토	格局 편관	男 女 0	대 운	세 운	월 운	五 行	個 數	十星
殺								화	3	比劫
六親								토	0	食傷
十神								금	1	財星
天干	辛	丁	丙	甲		己		수	2	官星
地支	亥	卯	子	午		丑		목	2	印星
地藏干					신축년 38세					
十神										
六親										
殺										

大運數	11	10	9	8	7	6	5	45	3	2	1	5
天干						癸	壬	辛	庚	己	戊	丁
地支						未	午	巳	辰	卯	寅	丑

겨울 丁火일주= 비겁이 강하며, 구성이 좋아, 조후가 잘되어 좋은 사주이고
丁卯 일주= 지혜 있고, 총명 하여, 빠르게 성공 할 수 있는 일주입니다.

己丑년= 통관 운이며, 甲木을 己土 밭에 심으면, 과일이 열리고.
丑土= 亥 子 삼합을 이루는 관성 운에, 돈을 많이 벌었다고 합니다.
신강한 일간의 기를 극하고 설하는 운이, 억 부의 조화를 이루어, 부를 이루는 운기이며. 특이한 구성이 됩니다.

삼합이나, 방 합, 극하고 설하는 운기의 조화를 잘 참고 하시고.식상을 충 하는 년에 주식으로 손해를 보았으며, 식상이 상충 하는 년 월에는 되는 일이 없고, 열심히 노력을 하여도 이상하게 불량품이 생산되는, 그런 시기가 됩니다.

庚子年= 경금 재성 운이 갑목 인성과 충을 하면, 재물 손재 운이 되며,
子水= 편재운이 丁火일간과 하나의 몸이 되는 午火 와 충을 하여 午火 가 꺼지면, 관재구설이 발생하거나, 신용과 명예가 하락하는 흉한 운이 되며 일간의 건강, 심혈관 계통에 병이 유발할 수 있는 운이 됩니다.

비견

267

陰 陽5 陰 陽0	强弱 0	用神 목화	格局 편재	男女 0	대 운	세 운	월 운	五 行	個 數	十星
殺		백호						화	3	比劫
六親								토	2	食傷
十神								금	2	財星
天干	**丁**	**丁**	**丁**	**辛**		壬		수	0	官星
地支	**未**	**丑**	**酉**	**卯**		寅		목	1	印星
地藏干		辛								
十神					집착과 끈기가 강한					
六親					음 팔 통 사주					
殺					귀격이 됩니다.					

大運數	11	10	9	8	7	6	55	4	3	2	1	5	
天干						庚	辛	壬	癸	甲	乙	丙	
地支						寅	卯	辰	巳	午	未	辛	

丁丑일주= 인정 많고 사리 분명하고, 예술적 재능이 있으며, 재물운이 좋아 노년에도 복록이 있는 좋은 일주의 특성이 있으며. 음팔 통으로 끈기와, 집착력으로 정신력이 좋으며 도화성이 강하고, 재주가 있으며 인기가 있는 사주이며, 日支에 丑土 식상을 깔아, 재물을 모으는 재주가 있으며, 현실적인 배우자를 만나는 명이 됩니다.

壬寅年= 壬水 정관 운은 일간과 합이 되어, 직장이나 사업장에 발전이 있는 좋은 운을 만나고,
寅木= 인성 운으로, 卯木과 동 합을 이루면 목기가 강하여 丁火 일간에게 도움이 되는 좋은 인성 운이 되며, 문서에 발전이 있는 운으로, 합격 운 좋은 매매 운, 명예가 상승하는 좋은 운기가 됩니다.

癸卯年= 癸水 편관 운이, 일간 丁火에게 비를 뿌려 화기가 약하며, 일간이 관운에 극을 받으면, 과중한 업무나, 직장 변동 운을 만나고,
卯木= 편인 운이, 酉金 재성과 沖을 하면, 명예와 재물 손재 운이 예상되며, 酉金은 월지에 재성이고, 배우자와 불화 하거나, 배우자의 건강이 염려 되고, 이혼이나, 이사를 하고 지출이 발생하는 운이 됩니다.

배우자복 약

陰 陽3 陰 陽5	强弱 0	用神 금목	格局 정인	男女 0	大運	歲運	月運	五行	個數	十星
殺								금	1	比劫
六親								수	2	食傷
十神								목	0	財星
天干	**癸**	**辛**	**戊**	**己**	乙	丁	丙	화	2	官星
地支	**巳**	**亥**	**辰**	**巳**	亥	巳		토	3	印星
地藏干		甲	乙		2021년 33세					
十神					유산을 받을 수 있는 구성이					
六親					좋은 명으로, 총명한 인자.					
殺										

大運數	11	10	9	8	7	6	5	4	3	25	1	5	
天干						乙	甲	癸	壬	辛	庚	己	
地支						亥	戌	酉	申	未	午	巳	

사주의 구성이 좋아 재복과 인덕은 있는 명으로, 초년대운이 비겁과 관성 성으로, 관성은 학교이며 비겁은 동료를 의미 하니, 동료들과 건강하게 학업을 이수한 형상이 되고,

辛亥일주= 총명하며 식상이 강하여 성취하는 힘이 강하고. 인정이 많은 일주이고, 사주의 구성이 좋아 인덕이 좋으며, 좋은 직장에서, 높은 위치에 오를 수 있는 구성이 됩니다.

日支에 亥水 자식이 차지하고 있어, 이 구조를 보고 **득자부별** 의 형상 이라고 하며, 자식이 태어나면, 자식의 기운이 배우자를 극하는 구조이고 자식을 너무 지극히 사랑하여, 남편에게 정이 부족하면, 남편이 딴전을 피운다는 의미가 되고. 결과는 별거나 이혼을 하게 됩니다.

시지에 정관 巳火는 배우자 궁에 亥水와 沖이되어. 자식이 태어나고, 亥水 자식이 힘을 받으면, 남편이 하는 일이 잘 안되거나. 병약할 수 있으며, 亥年을 만나면, 巳火 불이 꺼지고. 불이 꺼지면 심장이 멈출 수 있으며, 죽지 않으려고 가출을 하거나. 이별이 발생하는 운이 됩니다.

부모덕 2

269

陰 陽2 陰 陽5	强 弱 0	用神 수목	格局 건록	男 女 0	大 運	歲 運	月 運	五 行	個 數	十星
殺								금	4	比劫
六親								수	2	食傷
十神								목	1	財星
天干	**癸**	**庚**	**庚**	**癸**	丁	壬		화	1	官星
地支	**巳**	**寅**	**申**	**酉**	巳	寅		토	0	印星
地藏干	戊	戊	戊		2021년 29세.					
十神					월지를 득하여 약간 신강					
六親					원국에 삼형 살은 두뇌총명					
殺										

大運數	11	10	9	8	7	6	56	46	36	26	16	6	
天干						癸	甲	乙	丙	丁	戊	己	
地支						丑	寅	卯	辰	巳	午	未	

庚寅일주= 의리지상으로 돈보다 명예를 중요시 하는 성향이 강하고, 처세술 좋으며 개척정신이 강한 일주이고. 초년대운이 인성과 관성 운으로, 학업 운이 좋아 보이나 부모 복이 약하고, 역마성이 강하여 일직이 고향을 떠나, 객지에서 자수성가하는 명이 됩니다.
직업성= 군, 법무, 경, 검, 강한 직업이 좋으며, 역마성이 강한 중장비를 다루거나, 외근 직이 직업이며, 발전이 빠른 명이 되고, 부모 조상 자리에, 비겁은, 내가 있는 것과 같으니, 자수성가 하는 명으로 봅니다.

丁巳大運 관운부터 하는 일이, 소원성취 하는 운을 만나고, 부를 이루는 재성대운이, 乙卯, 甲寅 통으로 들어오는, 大 吉運에 성공을 합니다.

壬寅年= 壬水는 식상 운으로 충이나 극이 없어 좋은 운을 만나고,
寅木= 재성 운이, 寅 巳 申 三刑살을 이루면, 관재구설이 염려되고, 수술 수가 발생을 할 수 있고, 재물이 줄어들고, 명예가 하락하는 흉한 운이 되며 사고 수를 조심 하여야 합니다.

부모덕 3

陰 陽4 陰 陽3	强 弱 0	用神 목수	格局 식신	男 女 0	大 運	歲 運	月 運	五 行	個 數	十星
殺								수	1	比劫
六親								목	1	食傷
十神								화	3	財星
天干	**丁**	**癸**	**辛**	**丙**		壬		토	0	官星
地支	**巳**	**酉**	**卯**	**申**		寅		금	3	印星
地藏干	戊			戊						
十神					일지가 충을 받는 운에					
六親					건강에 유의					
殺					국가자리에 병화는 보물					

大運數	11	10	9	8	7	6	5	4	3	2	1	
天干						戊	丁	丙	乙	甲	癸	壬
地支						戌	酉	申	未	午	巳	辰

癸酉일주= 영리하고 깔끔하고, 준수하며, 음욕이 강한 성향이 있으며, 배우자가 바뀔 가능성이 있는 명으로, 강한 여인을 만나면 잘살고, 태양이 辛金 보석을 빛나게 하는 명으로 길명이 되며, 인덕이 좋으며, 부모덕이 있고, 부와 명예가 있는 좋은 사주입니다.

아버지는 어머니와, 丙 辛合을 하여 부모님이 다정한 형상이 되고, 배우자는 시주에 丁巳 이며 사화는 배우자궁의 酉금과 合으로 배우자 덕이 있으며, 金 剋木, 으로 卯酉 충은 없는 구조가 됩니다.

壬寅年= 壬水는 겁재 운으로 丁火 재성과 합을 하면, 남이 일간의 재물이나 배우자를 가져가는 형국이 되고,
寅木= 식상 운이, 寅 巳 申 형살을 이루면, 관재구설 시비나, 사고를 조심하고, 문서 사고나, 재물과 명예가 하락하는 흉한 운이 됩니다.

癸卯年= 비견이 丁火 재성과 충을 이루면, 일간의 봉급이 중단되는형국으로, 직장 변동 운을 만나고,
卯木 식상운= 일지에 酉金, 인성과 충을 하면, 신용과명예가 하락하는 운이 되며, 배우자나 본인이 건강이 약해지는 운이 됩니다.

부모덕 4

271

陰 陽6 陰 陽7	强 弱 0	用神 토금	格局 식신	男 女 0	大運	歲運	月運	五行	個數	十星
殺								목	4	比劫
六親								화	2	食傷
十神								토	1	財星
天干	**丙**	**甲**	**乙**	**壬**		壬		금	0	官星
地支	**寅**	**寅**	**巳**	**辰**		寅		수	1	印星
地藏干			庚							
十神										
六親										
殺										

大運數	11	10	9	8	7	6	5	43	33	23	13	3
天干						壬	辛	庚	己	戊	丁	丙
地支						子	亥	戌	酉	申	未	午

신강한 甲木 일간이 부모님 덕으로 건강하고 재물 복이 있으며, 모친 壬水는 조열한 사주에 생명수가 되어 고마운 어머님이 되시고, 부모님 덕이 있는 사주이며, 학업운= 인성과 문창성이 좋아, 공부는 잘 하였다고 볼 수 있으며, 20-30 대운, 관 대운을 만나, 좋은, 큰 조직에 취업을 하였으며,

재물은 辰土에 뿌리를 내리고 잘 자라니 재물 복이 있으며, 壬水와, 丙火는 甲木 일간에, 재물과 명예의 형상이 되고, 木이 강한 사주에 水인성과, 비겁을 만나지 않고. 제성과 관성 운으로 흘러 좋은 運이 됩니다.

壬寅年= 인성 운이, 丙火 식상과 충을 하면, 신용과 명예 하락 운을 만나고, 甲 乙木이 꽃과 열매가 없고, 빈 가지만 무성하니 재물 손재 운이 되고, **寅木**= 寅巳 刑을 하면, 지장 간에, 丙火가 庚金을 극을 하면, 관재구설이나, 사고 수, 수술 수 등으로, 명예 하락과 재물 손실의 운이 되고, 사람으로 인한 문서 사고나, 사기수를 조심 하여야 합니다.

잘생긴 배우자를 만나면 1대가 행복하고,
똑똑한 배우자를 만나면 2대가 행복하며,
현명한 배우자를 만나면 3대가 행복하다.

형제 덕

陰 陽4 陰 陽5	强弱 0	用神 수목	格局 상관	男女 0	대 운	세 운	월 운	五 行	個 數	十星
殺								목	2	比劫
六親			夫					화	2	食傷
十神								토	1	財星
天干	**丙**	**乙**	**辛**	**乙**	丙	辛		금	2	官星
地支	**戌**	**酉**	**巳**	**亥**	戌	丑		수	1	印星
地藏干	辛		庚							
十神										
六親	父			母						
殺										

大運數	11	10	9	85	7	6	55	45	35	2	1	5
天干						戊	丁	丙	乙	甲	癸	壬
地支						子	亥	戌	酉	申	未	午

乙酉일주= 재주와 재치 있으며 아는 것이 많아 집에만 있으면 신기가 발동하여 병이 날 지경이며 의료계나 종교계에 인연이 많으며, 카리스마 있는 배우자를 만날 수 있으며 명예를 중요시하는 명이 됩니다.

년간, 조상궁에 乙木은 형제자매이며, 辛 金에 극을 받고 일간을 보호하여 좋은 형제의형상이 되고,
지지에서 巳亥충= 성립하고, 巳酉반합은 六沖보다 약하여 반합은 없으며, 亥水, 인성이 巳火를 극 하면, 亥水는 모친이 되고, 巳火는일간의 식상이고, 자식이 되며, 할머니가 손자를 힘들게 하는 형국이 됩니다.

辛丑= 辛金 편관 운이, 丙火식상과 合이 되면, 태양이 사라지면, 乙木의 결실이 약하게 되어, 수입이 약한 운을 만나고,
丑土편재운이 巳酉丑合 금국을 이루면, 재물과 명예에 발전 운이 되고 강한 금기에 일간 乙木 은 건강이 약해 질수 있는 운이 됩니다.

壬寅年壬水인성운= 丙火 식상과 충을 하여, 병화가 꺼지면, 손재 운이 되고,
寅木겁재운= 亥水 인성과 합을 하면, 신약한 일간을 도와 명예와 재물에 발전이 있는 좋은 운이 되나, 배신이나 사기수를 살펴야 합니다.

병신 합

273

陰　陽5 陰　陽2	强弱 0	用神 목화	格局 정인	男女 0	대 운	세 운	월 운	五 行	個 數	十星
殺								화	1	比劫
六親								토	4	食傷
十神		0						금	1	財星
天干	**乙**	**丙**	**辛**	**己**		庚		수	0	官星
地支	**未**	**寅**	**未**	**丑**		子		목	2	印星
地藏干				癸						
十神										
六親										
殺										

大運數	11	10	9	8	7	6	5	4	3	2	1	5	
天干						甲	乙	丙	丁	戊	己	庚	
地支						子	丑	寅	卯	辰	巳	午	

신약 명조 에 運路가 좋아, 재물과 명예 복이 있는 좋은 사주이며,
丙寅일주= 인물이 좋으며 인정 많고, 두뇌총명 하며 진취적이고. 학구열이 강하여 명성을 얻기 쉬우며, 이성에 호감을사는 매력이 있다.

日干 丙火는 食傷이 强하여 일을 벌리 고 다니고,
그 기운이, 부인 辛金 에 게로 모이는 형상이 되니, 부인 덕이 있다고 보며,
辛金부인은 땅을 많이 깔고 있으며, 능력이 있고, 인덕이 있는 배우자이다.

庚子年= 庚金 財星 運이, 印星 乙 木과 乙庚 합을 하면 재물 運이 되고,
재물을 취할 욕심에, 명예가 하락 할 수 있으니 조심을 하여야 하며,
子水 정관이 丑土 식상과 합이 되면, 취직 운, 직장에 발전 운, 사업에 발전 운이 되고, 재물과 명예가 상승 하며, 좋은 운이 됩니다.

辛丑年= 辛金 정재 운은 일간이 합을 하여 재물 운으로 보이나,
丑土= 식상 운은 未土 상관과 沖을 이루면, 업무가 둔화되어,
천간에서 들어오는 재물 운을 받아들이지 못하는 운을 만나고,
남이보기에는 화려 하였으나, 丑未 沖, 식상끼리 충이되면 불량풍이 생산 되는 형국으로, 실속이 없는 辛丑年이 됩니다.

무인일주 여

陰 陽3	强 弱	用神	格局	男 女	대운	세운	월운	五行	個數	十神
陰 陽3	0	화토	정재	0						
殺								토	2	比劫
六親								금	2	食傷
十神								수	1	財星
天干	**乙**	**戊**	**庚**	**辛**	甲	壬		목	3	官星
地支	**卯**	**寅**	**子**	**未**	辰	寅		화	0	印星
地藏干					신축년 32세, 화기가 약하면= 심장과 심혈관이 약하다					
十神										
六親										
殺										

大運數	11	10	9	8	7	6	5	4	31	21	11	1
天干					戊	丁	丙	乙	甲	癸	壬	辛
地支					申	未	午	巳	辰	卯	寅	丑

첫 大運에 丑土 있으면= 허리가 아프고, 잘난체한다고 하며,
겨울출생이 화가 없는 명은 불행이나, 대운에서, 巳 午 未 여름 대운을 만나면, 발 복을 하여 부와 명예를 이루는 명이 되고,
원국에 화가없어, 부모덕이 부족 할 수는 있으며, 인덕이 약하고, 사회에서 승진이나, 시험 운이 약한 명이 됩니다.

天干에 庚 辛金, 식신과 상관이 투출하여 두뇌가 명석하고 활동적이며 언변과 수완이 좋은 사주이고,
시주에 관성이 강하여, 말년에도 명예가 있으며, 사회활동을 하는 형상이 됩니다.

壬寅年= 壬水 편재 운을 만나고,
寅木= 편관 운은, 관성이 강해지는 운으로, 직장이나 사업에 발전이 있는 운기이며,
水氣가 극을 많이 받으면 신장 방광에 병이 유발할 수 있는 운이 됩니다.

무 인성 1

陰 陽4 陰 陽7	强 弱 0	用神 목화	格局 식신	男 女 0	大 運	歲 運	月 運	五 行	個 數	十星
殺								화	2	比劫
六親								토	3	食傷
十神								금	2	財星
天干	**戊**	**丙**	**丙**	**庚**		壬		수	1	官星
地支	**子**	**申**	**戌**	**辰**		寅		목	0	印星
地藏干				乙						
十神										
六親										
殺										

大運數	11	10	9	83	73	6	5	4	33	23	1	3
天干					甲	癸	壬	辛	庚	己	戊	丁
地支					午	巳	辰	卯	寅	丑	子	亥

丙申일주= 머리가 비상하며 큰 조직에서 승진이 빠르고, 신약한 丙火 일간이 식상이 강하여, 펼치는 기운이 강하고, 학업 운이 좋으며,

일지에 편재는 현실적인 배우자의 상으로, 제 일의 배우자라고 하며, 대운이 일간에게 힘을 주는, 일명 용신 운 이라고 하는, 寅 卯 辰 木運과 巳 午 未, 火運 으로 흘러, 명예와 부를 이루는 좋은 명이 됩니다.

壬寅年= 壬水 편관 운이 丙火를 沖하면= 업무가 힘들거나, 관재나 구설시비가 발생 할 수 있으며, 직장인이면, 직장 변동 운을 만나고,
寅木=인성 운이, 일지에 申金 재성과 沖을 하면. 印星과 財星의 沖으로 일간이나, 배우자가 건강이 약해질 수 있고, 지출이 발생되는, 흉한 운이 됩니다.

癸卯年= 癸水 正官 운이, 戊土 식신과 합을 이루면, 일간이 관운을 만나 직장이나, 사업장에 발전이 있는 운을 만나고,
卯木= 인성 운으로, 戌土 식신과 합을 이루면, 재물과 명예가 발전하는 좋은 운이 됩니다.

무 식상 여인

276

陰　陽4 陰　陽2	强弱 0	用神 수목	格局 정인	男女 0	대 운	세 운	월 운	오 행	숫 자	十神
殺								금	3	比劫
六親								수	0	食傷
十神								목	1	財星
天干	**乙**	**庚**	**庚**	**己**	乙	壬		화	2	官星
地支	**酉**	**午**	**午**	**未**	亥	寅		토	2	印星
地藏干					2021년 43세					
十神					현재=乙亥 大運					
六親					재성대운 재물 상승 운					
殺										

대운수	12	11	10	9	8	7	6	5	42	32	22	1	2
천간							丁	丙	乙	甲	癸	壬	辛
지지							丑	子	亥	戌	酉	申	未

식상은, 여명에서 자식이 되고, 활동 능력이며 일간이 발산하는 에너지와 같은 것으로, 사주 원국에 없으면 자식을, 기를 성향이 부족할 수 있고, 자식을 생산하기가 어려울 수도 있으며, 초년 운에서, 수기를 만나면 자식을 낳을 수 있다고 봅니다.

부모님 덕은 있으나, 결혼은 두 번할 가능성이 있는 사주 구성이 되며, 水運= 조후와 통관 운을 만나면, 식상 운으로, 의식주 발전 운으로, 재물과 명예상승 운, 식복 운 이라고 합니다.

건강은= 건조한 사주라 신체 자체가 건조하여 자식 생산이 어려울 수 있으며, 신장 방광 생식기에 병이, 보통인 보다 빨리올 가능성이 많으며, 섬유질과 해조류를 즐겨먹는 방법이 약간의 효과는 있다고 합니다.

壬寅年= 壬水 식상운, 득남 운이 되며, 재물이 늘어나는 좋은 운을 만나고, **寅木= 재성** 운, 午火 관성과 합을 이루어, 火局 이 되면, 직장 발전 운, 재물 과 명예 발전 운, 남편과 직장에 발전이 있는 좋은 운이 되고, 강한화기에, 酉金이, 극을 받으면, 金에 해당하는 기관지에 병이 유발할 수 있으니 살펴야 합니다.

木多火熄 과유불급

277

陰 陽6 陰 陽4	强弱 0	用神 토	格局 정인	男女 0	大運	歲運	月運	五行	個數	十星
殺			수목화					화	1	比劫
六親								토	0	食傷
十神								금	0	財星
天干	**壬**	**丁**	**甲**	**癸**		庚		수	2	官星
地支	**寅**	**卯**	**寅**	**卯**		子		목	5	印星
地藏干										
十神										
六親										
殺										

大運數	11	10	9	8	75	65	5	4	3	2	1	5	
天干				乙	丙	丁	戊	己	庚	辛	壬	癸	
地支				巳	午	未	申	酉	戌	亥	子	丑	

丁卯일주= 지혜가 있고, 총명하며 편인의 저돌성으로 빠르게 성공하며,
丁火에 불을 밝히는 命이나, 木이 너무 많아서 丁火가 꺼지는 형국으로,
과유불급, 木多 화식으로 순환이 안 되고 막힘이 많아, 하는 일이,

잘 될 것 같으면서 안 되고, 고생을 많이 하였으며,
丁未, 丙午 大運에 丁火, 丙火運이 일간을 도와서 丁火에 불을 붙이니,
하는 일이 잘되고, 운수 대통 하여 거부가 되었다고 합니다.

세상의 모든 이치는 일간의 능력이 강하고, 본연의 의무를 다할 수 있을 때,
성공하는 힘이 되고, 일간이 비겁으로 강한 운에 많은 나무를 화력으로
사용하여 성공하였으며, 신강한 일주가, 비견 겁재 운에 성공을 한 특이한
예이고, 신강 신약의 이치와 다르게 발전하는 구성이라 참고용으로 올립니다.

庚子年= 庚금 정재 운이, 甲木 인성을 극을 하면, 운에서 오는 재성은
새 직장에서 받을 봉급이라고 보면, 재성 운이= 인성을 극하면, 신용과 명예,
재물 하락 운을 만나고,
子水= 편관 운이, 卯木 인성과 형을 하면, 관재 구설이나, 해고, 권고사직
같은 흉한 운이 되고, 문서 사고를 조심하여야 합니다.

陰 陽2 陰 陽5	强弱 0	用神 토금	格局	男女 0	대 운	세 운	월 운	五 行	個 數	十星
殺								토	2	比劫
六親								금	1	食傷
十神								수	3	財星
天干	**癸**	**戊**	**己**	**甲**	癸	辛		목	1	官星
地支	**亥**	**申**	**巳**	**子**	酉	丑		화	1	印星
地藏干					신축 년 38세					
十神					조상과 부모님 덕이 있으며					
六親					말년에 재물 복이 있는 명					
殺										

大運數					6	55	45	35	25	1	5	
天干					丙	乙	甲	癸	壬	辛	庚	
地支					子	亥	戌	酉	申	未	午	

戊申일주= 큰 산에, 金 광물이 들어있는 형상으로 광산의 형상이라, 복록이 두텁고, 官, 寅,과 食, 財가 모두 좋으니 성공하여, 부 귀할 명이 되고, 甲己 合이라 굽은 나무라고 보지 말고, 일주가 관인 상생이 길하여, 조직에서 성공 할 수 있는 명이 되는 구조이며. 배우자 덕. 인덕, 조상 덕, 부모 덕, 모두 좋은 구성의 사주 입니다.

辛丑年= 辛金 상관 운에, 甲木 관성이 극을 받으면, 일간이 실수를 하여 관재구설이 발생할 수 있으며, 직장에 변동수를 만나고,
丑土= 겁재 운이, 亥 子 丑재성 국을 이루면, 재물과 명예가 상승하는 운이 되고, 전근이면 승진 운이고, 이직이면 좋은 직장을 만난 좋은 운이고, 강한 水기에, 巳火 편인이 극을 받으면. 심혈관에 병이 올수 있습니다.

壬寅年= 壬水 편재 운이, 甲木 관성을 생하면, 직장이나 사업장에 발전이 있는 운을 만나고,
寅木= 편관 운이, 시지에 亥水 재성과 합을 이루면, 직장이나 사업장에서 재물이 들어오는 형국으로, 재물과 명예가 상승하는 좋은 운이 됩니다.

남자 덕 부족

279

陰 陽1 陰 陽5	强 弱 0	用神 화토	格局 편관	男 女 0	大運	歲運	月運	五行	個數	十星
殺								토	3	比劫
六親								금	2	食傷
十神								수	2	財星
天干	**壬**	**戊**	**辛**	**己**	戊	壬		목	1	官星
地支	**戌**	**申**	**卯**	**亥**	戌	寅		화	0	印星
地藏干	丁									
十神					무 인성, 인덕, 부모덕 약					
六親										
殺										

大運數	11	10	9	8	7	63	5	4	3	2	1	3
天干					己	戊	丁	丙	乙	甲	癸	壬
地支					亥	戌	酉	申	未	午	巳	辰

戊申일주= 큰 산속에 광물이 많이 들어있는 형상으로 부명이 되고,
여명= 복성귀인. 천주귀인. 암록. 귀인의 도움이 많고, 장부의 기상으로,
부와 귀가 있는 명으로, 사업가로 나가면 성공하고. 부부애정은 부족하고
외로운 명에 속하는 일주 입니다.
원국에 인성이 없으면 부모덕이 약할 수 있고, 사회에서 인덕, 선배의 덕이
약하여 시험이나 승진에서 동지들 보다 늦을 수 있다.

남편이 卯木 이라 亥水에 쓸려 부목의 형상으로 힘이 없으며, 자식은 申金
으로, 건장하고, 자식궁을 보면 壬戌 괴강 이라. 똑똑하고 무리 중에 리더가
되는 격으로, 자식사랑이 지극한 형국으로, 득자 부별의 형상이 되고,

壬寅年= 壬水는 재성 운으로 沖이나 剋이 없어 길한, 재물 운을 만나고,
寅木= 관성 운으로, 亥水 재성과의 합으로, 寅亥 合木이 되면, 원국에 卯木이
살아나는 운이 되며, 직장 발전, 남자 발전 운, 새로 오는 남자가 재물을
가지고 들어오는 운이 될 수 있고, 새로운 사업을 시작 하거나,
취직하는 운이 될 수 있으며, 명예와 재물이 상승하는 좋은 운이 됩니다.

길명

陰 陽2 陰 陽2	强弱 0	用神 木火	格局 상관	男女 0	大運	歲運	月運	五行	個數	十星
殺								화	1	比劫
六親								토	5	食傷
十神								금	1	財星
天干	**己**	**丙**	**辛**	**己**	丙	庚		수	0	官星
地支	**丑**	**寅**	**未**	**丑**	寅	子		목	1	印星
地藏干					경자년 90세-60= 31세,					
十神					91세와 31세= 청년운이					
六親					같으며, 신축년은 건강이					
殺			재고귀		약해지는 운이 됩니다					

大運數	11	10	9	8	7	6	55	45	35	2	1	5
天干						甲	乙	丙	丁	戊	己	庚
地支						子	丑	寅	卯	辰	巳	午

金을캐는 명조에, 태양이 신금을 빛나게 하여 재물과 명예가 있는 명으로 신약한 명조가 丁卯大運, 丙寅大運 인성과 비견이 운에서 천간과 지지에서 통으로 들어와 고위직에 오르는, 大吉 運이 되었다고 합니다.

월주에 辛未, 배우자 덕이 좋으며, 미인이며 음식 솜씨도 좋은 명이 되고, 未土는 노후에 보유할 건물이 있다고 보며. 식신 상관이 많은 명은, 업무 처리를 잘하고, 공부를 잘하며, 베풀기를 잘하는 명이라고 합니다.

형상으로 보면=일간 丙火가 큰 조직에, 통솔자 같은, 형상이 되고, 아래글자 들만 있으며, 일지에 寅木은 호랑이에 올라탄, 형상이 되고, 인덕 글덕, 학업 운이 좋은 명이 됩니다.

庚子年= 庚金 편재, 재성 운은, 돈이나, 여자가 오는 운이라고 볼 수 있으며 사업에 발전이 있는 좋은 운을 만나면, 건강에 좋은 운을 만나시고,
子수= 正官 운은, 子丑 合으로 직장발전, 취직이나, 승진 운, 직장발전 운, 자식에도 발전이 있으며, 水운은 건강에 좋은 운이 됩니다.
辛丑年= 丙火와 未中에 丁火가 꺼지는 형국으로 흉한 운이 됩니다.

陰 陽4 陰 陽6	强 弱 0	用神 화토	格局 정재	男 女 0	大運	歲運	月運	五行	個數	十神
殺								토	2	比劫
六親								금	2	食傷
十神								수	2	財星
天干	**庚**	**戊**	**甲**	**戊**		庚		목	2	官星
地支	**申**	**寅**	**子**	**子**		子		화	0	印星
地藏干		丙			원국에 인성이 없으면					
十神					부모덕이 약할 수 있고					
六親					학업 운과, 인덕이 약하고					
殺					승진에서 밀릴 수 있다.					

大運數	11	10	9	8	7	6	5	4	33	2	13	3
天干						辛	庚	己	戊	丁	丙	乙
地支						未	午	巳	辰	卯	寅	丑

子月- 엄동설한에 태어난 戊土일간, 잘 자란 甲木을 목재용으로 쓰고,
말년에는 戊土에서 광물 庚金을 캐는 형국으로 재복이 있으며,
초년에 관인 대운을 만나, 학업 운이 좋으며, 좋은 직장에 취직으로 보고,
일주가 똑똑 하고, 신약하며, 무력하나, 식상이 강하여, 문창성이 좋으며,
평생을 좋은 대운을 만나, 크게 발 복을 하여, 부를 이루는 명이 됩니다.

아쉬운 것은 자수 정재가 年柱 에서 비견과 동주를 하고 있다는 것이고,
오행의 구조로, 나의 여자나 재물을 동료나, 남이 가져가는 형국이 됩니다.

庚子年= 庚金 식신 과, 甲木 편관이 상충을 하면, 관재구설이 발생하거나,
업무 중단, 퇴사, 이직 등 직장 변동 운을 만나고,
子年= 子水, 申金과 반합으로, 水局을 이루어, 재성 국이 되면, 퇴직을
하고 퇴직금이 들어오는 형국이 되고, 전근이면 승진 운이 됩니다.

辛丑年= 金 剋 木= 甲木 관성을 극을 하면, 庚子 년과 비슷한 운을 만나고,
丑土= 겁재 운이, 子水 正財와 합을 이루면 일간의 재물을 남이 가져가는
형국이 되고, 현재 받고 있는 봉급이 중단되는 형국이 되며, 지출이 발생
하는 운이며, 사기수를 조심 하여야 합니다.

겨울 乙木

陰 陽3 陰 陽5	强弱 0	用神 목	格局 편인	男女 0	大運	歲運	月運	五行	個數	十星
殺								목	1	比劫
六親								화	2	食傷
十神								토	1	財星
天干	**丙**	**乙**	**庚**	**丙**		壬		금	1	官星
地支	**子**	**亥**	**子**	**戌**		寅		수	3	印星
地藏干										
十神					목 화운에 발 복					
六親										
殺										

大運數	11	10	9	8	7	65	55	45	3	2	1	5	
天干						癸	甲	乙	丙	丁	戊	己	
地支						巳	午	未	申	酉	戌	亥	

일간이 정관과 합을 하면, 명예와 체통을 중요시하며, 융통성이 부족하고, 조직에서 리더 의 자질이 있으며, 재물과 명예가 있는 명이 됩니다.
음력 11월 겨울, 엄동설한에 태양이 비추고. 乙木이 꽃을 피우는 형상이고, 戌土속에 丁火는 난방이 되어 귀명이 되고, 격이 좋은 명이 됩니다.

인성이 강하여 지식이 풍부한 명이 되고, 재, 관, 인의 구성이 좋아 조직으로 가서 결재권을 왕성하게 사용하는 길명으로 볼 수 있으며,
태양과 戌土, 난방이 있어 추위를 이기고, 부와 명예가 좋은 명주 입니다.

壬寅年= 壬水 인성 운에 丙火 식상이 극을 받으면 직장 변동 운을 만나고,
寅木= 겁재 운이, 亥水 정인과 합을 하여 木을 생산하고, 丙火를 생 하여 한기를 해결하여, 직장 발전 운이 되고, 재물과 명예 발전 운이 되나, 과하여 넘치는 형국으로, 배신이나 사기수를 조심하여야 합니다.

癸卯年= 癸水 正印은, 비를 뿌려 丙火의 빛을 흐리게 하여, 乙木이 태양이 없어 시들은 꽃이 되면, 결실이, 약한 운을 만나고,
卯木= 비견 운, 戌土와 合을하고, 火를 생하여 난방으로, 한기를 제거하면 직장 발전 운, 사업 발전 운, 재물과 명예가 상승하는 좋은 운이 됩니다.

陰 陽4 陰 陽5	强 弱 0	用神 목화	格局 상관	男 女 0	大 運	歲 運	月 運	五 行	個 數	十星
殺								금	1	比劫
六親								수	3	食傷
十神								목	1	財星
天干	**丙**	**庚**	**丙**	**甲**	庚	壬		화	2	官星
地支	**子**	**辰**	**子**	**子**	辰	寅		토	1	印星
地藏干					2021년 38세					
十神										
六親										
殺										

大運數	11	10	9	8	7	6	5	4	34	2	1	4	
天干						癸	壬	辛	庚	己	戊	丁	
地支						未	午	巳	辰	卯	寅	丑	

음력11월 子月에 태어난 庚金이, 비겁이 없어 신약한 명주가 되고, 초년 大運을, 관성과 인성 운을 만나 학업 운이 좋으며, 子水 식상이 강하고, 火 관성이 강하여 명예를 중요시하는 성향이 강하고, 큰 조직에서 부와 명예를 이루는 좋은 사주가 됩니다.

子水 도화 성이 강하여 어디에서 무엇을 하거나, 인기가 있으며, 배우자는 년간 에 甲木이며, 성향은 일지에 辰土이고, 甲木을 키우는 형상이 되고, 丙火 자식은 한기가 강한, 子月에 태양이라, 좋은 형상이 되며, 寅 卯 辰, 巳 午 未 大運에 發福을 하여 부와 명예를 이루는 좋은 명이 됩니다.

壬寅年= 壬水 식상 운으로, 일간의 관성인 丙火를 충 하여, 태양이 꺼지면 甲木은 열매는 없고, 가지만 무성하며, 직장 변동 운을 만나고,
寅木= 재성 운, 辰土에 뿌리를 내리고, 子水에 생을 받으며, 丙火를 생하여 火氣를 강하게 하면, 직장이나 사업장에 발전이 있는 운이 되고, 전근이면 승진운이 되고, 이직이면, 좋은 직장을 만나는 형국이 됩니다.

癸卯년= 癸水식상 운이, 甲木 재성을 생을 하고,
卯木= 辰土에 뿌리를 내리고 子水에 생을 받으며 丙火를 생을 하면 재물이 상승하는 좋은 운이 됩니다.

병임 충

陰 陽6 陰 陽1	强 弱 0	用神 금수	格局 정재	男 女 0	大 運	歲 運	月 運	五 行	字 數	十神
殺								수	2	比劫
六親								목	1	食傷
十神								화	2	財星
天干	**丁**	**壬**	**癸**	**乙**	丙	丙		토	3	官星
地支	**未**	**午**	**未**	**未**	子	戌		금	0	印星
地藏干	丁	丁	丁	丁						
十神					음란한 사주					
六親										
殺										

大運數	11	10	9	8	7	64	54	4	3	2	1	4	삼대
天干					乙	丙	丁	戊	己	庚	辛	壬	복신
地志					亥	子	丑	寅	卯	辰	士	午	명리

壬水일간이 뿌리가 없으며, 의지할 곳은 월간에 癸수 겁재뿐이고,
이 사주에 특징은, 일지에 午火 재성이 시간에 丁火 재성과 통근을 하여
재성이 강하고, 壬水일간이, 未土 양 때 속에 숨어 있는 丁火와 암합을
하여 재물 복이 많은 명입니다.

丙戌年= 丙申月에, 땅을 50억에 구입을 하고, 3년 후에 100억을 받았다고
합니다.

일반적으로 간명하는, 상식으로 보면,
丙戌年= 丙火 재성 運이, 일간 壬水와 沖을 이루면 지출이 발생할 운기라
하고, 단, 경사에 쓰이는 지출의 경우, 포함이 된다, 라고 간명을 하고,
戌土= 관성 운이 일지에 午火 재성과 합을 하면, 직장이나 사업에 발전이
있는, 재물 상승 운이라고 간명을 합니다.

결론은= 좋은 운에 땅을 구입을 하여야, 크게 발전이 있는 것을 잘 배우고
월운의 중요성과, 지지 운이 좋아야, 좋은 결과가 있다는 것을 명심 하고,

丙申月= 구입당시= 申金은 인성 운으로, 문서에 발전이 있는 운기이고,
운기의 결정의 시기는= 대운, (년운)세운, 월운, 일운, 이 됩니다.

陰 陽4 陰 陽5	强 弱 0	用神 화토	格局 편인	男 女 0	대 운	세 운	월 운	五 行	個 數	十星
殺								목	4	比劫
六親								화	1	食傷
十神								토	0	財星
天干	**庚**	**甲**	**辛**	**甲**	丙	庚		금	2	官星
地支	**午**	**寅**	**亥**	**寅**	辰	子		수	1	印星
地藏干		戊		戊	2022년 49세					
十神					좋은 대운 기간 중에도 흉한					
六親					세운은 있으며, 흉한					
殺					기운의 강도가 약하다					

大運數	11	10	9	8	78	68	58	48	3	2	18	8
天干					己	戊	丁	丙	乙	甲	癸	壬
地支					未	午	巳	辰	卯	寅	丑	子

겨울甲木, 다 자란 나무이고, 겨울잠을 잔다. 휴면목이고, 재목용으로,
부와 명예가 있으며, 학문성이 좋은 명주이며,
甲寅일주= 주체성이 강하며 추진력과 고집으로 자수성가 하는 명주이며,
원국의 구성이, 水, 木으로, 신강 한 명조 이면서 대운에서 木運을 만나,
위의 경우, 세력이 과유불급 에 해당하여 의욕이 넘치나 이상하게 어긋나고
실리가 부족하여 성공을 못하고 고생을 하였으며,

안 되는 것만 하고 싶고, 될 것 같으면서 성과가 부족한 시기를 지나고,
힘든 비겁 운에서, 48세부터 식상 大運으로 바뀌면 100세까지 大吉 하여
소원성취 할 수 있는 좋은 大運을 만났으며,
대운이 바뀌는 시기에 직업을 바꾸고 싶다고, 의뢰한 명주입니다.
겨울 甲木이, 丙 丁 巳 午 未 태양이 뜨면 40년 대발 하는 운기가 됩니다.

庚子年= 庚金 편관이 일간과 충을 하면, 직장 변동 운을 만나고
子水= 정인은 시지에 午火 상관과 충이되어, 업무 중단, 사직서를 제출하는
운이 됩니다.
위의 명주는, 직업을, 변경하는 시기와, 대운이 바뀌는 시기를, 절묘하게 잘
만나서, 성공을 할 수 있는 좋은 명이 됩니다.

갑오 일주

陰 陽7 陰 陽6	强弱 0	用神 수	格局 편재	男女 0	대운	세운	월운	五行	個數	十星
殺			괴강					목	3	比劫
六親								화	3	食傷
十神								토	1	財星
天干	**丙**	**甲**	**庚**	**乙**	甲	丙		금	1	官星
地支	**寅**	**午**	**辰**	**巳**	戌	午		수	0	印星
地藏干			癸							
十神										
六親										
殺	건록	홍염		문창						

大運數	11	10	9	8	7	6	55	4	3	2	1	5
天干						癸	甲	乙	丙	丁	戊	己
地支						酉	戌	亥	子	丑	寅	卯

甲午일주= 언변과 수단이 좋으며 말을 타는 형상이라 분주다사 하고,
여명= 미모와 센스를 타고나, 인기 있고 외정이 두려운 특징이 있으며,
배우자 궁에 자식이 자리하고, 남편을 추방하는 격이 되며, 재물과 명예는
좋은 명이 됩니다.
乙庚合= 일간의 남자가 다른 여자와 합을 하면, 남자를 만나거나, 직장에서,
경쟁에서 뒤처지거나, 빼앗기는 상이고, 외도하는 배우자 형상이 됩니다.

甲戌大運= 甲木 비견= 신약한 일간이 동지를 만나 힘이 되고,
戌土편재 運이 寅午戌 화국, 식상 국을 이루면, 발복하는 대운이 됩니다.

乙巳年= 乙木 겁재운이 庚金관성과 합을 하면, 배우자와 이별이나 외도하는
형상이 되고, 직장을 타인이 가져가는 형상으로, 손재 운을 만나고,
巳火= 寅木 과 刑殺을 이루면 명예와 재물이 하락하는 흉한 운이 됩니다.

丙午年= 食神運, 의식주, 재물을 취하는 좋은 운, 자식 발전 운을 만나고,
午火= 寅 午 戌 식상 국을 이루면, 재물이 불어나고, 명예가 상승하는 좋은
운이 됩니다.

陰 陽1 陰 陽3	强弱 0	用神 목	格局 정인	男女 0	대 운	세 운	월 운	五 行	個 數	十星
殺								금	2	比劫
六親								수	3	食傷
十神								목	0	財星
天干	**丁**	**庚**	**辛**	**己**		壬		화	1	官星
地支	**亥**	**子**	**未**	**亥**		寅		토	2	印星
地藏干	甲		乙	甲						
十神					고관= 높은 관직을					
六親					의미함					
殺										

大運數	11	10	9	8	7	65	55	45	35	25	1	5
天干						甲	乙	丙	丁	戊	己	庚
地支						子	亥	寅	卯	辰	巳	午

辛金을 캐고, 庚金을 제련하는 물상이라 재물과 명예 복이 있으며,
庚子일주= 두뇌 총명하고, 강한 직업에 발전 있으며, 배우자= 미모에 인기 있고, 문장력이 좋으며, 인물이 수려한 여인을 만날 수 있는 일주이고,

戊辰大運에 고시에 합격 하고, 丁卯 관성 대운에 승진하고,
丙寅大運= 官 大運 기간 중에, 고관이 되었다 고합니다. 亥水中에 乙木이 배우자이고, 자식은 시주에 丁火가 되고, 대운은 예고편의 역할을 합니다.

壬寅年=壬水는 식신 운으로, 庚金 일간의 마음이고, 계획이며, 丁火정관과 합을 하면= 직장과 자식에게도 발전이 있는 운을 만나고,
寅木= 재성 운은 亥水 食神과 합을 하면, 일반인은 취업, 승진, 운이 되고, 여자와, 재물이 들어오는 운이 됩니다.

癸卯년= 癸水식상운이, 丁火 정관을 沖하면, 직장 변동 운을 만나고,
卯木= 地支에서 亥 卯 未 재성 국을 이루면 재물과 명예 발전 운으로, 퇴직을 하고 퇴직금이나, 승진이나 이직을 하고 기뻐하는 운이 됩니다.

식상 운에 거부

288

陰 陽5 陰 陽7	强弱 0	用神 화	格局 편인	男女 0	대 운	세 운	월 운	五 行	個 數	十星
殺				괴강				목	3	比劫
六親								화	1	食傷
十神								토	1	財星
天干	**庚**	**甲**	**壬**	**壬**	丙			금	2	官星
地支	**午**	**寅**	**寅**	**辰**	午			수	2	印星
地藏干										
十神					고전 책, 적천 수					
六親					에 있는 명					
殺										

大運數	11	10	9	8	7	6	55	45	35	25	15	5	
天干						己	戊	丁	丙	乙	甲	癸	
地支						酉	申	未	午	巳	辰	卯	

丙午, 丁未 大運= 상업을 하여 많은 재물을 벌어 거부가 되었다고 합니다. 보통의 일반적인 통변으로는, 인성과 관성을 보고, 큰 조직에서, 크게 성공할 수 있다고 할 수 있는, 좋은 구성을 이루고 있으며, 丙火 運을 만나면, 丙壬 沖, 하여 많은 수기에 불이 꺼지는 형국이라 하고, 신용이나 명예가 하락하는 운이라고 할 수 있으며,

丙, 丁, 巳, 午, 未, 이 시기를 보면, 木氣 의 生을 받은 火氣가 庚金을 제련하는 시기가 되어 火 식상運에 부를 이룬 명이 됩니다.

寅月甲木= 생장 목, 어린나무이나, 地支에 寅木, 근이 있고, 辰土에 심으면 재물 복이 있으며, 건강한 명이 되고,
물상으로 보면= 庚金관성은 寅月에 어린金이며, 甲木에 달아서, 나무와 같이 키우면, 관성은 규율이고, 명예이니 좋은 형국이 되고, 사람이 법을 잘 지키고, 공부를 잘하면, 훌륭한 인물이 되는 이치와 같다.

이 명주는 명예와 체통을 중요시 하는 모범적인 인물이며 조직에서 결재권을 크게 가질 수 있는 사주로 보이나, 사업으로 거부가 되었으니, 직업을 학문성이다, 상업성이다, 라고 유추는 할 수 있으나, 단정을 하기는 어렵다 고 하겠습니다.

갑기 합 3

289

陰 陽4 陰 陽7	强弱 0	用神 금	格局 정관	男女 0	大 運	歲 運	月 運	五 行	個 數	十神
殺								토	4	比劫
六親			배우자					금	1	食傷
十神								수	1	財星
天干	**壬**	**戊**	**甲**	**己**	丁	壬		목	1	官星
地支	**戌**	**申**	**辰**	**巳**	未	寅		화	1	印星
地藏干	丁	壬	乙癸	丙	신축년 33세					
十神										
六親										
殺										

大運數	11	10	9	8	7	6	5	4	35	25	1	5	
天干						辛	庚	己	戊	丁	丙	乙	
地支						亥	戌	酉	申	未	午	巳	

초년대운 인성 운이라 학업 운이 좋은 명이며, 성공 할 수 있는 명조이고.
양기가 강하고, 괴강 백호를 좌우에 거느리고 있어 추진력이 강하며,
부모 궁에 甲辰 백호, 남편은 똑똑하고 돈 창고를 깔고 있다.
배우자 자리에 자식이 있어, 남자 복은 부족하고, 자식과 사는 사주이며,

결혼을 하면, 남편 甲木이, 己土 겁재와 외도를 하는 형상이 되고,
甲木 남자는 비견 辰土와 同柱를 하고 있으니, 내 남자가 아닌 형상이며,
시주에 壬水편재, 재물은, 戊土 남이 쓰는 형국이라 잘 챙겨야 하고, 자식은 잘 두었으나, 남편복은 부족한 명이 됩니다.

壬寅年= 壬水 편재 운이, 甲木 편관을 생하여 직장에 발전이나, 남자에 발전 운을 만나고,
寅木= 편관이 일지에 申金 식신과 沖을 하면, 직장에서 업무가 힘들거나 해여 질 남자를 만나는 운이 되고. 실속이 부족한 운이며. 일지가, 관운에 충을 받으면, 일간이 신체에 병이 유발할 수 있습니다.

癸卯年= 癸水 정재는, 일간과 合을 하여, 재성 운을 만나고,
卯木= 관성 운이, 戊土 비견과 합을 이루면, 관운, 직장이나 남자에 발전이 있는 운이나, 戊土 비견은 남이 되니 잘 살펴야 합니다.

갑기 합 4

290

陰 陽3 陰 陽3	强 弱 0	用神 화	格局 양인	男 女 0	大運	歲運	月運	五行	個數	十神
殺								목	3	比劫
六親								화	ㅇ	食傷
十神								토	3	財星
天干	**庚**	**甲**	**己**	**乙**		庚		금	1	官星
地支	**辰**	**子**	**卯**	**丑**		子		수	1	印星
地藏干					신축년 37세 남					
十神										
六親										
殺										

大運數	11	10	9	8	7	6	5	4	3	2	1	
天干						壬	癸	甲	乙	丙	丁	戊
地支						申	酉	戌	亥	子	丑	寅

甲子일주= 지식에 대한 욕구가 강하고, 감정이 풍부하며 문장력과, 창의력이 좋으며, 교육이 적성이고, 교육계에 발전 있는 명이 되며, 2월 봄에 甲 乙 木을 키우는 명으로, 건강하고 재물과 명예 복이 있으며, 관성과 인성이 좋아 공직에 발전이 있으며, 庚辰 자식은 똑똑하고, 丑土재성에, 겁재 乙 木 이 동주하고 있어= 내 여자를 다른 남자가 가져가는 형상으로 이혼과 재혼의 운명이 됩니다.

庚子年= 庚金 편관은, 乙木 정재와 합을 이루어, 관운을 만나면 직장에 발전이 있는 운으로, 취직, 승진, 득남, 운을 만나고,
子水 정인 운= 丑土정재와 합을 이루니, 재물과 명예, 문서, 에 관련된 일들이 발전이 있는 운이 되고, 부동산 매매. 취직, 합격 ,승진 운, 문서를 취득을 하고자, 재성을 지출하는 형상이 되기도 합니다.

壬寅年= 壬水 인성은, 일간 甲木을 생하여, 명예와 문서에 관한 일들이 좋은 결과가 있는 운이 되고, 합격, 인덕, 문서에 좋은 운을 만나고,
寅木= 비견 운이 寅 卯 辰 재성과 합을 이루어, 재물과 명예를 이루는, 좋은 운이 됩니다. *寅木은 비견이나 辰土와 합으로 재성국 으로 봅니다.

陰 陽4 陰 陽5	强弱 0	用神 금	格局	男女 0	대운	세운	세운	五行	個數	十星
殺								토	3	比劫
六親								금	0	食傷
十神								수	1	財星
天干	**甲**	**己**	**丙**	**乙**	甲	辛	壬	목	3	官星
地支	**戌**	**亥**	**戌**	**卯**	申	丑	寅	화	1	印星
地藏干		甲			신축년 22세 여인,					
十神					시주와 갑기합은 수완과					
六親					사교성이 좋은명이 됩니다.					
殺										

大運數	11	10	9	8	7	6	5	4	3	25	15	5
天干						己	庚	辛	壬	癸	甲	乙
地支						卯	辰	巳	午	未	申	酉

己亥일주= 지식이 풍부하고 두뇌가 명석하여, 관직에 진출하면, 승진이 빠르며, 대성 할 수 있는 좋은 일주이고. 원국에 구조가 관성과 인성이 강하여, 좋은 직업을 가지면, 조직에서 통솔자의 형상이 되고, 재물과 명예를 이룰 수 있으며, 年柱에 乙卯 편관과, 時柱에 甲木 정관이, 있어 관살 혼잡이 되어 이혼과 재혼의 명이 됩니다.

年柱에 남자는 月支, 戌土와 합을 하여 남의 남자가 되고, 時柱에 甲木 정관 남자와는 합을 이루고는 있으나, 시지에 戌土 겁재와 한집을 이루어, 임자 있는 남자를 사랑하는 형상 이 되고, 일간 己土는 亥中에 甲木과 사는 형상으로, 시어머니 딸린 남자의 형상이 되고. 돈이 많은 남자의 형상이 되기도 합니다.

壬寅年= 재성 운= 丙火 인성과 충을 하면, 丙火 인성은 학업을 의미하고 학업이 재성에 극을 받으면, 돈에 대한 마음이 학업을 이기는 형상으로 이해할 수 있는 운을 만나고, 학업중단의 운을 만나고,
寅木= 관성 운이, 亥水 재성과 합을 하면, 새 작장에서 돈을 버는 형국이 됩니다.
비견 겁재가 많으면 배우자복은 약할 수 있고, 사회에서는 경쟁력이 강하여성공하는 명이 됩니다.

김 선애

292

陰 陽8 陰 陽5	强弱 0	用神 수목	格局 정재	男女 0	大 運	歲 運	月 運	五 行	個 數	十神
殺								목	3	比劫
六親								화	3	食傷
十神								토	1	財星
天干	**戊**	**乙**	**丙**	**丙**	庚	壬		금	1	官星
地支	**寅**	**卯**	**申**	**午**	寅	寅		수	0	印星
地藏干			壬		2020년 55세,					
十神										
六親										
殺										

大運數	12	11	10	95	8	7	65	55	4	3	2	1	5
天干				丙	丁	戊	己	庚	辛	壬	癸	甲	乙
地支				戌	亥	子	丑	寅	卯	辰	巳	午	未

乙木 일간이, 卯木과, 寅木에 근을 하고, 신약하나 생활력이 강하고, 火 자식이 태어나면, 申金 배우자를 극하는 형상으로, 강한 화력에, 申金이 녹는 형상이 되니, 火運에 이혼을 하거나 가출이 이루어지고, 時柱에 戊土, 일간의 재물이 되는데, 寅木 겁재가 동주를 하고 있어, 말년에 재물을 형제나 자식이 일간의 재물을 가져가는 형상이 되고, 투자를 하거나 빌려주면 돌아오지 않으니 주의를 하여야 합니다.

현재 55세 庚金 大運을 지나고 있으며, 庚金은 일간에게는 官 大運으로, 관은 남자가되고, 직장, 직업, 사업장이 되니 일단은 발전 운을 만나고,

壬寅年= 壬水는 丙火와 충을 하여, 태양이 없어지면, 乙木이 시들어 수입이 부실한 운을 만나고,
寅木= 겁재 운은=寅木, 卯木과 동합을 하고, 申金 관성과 충을 하면, 사업장이 충을 받은 형상으로, 직장에 변동이 있을 운으로. 가게 이전이나 매매, 폐업에 의미가 되고, 남자가 있으면 해여 지는 운이 됩니다.

배우자복은 없으나, 식상이 강하여, 배우자 없어도 잘 사는 명이 됩니다.

陰 陽4	强弱	用神	格局	男女	大運	歲運	月運	五行	個數	十神
陰 陽4	0	수목	건록	0						
殺								목	3	比劫
六親								화	1	食傷
十神								토	1	財星
天干	**丁**	**甲**	**庚**	**辛**		壬		금	3	官星
地支	**丑**	**申**	**寅**	**卯**		寅		수	0	印星
地藏干		壬								
十神										
六親										
殺										

大運數	11	10	9	8	7	6	5	4	3	2	1	5	
天干						丁	丙	乙	甲	癸	壬	辛	
地支						酉	申	未	午	巳	辰	卯	

金이 많으며, 일간을 극하는 오행으로, 음과 양이 섞여서 있으면, 관살혼잡이라고 하며, 위의 경우 남자가 바뀌는 형국이 되고. 직장을 옮기거나, 직업이 바뀌는 것은 남녀가 같이 쓰기도 하고, 남자를 여러 명을 만나거나, 바꿀 가능성이 있는 명이 됩니다.

이 명주의 경우는 관이 비견이나 겁재와 동주하여 만나는 남자마다, 동료나, 남에게로 가는 형국으로. 친구나, 남에게 빼앗기는 형상이 되고, 최종 남편은, 카리스마 있고 애인 같은 편관, 일지에申金이 남편이며, 신금 배우자는 지장 간에 壬水, 생명수를 저장 하고 있어 좋은 배우자이고, 시주 말년 운을 보면, 丁火 식상은 말년에 건강하여 활동을 하는 의미가 되고, 축토 재성은 재물이 있음을 의미하고, 丁丑은 자식이 됩니다.

壬寅年= 壬水 는 통관 운이며, 丁火 식상과 합을 하면=문서에 발전 운으로, 합격, 매매, 사직서, 이력서, 학생이면 학업에 발전이 있는 운을 만나고,
寅木= 비견 운은 일지에, 申金과 沖을이루어, 일간의 건강이 염려되며, 관재구설을 조심하고, 직장에 변동 수, 이직, 전근, 사직 운이 되고
寅木비견 운은 남이고 타인이며, 사기 수, 사고 수를, 조심 하여야 합니다.

국 사장

294

陰 陽5	强弱	用神	格局	男女	대	세	월	오	숫	十神
陰 陽3	0	토금	건록	0	운	운	운	행	자	
殺								금	1	比劫
六親	배우자							수	1	食傷
十神	정재		편재					목	2	財星
天干	**甲**	**辛**	**乙**	**癸**	戊	辛		화	3	官星
地支	**午**	**巳**	**丑**	**巳**	午	丑		토	1	印星
地藏干					2021년 69세					
十神					신약한 사주에					
六親	자식				비겁 운과, 인성 운은					
殺					큰 힘이 됩니다.					

대운수	12	11	10	96	86	76	66	5	4	3	2	1	6
천간				乙	丙	丁	戊	己	庚	辛	壬	癸	甲
지지				卯	辰	巳	午	未	申	酉	戌	亥	子

辛巳일주= 귀인의 덕이 좋아, 일생동안 부귀하고 장수하는 명이라고 하며, 강한 오행을 직업으로 쓰면 잘하는, 소질이 있고, 약한 오행을 직업으로 쓰면, 업상 대체의 효과가 있다고 합니다. 용접을 잘함.

위 명주는 겨울 생으로, 火 여름大運을 만났으나, 발 복이 약한 원인이 사주 원국에 화기가 많아서, 조후에 혜택이 작은 경우라고 이해를 하고, 건강하고, 술을 좋아하며, 말이 빠르고, 행동이 빠르며.관성이 많으니,

직장 변동이 많은 명으로, 많은 지역과 국가를 다니며 열심히 하였으나 노후대책이, 부족한 상태로 보입니다.

庚子年= 庚金 겁재운이, 乙木 재성과 합을 하면, 남이 일간의 재물을 가져 가는 형국으로. 재물 손재 운이 되고. 직장인이면 봉급이 중단되는 형국 으로, 직장 변동 운을 만나고,
子水= 식신 운이, 丑土 인성과 합을 하면, 새 직장에 이력서를 제출하거나, 일을 하기 위하여, 계약의 형상이 되나, 직장에서, 사직을 하였습니다.

辛丑年= 辛金비견 운은, 乙木 재성과 충이되어 수입이 없는 운을 만나고,
丑土= 인성 운이, 巳火 관성과 합을 하면, 인성 운은 문서이고, 계약이며, 무직자는 이력서에 해당하여, 하반기에 새 직장에서 일을 하였다고 합니다.

전 만교 사업가

295

陰 陽4	强 弱	用神	格局	男 女	大	歲	月	五	數	十神
陰 陽4	0	화	정재	0	運	運	運	行	字	
殺								목	3	比劫
六親								화	0	食傷
十神								토	2	財星
天干	**戊**	**乙**	**壬**	**壬**				금	1	官星
地支	**寅**	**酉**	**寅**	**辰**				수	2	印星
地藏干					2022년 71세					
十神					경술 2030년, 신해 31년					
六親					주의					
殺	제왕	도화	帝旺	관대						

大運數	12	11	10	99	89	79	69	59	49	39	29	19	9	
天干			癸	壬	辛	庚	己	戊	丁	丙	乙	甲	癸	
地志			丑	子	亥	戌	酉	申	未	午	巳	辰	卯	

乙酉日柱= 명예를 중요시하고, 추구하는 성향이 강하고, 타의 모범이 되고 인정이 많으며, 카리스마 있는 배우자를 만날 수 있으며, 의료계와 인연이 있을 수 있다고 하며, 乙木= 접객성과 친화력이 좋으며, 예술성에 남다른 소질이 있고. 건강하고 재복이 많은 사주이며, 乙木의 친화력으로 사업을 하여 성공한 명이 되고,

년 주에 인성과 재성으로, 조상님과 부모님에 덕이 있고, 학업 운과 지식이 많은 형국이 되고, 辰土에 뿌리를 내리면, 건강하고 재물 복이 있으며, 말년에도 재물이 있으며, 말년에, 건강하게 사회 활동을 하는 명이 됩니다.

<u>**癸卯年**</u>= 癸水 인성 운이 비를 뿌리면, 戊土 재성이 합을 하여 비는 멈추고, 卯木= 일지에 酉金 관성과 충= 일지는 일간의 몸이고, 배우자의 몸이 되며 건강이 염려되고, 申金 관성과 묘목 비견의충으로 보면 남, 타인이 직장 이나, 사업장을 힘들게 하는 형국으로 흉한 운이 됩니다.

위 명주는 신강하고, 설기하는 운을 만나 성공하는 사주이고,
2040년 庚申년 89세, 辛酉90세, 건강이 약해지는 운기가 됩니다.

찬 우

陰 陽5 陰 陽3	强弱 0	用神 수목	格局 상관	男女 0	大 運	歲 運	月 運	五 行	個 數	十神
殺								목	3	比劫
六親								화	2	食傷
十神	비견	일간	상관	편재				토	2	財星
天干	**乙**	**乙**	**丙**	**己**	癸	壬		금	1	官星
地支	**酉**	**未**	**寅**	**巳**	亥	寅		수	0	印星
地藏干	申			庚	2021년 33세					
十神		편재	丙	상관						
六親					좋은 배우자를 만나고,					
殺	도화	화개	역마	역마						

대운수	12	11	10	90	80	70	60	50	40	30	20	10	
천간						己	庚	辛	壬	癸	甲	乙	
지지						未	申	酉	戌	亥	子	丑	

정월, 한기가 느끼는 이른 봄에, 부모 궁에 태양의 덕으로 꽃을 피우는 좋은 형상이라, 재물 복이 있으며, 未土에 근을 하니 생활력이 강하고, 배우자가 부자 집 딸 이거나 돈을 잘 버는 능력이 있다고 볼 수 있으며 사주에 물이 없는 것이 흠이 되고, 배우자가 바뀔 수 있는 명이 됩니다.

大運에서 水 기운이 50살 까지 들어오니, 물들어올 때 노를 잘 저으면 재물과 자식을 구할 수 있으며, 33세 현재 癸亥 大運으로, 인덕이 있는 좋은 운에 살고 있으며,

壬寅年= 壬水 정인 운은, 丙火 식상과 충을 하면, 업무 둔화. 신용과 명예 하락의 우려가 있으며. 직장 변동 운을 만나고,
寅木= 겁재 운이, 巳火식상과 형살을 이루면, 업무가 마비되는 형상으로 관재구설 시비가 발생할 수 있으며, 신용과 명예가 하락하는 흉한 운이 됩니다.

癸卯年= 癸水 편인 운이, 丙火의 빛을 가리면, 乙木, 꽃이 시들어 떨어지고,
卯木= 시지에 酉金과 충을 하면, 남이 일간의 직장을 힘들게 하는 형국으로, 직장 변동이나 명예 하락의 흉한 운이 됩니다.

陰 陽5 陰 陽8	强 弱 0	用神 화	格局 편인	男 女 0	大 運	歲 運	月 運	五 行	個 數	十星
殺		백호		백호				목	3	比劫
六親								화	0	食傷
十神								토	3	財星
天干	**甲**	**甲**	**壬**	**甲**	丙	壬		금	1	官星
地支	**戌**	**辰**	**申**	**辰**	寅	寅		수	1	印星
地藏干					신축년 58세,					
十神					병인 대운					
六親					보이스피싱= 2022년 양력 3월					
殺					2030년 건강주의					

大運數	11	10	9	8	75	65	55	4	3	2	1	5
天干					甲	乙	丙	丁	戊	己	庚	辛
地支					子	丑	寅	卯	辰	巳	午	未

甲辰일주= 재물 창고위에 앉은 격으로, 돈이 떨어지지 않으나
집에서 살림만 하면 남편이 조사 하고. 귀격이면 좋은 배우자와 잘 살고,
파격이면 가주로 활동하며, 독신으로 분류되는 특징의 일주이다.

배우자 복이 약한 것은, 申金편관이 년지와 합을 하고, 일지와 합을 하면,
배우자가 바람을 피우는 형국으로, 남의 남자가 되거나. 마음고생 시키는
배우자의 형상이 되고,
甲木이 辰土에 뿌리를 내리면, 건강하고 부를 이루며 잘 사는 명이 되나
수시로 辰土와 戌土 두개의 재물창고가 충돌하여 땅이 흔들리면, 창고 문이
열리고, 돈이 모이면 용하게 알고 꾼들이 가져간다고 하며. 양팔 통일간이
다른 각도에서 보면, 우애가 없는 형제의 상이 되고,
龍 위에 올라탄 기상으로 자존심은 하늘을 찌르고.실속이 없는 명이 됩니다.

壬寅年= 壬水는 일간을 생 하는 운으로, 인덕과 문서에 좋은 운이 되고
寅木 비견 운은= 월지에 申金 관성과 충을 하면, 남이 방해하는 형국으로
퇴사 하는 운, 남자와 해여 지는 운, 관재 구설이 발생 할 수 있으며,
말조심, 행동조심. 돈조심 하고, 액을 면하기 바란다고, 풀이를 하였으며,
3월초, 보이스 피싱에 사기를 당여, 재물 손재에, 마음고생을 한 사주입니다.

주식과 인성 운

298

陰 陽5 陰 陽3	强弱 0	用神 토	格局 편관	男女 0	대 운	세 운	월 운	五 行	個 數	十星
殺								화	3	比劫
六親								토	0	食傷
十神								금	1	財星
天干	辛	丁	丙	甲	庚	己		수	2	官星
地支	亥	卯	子	午	辰	丑		목	2	印星
地藏干					신축년 38세					
十神					경진대운은 재물과 직장					
六親					발전 대운					
殺										

大運數	11	10	9	8	7	6	55	45	35	2	1	5
天干						癸	壬	辛	庚	己	戊	丁
地支						未	午	巳	辰	卯	寅	丑

丁卯 일주= 지혜 있고, 인정이 많으며, 총명하여 빠르게 성공 한다고 하며,
己丑年= 己土식신 운이, 甲木 인성과 合을 이루면= 식상은 일간의 마음이고 계획이며 업무를 뜻하고, 甲木 인성은= 신용이며, 문서를 뜻하는바,
두 글자의 합은, 새 일을 하고자 하는 마음이 되고, 계약을 의미하고,
丑土= 식신운 亥子丑 관성과, 合運에, 주식으로 돈을 많이 벌었다고 합니다.

식상 운이 관성과, 국을 이룬 덕이라고 보면. 설기하는 운을 잘 살펴야하고, 신강 사주에, 설하는 운기의 조화와, 통관 운은, 발전 운이 됩니다.

식상 운이 원국에 인성과 합 운을 잘 기억하고 분석을 하여야 합니다.
위의 경우는 들어오는 식상 운을, 인성이 합으로 받았으며, 주식은 현금이 아닌 문서에 해당 한다고 할 수 있으며, 문서발전 운에, 주식거래를 성공한 사례가 됩니다.

반대로 식상 운이 충 하는 년에, 주식으로 손해를 많이 보았다고 하며,
식상이 충을 이루면= 손과 발이 묶인 것과 같다고 하고. 손과 발이 묶이면, 어떠한 일을 하려고 하여도, 할 수도 없고, 무엇을 하여도 정상적인 완성품을 만들 수가 없는 형상을 의미합니다.

종혁격

陰 陽2 陰 陽5	强 弱 0	用神 수	格局 삼상	男 女 0	大 運	歲 運	月 運	五 行	個 數	十神
殺								금	5	比劫
六親								수	1	食傷
十神								목	2	財星
天干	**乙**	**庚**	**甲**	**庚**				화	0	官星
地支	**酉**	**申**	**申**	**子**				토	0	印星
地藏干					長官 명주					
十神					금생 수					
六親					설기가 부족하여 수운에					
殺					발 복 을 한다.					

大運數	12	11	10	9	8	7	6	5	4	3	2	1	
天干							辛	庚	己	戊	丁	丙	乙
地支							卯	寅	丑	子	亥	戌	酉

從革格=종혁 이란 혁신한다, 다시 고친다, 변화 한다는 뜻이며, 辛 酉 戌 또는 巳 酉 丑을 놓아 성립하는 격을 말함이고. 이격은 火를 꺼리고 금기가 왕 함을 좋아하며, 운에서 金 氣운을 만나면 吉하고, 水運도 길하나 火運을 크게 꺼린다.

종혁격이 되면 귀인의 명조인데, 청고하며 복록이 풍성하고 한 나라의 재상이 되기도 하고. 예술인 이 되어 실속 없이 세상을 떠돌기도 한다고. 합니다.

왕한 금기를 설하는 수운에 잘 발전하여 장관직에 오르고,
庚寅大運= 寅운을 만나, 寅木이 申金 건 록을 충 하여 하직 하였다고 하며, 건강에도 저해되는 충이 됩니다.
건 록과 양인은 일간과 한 몸이 될 때와, 타인으로 볼 때를 가려야 합니다.

壬寅年= 壬水 식신 운은, 甲木 재성을 생하여, 좋은 운이 되고,
寅木= 편재 운은, 비견이며 건 록인 申金과 충을 하면 건강이 약해지는 운기가 되고, 질병이나 사고를 조심 하여야 하며. 명예와 재물이 하락하는 흉한 운이 됩니다.

從 革 格 2 스님

陰 陽 陰 陽	强弱 0	用神	格局	男女 0	大運	歲運	月運	五行	個數	十神
殺				백호				금	4	比劫
六親								수	0	食傷
十神								목	1	財星
天干	**乙**	**庚**	**己**	**丁**				화	1	官星
地支	**酉**	**申**	**酉**	**丑**				토	2	印星
地藏干					비구니 스님이 되신					
十神					동기가 어디에 있을까					
六親					양쪽에 유금을 절에 종으로					
殺					보기도 합니다. 리더의 상					

大運水	12	11	10	9	8	7	6	5	4	35	25	1	5
天干							丙	乙	甲	癸	壬	辛	庚
地支							辰	卯	寅	丑	子	亥	戌

從革格 지지에 金 局을 놓아 종혁격 이라고 하며,
丑土 화개 살이 공망이 되어 비구니 스님이 되었다 고하며, 비구니가 된 이유를 쉽게 알아보기 어려우며,
신강하며 구조가, 여 장부 격이며, 사주구성이 좋아 사회에서 크게 발전할 수 있는 명주라 할 수 있으며,
초년에 만난 丁火 남자와 사연이, 너무 좋았을 것으로 조심스럽게 추리를 하여 봅니다.

丁火, 正官을 보면 木의 생을 못 받아 약하기는 하여도 나쁜 남자 일 가능성은 안보이고, 잘생기고 착한 남자 엿을 것이라고 추리를 하고,
언재 입적을 하였나, 라고 추명을 하자면, 壬水 大運중, 壬자 年의 시기일 가능성이 많이 있습니다.

壬子大運 중에, 丁火 남편이 壬水와 합을 하고, 子水는 丑土 와 합으로 丁火 남편은 세상을 떠나고, 무엇인가를 원망 하다가, 결심 한 것이 입적을 하였을 것으로 볼 수 있으며,
원천적으로 강한 金氣가 土에 생을 받으니 극 신강의 성품이 되고,
대단한 결단을 하여 입적을 하였다고 풀이를 합니다.

제 8 장

사업가, 직장인, 일반인 2

목차

제 8장 사업가, 직장인, 일반인 2

Memo

배우자 운 301

陰 陽6	强 弱	用神	格局	男 女	大	歲	月	五	數	十神
陰 陽6	0	수	정관	0	運	運	運	行	字	
殺								금	1	比劫
六親								수	0	食傷
十神								목	4	財星
天干	**丁**	**庚**	**甲**	**甲**	己	庚		화	1	官星
地支	**丑**	**寅**	**戌**	**寅**	卯	寅		토	2	印星
地藏干					2022년 50세					
十神										
六親										
殺										

大運數	12	11	10	9	8	7	68	58	48	3	28	18	8	
天干							辛	庚	己	戊	丁	丙	乙	
地志							巳	辰	卯	寅	丑	子	亥	

庚寅일주= 개척 정신이 강하고, 처세술이 좋으며, 재물에 대한 욕심보다, 명예를 중요시하고, 명예를 추구하는 명으로, 출세가 빠른 일주 이며 일지에 재성은 좋은 배우자 만날 명이라고 하며, 위와 같이 많이 있으면 성격이 강한 배우자를 만나, 힘이 들거나, 많은 여자를 만나고, 이별하는 형상으로 이혼과 재혼의 운명이 됩니다.

庚寅年= 庚金비견 운이 甲木 재성과 沖을 하여 甲木이 장작이 되고, 寅木= 재성이 戌土 인성과 合을 하여, 배우자에 해당하는 甲, 寅木이 모두 불에 타서 없어지는 형국으로, 배우자가 사망을 하는 운이 됩니다.

壬寅年= 壬水 식상 운은, 일간의 마음과 계획을 의미하며, 丁火 관성과 합을 이루면, 새로운 직장이나, 새로운 사업을 하고자하는 마음과 계획을 하는 운을 만나, 이직이나 사직 운, 직업변동을 의미하고,
寅木= 재성 운으로, 戌土 인성과 합을 이루면, 재물이 늘어나고, 명예가 상승하는 운이 되며, 재성 운은 여인을 만날 수 있는 운이 되고, 직장에서, 전근이면 승진 발령 운이 되고, 이직이면 좋은 직장을 만날 수 있는 좋은 운이 되며. 개업이면 사업에 성공하는 운이 됩니다.

여명 부자

302

陰 陽4 陰 陽5	强弱 0	用神 화토	格局 식신	男女 0	大運	歲運	月運	五行	個數	十神
殺								목	2	比劫
六親								화	2	食傷
十神								토	1	財星
천간	**丙**	**甲**	**壬**	**丁**	丙	壬		금	1	官星
지지	**戌**	**子**	**寅**	**酉**	午	午		수	2	印星
地藏干	辛			庚 辛	신축년 65세.					
十神					조상 덕, 부모덕, 인덕					
六親					인물이 좋으며					
殺					배우자 덕 부족					

大運數	11	10	9	8	7	64	54	44	34	24	14	4
天干					庚	己	戊	丁	丙	乙	甲	癸
地支					戌	酉	申	未	午	巳	辰	卯

甲子일주의 특징=교육적인 성향이 강하고, 문장력과 창의력이 좋으며, 일지에 子水와 酉金은 도화 성, 인기 인자를 가지고 있으며,
丙午大運 壬午년에, 壬水 편인 운이, 丁火 식상과 합을 이루면 丁火는 꺼진 불이되고, 午火 식상 운이 寅午戌 삼합으로 화기가 강하여, 남편 酉金이 녹으면, 배우자가 사망하는 시기로 추정이 됩니다.

그 후 사업을 시작 하여, 신강 한 甲木일간이 大運에서 재성 운과, 관성 운을 만나, 사업이 번창 하였으며, 본인의 강한전투력과, 인덕이 조화를 이루어, 부자가 될 수 있었다고, 풀이를 합니다.
음력 정월 생이, 木을 키우는 命으로, 丙火 와 丁火가, 밤 낮 으로 비추어 분주다사하게, 열심히 목을 키워, 부를 이루는 형상의 좋은 명이 됩니다.

壬寅年= 壬水 편인 운이, 丁火 상관과 合을 이루면, 문서 발전 운으로, 합격, 당선, 승진, 새로운 사업을 하고자 계약이나 만나고,
寅木 比肩운이, 戌土 재성과의 합을 하여= 화국, 식상 국을 이루면, 재물과 명예가 상승하는 좋은 운이 되고, 강한 화기에 자수가 증발하면 신장, 방광에 병이 유발할 수 있으니 잘 관찰을 하여야 합니다.

병진일주

303

陰 陽4	强 弱	用神	格局	男 女	大	歲	月	五	數	十神
陰 陽6	0	편인	편이	0	運	運	運	行	字	
殺								화	2	比劫
六親								토	2	食傷
十神								금	1	財星
天干	**庚**	**丙**	**壬**	**丁**	**丁**	丁		수	1	官星
地支	**寅**	**辰**	**寅**	**未**	**未**	酉		목	2	印星
地藏干		癸								
十神					자식이 딸린 배우자					
六親		자식	친모		만나는 명					
殺										

大運數	12	11	10	9	8	7	65	55	45	35	2	1	5	
天干							己	戊	丁	丙	乙	甲	癸	
地志							酉	申	未	午	巳	辰	卯	

丙辰일주= 착하고 자비스러우며, 복은 있으나, 득자 부별의 명이 되고.
壬水偏官 배우자와 결혼을 하면= 丁火 겁재와 합을 하여 배신자 남편이 되고, 辰土는 자식이고, 자식이 딸린 癸水 남자를 만나는 명이 되며.
시주에 인성과 재성이 동주하여 말년에 재물이 있는 명이 됩니다,

丁未大運을 만나면= 丁火는 겁재 운으로, 壬水 편관 과 합을 하면,
남이 나의 근무처를 차지하는 형국이 되며, 전근이나 이직을 하는 운이 될 수도 있고, 배우자와 해여 지는 운이 될 수 있는 운을 만나고,
未土= 傷官 운은 충이나 합이 없어 의욕과 욕망이 강하게 작용하여 재물은 상승하고, 배우자와 이별하는 일들이, 10년, 대운 중에 발생 할 일들을 예상할 수 있는 대운입니다.

丁酉年=壬水 남편이 여자를 만나거나, 여자를 따라가는 운이 되고,
직장이나 사업장은, 남이 나의 직장을 가져가는 형국으로, 이직, 전근, 사직이나, 직장 변동 운을 만나고,
酉金 재성 운이, 辰土 식신과 합을 이루면 재물 상승 운이라고 보며,
전근이면 승진 운이고, 이직이면 좋은 직장을 만나는 운이 됩니다.

소 필중

陰 陽1 陰 陽2	强弱 0	用神 토금	格局 편재	男女 0	대 운	세 운	월 운	오 행	숫 자	十神
殺								금	1	比劫
六親								수	3	食傷
十神								목	1	財星
天干	**己**	**辛**	**癸**	**壬**		壬		화	0	官星
地支	**丑**	**亥**	**卯**	**辰**		寅		토	3	印星
地藏干					신축년 70세					
十神					건강이 약해지는 시기					
六親					을사년, 정미년, 정사년,					
殺										

대운수	12	11	100	90	80	70	60	50	40	30	20	10	
천간			癸	壬	辛	庚	己	戊	丁	丙	乙	甲	
지지			丑	子	亥	戌	酉	申	未	午	巳	辰	

辛亥일주=용모가 단정하고 두뇌 관찰력이 좋으며 지혜 있는 부인을 만날 수 있다. 수 식상이 강하여 오지랖이 넓고 사교성이 좋은 편이며, 배우자는 묘목이나, 배우자 자리에 亥水 큰물이 자리를 하고 있으니, 작은 辛金 일간에서 보면 亥수와 壬수 癸水 는 부담이다, 수다금침 하여 부부의 정이 돈독하지 못하여, 별거가, 예방 수단 이라고 볼 수 있다.

건강= 평소에 술을 즐겨 마시는 애주가이며, **己亥年에** 큰물이 들어와 원국에 물과 합세하여, 대해가 되어 卯木을 상하게 하여, 卯木은 신경계를 담당하는바, 구안와사 증으로 고생을 하였으며 후유증이 조금은 있다고 합니다.

壬寅年= 壬水, 식상 운을 만나면, 펼치는 기운으로, 좋은 운이고,
寅木= 인목은 재성 운으로 寅 卯 辰 재성 국을 이루면, 재물이 상승하는 좋은 운이 됩니다.

癸卯年= 癸水는 식신 운, 일간이 발설하는 에너지가 강해지는 운기 이고 의욕이 강해지며, 의식주 증진 운을 운 만나고,
卯木= 편재운이, 亥水 식상과 합으로, 재물이 들어오는 좋은 운이 됩니다.

오 연진 건설업

305

陰 陽4 陰 陽3	强弱 0	用神 수	格局 백호	男女 0	대 운	세 운	월 운	五 行	個 數	十星
殺	백호							토	5	比劫
六親								금	1	食傷
十神								수	0	財星
天干	**戊**	**己**	**乙**	**辛**	己	壬		목	1	官星
地支	**辰**	**巳**	**未**	**丑**	丑	寅		화	1	印星
地藏干					2021년 61세					
十神										
六親										
殺		인덕	양인	암록						

大運數	11	10	9	89	79	69	59	4	3	2	1	9	
天干				丙	丁	戊	己	庚	辛	壬	癸	甲	
地支				戌	亥	子	丑	寅	卯	辰	巳	午	

己巳일주= 활동성이 강하고 변신에 능하며 대민성이 좋은 편이고,
巳火는 근면 성실하고 추진력이 강하고, 역마의 성향이 강한 물상이며,
형상으로 보면 인덕, 배우자 덕이 좋은 사주의 구성이 되고,
배우자가 귀인을, 관리를 총괄하는 형상으로 절묘한 귀격을 이루고 있으며
땅에서 목을 키우고, 금을 캐는 형상으로 부와 명예가 있는 귀명이 됩니다.

壬寅年= 壬水 편재는 乙木 편관을 생하고 남는 물이 己土 일간을 힘들게 하면, 戊土 겁재가 土剋水 하여, 己土 일간을 보호하여, 재성 운을 만나고,
寅木= 正官 運이 진토에 뿌리를 내리고 사화를 생을 하면, 과하여 오만함과 방자한 행동이나 과실에 의하여, 관재구설이나, 신용과 명예가 하락을 하고 건강이 약해 질수 있는 운이 됩니다.

癸卯年= 癸水 재성 운이, 戊土 겁재와 합을 이루면, 재물 운을 만나고,
卯木= 官星 運이, 未土 比肩과 합을 이루면 사업에 발전이 있으며 재물과 명예가 상승하는 좋은 운을 만났으나, 戊土 겁재와, 未土 비견은 남이고, 타인이 되기도 하며, 합을 이루면 남이 재물이나 명예를 가져가는 형국이 되어, 동지의 배신이나 사기를 주의 하여야 합니다.

병신 합

陰 陽5	强 弱	用神	格局	男 女	대운	세운	월운	五行	個數	十星
陰 陽2	0	목화	식상	0						
殺								화	1	比劫
六親								토	4	食傷
十神		0						금	1	財星
天干	**乙**	**丙**	**辛**	**己**		庚		수	0	官星
地支	**未**	**寅**	**未**	**丑**		子		목	2	印星
地藏干		丙	丁	癸						
十神										
六親										
殺										

大運數	11	10	9	8	7	6	5	4	3	2	1	
天干						甲	乙	丙	丁	戊	己	庚
地支						子	丑	寅	卯	辰	巳	午

신약에, 木火 운을 많이 만나, 운로가 좋아, 재물과 명예가 있는 명이 되며, 丙寅일주= 인물이 좋으며 인정이 많고, 두뇌총명 하며, 진취적인 성향으로, 학구열이 강하여 명성을 얻기 쉬우며, 이성에 호감을사는 매력이 있으며,

일간 丙火는, 火= 펼치는 기운이라, 일을 벌리고 다니는 기질이 강하고, 배우자, 辛金은 마무리를 하여주는, 부인이 되며, 辛金 부인에게로 많은 토의기운이 모이고 있어, 부인 덕이 있다고 보며, 부인은 재고 귀인을 깔고 있어, 재주와 덕이 있는 현명한 부인이 되고, 인덕이 많은 배우자의 상이 됩니다.

庚子年= 庚金 財星 운이, 印星 乙木과 乙庚 합을 하면 재물이 들어오는 운을 만나고,
子水 정관 운이, 丑土 食傷과 합을 이루면, 취직 운, 직장 발전 운, 사업에 발전 운, 재물과 명예 상승 운이 됩니다.

辛丑年= 辛金 재성이 丙火 일간과 합을 이루어 재성 운을 만나고,
丑土= 상관이 未土 상관과 충을 하여, 재성 운은 소문만 무성하고, 실속이 없으며, 해여 질 여자를 만나는 운이 됩니다.

三氣格

307

陰 陽5	强 弱	用神	格局	男 女	대운	세운	월운	五行	個數	十星
陰 陽5	0	수화	삼기격	0						
殺				백호				토	4	比劫
六親								금	0	食傷
十神								수	0	財星
天干	**甲**	**己**	**乙**	**甲**		庚		목	3	官星
地支	**戌**	**巳**	**丑**	**辰**		子		화	1	印星
地藏干	辛	庚	辛							
十神										
六親										
殺										

大運數	11	10	9	8	7	6	5	4	3	2	1	5	
天干						戊	己	庚	辛	壬	癸	甲	
地支						午	未	申	酉	戌	亥	子	

己巳 일주= 활동성이 강하고 조화와 변신에 능하며, 음성이 맑으며 노래를 잘하는 성향이 있고, 여명= 남편에 사랑받고 친정어머니를 모실 수 있으며, 오행 상= 신강 하여, 주관이 강하고, 진취적 이면서, 많은 남자를 만나고, 해여 지는 명이 됩니다.

물상으로 보면

나무를 키우는 명으로 나무가 많이 있으며, 땅이 많이 있어,
나의 재물이고, 남자가 되는 甲 ,乙木을, 남이 동주를 하고 있으니,
나의 남자가, 바람이 나서, 다른 여자를 따라가는 형상이 되고. 자식과,
친정어머니를 모시고 사는 형국이 되며, 남자 복은 부족한 명이 됩니다.

庚子年= 庚金, 식상 운은 乙木 편관 과 합을 이루면, 직장발전 운이 되고,
전근이나, 이직을 하여 발전이 있는 좋은 운을 만나고
子水= 재성 운이, 丑土 비견과 합을 이루면 재물이 들어오는 운이 되고,
회사를 퇴사 하고, 새로운 사업을 하여도 발전이 있는 형국이 되며,
승진이나, 이직을 하고, 적응을 잘하여 발전이 있는 형상이 되고,
자수 재성 운을 축토 비견, 남이 가져가는 형국으로 볼 수 있으니,
사기수를 조심 하여야 합니다.

박 정희, 여명

308

陰 陽3 陰 陽6	强 弱 0	用神 목	格局 정관	男 女 0	大 運	歲 運	月 運	五 行	個 數	十神
殺								금	2	比劫
六親								수	2	食傷
十神								목	1	財星
天干	**戊**	**庚**	**壬**	**庚**	丙	壬		화	1	官星
地支	**寅**	**辰**	**午**	**子**	子	寅		토	2	印星
地藏干					2021년 62세					
十神					庚 金에 생을 받은					
六親					水기가 강하여 병이되고					
殺					염증으로 고생하는 여인					

대운수	125	115	105	95	85	75	65	55	4	3	2	1	5
천간				壬	癸	甲	乙	丙	丁	戊	己	庚	辛
지지				申	酉	戌	亥	子	丑	寅	卯	辰	巳

여름에 태어난 庚金이 水氣가 강하고, 火의기운이 태약 하고, 亥 子丅丑 겨울 大運을 만나, 염증으로 고생을 많이 하는 사주이고. 현재=子 大運을 지나고 있으며, 태 약한 午火를 끄는 형상으로, 매우 위험한 대운을 지나고 있으며,

丙子大運을 지나면 65세부터 90세까지는 건강이 회복되는 운을 만나고. 여름 생이, 겨울 운을 만났으나, 원국에 수기는 강하고, 화기는 태 약하여 水 大運이 해가되는 기이한 현상이 됩니다.

시주는 자식 궁으로, 글자는 자식의 글자가 아니라도, 글자의 성향과 오행의 흐름으로 자식의 기와 질을 가늠 할 수 있으며. 부모를 돕는 형상이고, 시주에 인성과 재성은 재물과 문서가 좋은 구성이 됩니다.

壬寅年= 壬水 식신 운은, 수기가 너무 많아서 기신 운을 만나고,
寅木= 편재 운으로, 많은 수기를 흡수하여 좋은 기운이 되고, 寅 午 合 火局을 이루어 건강과 재물에 좋은 기운을 만나고, 밝은 옷을 입고, 붉은색을 가까이하고, 태양빛을 많이 받아주고, 남쪽으로 머리를 두고 자면 많은 도움이 됩니다.

박 서현

陰 陽5 陰 陽5	强 弱 0	用神 수	格局 상관	男 女 0	大 運	歲 運	月 運	五 行	個 數	十神
殺				백호				목	4	比劫
六親								화	2	食傷
十神								토	1	財星
天干	**乙**	**乙**	**丙**	**甲**	庚	壬		금	1	官星
地支	**酉**	**巳**	**寅**	**辰**	申	寅		수	0	印星
地藏干					2021년 58세					
十神					乙 木 은 끈기와					
六親					접객성이 좋으며, 건강하고					
殺					언변이 좋아 인기 있는 명					

대운수	12	11	10	9	8	77	67	57	4	3	2	1	7
천간				丙	丁	戊	己	庚	辛	壬	癸	甲	乙
지지				辰	巳	午	未	申	酉	戌	亥	子	丑

寅月에 乙목= 비견 겁재가 많아 큰 조직에서 근무하면 성공을 할 수 있으나, 수기가 부족하여, 인덕 과 부모덕은 부족한 명이 되고, 식상이 강하여 언변 좋고 생활력은 강하고, 辰土에 근을 하여 건강 하고 인물이 좋으며. 배우자는 시지에 酉金으로 강한 화기에 녹는 형상이 되고, 乙木 겁재와 동주하고 있어, 남의남자 형국이 되며, 자식이 태어나면 강한 화기에 배우자 성인 유금 관성이 녹아서 없어지는 형국으로, 배우자복이 약하며, 사회에서는 직업 안정이 안 되는 명이 됩니다.

乙木이 辰土에 뿌리를 내려 건강하고 피부가 고우며. 비견이 시주에 있으면, 말년에도 사회 활동을 하며, 자식에 봉사하는 형상이 됩니다.

癸卯年= 甲辰年=신강한 사주에 인성과 비겁 운으로, 발전이 약한 운의 시기이고, 과하여 넘치는 이치이며, 투자를 하면 손해 보는 시기입니다.

丙午年= 食傷 운으로, 기운을 펼치는 시기, 직원이나, 은인이 들어와 도와준다, 돈을 벌어준다, 2026년 27, 28, 29, 30 경술년 까지 5년간, 발복하여, 주식을 사면 이익이 되는 그런 좋은 운기를 만나게 됩니다.

모택동 중국공산당 총서기

310

陰 陽5	强 弱	用神	格局	男 女	대	대	대	五	個	十星
陰 陽5	0	금수	삼상격	0	운	운	운	行	數	
殺								목	3	比劫
六親								화	2	食傷
十神								토	3	財星
天干	**丙**	**甲**	**乙**	**己**	辛	庚	己	금	0	官星
地支	**寅**	**戌**	**丑**	**巳**	酉	申	未	수	0	印星
地藏干										
十神					6,25 전쟁의 배후자					
六親										
殺										

大運數	11	10	9	8	7	6	55	4	3	2	1	5	
天干						戊	己	庚	辛	壬	癸	甲	
地支						午	未	申	酉	戌	亥	子	

공부 차원에서 진급 운을 봅니다.
유명인의 사주를 많이 관찰하고, 습득하면, 많은 도움이 됩니다.
겨울 甲木이, 태양 빛을 받아 열매가 열리고,
乙木에 꽃을 피우는 형국으로, 부와 명예가 있는, 좋은 사주의
구성이 됩니다.

위 명조는 삼상격, 이라고 하며 3가지 오행으로 구성 되어 있고.
부와 귀함이 있는 귀격 이라하며, 건강과 가족 관계는 부족 할 수 있다

甲戌= 일주= 배우자 궁이 돈 창고이고, 지도자 상이며 재물 복이 있다
辛酉= 관 대운에 군대에서 승진 하고,
庚申= 관 대운에 크게 승진하고
己未= 재성 대운에 공산당 총서기가 되었으며,
財星을= 돈으로 만 보면 안 되고, 좋은 결과로 많이 쓰입니다.

재성은 어떤 사건에 좋은 결과를 나타내는, 표현의 방법으로,
쓰이고 있음을 알립니다.

양 승완 건축업

311

陰 陽3	强 弱	用神	格局	男 女	대	세	월	五	個	十星
陰 陽2	0	목화	정관	0	운	운	운	行	數	
殺								화	2	比劫
六親								토	0	食傷
十神								금	2	財星
天干	**庚**	**丁**	**壬**	**丁**	乙			수	3	官星
地支	**子**	**卯**	**子**	**酉**	巳			목	1	印星
地藏干					2021년 65세 건설업					
十神					성업중 경금을 제련하는 명					
六親					배우자 덕, 자식 덕					
殺					좋은 사주 임					

大運數	11	10	9	8	73	63	5	45	3	2	1	3
天干					甲	乙	丙	丁	戊	己	庚	辛
地支					辰	巳	午	未	申	酉	戌	亥

丁卯일주= 지혜총명-눈치 빠르고 인정 많아 빠르게 성공하며. 음덕이 좋은 명으로 음욕이 강한 일주이며. 火는 庚金을 제련하는 명으로 丁火와 壬水, 合木의 도움으로, 절묘하게 丁火의 화력을 도와서,제련하는 구조가 되어 부와 명예를 이루는 좋은 사주가 됩니다.

壬水는 자식이 되고, 丁火와 合을 이루어, 부자유친의 좋은 형상이 되고, 자식 낳고 하는 일이 잘되는 형상이 되며, 丁未, 丙午, 乙巳, 甲辰 대운 40년간 재물이 들어오는 좋은 운을 만나고, 현재 乙巳, 火 大運으로庚金을 제련하는 운에 살고 있습니다.

辛丑년= 辛金 偏財 運, 재물 운을 만나고,
丑土= 食傷 運, 원국에子水 관성과 합을 이루면, 확실하게 재물과 명예가 상승하는 운이 됩니다.

壬寅年=관성과 인성 운으로 좋은 운이 되고. 재물과 명예 발전 운이 되고.
癸卯年=丁癸 沖, 卯酉 沖 기신 운을 만나, 사기 수 조심. 건강조심.
*건강이 야해지는 흉운= 2053년 95, 96세 壬申 癸酉년이 됩니다.

김 기호

陰 陽3 陰 陽3	强 弱 0	用神 목화	格局 상관	男 女 0	대 운	세 운	월 운	五 行	個 數	十星
殺								화	1	比劫
六親								토	3	食傷
十神								금	1	財星
天干	**己**	**丙**	**辛**	**甲**				수	1	官星
地支	**亥**	**辰**	**未**	**寅**				목	2	印星
地藏干					2020년 47세					
十神					소방관					
六親										
殺										

大運數	11	10	9	8	77	67	57	47	3	2	1	8	
天干					己	戊	丁	丙	乙	甲	癸	壬	
地支					卯	寅	丑	子	亥	戌	酉	申	

丙火일간= 위 명주는 밝으며 순수하고 예의바르며 솔직한 성격이며, 丙辰일주= 지혜와 수완이 있으며 다재다능하고 권력기관에 발전이 있다고 하였으며, 현재 소방관으로 근무 중이며, 시주에 관성으로 보면 정년퇴직의 구성이 되고, 본성이 착하고 인성이 강하여 인덕이 많은 명주입니다.

木을 키우는 명으로 보면, 건강하고 재물이 있으며, 배우자는 辛金으로 합을 이루어 좋은 사이가 되고, 성향은 배우자 궁에 辰土의 성향이 되며 木 인성, 인덕을 키우는 좋은 배우자의 구성이 됩니다.

丙子大運에 살고 있으며, 丙火는 일간을 도와 발전이 있는 운이 되고, 子水는 관성 운으로, 辰土식신과 합을 하여 좋은 발전 운이 예상됩니다.

壬寅年= 壬水 관성 운이 甲木을 생을 하며, 일간과 충의 관계는, 직장에 구설이 발생할 수는 있으며, 직장변동 운을 만나고,
寅木 인성운= 亥水 관성과 합을 이루면 전근이나 이동발령이면 승진의 기운이 됩니다.
癸卯年= 癸水는 관성 운이며, 더위에 비를 뿌려 해갈이 되고,
卯木= 인성 운은 未土 식상과 합으로 발전 운이 됩니다.

박 상연

313

陰 陽3 陰 陽2	强 弱 0	用神 화	格局 삼상	男 女 0	大 運	歲 運	月 運	五 行	數 字	十神
殺								목	3	比劫
六親								화	0	食傷
十神								토	0	財星
天干	**乙**	**乙**	**甲**	**癸**				금	2	官星
地支	**酉**	**亥**	**子**	**酉**				수	3	印星
地藏干		戊			2022년 30세					
十神					2024 갑진년 결혼운					
六親										
殺										

大運數	12	11	10	9	84	74	64	54	44	34	24	14	4	
天干				甲	乙	丙	丁	戊	己	庚	辛	壬	癸	
地志				寅	卯	辰	巳	午	未	申	酉	戌	亥	

乙亥일주=지식창고를 깔고 있어, 지혜가 있으며 머리가 영리하고, 창의력이 좋은 명이 되며, 도화 성이 강하여 재주가 있으며, 인기가 있는 명이 됩니다.
접객성이 좋은 乙木이, 부모궁에 의지할 甲木이 있어, 높이 오를 수 있는 좋은 형국이 되고, 인덕과 음덕이 좋으며, 신강한 명이라 추진하는 힘이, 있고, 삼상 격으로, 균형을 잘 이루어 좋은 사주가 되며, 부모 유산을 받을 수 있는 좋은 구성이 됩니다.

34세 庚申大運부터, 운이 좋아지는 명으로, 甲辰年에 좋은 여인을 만날 수 있으며,
34세 庚申大運부터, 83세 까지 명예와 부를 이루고 잘 사는 명이 됩니다.

壬寅年, 癸卯年, 甲辰年, 乙巳年 을 지나면= 확실하게 발전이 있는 좋은 운을 만나 명예와 부를 이루는 명이 됩니다.

건강에 흉한 기운은=辛 卯년, 辛 巳 년, 午火년이 되고, 흉한 운에는, 사기 조심, 사고 조심, 투자 조심을 많이 하여야 합니다.

엄지 모

314

陰 陽2 陰 陽7	强弱 0	用神 금	格局	男女 0	大運	歲運	月運	五行	個數	十星
殺	백호			괴강				금	1	比劫
六親								수	1	食傷
十神								목	1	財星
天干	**丙**	**庚**	**丙**	**壬**		辛		화	3	官星
地支	**戊**	**寅**	**午**	**辰**		丑		토	2	印星
地藏干		丙	丁		2022년 71세					
十神					기질이 보통인 보다 강하다.					
六親										
殺										

大運數	11	10	9	8	75	65	5	4	35	2	1	5
天干					壬	辛	庚	己	戊	丁	丙	乙
地支					午	巳	辰	卯	寅	丑	子	亥

庚寅일주= 과단성이 강하며, 개척정신이 강하고 처세술은 돈보다 명예를 추구하는 성향이 강하여, 승진이 빠르고 출세가 남보다 빠른 일주이고, 辰土 인성의 덕으로 화기가 일간을 극을 하지 않는 것은 어머니 덕이라고 하는데, 본인은 부모님이 일찍 돌아가셔서 어머님은 얼굴을 모른다고 하며, 사회에서 인덕은 있다고 합니다.
丙火 관성은 庚金을, 제련은 못하고, 임수로 씻어주고 빛이 나게 하는 역할을 한다고 보면, 남편 덕이 있다고 보아야하나 남편이 재복이 약하며 인품은 있으며, 평생을, 부유하지는 못하고 돈이 떨어지지는 않았다고 함.
화가 많아 관살 혼잡으로 볼 수 있으나, 해로하고 있으며, 직업변동이 많음, 호흡기, 마른기침으로 몇 십 년을 고생 한 것은, 화기는 강하고 수기는 부족으로, 사주가 뜨거운 열기에 건조하여 그러하였다고 봅니다.

辛丑年= 신금 겁재가 丙火 관성과 합을 이루면, 직장이 없어지는 형국이고,
丑土= 정인 운이 戊土 편인과 刑殺을 이루면 인성끼리 충돌하니, 명예나, 재물, 신용이 하락하는 흉한 운이라고 통변을 합니다.
음력 9월 戌月에, 辰戌 충 하여, 오른쪽 무릎에 인공관절 수술을 하고,
*사주 풀이는 공식에 따라 적용하여, 설명을 하고, 주의를 하세요, 라고하나 사주 당사자가 격고, 당하는 실재의 사정은 같을 수는 없음을 항상 염두에 두어야 합니다. 刑殺 年運이고, 辰戌 沖하는 月운에 수술을 한 사례입니다.

陰 陽5 陰 陽2	強弱 0	用神 수토	格局	男女 0	대 운	세 운	월 운	五 行	個 數	十星
殺								화	1	比劫
六親								토	1	食傷
十神								금	1	財星
天干	**己**	**丙**	**乙**	**乙**	庚			수	0	官星
地支	**丑**	**寅**	**酉**	**卯**	辰			목	4	印星
地藏干	辛				2022년= 48세					
十神					현재 독신.					
六親					외로운 명,					
殺										

大運數	11	10	9	8	73	63	53	43	3	2	1	3	
天干					丁	戊	己	庚	辛	壬	癸	甲	
地支					丑	寅	卯	辰	巳	午	未	申	

비겁이 없어 외로운 명이고, 전투력이 약하고, 투지와 의욕이 약하다.
丙寅일주= 두뇌가 명석하며 독창적이고 진취 적이라고 하며, 인물이 좋고 명예가 있다고는 하나, 인성이 너무 많아 게으르고, 수기의 부족으로 인한 부작용으로 지혜와, 끈기가 부족 한 명이 됩니다.

일주는 큰 글자이고 주위에 다른 글자는 모두 작은 글자들로 구성되어, 사회에서 남들과, 육친 관계에서도, 융화가 잘 안 되고. 있으며. 고지식하고 너무 도덕적 이어서, 여자를 못 구하고, 대화 소통이 안 되고, 융통성이 부족하고, 주변에 친한 사람이 너무 없어 고독하게 보이고,

월지, 가정 궁에 酉金은 배우자의 별이며, 卯木 과 충을 이루고 있으며.
배우자 궁에 寅木 편인은, 일간을 돕는 형국이 되나, 木 氣 인성이 너무 많아, 받는 기운이 강하면 추진력은 약하고, 게으른 명이 됩니다.

時柱에 己丑 식상을, 재물이라고 보기에는 약하고, 일복이라고 봅니다.
말년에 丑土, 지장 간에 辛金, 여자를 만나서 산다고 보면, 장모 딸린 여인으로 볼 수 있고, 그렇게라도 만나고, 살아주면 다행이라고, 위로를 하는 특이한 사주입니다.

정 현묵

陰 陽5 陰 陽1	强弱 0	用神 수목	局格 편인	男女 0	大 運	歲 運	月 運	五 行	數 字	十神
殺								금	2	比劫
六親								수	0	食傷
十神								목	1	財星
天干	**乙**	**辛**	**庚**	**己**	丙			화	1	官星
地支	**未**	**未**	**午**	**未**	寅			토	4	印星
地藏干					2021년= 43세					
十神										
六親										
殺										

大運數	11	10	9	8	7	6	5	49	39	29	19	9		
天干	무	기	경	신	임	癸	甲	乙	丙	丁	戊	己		
地志						亥	子	丑	寅	卯	辰	巳		

인성이 많아 신강 한 사주가 되며, 식상인 수기가 없는 사주이고, 인성이 과하면 게으를 수 있고, 과중한 도덕심에 행동이 부 자연 할 수 있으며, 받는 것에 익숙할 수 있는 성향이 될 수 있으나. 초년에 열심히 금을 캐고, 말년에 乙木을 미토에 키우는 명으로 끈기가 강한 명이 됩니다.

여름 6월생이 수기는 없고 미토가 많아 뜨거운 환경이 되는데, 29세부터, 관성과 재성으로, 좋은 운기를 만나 잘 살고 있으며. 말년 운은 해 자 축 수국을 만나 조후가 해결되면 소원을 이루는 좋은 운이 됩니다.

자식은 午火이고, 많은 未土와 합을 하여 힘이 있고, 부모님을 돕는 형국이라고. 보면 효자의 상이 된다.
배우자는 시지에, 乙木이며 미토 생지를 깔고 있어 힘이 있으며, 배우자 궁에 未土는 인덕에 해당하고, 배우자의 생지가 되고,

乙丑大運 중에, 乙丑年을 만나면 건강이 약해지는 운이 되는데, 월간에 庚金이 乙木 운을 合을 하여, 乙辛 沖을 막아주어, 절묘한 구성이라고 할 수 있고. 부친의 자리이며 부친의 덕이 됩니다.

陰 陽 4 陰 陽 4	强 弱 0	用神 수목	格局 식신	男 女 0	大 運	歲 運	月 運	五 行	數 字	十神
殺								금	3	比劫
六親								수	1	食傷
十神								목	1	財星
天干	**乙**	**辛**	**戊**	**庚**	癸	壬		화	1	官星
地支	**未**	**巳**	**子**	**申**	未	寅		토	2	印星
地藏干					2021년 42세					
十神					건강에 흉한 운					
六親					을묘년, 계해년, 을축년,					
殺					을해년					

大運數	12	11	10	99	89	79	69	59	49	39	2	1	9
天干		丙	丁	戊	己	庚	辛	壬	癸	甲	乙	丙	丁
地志		子	丑	寅	卯	辰	巳	午	未	申	酉	戌	亥

辛巳일주= 남편의 덕이 있고, 인격이 온후하여 만인의 도움을 받으며, 인덕과 음덕이 좋은 명으로, 성격은 온화하고 순수하며. 건강은 목에 해당하는 신경 계통에, 편두통이나 수족냉증이 있을 수 있고. 자식은 자수이나, 시주에 乙木이, 일지에 사화를 생을 하고, 미토는 일간을 돕는 형국이라 효도하는 자식의 형상이 됩니다.

겨울에 태어난 辛金으로 초년에는 金을 캐는 명이 되고, 말년에는 乙木을 키우는 명으로, 부와 명에가 있는 명이 되고, 49세 癸未 運부터.79세까지 말년에 임대료 받을 만큼 많은 재물이 불어날 명이 됩니다.

壬寅年= 식상 운은, 직원이 생긴 것 같이, 재물이 늘어나는 운을 만나고, **寅木**= 재성 운이, 년지에 申金, 겁재와 충을 하면, 건강이 약해질 수 있고 재물이 지출되는 형상이고, 년 초3월에 코로나에 감염되어 고생을 하고,

癸卯年= 식신 운은, 일간의 계획이고 생각이며, 戊 土 인성과 합을 하면, 일을하기 위하여 이력서나, 계약에 형국이 되고,
卯木= 재성 운이, 子水와 刑을 하면, 발전이 없는 운으로. 새로운 일을 만들면 돈으로 손해보고, 고생하는 운이 됩니다.

조 영찬

318

陰 陽6 陰 陽7	强 弱 0	用神 금	格局 편관	男 女 0	大 運	歲 運	月 運	五 行	數 字	十神
殺	괴강							화	2	比劫
六親								토	3	食傷
十神			상관					금	0	財星
天干	**戊**	**丙**	**己**	**丙**	癸	壬		수	1	官星
地支	**戌**	**寅**	**亥**	**寅**	卯	寅		목	2	印星
地藏干	辛				신축년 36세, 겨울생					
十神					배우자 성은 금기운 이며					
六親					결혼운, 무신년, 기유년					
殺	화개	역마	역마	역마	경술년, 신해년					

대운수	12	116	106	96	86	76	66	56	46	36	2	1	6
천간					戊	丁	丙	乙	甲	癸	壬	辛	庚
지지					申	未	午	巳	辰	卯	寅	丑	子

丙寅일주= 홍염, 역마, 목화통명. 학구열, 노년에 명예 있는 명이 됩니다. 겨울에 태어난 병화에, 인목, 인덕을 깔고 있는 형국으로 좋은 형상이 되며, 태양이 두 개나 있으며, 땔감이 풍부하니 부와 명예 있으며.

관성과 인성이 강하여 직장인으로 발전이 있고, 좋은 명이 되며, 식상이 자식 궁에 강하게 자리하고 있으니, 말년에도 왕성한 활동을 할 수 있고
배우자는 戌중에 辛金이 되고,
辛金= 깔끔하고 영리한 상으로, 식상 속에 숨어 있으니, 장모 딸린 배우자.
일수도 있고, 일간이 말년에 재물을 많이 숨기고 있는 형상이 되고, 부모님 덕은 있으며, 자식은 월지에 해수이고, 직장 운으로 같이 씁니다.

壬寅年= 壬水는, 편관 운으로 일간 丙火와 沖을 하면, 업무가 힘들거나 이직, 전근을 하거나, 직장에 변동 수가, 발생 할 수 있는 운을 만나고.
寅木= 편인 운이, 편관, 亥水와 합을 이루면= 직장에 발전이 있는 운이 되고, 전근이면 승진 운이고, 이직이면 새 직장이 더 좋은 형국으로, 발전이 있는 좋은 운이 됩니다.

癸卯年= 癸水 관성 운이, 戊土 식상과 합을 이루고, 직장 변동 운을 만나고,
卯木= 인성 운이 戊土 식상과 합을 이루면, 일간의 노력과 능력으로, 재물과 명예가 상승하는 좋은 운이 됩니다.

조 석용

319

陰 陽6	强 弱	用神	格局	男 女	대	세	월	오	숫	十神
陰 陽2	0			0	운	운	운	행	자	
殺								목	4	比劫
六親								화	0	食傷
十神		0		정재				토	3	財星
천간	**乙**	**乙**	**乙**	**戊**	壬			금	1	官星
지지	**酉**	**卯**	**丑**	**戌**	申			수	0	印星
地藏干					2021년 64세					
十神					현재 壬申 大運					
六親					사업장 발전 운					
殺					현재 한우목장 경영 중					

대운수	12	11	10	91	81	71	61	51	4	3	2	1	1
천간				乙	甲	癸	壬	辛	庚	己	戊	丁	丙
지지				亥	戌	酉	申	未	巳	午	辰	卯	寅

엄동설한에 태어난 乙木이 태양은 없으나, 다행으로 戊土가 북풍 한기를 막아주어 조상 덕이 있으며, 인성, 火氣는 배우자에게 많이 있어, 대체효과 가있으며,

연구원으로 대기업 근무 하였으며, 여름대운을 지나 가을, 결실의 계절에 살고 있으며, 壬申大運= 관인 운으로, 사업에 발전이 있는 운이 됩니다.

壬寅年= 正印 運이며 통관 운으로, 문서에 발전이 있는 좋은 운을 만나고, **寅木**= 겁재 운은 戊土 재성과 합을 이루어, 재물이 상승하는 좋은 운이 됩니다, 그러나 寅木 겁재는 남이고 타인이며, 戊土는 일간의 재물이 되고 寅목과 戊토의 합은, 일간의 재물을 겁재가 가져가는 형상이 되므로 사기 수를 조심하여야 하는 운이 됩니다.

癸卯年= 癸水 편인 運은= 戊土 정재와 합을 이루면= 지출을 하고 문서를 구하는 이치이니 문서 발전 운을 만나고,

卯木= 比肩 運이 戊土 정재와 합을 이루면, 남이 나의 재물을 가져가는 형상으로. 사기 수 조심, 사람조심하고, 나간 돈은 돌아오지 않는다.

甲辰 年, 乙巳 年, 丙午 年, 丁未年, 戊辰年, 己巳年, 庚戌年
재물이 상승하는 좋은 운을 만나고. 2041년 신유 년이 흉한 운이 됩니다.

은아 신랑

陰 陽5	强 弱	用神	格局	男 女	大	歲	歲	五	個	十神
陰 陽5	0	화토	편관	0	運	運	運	行	數	
殺								토	1	比劫
六親								금	0	食傷
十神	편관		편재	정인				수	2	財星
天干	**甲**	**戊**	**壬**	**丁**	戊	辛	壬	목	4	官星
地支	**寅**	**子**	**寅**	**卯**	戌	丑	寅	화	1	印星
地藏干					2021년 35세					
十神	편관	정재	편관	정관						
六親										
殺										

대운수	12	11	10	91	81	71	61	51	41	31	2	1	1
천간				壬	癸	甲	乙	丙	丁	戊	己	庚	辛
지지				辰	巳	午	未	申	酉	戌	亥	子	丑

이른 봄에 태어난 戊土, 옆에 큰 호수가 있고 호수위에 달이 떠있으며,
넓은 세상에, 어둠을 밝게 비추어 주는 형상이 되고, 그림이 좋으며,
생명이 있는 나무를 키우는 형상으로 좋은 모습이 되고,
자식궁, 시주에 자식의 글자가 건장한 모습으로 자리하고 있어,
말년에 자식복과, 명예 복이 좋은 명이 됩니다.

戊子일주= 돈 창고를 깔고 있으며, 12운성으로 태지이고 자수도화 이며,
착하고 알뜰한 배우자 상이 되고. 명주가 총명하고 착하며 가정이 평온한,
형상이 됩니다.

2022년 壬寅年을 만나면, 壬水는 재성 운이고, 좋은 결과를 예시하며,
寅木 관성 운은 직장 발전 운이며. 득남 할 수 있는 좋은 운이고,
대운에서 35년간 좋은 운을 만나며, 76세 午火 大運 中에 건강을 잘
챙겨야 한다.

癸卯年= 癸水는 재성 운이며, 일간이 합을 하여 좋은 결과를 의미하고,
卯木= 관성 운으로, 일지에 자수와 형살을 이루면, 배우자와 다툼이나,
관재구설이 발생하여 재물이 손재하거나, 본인의 신체에 병이 유발할 수
있으니, 건강에 유의하여야 하고,
대운이 좋은 운에는, 세운이 흉하여도, 흉한 기운이 약하게 발생을 합니다.

陰 陽5 陰 陽7	强 弱 0	用神	格局 귀격	男 女 0	대 운	세 운	월 운	오 행	숫 자	十神
殺		괴강		백호				토	4	比劫
六親								금	2	食傷
十神	정인							수	0	財星
天干	**丁**	**戊**	**庚**	**戊**	丙	壬		목	0	官星
地支	**巳**	**戌**	**申**	**辰**	辰	寅		화	2	印星
地藏干			壬	乙癸	2021년 34세					
十神	편인		식신							
六親										
殺	역마	화개	역마	화개						

대운수	12	11	10	91	81	71	61	51	41	31	2	1	1
천간					辛	壬	癸	甲	乙	丙	丁	戊	己
지지					亥	子	丑	寅	卯	辰	社	午	未

남자대장부와 같은 기질을 가지고 태어난 여인으로, 3가지오행으로 이루어진 사주로, 삼상 격이라 하며, 부와 명예가 있는 좋은 사주라 하고,

戊戌일주= 총명하고, 영감이 뛰어나고, 영특하다, 교육, 종교, 연구, 철학이 적성이고, 발전이 있으며, 추진력이 강하며 기질이 강하니 마음을 잘 다스리고, 적선과 수양을 많이 하라.

사주에 水氣가 부족하다. 壬寅 年과, 癸卯 年, 22년과 23년에 水氣가 하늘에서 들어오니 자식을 얻을 수 있는 좋은 기회이다.
남편이 득남 운을 만났으니, 해조류와 과일을 많이 섭취하고,
한의원에 가서 좋은 약을 먹으면, 좋은 결과가 있을 것으로 기대한다.

壬寅年을 만나면,= 丁壬 合, 재성과 인성의 합으로 재물과 명예상승 운.
寅木= 관성 운으로, 직장이나, 배우자의 발전이 있는 좋은 운을 만나고,

癸卯年= 癸水는 재성 운과, 합을 이루어, 재성 운을 만나면, 재물과 명예에 발전이 있는 운을 만나고,
卯木= 正官운 은 戊土, 겁재와 합을 이루니, 남편이나 직장에 발전이 있는 좋은 운기 이고,   * 남자이면 자식 운이 됩니다.

백 인숙

322

陰 陽7 陰 陽3	强弱 0	用神 수목	格局 편재	男女 0	대 운	세 운	월 운	오 행	숫 자	十神
殺								수	2	比劫
六親								목	1	食傷
十神								화	4	財星
天干	**丁**	**癸**	**丙**	**壬**	庚	壬		토	1	官星
地支	**巳**	**未**	**午**	**寅**	子	寅		금	0	印星
地藏干	庚	丁			신축년 60세 子 大運					
十神		편관	편재							
六親					巳 午 未화국					
殺					未土는 화기로 변하고.					

대운수	12	11	103	93	83	73	63	53	43	33	23	1	3
천간				丙	丁	戊	己	庚	辛	壬	癸	甲	乙
지지				申	酉	戌	亥	子	丑	寅	卯	辰	巳

더운 여름에 癸水로 태어난 여명으로, 불이 돈이고 불을 꺼야 재물이 들어오는 사주이고. 수운과 금운을 만나야, 수기가 강화되어 불을 끌 수 있을 때 발 복을 한다고, 일반 격으로 보면 그러하고, 자세하게 분석하면 지지에 寅 午 반합과 巳 午 未 方合이 있으며, 반합보다 方合이 더 강하여 수 생 목, 목 생 화= 수, 목, 화 삼기의 구성으로 변하여 삼상 격이라 하고,

삼기= 세 가지 오행이 균형을 이룰 때, 조화를 이루어 발 복을 합니다. 水運과 木運이 용신 운이 되고, 金運이 와도 좋은 운이며, **현재** 子水 大運이며, 壬寅年이고, 癸卯年과 甲辰年 까지는 발 복의 운기를 만나고, 辰土 運= 辰土는 寅木의 옥토가 되어, 희신 운이 됩니다.

사주에 불기운이 너무 많아 성미가 급하고, 말이 빠르며. 신경이 예민하고, 평소에 위장이 약한 것은 위를 관장하는 일지에 未土가, 뜨거운 불이 원인이 되고, 뼈가 약한 것은 金기가 약한 것이 원인이고 이유가 됩니다.

운명을 바꿀 수는 없으나, 옷은= 검은 옷을 즐겨 입고, 북쪽으로 머리를 향해 잠을 자고, 항상 북쪽 방향을 즐겨 사용 하라, 흙을 가까이 하면, 위장을 보호하는 효과가 있고, 북쪽과 검정색을 즐겨 사용하면, 물 기운을 강하게 하여, 화기를 제압 하는 힘이 되어 효과가 있습니다.

엄 성준

323

陰 陽2 陰 陽7	强 弱 0	用神 토금수	格局 귀격	男 女 0	大運	世運	月運	五行	個數	十神
殺			삼상					수	3	比劫
六親								목	0	食傷
十神								화	0	財星
天干	**戊**	**壬**	**癸**	**戊**	丙	壬		토	3	官星
地支	**申**	**申**	**亥**	**辰**	寅	寅		금	2	印星
地藏干					2021년 34세					
十神										
六親										
殺			두뇌총명							

대운수	12	11	10	98	88	78	68	58	48	38	28	1	8
천간				癸	壬	辛	庚	己	戊	丁	丙	乙	甲
지지				酉	申	未	午	巳	辰	卯	寅	丑	子

壬水일간으로, 土生金, 金生水하여 삼상 격으로 貴格을 이루며,
土 官星이 年 柱와 時柱에 있어 말년에 재물과 명예가 있음을 의미하고.
사주 전체의 구조를 보면 전체의 기운이 일간에게로 모이는 형상이라
좋은 기운의 상이며 관, 직장, 명예, 인덕이 좋은 사주입니다.

월주, 부모 궁에 癸亥를 부모의 성향으로 보면, 인자하며 지해가 있고,
두뇌가 명석하고, 지식이 많은 부모이고, 癸亥는 지식, 백과이다.
배우자를 일지에 申金으로 보면, 申金은 인성으로, 인덕이며 壬水일간의
생지이라, 배우자 복이 있는 명이 되고,

일지申金= 인덕, 학업 운, 명예 운, 어머니와 같은 좋은 형국이 되고,
자식은 시간에 戊土이며, 직장과 자식은 같이 보아 좋은 형국이 되며
겨울 생으로 발 복 의시기는, 화 기운이며 28세부터 木 火運, 40년간
좋은 운으로 명예와 부를 이루는 좋은 명이 됩니다.

壬寅年= 壬水는 비견 운으로, 삽상 격 에서는, 좋은 운이고,
寅木= 식상이, 亥水와 합을 하며, 식상 운은, 일간의 마음이고 계획이며
업무가 되며, 寅木을 辰土에 심으면, 직장에 발전이 있는 운이 됩니다.

엄 선생

陰 陽	强弱	用神	格局	男女	大運	歲運	月運	五行	個數	十神
陰 陽	0	목	식신	0						
殺								금	4	比劫
六親								수	1	食傷
十神				정관				목	0	財星
天干	**辛**	**庚**	**辛**	**丁**		壬		화	2	官星
地支	**巳**	**戌**	**亥**	**酉**		寅		토	1	印星
地藏干			갑		2021년 65세					
十神	편관	편인	식신	겁재	교육자					
六親										
殺										

大運數	12	11	10	9	8	79	69	59	4	3	2	1	9
天干			庚	辛	壬	癸	甲	乙	丙	丁	戊	己	庚
地支			子	丑	寅	卯	辰	巳	午	未	申	酉	戌

위 명주는, 성미가 급하고 엉덩이가 가벼워 돌아다니기를 좋아하며, 중학교 교사로 정년퇴직을 하고 채소밭을 가꾸며, 키우고 나누는 것을 즐겨하며, 여생을 보내고 있으며, 어린이 같이 순수하고 인정은 많다.

년간에 정관, 시지에 편관 = 초년에 교사에서 정년퇴임 하였으니
時柱에 巳火 편관= 정년퇴임으로 볼 수 있고, 말년에 명예 운이 되고,

庚戌일주의= 편인, 금여 와 괴 강, 있으며 처덕이 있고, 발 복이 빠르며, 사주의 구조는 귀격이 됩니다.

배우자 재성은 亥中= 甲木으로, 성향은 배우자궁에 戌土가 배우자의 성향이라고 보며, 자식= 2명으로, 딸은=서울대 공학박사, 고려대 교수이고
아들= 엘지전자 중견간부, 근무 중 으로 잘 키웠으며,
자식복은= 시주에 巳火가 戌土를 생 조 하여 효도, 효자의 형국이 됩니다.

壬寅年= 壬水 식신이 丁火 정관과 합을 이루면, 새로운 일이나 자식에 발전이 있는 운을 만나고,
寅木= 재성 운이 亥水 식신과 合을 이루면, 재성과 식신의 합으로 재물이 늘어나고, 좋은 결과가 있을 운이 됩니다.

백 인자

325

陰 陽4 陰 陽4	强弱 0	用神 목화	格局 삼상	男女 0	대 운	세 운	월 운	오 행	숫 자	十神
殺								토	5	比劫
六親								금	0	食傷
十神								수	0	財星
天干	**己**	**己**	**戊**	**戊**	壬	壬		목	1	官星
地支	**巳**	**卯**	**午**	**戌**	子	寅		화	2	印星
地藏干					2021년 64세					
十神										
六親										
殺										

대운수	12	11	10	98	88	78	68	58	48	38	28	18	8
천간				戊	己	庚	辛	壬	癸	甲	乙	丙	丁
지지				申	酉	戌	亥	子	丑	寅	卯	辰	巳

오행 중에 3가지 오행으로만 구성된 삼상격 사주라 하고, 부와 귀가 있는 명이라고 하며, 물기없는 마른 땅에서 자식 생산을 잘 하여 감사하고, 부족한 기운을 보충하여주는 대운을 만나서 크게 굴곡 없이 살았다고 할 수 있으며, 운에서 금과 수운을 만났어도 수기 부족에서 오는 자궁 암으로 고생을 많이 하였으며,

자식을 낳을 때는 개천가에 살았으며, 자녀를 키울 때는 堤川, 천자가 도움이 되었다고 할 수 있으며, 큰딸은 서울대 공학박사, 고려대 교수이고, 아들은 엘지 전자 중견 간부로 근무 중 이며,
남편은 사주에서 일지에 卯木이며, 십성으로는 편관으로 강하게 보이나 글자는 卯木이라 선하고, 木은 교육성으로, 말로 먹고사는 교육자이며, 중학교 선생. 정년퇴임 하고, 자식 잘 키운 것을 보람으로 삶고, 부부가 해로 하며, 잘 살고 있는 사주입니다.

壬寅年= 壬水는 생명수 이며, 인체에 윤활유 역할을 하며 묘목을 생하고,
寅木= 정관운이 卯木을 도와 균형을 이루어 희신 운으로, 火 인성을 생하여 신용과 명예가 상승하는 좋은 운이 됩니다.

을 경합 1

陰陽3	强弱	用神	格局	男女	대	세	월	五	個	十星
陰陽3	0	수화	정재	0	운	운	운	行	數	
殺								금	2	比劫
六親								수	1	食傷
十神								목	2	財星
天干	**乙**	**庚**	**己**	**戊**		壬		화	0	官星
地支	**卯**	**申**	**未**	**子**		寅		토	3	印星
地藏干		壬	丁							
十神					을경합= 재물에 대한					
六親					집착이 강하다.					
殺										

大運數	11	10	9	8	7	6	5	4	3	2	1	
天干						壬	癸	甲	乙	丙	丁	戊
地支						亥	丑	寅	卯	辰	巳	午

庚申일주의 특징= 명주가 강하여 영웅 아니면 건달의 기질이 되고, 여명은 큰 인물이 되어 권세를 휘둘러야 평범한 가정을 이루며. 평범하면 내가 가주가 되어 고단하다. 정에 약해 친구에게 손해 보고. 외정이 두려우나, 재물복은 있는 명주이며, 부모덕 인덕은 길하고, 자식은 약하며, 신장, 방광, 생식기가 약할 수 있고, 대운이 재성 운으로 흘러, 소원 성취할 수 있는 명이 됩니다.

壬寅年= 壬水 식신운= 새로운 계획이나, 의욕이 발동함을 의미하고,
寅木= 편재 운, 일지에 申金과 沖이 되면, 비견과 재성의충은 경재 손실을 의미 하니 돈 나갈 일이 생긴다는 의미가 되고, 주택수리비나, 경사에 쓰이는, 지출이 포함 될 수 있고. 본인의 건강이 나빠지거나 부부 불화가 예상되고, 강한 역마살의 충돌이라 사고를 조심 하여야 합니다.

丙午年= 丙火 편관 운이, 土 인성을 생하면, 문서에 발전 운을 만나고,
午火= 정관 운이, 子水를 지나, 未土와 合을 이루면, 관인 상생의 운기로 직장이나 사업장에서, 명예가 상승하는 좋은 운이 되고. 합력이 충력보다 강하여, 합을 적용을 합니다.

임자 일주 327

陰 陽5 陰 陽7	強弱 0	用神 금수	格局 식신	男女 0	대운	세운	월운	五行	個數	十神
殺								수	2	比劫
六親								목	3	食傷
十神								화	1	財星
天干	**戊**	**壬**	**丙**	**甲**		辛		토	1	官星
地支	**申**	**子**	**寅**	**寅**		丑		금	1	印星
地藏干	壬									
十神					申金, 모친 덕.					
六親										
殺	암록	양인								

大運數	11	10	9	8	7	6	5	4	3	20	10
天干						庚	辛	壬	癸	甲	乙
地支						申	酉	戌	亥	子	丑

식상이 강하고 이해심과 포용력이 강하며, 똑똑하여 프로정신이 강하고, 암록, 양인, 홍염, 문창 여장부 기질이 있으면서 인기 있는 명이 되며, 木식신이 강하여, 재물을 끌어오는 힘이 되며, 건강하고, 공부도 잘하고 베풀기도 잘하는, 활발하고, 부인회장감으로 좋은 명이 됩니다.
丙火, 있어 명예도 있으며, 戊土 남편이 암록을 깔고 있어 덕이 있고, 말년에 편인이 힘이 있어 좋은 재물의 문서가 되고, 대운이 좋은 운로이며 자식이 배우자궁과 합하고, 생을 받고 있어 자식이 효도하는 형국이 됩니다.

辛丑年= 辛金 정인 운이, 丙火 재성과 합을 하면, 돈을 주고 문서나, 명예, 부동산을 사거나 구하는 형국이 되며, 지출 운을 만나고,
丑土= 정관 운이, 겁재 子水와 합을 이루면, 관운과의 합으로, 직장이나 사업에 발전 운이 됩니다.

壬寅年= 壬水 비겁 운이, 丙火 재성과 충을 하면, 태양이 꺼지고, 甲木은 가지만 무성하고 열매가 없어, 손재 운, 발전이 없는 운을 만나고,
寅木= 식신 운이, 시지에 申金 인성과 충을 하면, 재물과 명예가 하락하는 흉한 운이 되고, 寅申 충은 이동성이 강한 역마의 충이라 사고수를 조심하여야 합니다.

子卯 刑

陰 陽4 陰 陽4	强弱 0	用神 수	格局 편재	男女 0	大運	歲運	月運	五行	個數	十神
殺	괴강	과강		재고				금	2	比劫
六親								수	0	食傷
十神								목	2	財星
天干	**辛**	**庚**	**丁**	**甲**	甲	庚		화	1	官星
地支	**未**	**戌**	**卯**	**戌**	子	子		토	3	印星
地藏干	癸									
十神										
六親										
殺										

大運數	12	11	10	9	8	7	6	5	4	36	26	16	6
天干			丙	丁	戊	己	庚	辛	壬	癸	甲	乙	丙
地支			辰	巳	午	未	申	酉	戌	亥	子	丑	寅

남자로 태어났으면 대권을 잡을 만큼 기가 강한 사주이며,
사주에 수기가 약한 것이 흠이나, 초년에 운에서 수기가 들어오고 있으니,
시기를 잘 쓰면 자식 생산에는 문제가 없을 수도 있는 명이 됩니다.

어머니는 土이며, 土가 많아, 어머니 덕이 부족하고, 아버지는 卯木이며,
年支에 戌土 어머니가 卯木 아버지와 합으로, 庚戌 딸을 낳고, ----
庚戌 딸을 버리고, 甲木 남자를 따라간 것으로 추정을 할 수 있으며,
卯木 아버지에서 보아도 여자가 많이 있는 형국이며, 부모님은 이혼하시고,
卯戌 합에서 태어난, 庚戌, 딸이, 잘 자라서 결혼을 하였으며,
甲子大運, 庚子年에, 月支 가정 궁에서 子卯 刑殺을 이루어, 이혼을 하는
불행한 운을 만난 명주입니다

辛丑年= 辛金운이, 甲木 재성을 극을 하면, 丁火정관이 甲 木을 보호하고,
丑土= 기신運으로, 丑戌未 三刑殺이되어 발전이 없는, 흉한 운이 됩니다.

壬寅年= 壬水 식신 운이, 원국에 丁火 관성과 合을 이루면, 직장 발전이나,
남자를 만나는 좋은 운이 되고,
寅木= 寅 戌 합을 하여, 화국, 관성 국을 이루면, 취직 운, 직장 발전 운,
좋은 남자를 만날 수 있으며, 좋은 남자만나 행복하기를 기원 합니다.

배우자 복

329

陰 陽4 陰 陽6	強弱 0	用神 금수	格局	男女 0	대운	세운	월운	五行	個數	十星
殺								토	3	比劫
六親								금	1	食傷
十神	편인	일간	상관	편관				수	0	財星
天干	**丙**	**戊**	**辛**	**甲**	丁	壬		목	3	官星
地支	**辰**	**寅**	**未**	**寅**	卯	寅		화	1	印星
地藏干	癸		己	甲	신축년 48세					
十神					묘 관 대운					
六親		배우자								
殺										

大運數	11	10	9	8	7	6	50	40	30	20	10	
天干					甲	乙	丙	丁	戊	己	庚	
地支					子	丑	寅	卯	辰	巳	午	

戊土 에는 金을 캐고, 辰土 에는 나무를 키우면, 재물과 명예가 좋은 명이 되고, 丙火 편인이, 時柱 天干에서 노후를 잘 비추어주는 형상이 되고, 말년에 명예가 있는 형국이며,

배우자 는 木星으로, 건재하나 바뀔 가능성은 있으며, 辛金 자식이 甲木 남편을 힘들게 하는 형국으로, 처음남자는 未土와 寅木이 암합을 하여, 未土의 남자가 됩니다.

辛丑年= 辛金 상관 운이, 丙火 편인과 合을 이루면, 새 일을 하고픈 마음이라고 보며, 새 일을 하려고, 계약을 하는 형상이 되고,
丑土 겁재 운이 월지에, 未土와 沖을 하면, 월지 미토는 가정 궁이 되니, 부부 불화나 이사 운이 되고, 이사 운으로 보면, 천간의 운은, 이사갈 집을 계약 하는 형상이 됩니다.

壬寅年= 壬水 재성 운이. 甲木 관성을 생을 하면, 직장 발전 운이 되고,
寅木= 편관을, 辰土에 심고, 잘 키우면 직장이나 사업장에 발전이 있는 좋은 운이며, 좋은 남자를 만나는 운기도 됩니다.

관살 혼잡

陰 陽2 陰 陽6	强弱 0	用神 목	格局 편인	男女 0	대 운	세 운	세 운	五 行	個 數	十星
殺								수	1	比劫
六親								목	1	食傷
十神								화	0	財星
天干	**辛**	**壬**	**甲**	**庚**	丁			토	3	官星
地支	**未**	**戌**	**申**	**戌**	卯			금	3	印星
地藏干	己	丁	戊	丁	신축년 52세					
十神										
六親										
殺										

大運數	11	10	9	8	7	6	55	45	3	2	1	5
天干						己	戊	丁	丙	乙	甲	癸
地支						丑	寅	卯	辰	巳	午	未

五行의구성이, 모든 기가 일간을 돕는 구성으로 재복은 있으며, 여장부의 상이 되고, 토기가 많아 관살혼잡으로, 많은 남자를 만나게 됩니다.

甲木 자식의 위치가 너무 힘든 구조이고, 甲木은 뜨거운 戌土에 뿌리를 내리고 살고자 하나, 하늘에서는 庚金이 도끼 들고 장작을 만드는 형국이고, 땅에서는 申金이 뿌리를 자르는 형국이라고 보면, 많이 흉한 형상이 됩니다.

庚申金= 壬水의 친정어머니에 해당하는 글자로서, 갑목 자식을 힘들게 하는 형국이 됩니다. 甲木에서 보면 壬水는 어머니가 되고, 어머니를 생을 하는 庚, 申金이 할머니가 되고, 할머니를 돕는 土 財星이 아버지가 됩니다.

甲木 자식에서 보면, 土아버지가 한분이, 아니며, 원국 분석이 매우 중요 하니, 찰관하고, 풀이를 잘 여야 합니다.

乙巳年= 식상 운을 만나 경금 인성과 합을 하면, 계약의 의미가 되고,
巳火= 재성 운이 申金 인성 운과, 합을 이루면, 인성은 무형의 가치로 재성을 취하는 형국으로, 재물 발전 운이 됩니다.

陰 陽4 陰 陽6	强 弱 0	用神 수목	格局 정인	男 女 0	대 운	세 운	월 운	五 行	個 數	十星
殺	백호	백호	백호	괴강				목	1	比劫
六親								화	0	食傷
十神								토	5	財星
天干	**戊**	**甲**	**癸**	**庚**		壬		금	1	官星
地支	**辰**	**辰**	**丑**	**戌**		寅		수	1	印星
地藏干			辛	辛丁	괴강 백호가 너무 많아 흉					
十神					겨울계수, 어머니는 눈보라					
六親					토 아버지와 배우자가					
殺					힘들게 함, 토다 목절					

大運數	11	10	9	8	7	6	5	4	35	2	1	5	
天干						庚	己	戊	丁	丙	乙	甲	
地支						申	未	午	巳	辰	卯	寅	

甲辰日柱= 백호와 괴강 으로 도배가 된 형국을 이루어 신약한 일주이나 기질이 강하여 조직에서 직급이 높지 않으면 오래 못 잇는 성향이 되며, 십성으로 보면, 土氣는 아버지, 재물, 배우자가 되고, 땅이 너무 많아서 모두가 흉이 되는 형국이 되고. 뭐든지 없어도 힘들고, 많아도 장해가되는 것으로, 부모와 배우자 덕이 약하고, 어려서 조실부모하여, 고생을 많이 하였다고 합니다.

甲木은 辰土 하나만 있으면, 재복이 있으며, 건강하게 잘사는 명이 되고, 땅이 많으면 이 땅에서 저 땅으로 옮겨 다니느라 자리안정을 못하여 고생하고, 모친 자리에 丑土 재성의 덕으로 戌土와 이격되어 좋은 명이 됩니다.

癸卯年= 正印 運은, 인덕이 되고, 문서에 발전이 있는 좋은 운으로, 戊土 재성과 합을 이루면, 재물을 투자하고, 문서를 취하는, 형상으로 볼 수 있으며, 부동산을 구입하거나, 계약을 하는 형국의 운을 만나고,
卯木= 겁재 운이 戌土 편재와 합을 이루면, 약한 일간에 비겁 운은 크게 도움이 되는 발전 운이 됩니다,
겁재 운이 원국에 재성과 합을 하면 일간의 재물을 가져가는 형국이 되어, 재물이 손재하는 운이 될 수 있으니, 빌려주면 손해 보는 운이 되며, 문서사고나, 사기수를 조심 하여야 합니다.

외격 의 종류 5

일기생성 격 (一氣生成 格) 이나
천전일기 격, 이라고 합니다.

年, 月, 日, 時 전부 동일한 오행을 이르는 말 (명칭)
귀격이라 잘 산다고는 하나 대운의 흐름을 잘 보아야 합니다.

	종재 격 이라합니다.
甲甲甲甲	역사에는 우리나라 영조대왕의 사주와, 기생 논개의
戊戊戊戊	사주라고 함, 土金火운은 吉하고, 水木운은 不吉하다.
戊戊戊戊	종강 격 에 속하는 사주이다.
午午午午	토 금 화운은 길하고, 수 목 운은 흉하다.
壬壬壬壬	종아 격 에 속하는 사주이다.
寅寅寅寅	목 화 운이 길하고, 금 수 토 운이 불길하다.
乙乙乙乙	종관살 격 에 속한다.
酉酉酉酉	금 토 운은 길하고, 수 화 목 운은 흉하다.
己己己己	종강 격에 속하고,
巳巳巳巳	화 토 금 운은 길하고, 수 목운은 흉하다.
癸癸癸癸	종왕 격 일행 득기 격에 속하고,
亥亥亥亥	목 수 금운 은 길하고, 화 토 운은 흉하다.
丙丙丙丙	종재 격에 속하고,
申申申申	토 금 수운은 길하고, 목 화운은 흉하다.
庚庚庚庚	옛날 진시왕과, 삼국시대 김유신 장군의 사주라고 함.
辰辰辰辰	토 금 수운이 길하고, 목 화운은 흉하다.

陰 陽3 陰 陽4	强 弱 0	用神 화	格局 정관	男 女 0	대 운	세 운	월 운	五 行	個 數	十星
殺		백호						수	1	比劫
六親								목	0	食傷
十神								화	1	財星
天干	**辛**	**癸**	**戊**	**丙**	癸	辛		토	3	官星
地支	**酉**	**丑**	**申**	**辰**	丑	丑		금	3	印星
地藏干				乙癸戊	2021년 46세					
十神										
六親										
殺										

大運數	10	10	9	8	7	6	5	45	3	2	1	5	
天干					丙	乙	甲	癸	壬	辛	庚	己	
地支					辰	卯	寅	丑	子	亥	戌	酉	

많은 기가 조상 궁에서, 어머니를 걸쳐서 일간에게로 모이고 있으니,
조상님과 부모님에, 음덕이 좋은 명이 되고,
형상으로 보면 金을 캐는 命으로, 富와 貴가 있음을 의미하고,
木運이 오면, 木을 키우고, 통관 운이며, 식상 운으로, 재물 운이 됩니다.

癸丑일주= 호걸의 기상이 있고, 학문으로 수양하고 신앙으로 음덕을
쌓으면 재난을 피한다고 하며, 평생 귀인의 도움을 받으며, 강직하고,
과격성으로 지도자 격이 되고, 음욕 살, 과 애정불안 이 있는 일주입니다.

辛丑年= 辛金 편인 운이, 丙火 재성과 합을 하면, 財星과 印星 合
시험이나, 계약, 각종 문서에 좋은 운이 되고, 투자를 하여, 문서, 명에,
부동산이나 사업장을 구하는 운을 만나고,
丑土=편관 운이, 酉金 인성과 합을 하면, 직장과 남자. 명예에 발전이
있는 좋은 운이 됩니다.

壬寅年= 壬水 겁재 운이, 丙火 정재와 沖을 하면, 손재 운이 되고,
겁재는 남이 되고, 타인으로 인하여 재물로, 고생하는 운을 만나고,
寅木= 식상 운이,申金 印星과 沖이되면, 신용과 명예가 하락하는
흉한 운으로,. 문서사고나, 사기 수, 시비수를 조심 하여야 합니다.

기축일주 여

陰 陽3 陰 陽4	强弱 0	用神 금	格局 정인	男女 0	대 운	세 운	월 운	五 行	個 數	十星
殺								토	3	比劫
六親				시모				금	1	食傷
十神								수	1	財星
天干	己	己	辛	壬	乙	庚		목	1	官星
地支	巳	丑	巳	寅	亥	子		화	2	印星
地藏干					2022년 61세					
十神										
六親										
殺										

大運數	11	10	9	8	7	65	55	4	3	2	1	5
天干						甲	乙	丙	丁	戊	己	庚
地支						戌	亥	子	丑	寅	卯	辰

음기가 강하여 집착이 강하며, 인덕과 음덕이 있으며. 성격은, 강하고 고집은 있으며, 반듯하여 타에 모범의 상이 되고, 교육자의 상이 됩니다. 己丑일주= 근면하고 인품이 있으나, 남편 정이 부족하며, 주말부부가 좋은 방법 일수 있으며, 재복은 있는 명이 되며. 오행의 구조가 좋아, 조상의 덕이 있는 좋은 명주입니다.

庚子年= 庚金 상관 운은, 壬水 정재를 생하여, 食傷 生財,하여 길하고, 子水= 偏財운은, 일지에 비견 丑土와 合을 하여, 재물 상승 운이 됩니다.

辛丑年= 辛金 식신은, 일간이 발설하는 에너지 운을 만나고, 丑土= 巳火 인성과, 합을 하여, 金 식상으로 변하면, 배가 너무 부른 己土 일간이 시원하게 배설처가 증가된 형상으로, 재물 발전 운이 됩니다.

식상의 형상이 좋으면, 돈을 벌어오는 직원이 증원된 경우와 같고. 일간이 발설하는 에너지가 강하여 명예가 상승하는 좋은 운이 됩니다.

사주원국 천간에 재성이 있을 때, 운의 지지에서 재성 운이 오면, 확실한 재성을 득 할 수 있고, 천간과 지지에서 통으로 들어올 때에도, 확실한 재물 운이고, 원국에 재성이 없을 때는 소문만 무성할 수 있는 운이 됩니다.

기유일주

335

陰 陽1 陰 陽2	强 弱 0	用神 화토	格局 편재	男 女 0	大運	歲運	月運	五行	個數	十神
殺								토	2	比劫
六親								금	1	食傷
十神								수	4	財星
天干	**乙**	**己**	**癸**	**壬**	戊			목	1	官星
地支	**亥**	**酉**	**丑**	**子**	午			화	0	印星
地藏干										
十神										
六親										
殺										

大運數	11	10	9	8	7	67	57	47	37	27	1	7	
天干						庚	己	戊	丁	丙	乙	甲	
地支						申	未	午	巳	辰	卯	寅	

사주에 특징은 水氣가 강하여 병이 되는 구조이며, 대운에서 亥子丑 운을 만나면 대 해를 만난 형국으로 불행을 겪어야하는 운명이 되는데, 다행으로, 巳 午 未 火 大運을 만나, 27세부터 67세까지 발복하여 부를 이루는 좋은 명이 됩니다.

건강= 木氣가 약하면 간이 약하고, 신경통, 편두통, 수족냉증이 오고, 부목이 되면 염증이 발생하고, 토기가 약하면 위장이 약하고, 水氣가 적당히 강하면 성욕이 강하고, 수기가 과하면 신장 방광이 약하고, 열거한 부위에 나이가 들면 염증으로, 남보다 빨리 병이 옵니다.

戊寅年= 만나면=戊土는 癸水와 합을 하면, 癸水, 비를 멈추게 하고,火를 생하여 추위를 녹여주는, 고마운 戊土, 겁재는, 인성 운, 인덕 운이 되고
寅木= 正官 운으로, 亥水 正財와 합을 하여 강한 水氣를 설기하여. 직장과 자식에 발전이 있는 좋은 관성 운이 됩니다.

癸卯年= 癸水 편재운, 乙木 편관에, 비를 뿌려. 乙木은 시들은 꽃이 되고, 己土 일간이 많은 물에 풀려서, 흙물이 되는 흉한 운을 만나고,
卯木= 편관이, 일지 酉金식신을 충 하면, 관재구설이나 신체에 병이 유발 할 수 있고. 재물로 고생하는 운이 됩니다.

금을 캐는 명

陰陽2 陰陽4	强弱 0	用神 수화	格局 편관	男女 0	대운	세운	월운	五行	個數	十星
殺		괴강						토	4	比劫
六親								금	3	食傷
十神								수	0	財星
天干	**庚**	**戊**	**辛**	**己**		庚		목	1	官星
地支	**申**	**戌**	**卯**	**丑**		子		화	0	印星
地藏干	壬	丁		癸	원국에 식상은 학문성이 좋은 명이 됩니다.					
十神										
六親										
殺	건록			비인						

大運數	11	10	9	8	7	6	5	4	3	2	1	
天干					癸	甲	乙	丙	丁	戊	己	庚
地支					未	申	酉	戌	亥	子	丑	寅

戊戌일주=천문성 으로 생각의 차원이 높고, 큰일을 할 인물이 되며, 귀 하고, 강한 기상으로 자수성가 하는 명이 되고, 辛金을 캐고, 庚金을 캐면, 재복이 있는 명이 됩니다.

金= 일간, 식상이 강하여, 돈을 벌어주는 부하가 많은 것과 같은 형상으로, 일복이 많으며, 재물을 많이 모을 수 있는 명이고, 편고된 사주는, 부족한 부분이 있고 쏠림현상이 있으나, 성공을 합니다.

庚子年= 庚金은 食傷 운으로 沖이나, 剋이 없어 좋은 일꾼을 만나고,
子水 財星= 丑土 겁재와의 合으로 돈 이나, 여자가 들어오는 운이 되고, 축토 겁재가 가져갈 수 있으니, 배신이나 사기수를 조심하여야 합니다.

辛丑年= 辛金은 食傷 운으로, 좋은 직원이나, 은인을 만나고,
丑土= 戌土와 刑殺을 이루면= 관재구설, 배신, 사기, 사고 조심, 기신 운.

壬寅年= 壬水 편재운이, 己土를 위협하는 형상으로 흉한 운이고, 수다토류,
寅木= 식상 운이, 戌土 와는 반합이 되고, 申金과는 六沖 으로, 六沖이 반합보다 강하여, 官星운이 食傷을 沖 하면, 업무가 과로거나, 불량풍이 생산 되고, 전근, 이직, 휴직, 가능하고, 재물이 하락하는 운이 됩니다.

陰 陽4 陰 陽5	强 弱 0	用神 목금	格局 식상	男 女 0	大 運	歲 運	月 運	五 行	個 數	十星
殺								금	1	比劫
六親								수	3	食傷
十神								목	1	財星
天干	**丙**	**庚**	**丙**	**甲**	庚	壬		화	2	官星
地支	**子**	**辰**	**子**	**子**	辰	寅		토	1	印星
地藏干					신축 년 38세 남					
十神										
六親					화 대운에 부를 이루는 명					
殺										

大運數	11	10	9	8	7	6	5	4	34	2	1	4	
天干						癸	壬	辛	庚	己	戊	丁	
地支						未	午	巳	辰	卯	寅	丑	

子辰 合은 이루어지지 않으며. 합이 합을 풀고, 쟁 합 이라고 하며, 木은 휴면 목으로, 다 자라고, 겨울잠을 자고 있어, 좋은 목재용 이 되고, 庚金으로 잘 다듬어서, 큰 재목으로 쓰면, 재물이 되고. 학문성이 좋으며, 丙火는 난방이 되고, 명예가 되는 좋은 형상이 됩니다.

식상이 왕하며, 재성을 생하고 재성은 관성을 생하여, 한 겨울에 태양 편관이 강하여, 큰 조직에 근무하면, 결재권이 강한 직위에 오를 수 있는 귀격의 명주이고, 大運의 운로는 겨울 생이 봄에서 여름으로 흘러 부와 명예가 있는 좋은 사주입니다.

壬寅年= 壬水 食神 運이, 丙火 관성과 충을 하면, 관재구설이나 직장변동 운을 만나고,
寅木= 偏財 運= 辰土에 뿌리내리고, 木生火하여 병화 관성을 생하면, 직장이나 사업장에 발전 운이 되어, 재물이 늘어나는 좋은운이 되고, 전근이면 승진 운이 되고, 이직이면 좋은 직장을 만나는 형국으로, 발전 운이 됩니다.

곡직격 1

陰 陽8 陰 陽4	强弱 0	用神 화토	格局 곡직	男女 0	대운	세운	월운	오행	숫자	十神
殺								목	6	比劫
六親								화	1	食傷
十神								토	1	財星
天干	**戊**	**乙**	**丁**	**甲**				금	0	官星
地支	**寅**	**卯**	**卯**	**寅**				수	0	印星
地藏干										
十神					대운을 잘못 만나					
六親					수명이 짧은 명이 됩니다.					
殺										

대운수	12	11	10	9	8	7	6	5	4	3	2	1	3
천간							甲	癸	壬	辛	庚	己	戊
지지							戌	酉	申	未	午	巳	辰

월지에 득령 을 하고, 지지에 木 局을 놓아 곡직 격 이라 하고, 木을 극하는 金氣가 없고, 木이 생하는 火氣가 있어 木火 通明에 신왕 한 사주라고 합니다.

火運= 식상운= 공부를 잘하여 의학박사가 되어 이름을 떨친 사주이며,

곡직 격 이란= 甲 乙 木 일주가 지지에 寅 卯 辰 이나 亥 卯 未 木 局을 이루고, 木氣가 강하게 성립된 것을 이르는 명리용어이고,

木의 성정은 直,곧을 직 하고, 曲,굽을 곡, 하므로 곡직 격 이라는 뜻을 지니고 있으며, 나무는 곧기도 하고 굽어 있기도 하다.
곡직 격이 순수하게 이루어 졌으면, 청하고 인자하며 수명은 길고 복은 근 원이 깊어, 복이 많다고 합니다.

그러나 庚 辛金 이나 辛 酉金 이 있으면 기신이 되어 흉하다 하고,
곡직 격 에서는 金氣를 가장 꺼리고 인수에 해당하는 壬癸 亥子 수를 만나면, 생명수가 되어 발 복을 한다고 합니다.

출처: 월간역학

격 국을 크게 나누어 內 格과 外 格 으로 구분 하고,
내격= 그 사주의 인품이나 성향 같은 것을 유추하는 방식으로 월지 지장 간에 들어있는 오행이 천간에 투출하여 있으면 그 오행을 일간과 대입하여 정인이면 정인 격, 정관이면 정관 격 이라고 하며, 그 사주의 성향으로 보고 격 국을 정하고, 추리를 하나 적중률은 약하며, 참고사항으로 쓰고, 잘 쓰면 상담에 유용하게 응용이 되고,

지장간에 오행이 천간에 하나이상이 있으면 본기 중기 여기 순으로 쓰고, 천간에 투출이 없으면 월지를 격으로 쓰며, 비겁 격은 없으며,
내격의 종류= 십신의 명칭에 따라 아래와 같이 8가지 격을 분류 함.
정관격, 편관격, 정인격, 편인격, 정재격, 편재격, 식신격, 상관격

외격= 전왕 법에 속하는 사주들이 대부분이고, 격국 자체가 용신으로 격을 알아야 용신을 쓸 수가 있으며,
외 격의 종류를 크게 나누면= 종격, 화격, 일행득기격, 양신성상격, 등 이 있고.

(1) 종격= 사주팔자 전부 또는 대부분이 편중되어 있고, 한두 자 다른 오행이 들어있는 명식을 말하며, 사주에 대부분을 차지하고 있는 오행을 좇아가는 것을, 좇을 從종, 종격이라 하고,
종왕 격= 인성이 대부분을 차지하고 있는 명식 이고,
종강 격= 비겁이 대부분을 차지하고 있는 명식 이며,
만약에 대운에서 인성이나 비겁과 상극이 되는 운을 만나면 대단히 불길하고, 비겁이나 인성 대운을 만나면= 길한 운이 됩니다.

종강 격 1

乙 甲 乙 癸
亥 寅 卯 卯
6 5 4 3 2 1
己庚辛壬癸甲
酉戌亥子丑寅

초년에 癸丑, 壬子大運에 높은 벼슬을 하고, 庚戌大運에 木이 金에게 극을 당하여 사망하였다고, 하며, 庚戌大運 중에 庚申年을 만나면 死亡의 운이 됩니다.

종강 격= 2

이 사주는 비견과 인성으로 구성되어 있어 종강 격 사주입니다.

甲 丙 丙 甲
午 寅 寅 戌
5 4 3 2 1
壬辛庚己戊丁
申未午巳辰卯

木 火로 구성되어 있으니, 화기를 유통시켜주는 土 運은 길하고, 木을 극하는 金運과 火를 극하는 수운은 불길하다. 초년에 火土 운에 길하였으나, 壬申 大運에 水氣가 火氣를 극하여 사망하였다고 합니다.

가 종강 격= 3

미미한 한두 개의 다른 오행이 있으며, 미약하여 힘이 없을 때 이르는 명칭이고.

辛 甲 乙 癸
未 寅 卯 卯
5 4 3 2 1
己庚辛壬癸甲
酉戌亥子丑寅

甲木 일간에 癸水 인성으로 강한 사주에 辛金과 未土가 있으나 미약하여, 옥에 티가 있어. 가 종강 격 이라고 하며. 초년에 木과 水 大運에 吉 하였으나. 庚戌 大運에 사망하였다고 합니다.

종 관살 격= 4

사주의 대부분을 정관이나 편관이 차지하고, 일주가 무근으로 힘이 없을 때 관을 쫓아간다, 하여 종(從) 관살 격 이라 하고,
이격은 재성과, 관운만 길하고, 관을 극하는 식상 운이 제일 나쁘고, 인성 운과 비겁 운이 나쁘며,

辛 甲 甲 乙
未 申 申 丑
5 4 3 2 1
戊己庚辛壬癸
寅卯辰巳午未

甲木 일간이 지지에 뿌리가 없고 辛金 申金 丑土 未土 金氣로 무장되어, 金의세력을 쫓아가는 종 관살 격이 되고, 大運이 金氣와 상극이 되는 卯 大運이 불길하였고, 寅 大運에 사망하였다고 하며, 일지의 충은 무서운, 파괴력이 됩니다.

종아 격

팔자의 전부 또는 그 대부분을 식신 상관이 차지하고 있는 사주를 말하는데, 식신상관은 자식을 의미하므로 종아 격이라 명칭하고, 종아 격은 사주 안에 인성이 있거나, 인성 운을 만나거나 관살 운을 만나는 것을 제일 꺼리고. 비겁운도 불길하다.

종아 격 예시 1

甲 癸 癸 壬	癸 일주가 지지에 기반이 없고, 목 일색이라
寅 卯 卯 寅	식상을 좇아가는 종아 격 이라하고.
6 5 4 3 2 1	木 火 大運에 길하고, 金 土 大運은 불길하며.
庚己戊丁丙乙甲	초년 巳 午 未 남방 운에 일찍 학문에 열중
戌酉申未午巳辰	하여 명성을 날리고, 酉 運에 木을 극하여
	사망하였다고 합니다.

양신성상 격 (兩神成象 格)

두 가지 오행으로 구성되고, 생으로 이루어진 사주는, 양신성상 격 이 되고,
극의 관계인 두가지오행의 사주는 일반 억 부 법으로 풀이를 하여야 하며.

예시 1

	서로 상생하는 두개의 오행으로 구성된 사주를
辛 戊 辛 戊	풀이하는 방법은 종아 격의 방법과 같으며,
酉 戌 酉 辰	이 사주는 土와 金으로 구성된 兩神成象格
6 5 4 3 2 1	사주이고. 土金 운은 길하고 木火 운은 凶하여
丁丙乙甲癸壬	불길한데, 丙寅大運에 木, 火가 土金을 극하여
卯寅丑子亥戌	사망하였다고 합니다.

陰 陽6	强弱	用神	格局	男女	大運	歲運	月運	五行	數字	十神
陰 陽7	0	목화토	편관	0						
殺								화	3	比劫
六親								토	1	食傷
十神								금	1	財星
天干	**乙**	**丁**	**庚**	**丙**				수	2	官星
地支	**巳**	**未**	**子**	**子**				목	1	印星
地藏干					2022년 27세					
十神					여름대운에 꿈을 이룬다.					
六親										
殺										

大運數	12	11	10	91	81	71	61	51	41	31	21	11	1
天干			辛	庚	己	戊	丁	丙	乙	甲	癸	壬	辛
地志			亥	戌	酉	申	未	午	巳	辰	卯	寅	丑

丁未日柱= 도량이 넓고, 베풀기 잘하며, 부하 뇌동은 실어하고 진취적이고, 사랑을 즐기며, 음욕이 강한 특징이 있으며.
丁火일주= 겨울 생으로, 대운이 봄에서 여름으로 흘러, 31세 甲辰大運부터 庚金을 제련하는 운을 만나고, 60년 재물과 명예가 상승하는 좋은 명이다.

辛丑年= 결실이 약한 운.
壬寅年= 寅木과 巳火 겁재가 형살을 이루면, 건강, 사고 수 조심,
辛丑, 壬寅, 癸卯年= 발전이 약하고 쉬어가는 기간이 됩니다.

甲辰年=丁火일간이 甲木에 힘을 받아, 庚 金을 제련하면, 재물 발전 운,
辰土= 子水와, 합을 하면, 취직이나 직장 발전 운, 합격 운이 됩니다.

乙巳年= 乙木은 인성 운 이면서, 庚金 정재와 합을 하면, 재물을 주고 문서를 취하는 형상이 되고, 인덕, 합격, 문서 발전 운이 됩니다.
巳火= 겁재 운으로, 신약한 일간에 겁재 운은 크게 힘이 되는 운이고, 재물을 취하는 힘이 강하여, 재물과 명예에 발전이 있는 좋은 운이 됩니다.

민 준홍

陰 陽6 陰 陽7	强 弱 0	用神 화수	格局 편인	男 女 0	大 運	歲 運	月 運	五 行	數 字	十神
殺	재 고			재 고				목	3	比劫
六親								화	1	食傷
十神								토	2	財星
天干	**甲**	**甲**	**壬**	**甲**				금	1	官星
地支	**戌**	**午**	**申**	**戌**				수	1	印星
地藏干					2022년 29세					
十神					갑목은 일간의 전투력이며					
六親					겁탈자의 일을 한다.					
殺	재고			재고						

大運數	12	11	10	91	81	71	61	51	41	31	21	11	1	
天干				壬	辛	庚	己	戊	丁	丙	乙	甲	癸	
地志				午	巳	辰	卯	寅	丑	子	亥	戌	酉	

甲午日柱= 午火= 도화이며 말을 탄 형상으로 인물이 좋으며 재주 있고, 인기 있으며, 분주다사하고, 재물을 모으는 힘이 있다.

조상덕, 부모덕, 있으며, 자식 덕과, 말년에 재물이 있는 좋은 명이 되고, 지지를 가정으로 보면, 불이 많은 구조이며, 겨울대운을, 수월하게 지나고 봄 대운에 꿈을 이루는 부명이 됩니다.

壬寅年= 壬水= 인성 운으로, 인덕, 시험 운, 힘이 강해지는 운을 만나고,
寅木= 비견 이며, 남이 되는 의미로, 일간의 재성인 戌土와 합을 하여, 일간의 재물을 가져가는 형국이 되므로, 배신이나, 사기를 조심하고, 투자를 하거나, 빌려주는 돌아오지 않는 운이 됩니다.
癸卯年= 계묘년 운은 임인년 운세와 거의 비슷하고,

甲辰年= 甲木= 비견으로, 일간이 재성을 취하는 힘이 강해지는 희신 운이고, 辰土= 재성= 재물이고 여자이며, 월지 가정 궁에 申金과 합으로 보면, 결혼 운이 되고, 戌土 재성과 충을 이루면, 재물이 손재하는 형상이고, 여자이면 해 여질 여자를 만나는 형상이 되며. 사기수를 조심 하여야하며, 지지에 술 토 재성이 마음에 걸리고, 늦은 결혼이 예방이되는 형국 입니다.

민 경찬 건설업

陰 陽5 陰 陽6	强 弱 0	用神 수	格局 정재	男 女 0	大 運	歲 運	月 運	五 行	數 字	十神
殺				백호				목	3	比劫
六親			자식					화	1	食傷
十神								토	2	財星
天干	**丙**	**甲**	**辛**	**甲**				금	2	官星
地支	**寅**	**申**	**未**	**辰**				수	0	印星
地藏干	丙	壬		癸	2022년 59세					
十神		편관			사주의 구성과					
六親			배우자	부친	대운을 잘 만나					
殺			화개	화개	부와 귀가 있는 명					

大運數	12	11	10	91	81	71	61	51	41	31	21	11	1	
天干				辛	庚	己	戊	丁	丙	乙	甲	癸	壬	
地志				巳	辰	卯	寅	丑	子	亥	戌	酉	申	

甲申日柱= 현침, 역마, 활동성과 추진력이 강하고, 다재다능하며, 인성이 약하여, 학문성은 약하고, 현침이 강하여 기술성이 강한 명이고, 관성이 강하여 명예를 중요시하고, 명예를 추구하는 특성이 있으며, 시지에 寅木은 뿌리가 되어 일간은 힘이 있고, 辰土에 뿌리를 내리고 잘 자라면 재물이 많으며, 건강한 사주의 구성이 됩니다.

辰土와 未土는 재물이며, 부모님 덕이 있는 형국이 되고, 시주는 자식을 의미하며, 일주의 말년을 의미하는바, 시간에 丙火는 나무를 키우고, 강한 빛으로, 辛金 과일을 잘 영글게 하니, 자식은 효자이고, 말년에 결실이 좋은 사주의 형국이며, 명예를 의미합니다.

辛丑年= 辛金정관운= 丙火식신이 합을 하여, 수확이 약한 운을 만나고, 丑土= 지지에 미토 정재와 충을 이루면 丑 未沖 재성끼리 충으로, 재물 지출 운, 이사 운, 직장 변동 운, 소득이 저조한 운이 됩니다.

癸卯年= 뜨거운 여름에 하늘에서 비를 뿌리면= 꿀물 같은 단비가 되고, **卯木**= 辰토와 합을 하여 국을 이루면, 재물이 늘어나는 좋은 운이 되고, 겁재 운으로, 사기 수, 투자나, 빌려주면 돌아오지 않는 운이 됩니다.

陰 陽4 陰 陽5	强弱 0	用神 금	格局 정관	男女 0	大運	歲運	月運	五行	數字	十神
殺	괴강		백호					토	4	比劫
六親								금	0	食傷
十神								수	1	財星
天干	**戊**	**己**	**甲**	**丁**	丁			목	2	官星
地支	**辰**	**卯**	**辰**	**亥**	酉			화	1	印星
地藏干					2022년 76세					
十神					건강이 약해지는 운					
六親					임자년, 경신년, 신유년,					
殺					임술년,					

大運數	12	11	10	98	88	78	68	58	48	38	28	18	8
天干				甲	乙	丙	丁	戊	己	庚	辛	壬	癸
地志				午	未	申	酉	戌	亥	子	丑	寅	卯

己卯日柱= 己土= 사교성이 좋으며, 공평의 제왕이고, 권력기관이나 의료 계통에 발전이 빠른, 일주의 특성이 있으며,
목을 키우는 명으로, 건강하고 재물 복이 있는 좋은 명이 됩니다.

壬寅年= 재성 운=丁火 인성과 합을 이루면= 재물에 발전 운을 만나고
寅木= 寅 卯 辰 삼합, 관성 국을 이루면, 사업장에 발전이 있으며,
재물과 명예에 발전이 있는 좋은 운이 됩니다.

癸卯年= 癸水 편재 운이 戊土 겁재와 합을 이루면, 재물 운을 만나고,
卯木= 관성 운으로, 亥 水 재성과 합을 이루면, 재물에 발전 운이 되고
사업장이나, 자식에게 투자하는 운이 됩니다.

甲辰年= 甲木 정관 운은 일간과 합을 하면=사업장에 발전이 있는 운이고,
辰土= 겁재 운은, 일간이 과하여 넘치는 형국으로 발전이 약한 운이 되며,
사기 수 조심, 돈 조심, 말조심.

건강이 약해지는 년운= 2030년경술년- 2032년 임자년- 2034년 갑인년,
2042년 임술년= 정화 꺼지고, 술중 정화 꺼지면 하직 운이 됩니다.

본 강의록 저자

346

陰 陽4 陰 陽5	强 弱 0	用神 목화	格局 편인	男 女 0	대 운	세 운	월 운	오 행	숫 자	十神
殺	괴강			괴강				화	2	比劫
六親								토	2	食傷
十神								금	1	財星
天干	**庚**	**丁**	**癸**	**壬**				수	2	官星
地支	**戌**	**巳**	**卯**	**辰**				목	1	印星
地藏干					2022년 71세					
十神					명예를 중요시 하며					
六親					고지식하고, 마음이 여리고					
殺					전투력이 약하다					

대운수	12	11	10	98	88	78	68	58	48	38	28	18	8
천간				癸	壬	辛	庚	己	戊	丁	丙	乙	甲
지지				丑	子	亥	戌	酉	申	未	午	巳	辰

丁火 일간의 의무는 화력이 강하여 庚金을 제련을 하여야 재물이 불어 나고, 명예가 상승하는, 능력이 되는데, 위 명주는 수기는 강하여 지혜는 있으나, 卯목이 약하여 재물을 모으는 힘과 건강이 약한 명이 되고,

상관이 강하고, 편인이 약하여, 학업 운은 약하며, 괴강 에 관성이 강하여 명예를 중요시하며, 교육성의 기질이 강하다.
월간에 癸水가 월지 卯木에 비를 뿌리니 卯木은 상하고 목기가 약하여 추위를 많이 타고, 비오는 날을 실어하고, 신체에 염증이 많은 편이다.

초등학교 2학년 때에 1959, 己亥년에 왼쪽다리, 종아리에 절개하고 염증을 치료하고, 60년이 지난 2019년 己亥년에 염증을 수술하고. 고생 많이 함.
卯木이 편인이라 기술성 머리는 진취적이나, 전투력이 약한 명이 되고,

壬寅年= 壬水 정관 운은, 새로운 직업이나, 일을 만나는 운이 되고.
寅木= 寅 卯 辰 인성 국을 이루면 많은 수기를 흡수하여 卯木을보호하고, 일간 丁火가 강해지면 건강과 재물에 좋은 운을 오랜만에 만나고, 재물이 많이 들어온 과거의 시기는 戊申, 己酉, 재성大運이 엇으며,
사망의시기= 2043년癸亥년=丁癸 沖. 巳亥 沖하여 심장이 멈추어 사망함

合, 刑, 沖, 貴人

347

천간 / 살	甲	乙	丙	丁	戊	己	庚	辛	壬	癸
天乙貴人	丑 未	子 申	亥 酉	亥 酉	丑 未	子 申	丑 未	寅 午	巳 卯	巳 卯
沖	庚	辛	壬	癸	0	0	甲	乙	丙	丁
合	己	庚	辛	壬	癸	甲	乙	丙	丁	戊
白虎	辰	未	戌	丑	辰	0	0	0	戌	丑
魁罡	0	0	0	0	戌, 辰	0	辰, 戌	0	辰, 戌	0
飛刃殺	酉	戌	子	丑	子	丑	卯	辰	午	未
羊刃	卯	辰	午	未	午	未	酉	戌	子	丑
暗綠	亥	戌	申	未	申	未	巳	丑	寅	丑
正祿	寅	卯	巳	午	巳	午	申	酉	亥	子
財庫貴人	辰	辰	戌	丑	戌	丑	寅	未	戌	戌
金輿祿	辰	巳	未	申	未	申	戌	亥	丑	寅
紅艶殺	午	午	寅	未	辰	辰	戌	酉	子	申
文昌貴人	巳	午	申	酉	申	酉	亥	子	寅	酉
學堂貴人	寅	巳	0	巳	申	0	0	亥	0	0
文曲貴人	亥	子	寅	卯	寅	卯	巳	午	申	卯

지지 기준

地支	子	丑	寅	卯	辰	巳	午	未	申	酉	戌	亥
合	丑	子	亥	戌	酉	申	未	午	巳	辰	卯	寅
沖	午	未	申	酉	戌	亥	子	丑	寅	卯	辰	巳
破	酉	辰	亥	午	丑	申	卯	戌	巳	子	未	寅
害	未	午	巳	辰	卯	寅	丑	子	亥	戌	酉	申
元辰	未	午	酉	申	亥	戌	0	子	卯	寅	巳	辰
鬼門	未	午	未	申	亥	戌	0	寅	卯	子	巳	辰
天醫星	亥	子	丑	寅	卯	辰	巳	午	未	申	酉	戌
三合	子 辰	戌 未	午 戌	亥 未	申 子	酉 丑	寅 戌	亥 卯	子 辰	巳 丑	寅 午	卯 未
三刑	0	戌 未	巳 申	0	0	寅 申	0	丑 戌	0	0	丑 未	0

메모

2022년 5월
042-531-9328

사주문화원
저자 백성복

사주풀이 공식 교본

1판 1쇄 발행 2022년 7월 29일

저자 백성복

편집 김다인 마케팅 박가영 총괄 신선미

펴낸곳 하움출판사 펴낸이 문현광

이메일 haum1000@naver.com 홈페이지 haum.kr
블로그 blog.naver.com/haum1007 인스타 @haum1007

ISBN 979-11-6440-996-9 (03370)

좋은 책을 만들겠습니다.
하움출판사는 독자 여러분의 의견에 항상 귀 기울이고 있습니다.
파본은 구입처에서 교환해 드립니다.